S.O.S. im Nordmeer

Zu diesem Buch

Eine sternklare Nacht am 15. April 1912 im Nordmeer: Die Titanic, das angeblich unsinkbare Schiff, füllt sich lautlos mit Wasser. Nichts hat als Zeichen und Mahnruf die Menschen im noch jungen 20. Jahrhundert so sehr bewegt wie der Untergang der Titanic. Viele Dramen, die die Welt bewegten, sind bis heute nicht vergessen – wie die Tragödie des Luftschiffes Hindenburg, die Odyssee von Apollo 13 im Weltraum oder das Bergsteigerdrama in der Eiger-Nordwand. Mythen, Legenden und Anekdoten ranken sich um solche Ereignisse – denn immer handeln sie auch von Grenzerfahrungen des Menschen. Namhafte Journalisten haben für die Zeitschrift GEO sachlich und kompetent sechzehn Dramen der Weltgeschichte in spannenden Reportagen nachgezeichnet.

Peter-Matthias Gaede, geboren 1951 in Selters, Studium der Sozialwissenschaften, Soziologie und Publizistik in Göttingen, ist Chefredakteur von GEO. Zahlreiche Auszeichnungen.

S.O.S. im Nordmeer
Dramen, die die Welt bewegten

Ein GEO-Buch
Herausgegeben von Peter-Matthias Gaede

Mit sechs Karten

Piper München Zürich

Ungekürzte Taschenbuchausgabe
Piper Verlag GmbH, München
März 1999
© 1997 Hoffmann und Campe Verlag, Hamburg
Umschlag: Büro Hamburg
Simone Leitenberger, Susanne Schmitt, Annette Hartwig
Umschlagfoto: Kinoarchiv Hamburg
Satz: GEO QuarkXPress 3.31
Druck und Bindung: Clausen & Bosse, Leck
Printed in Germany   ISBN 3-492-22770-8

Inhalt

VORWORT   7

DER SCHWARZE TOD
1350: Die Pest kommt nach Köln
Von Cay Rademacher   9

EIN KAISER IM WÜRGEEISEN
1532: Pizarro erobert das Reich des Inka-Führers Atahualpa
Von Wolf Schneider   29

GOLDRAUSCH AUF DER »REVENGE«
1591: Eine Seeschlacht um die spanische Schatzflotte
Von Reiner Klingholz   51

TOD IM PAZIFIK
1779: Das Ende des Entdeckers James Cook
Von Cay Rademacher   71

DR. LIVINGSTONE, I PRESUME?
1871: Stanleys legendäre Afrika-Begegnung mit Livingstone
Von Cay Rademacher   91

DIE LÄNGSTE NACHT
1883: Der Ausbruch des Vulkans Krakatau
Von Wolf Schneider   107

S.O.S. IM NORDMEER
1912: Die letzten 160 Minuten der »Titanic«
Von Wolf Schneider   127

DRAMA IN DER EIGER-NORDWAND
1936: Vier Männer und ein Berg
Von Curt Schneider   147

FANAL AM HIMMEL
1937: Die Tragödie des Luftschiffs »Hindenburg«
Von Cay Rademacher 165

CRASH IM 79. STOCK
1945: Ein Bomber fliegt gegen das Empire State Building
Von Cay Rademacher 183

DIE LETZTE FAHRT DER »THRESHER«
1963: Ein Atom-U-Boot verschwindet
Von Cay Rademacher 199

IRRFLUG IM ALL
1970: Die Odyssee von »Apollo 13«
Von Cay Rademacher 221

ALS DIE ROTE SONNE VERLOSCH
1976: Maos Tod und das Chaos in China
Von Cay Rademacher 241

WAS HINTER DEN VERMAUERTEN TÜREN GESCHAH
1978: Die Wahl Karol Wojtylas zum Papst
Von Wolf Schneider 261

KAL-FLUG 007
1983: Der Abschuß der koreanischen Boeing 747 über Sibirien
Von Cay Rademacher 277

DER FALL BERNSTEINZIMMER
1997: Ein Mythos taucht wieder auf
Von Wolfgang Michal 341

DIE AUTOREN 361

KARTEN
James Cook, Livingstone, Krakatau, »Titanic«,
»Apollo 13«, Jumbo-Abschuß 362

QUELLENNACHWEIS 368

Vorwort

Es war im Frühjahr 1994, als ein junger Autor mit einem Manuskript bei GEO auftauchte, dessen Thema wir zunächst für reichlich entlegen hielten. Was sollte uns an einem Flugzeugunglück interessieren, das sich 1945 in New York ereignet hatte? Doch jeder, der zu lesen begann, fing Feuer.

Das lag, natürlich, am Drehbuch dieses tragisch-verrückten Unfalls; eine B-25 irrlichtert nicht häufig durch Manhattans Hochhaus-Dschungel, um schließlich in die 79. Etage des Empire State Building zu krachen. Vor allem aber war es die Art, in der Cay Rademacher, studierter Historiker, dieses Drama rekonstruierte, die uns in ihren Bann zog. Der atemlose Katastrophen-Journalismus mag für eine vorübergehende Erhöhung der Pulsfrequenz sorgen, Rademacher dagegen war emotionslos und einfach nur ungemein präzise vorgegangen, hatte Ursachen, Ablauf und Folgen jenes schwarzen New Yorker Juli-Tages 1945 derart detailversessen und authentisch zurückgeholt, daß man fast meinte, man erlebe ihn live.

Ein Paradoxon, eigentlich, die journalistischen Primär-Tugenden Anschaulichkeit, Genauigkeit, Recherchetiefe ausgerechnet von Reportagen zu verlangen, deren Gegenstand länger zurückliegt als die Geburt des Autors. Doch daß und wie es Rademacher geglückt war, uns in eine Zeitmaschine zu setzen und zu Zeugen der Vergangenheit zu machen, veranlaßte die GEO-Redaktion augenblicklich, ein neues Erzählformat in ihre Heftkonzeption aufzunehmen: eine Reihe von intensiven, gewissermaßen unter der Lupe geschriebenen Rückblenden – Wiederbelebungen, wie sie ähnlich atmosphärisch, ähnlich dicht und packend in Geschichtsbüchern nicht zu finden sind.

Viele der in diesem Band versammelten Rekonstruktionen haben, ohne diese ausdrücklich zu schildern, eine zweite Dimension. Sie dokumentieren den schockartigen Verlauf eines Jahres, eines Tages, einer Stunde, die zum Datum einer Wende wurden, zum Ereignis mit Langzeitfolgen, zum Ende großer Träume, zum Beginn wenn nicht neuer Epochen, so doch eines neuen Denkens der Zeitgenossen.

Am deutlichsten trifft dies auf den symbolschwangeren Untergang der angeblich unsinkbaren „Titanic" zu, das ewige Mahnmal für menschliches Versagen. Aber auch bei der Odyssee von „Apollo 13", beim Verschwinden des Atom-U-Boots „Tresher", beim Absturz des Zeppelins „Hindenburg" – immer ging es um mehr als Not oder Tod beklagenswerter Opfer, um mehr auch als eine Friktion in der Technik-Geschichte. Jedesmal ertranken, verbrannten, wie sich herausstellen sollte, Ideologien, Ideen, Programme. Hier, und nicht nur in den letzten Tagen des Mao Zedong oder beim letzten Gang des Inka-Herrschers Atahualpa, der letzten Fahrt des Entdeckers James Cook.

Die für dieses Buch ausgewählten 16 Geschichten, darunter einige in GEO noch unveröffentlichte, sind auch als Versuch zu lesen, dem vorherrschenden Temporausch im Journalismus eine Erzählform mit Gedächtnis entgegenzusetzen. Denn eine Gegenwart, die nur noch sich selber kennt, kann ihre Maßstäbe verlieren.

Was haben wir noch in Erinnerung von jenem 1. September 1983, als eine Maschine der Korean Air Lines von einem russischen Abfangjäger vom Himmel geschossen wurde? Vor allem: Was wissen wir über den Grund dieser Tragödie aus dem Kalten Krieg? Welches Bild von der Schuld an ihr hat sich in unseren Köpfen festgesetzt? Mit detektivischer Akribie hat sich Cay Rademacher auf die Spur des KAL-Fluges 007 gesetzt – und in wesentlichen Teilen dürfte dabei eine Gegendarstellung zu unseren Gedächtnisfragmenten herausgekommen sein. Eine nicht unwichtige Korrektur der Headlines, mit denen wir ein Drama, das die Welt bewegte, in der Flut sich darüber lagernder Meldungen einst ad acta legten.

War er singulär, dieser Absturz über Sachalin? In seinen Details ganz sicher. Aber, schreibt Wolf Schneider, es ist nur die Kürze unseres Daseins, die uns zu der Illusion verführt, „Jahrhundertereignisse" wiederholten sich nicht. Obwohl bereits im GEO-Reportageband „Frühstück in Timbuktu" veröffentlicht, haben wir Schneiders Beitrag über den Ausbruch des Vulkans Krakatau am 27. August 1883 zusätzlich noch einmal in dieses Buch aufgenommen. Denn „Die längste Nacht" handelt von zweierlei. Von einer der größten Naturkatastrophen aller Zeiten. Und vom Sprung ins Medienzeitalter: Schneller als die Asche, schneller als die Woge rollte die Nachricht von der Eruption eines fernen Vulkans auf Sumatra damals dank der gerade eingeführten Telegraphie um die ganze Welt. So wurde der Menschheit, schreibt Schneider, zum erstenmal anschaulich, was es heißt, Schicksalsgemeinschaft auf einem höchst begrenzten Planeten zu sein.

In vergleichbarem Sinne können auch andere Beiträge dieses Buches als Erinnerungen an lange Nächte verstanden werden. Für heute, für den Tag danach.

Hamburg, im August 1997 *Peter-Matthias Gaede,*
Chefredakteur GEO

CAY RADEMACHER

Der Schwarze Tod

*Winter 1350: Seit Monaten hören die Bürger
Kölns von einer unheimlichen Seuche, die ganze Städte entvölkert –
zunächst im Morgenland, dann im Süden Europas, dann
nördlich der Alpen. Immer näher rückt die »Magna mortalitas«. Und
dann bemerkt ein Bewohner der Stadt, daß sich bei ihm
ein Flohbiß anders entwickelt als sonst ...*

Messina, Sizilien, Anno Domini 1347. Es ist Anfang Oktober, als am Horizont eine genuesische Galeere erkennbar wird. Sie wird schon erwartet. Denn seit einem Jahr belagern die Tataren die Stadt Caffa am Schwarzen Meer, einen der wichtigsten dortigen Handelsposten der mächtigen Stadtrepublik Genua. Und man will endlich wissen, wie es um Caffa steht.

Doch als das Schiff sich nähert, fällt aufmerksamen Beobachtern Seltsames auf: Es scheint nicht richtig gesegelt und gerudert zu werden, schleppt sich vielmehr in den Hafen wie ein halbes Wrack.

Nachdem die Galeere endlich festgemacht hat, bietet sich ein Bild des Grauens: Auf und unter Deck, zwischen den Ruderbänken, liegen Tote und Sterbende, viele entstellt von eitrigen Beulen und schwärzlichen Hautflecken. Es stinkt nach Fäulnis und Tod. Die wenigen Matrosen, die sich, von der unbekannten Krankheit gezeichnet, noch unter Schmerzen auf den Beinen halten können, berichten, daß eine schreckliche Seuche im Tatarenheer ausgebrochen sei. Als letzten grimmigen Akt sollen die Belagerer einige ihrer Toten in die Festung Caffa geschleudert haben.

Staunend hört man in Messina diesen Bericht, mit Abscheu und Schrecken blickt man auf die Galeere. Doch ohne besondere Vorkehrungen werden die Überlebenden ins örtliche Spital gebracht und die Toten beerdigt. Amtsleute nehmen die Berichte der Matrosen zu Protokoll und inspizieren das Schiff. Doch zwei, drei Tage später stirbt der erste Bürger Messinas, gezeichnet von Beulen, von Fieber und faulig stinkenden Körperausscheidungen. Dann noch einer und noch einer ...

Der Tod springt von Gasse zu Gasse. Innerhalb weniger Tage bricht das gesamte öffentliche Leben zusammen, überall herrschen Hilflosigkeit und Verzweiflung. Es ist schlimmer als im Krieg. Manche fliehen aus der Stadt, doch das Sterben folgt ihnen. Ohne es zu ahnen, haben die Bürger Messinas der schrecklichsten aller Seuchen Einlaß in ihre Stadt und damit ins christliche Abendland gewährt: der Pest.

Köln am Rhein, Anno Domini 1348. Die Stadt gilt als Abbild des Himmlischen Jerusalem. Wie die verheißene, so weist die volkreichste deutsche Stadt zwölf große, turmbewehrte Tore in ihrem mächtigen Mauerring auf. So viele Straßen führen gar nicht aus ihr hinaus, aber Kölns Bürger sind so reich, daß sie sich sogar den Luxus überflüssiger Tore leisten können.

Eine Vielzahl von Kirchtürmen ragt über die schindelgedeckten Dächer der Häuser. Von weitem schon erkennt ein Reisender, der sich von Süden her nähert, die größte Baustelle des Abendlandes: einen himmelstürmenden Domchor mit prächtigen Glasfenstern sowie den Stumpf eines mächtigen Turmes, der einmal mit einem zweiten, später gebauten zu den höchsten der Christenheit gehören soll.

Es ist Sommer. Reiter wirbeln auf der längs des Rheins durch wohlbestellte Felder führenden, ungepflasterten Straße Staub auf. Sie kommen aus Straßburg, 375 Kilometer südlich. Die Räte beider Städte, die reichen Handelsherren, die gelehrten Doctores aus den Dom- und Klosterschulen kennen sich, tauschen Nachrichten aus, arrangieren Bündnisse und Geschäftskontrakte. Doch diesmal bringen die Reiter schlechte Nachrichten mit, Gerüchte von einem Verbrechen, wie es die Welt noch nicht gesehen hat.

Die Straße führt durch das Severinstor in die Stadt, das einer kleinen Zwingburg gleicht. Innerhalb der Mauern sind nur die wichtigsten Straßen so breit, daß zwei Fuhrwerke einander passieren können, die meisten anderen jedoch verwinkelt, eng und dunkel. Die Häuser zu beiden Seiten haben zwei bis vier Stockwerke und sind errichtet aus Stein oder Fachwerk, mit Giebelluken, aus denen die Bäume von Seilwinden ragen. Unten sind die Lagerräume, die Weinschenken oder Läden, darüber wohnen die Menschen.

Die Straßen sind ungepflastert, eine Kanalisation existiert praktisch nicht. Schmutz und Unrat liegen überall, dazwischen streunen Hunde und grunzende Schweine. Ratten huschen umher. Es stinkt nach Verfaultem, Kot und den Laugen der Gerber und Färber.

Die Reiter passieren die Kirchen St. Georg, St. Maria im Kapitol, St. Alban und biegen dann rechts ab. Die engen Gassen vor ihnen, die dicht gedrängt stehenden Häuser unterscheiden sich kaum. Doch hier sind sie durch kleine Mauern gesichert und nur durch schmale Pforten zu erreichen. Sie begrenzen das Judenviertel. In dessen Mitte steht das „Bürgerhaus", in dem sich Rat und Bürgermeister versammeln. Den 15 Ratsherren gefällt der Bericht der Straßburger überhaupt nicht. Als wenn es nicht schon genug böse Gerüchte gäbe!

Dabei könnte alles zum besten sein in Köln. Siebeneinhalb Kilometer ist die Mauer lang und beschützt über 50000 Einwohner. Nur die reichsten italienischen Städte – Florenz, Venedig und Genua – sowie Paris sind in Europa größer als „Coelne" oder „kolne", wie die Bürger es nennen. Gut dreißig durch den Handel mit Frankreich, England und den deutschen Landen reich gewordene Familien beherrschen die Stadt. Sie bilden die „Richerzeche", die alljährlich zwei Bürgermeister bestimmt. Sie stellen die 22 Schöffen am Hochgericht, das die meisten Kriminalfälle behandelt. Sie dominieren den Rat.

Doch Unheil legt sich über die Welt. Seit 1309 residiert der Papst nicht mehr in Rom, sondern in Avignon – was die Christenheit zutiefst verunsichert. Zusätzlich untergraben Skandale, Vetternwirtschaft und weltliche Händel das Ansehen der Kirche. England und Frankreich haben sich in einen Krieg verbissen, der ein Jahrhundert dauern wird; Söldnerheere verwüsten das Nachbarland. Karl IV. muß mit Gegenkönigen um die Macht im Deutschen Reich ringen.

Seit einigen Jahrzehnten sind die Winter besonders kalt, viele Sommer naß und kurz – mit schlimmen Folgen für die Ernte. Und das schwere Erdbeben vom 25. Januar 1348 in Friaul wird nicht nur vom einfachen Volk als böses Omen angesehen. Doch nichts scheint so schlimm zu sein wie „Magna mortalitas", das Große Sterben.

Vor zwei, drei Jahren liefen erste Gerüchte um in Europa von einem giftigen Regen irgendwo in Indien oder China, von Skorpionen, die vom Himmel stürzten, von schädlichen Dämpfen, von tausendfachem Tod. Auf Zypern, in Konstantinopel, im gesamten Morgenland seien ihm die Menschen zum Opfer gefallen. Nach Ankunft der genuesischen Galeere in Messina waren die Nachrichten keine vagen Gerüchte mehr, sondern von schrecklicher Präzision.

Im Februar 1348 verheert der Tod an den „drosen" – an den „Drüsen" – Venedig, Florenz und Genua. Einlaufende Schiffe aus der Levante beschießt man mit Brandfackeln, um sie vom Anlegen abzuhalten. Geisterschiffe mit toten Besatzungen stranden an Italiens Küsten. Auch aus Pisa, Siena und Rom werden Seuchen gemeldet.

Vom Hafen Marseille aus erobert die Pest Südfrankreich – auch Avignon, wo sich der Papst auf Anraten seines Leibarztes in seinem

Palast versteckt hält und wo trotz drückender Hitze mit aromatischen Kräutern versetzte Kohlefeuer lodern, die die Luft reinigen sollen.

Barcelona und Valencia fallen noch im Frühjahr an den unsichtbaren Feind. Ab Mai wütet die Seuche in Paris, einen Monat später ist sie auf die britischen Inseln übergesprungen. Im Frühjahr erreicht sie Kärnten und die Steiermark.

Jetzt, im Sommer, kommen neue, beunruhigende Nachrichten: Mühldorf am Inn ist die erste deutsche Stadt nördlich der Alpen, in der die Krankheit ausbricht; kurz darauf ist sie in München. Schleichend kriecht die Seuche auf Köln zu. Längst ist der Handel beeinträchtigt, mit manchen Ländern gar zusammengebrochen. Schon erreichen die ersten Flüchtlinge vor dem Schwarzen Tod die Stadt.

Und jetzt stehen dort die Reiter aus Straßburg – und behaupten, die Ursache des Übels zu kennen: Es seien die Juden. Hat man nicht schon 1321 in Aquitanien einen Aussätzigen gefaßt, der gestand, Brunnen im Auftrag der Juden vergiftet zu haben? Kennt man nicht den Inhalt der Leinensäckchen, die sie ins Wasser werfen: Menschenblut, Urin, zerstoßene, entweihte Hostien und allerlei Zauberkräuter? Die Juden, so erzählen die Männer aus Straßburg, hätten das „Große Sterben" in Europa ausgelöst.

Es ist nicht überliefert, was die Ratsherren antworten, doch sie bleiben skeptisch. Sterben nicht die Juden ebenso an der Pest wie die Christen? Und als nüchterne Kaufleute fragen sie sich: Was hätten wir von einer Judenverfolgung?

Sie können vom Ratssaal direkt in das Viertel „inter iudaeos" – „unter den Juden" – hineinblicken: 86 eng beieinanderstehende Häuser, eine Synagoge, ein Spital, eine Schule, ein Backhaus. Rund 800 Menschen leben hier. Sie sind „samenburger" wie ihre christlichen Nachbarn – waffenfähige Bürger, denen im Kriegsfall jeweils ein Abschnitt der Stadtmauer zur Verteidigung anvertraut ist.

Ihren Lebensunterhalt verdienen sie als Schneider, Kleinhandwerker, Hausierer, Bäcker, Gelehrte, Ärzte. Ausgeschlossen von den mächtigen Gilden, die nur Christen aufnehmen, arbeiten sie hauptsächlich für ihre Glaubensgenossen. Doch manche sind auch als Geldverleiher reich geworden. „Dem Juden ein Pfand geben" muß, wer einen Kredit aufnehmen will: große und kleine Herren, Herzöge und Ritter, Bischöfe, Prälaten und Priester, Händler und Handwerker.

Christen ist der Geldverleih gegen Zinsen untersagt – obwohl es seit einigen Jahren auch in Köln lombardische Bankiers gibt, die sich um dieses Verbot nicht mehr scheren. Die zivilen und kirchlichen Würdenträger nutzen das von den Juden geliehene Geld meist für ihre

Bauwut, ihren Prunk, für Kriegszüge. Unter ihnen sind viele, die ihre Gläubiger gern los würden.

Doch für die reichen Kölner Familien, die Overstolzens, die Gir, Scherfgin, Hardevust oder Lyskirchen, sind die von Juden vergebenen Kredite Betriebskapital für ihren Fernhandel – belastet zwar mit beträchtlichen Zinsen, aber dennoch profitabel.

Und dann ist da das „Judenregal": 800 Mark Steuern (nach heutiger Kaufkraft ungefähr 160 000 Mark) zahlen die Juden alljährlich an die Stadt, die erste Hälfte am 21. Juni, die zweite zu Weihnachten. Hinzu kommen Schutzgelder und Sondersteuern, die man ihnen auferlegen kann, wann immer es nötig ist, etwa in Kriegszeiten.

Die Ratsherren haben wahrscheinlich kaum mehr Achtung vor ihren jüdischen Mitbürgern als die ärmeren Kölner, wissen wenig von der blühenden Gelehrsamkeit in der Gemeinde, von den Rabbinern und Schriften ihrer jüdischen Mitbürger – aber sie können rechnen. Niemand möchte diese sprudelnde Geldquelle austrocknen.

Die Reiter aus Straßburg finden wenig Gehör beim Rat. Doch sie bleiben noch ein paar Tage, nehmen sich irgendwo eine Herberge, besuchen eines der über hundert Schankhäuser, gehen in die Badestube, auf den Markt und erzählen überall vom „grossen sterfden an den drosen" – und von den Juden, die sich heimlich an Brunnen zu schaffen machten ...

Goebel Schalant ist nur ein einfacher Handwerker und fürchtet sich vor den Geschichten, die man sich auf den Straßen zuflüstert: von Kometen und anderen seltsamen Himmelserscheinungen, vor einem Regen von Eidechsen, der irgendwo niedergegangen sein soll, vor dem schrecklichen Tod, der nicht einmal so mächtige und stolze Städte wie Paris und Florenz verschont. Allein dort, so munkelt man, sollen seit dem Frühjahr mehr Menschen von der Pest dahingerafft worden sein als in Köln leben. Was soll man tun, wenn doch selbst die Ärzte der Fürsten hilflos sind? Wohin soll man fliehen?

Goebel Schalant ist sich nur zu bewußt, daß er ein Sünder ist. Sein ganzes Leben wird von den strengen Geboten bestimmt: seine Geburt als ehrlich gezeugtes Kind eines rechtmäßig getrauten Ehepaares, seine erste Kommunion, seine Erziehung, die Gottesdienste und Beichten, seine Ehe, seine Pflichten gegenüber der Gemeinde, der Stadt, dem König, den Mitbürgern, den Aussätzigen, sein Tod.

Doch viele Kinder sind eben doch nicht im Ehebett gezeugt worden. Und wer hat nicht schon geflucht, in der Beichte irgend etwas verschwiegen, Verbotenes gegessen während der Fastenzeit? Nur die

Heiligen mögen unbefleckt bleiben in einer solchen Welt. Goebel Schalant und viele seiner Mitbürger aber fürchten sich. Wird Gott sie nun für all ihre heimlichen Sünden strafen?

Die Kirche bietet wenig Trost. Papst Klemens VI. sitzt in seinem finsteren Palast in Avignon. Rom ist verwaist, die Rhône-Stadt dagegen, so munkelt man, ein einziges großes Bordell. In Köln ist es nicht viel besser. Erzbischof Walram von Jülich ist bei den Geldverleihern höher verschuldet, als es einem Ehrenmann ansteht. Außerdem hat er sich eingemischt in den Krieg zwischen Frankreich und England – wankelmütig hat er sich mal auf diese, mal auf jene Seite geschlagen.

Jetzt will er sich auf den Weg nach Paris machen – angeblich, weil er der ruinierten Diözese Köln die Kosten seines und seiner Höflinge Aufenthalts nicht länger aufbürden will. Der Ritter Reinhard von Schönau, einer seiner Gläubiger, wird sein Stellvertreter in weltlichen Angelegenheiten sein. Doch für den Erzbischof als geistliches Oberhaupt gibt es keinen Ersatz.

Und wenn an den Erzählungen der Straßburger doch etwas ist? Wenn nicht die eigenen Sünden das Unheil über die Welt gebracht haben, sondern die größeren der anderen? Hat nicht schon der heilige Augustinus die Juden als Verfemte bezeichnet? Hat nicht Bischof Abogard von Lyon in seinem vor einem halben Jahrtausend verfaßten Pamphlet „De Iudaicorum superstitionibus" („Über den Aberglauben der Juden") vor ihnen gewarnt? Hat nicht der gelehrte Petrus Venerabilis sie „als ohne Verstand und Würde" qualifiziert – und Thomas von Aquin, der bedeutendste aller Theologen, die Juden „Sklaven" der Kirche genannt?

Goebel Schalant hat Angst. Am liebsten würde er sich einigeln, wie viele seiner Freunde; die Stadt hermetisch abschließen und abwarten, bis die Strafe Gottes irgendwie vorbeigezogen ist. Nicht nur die Juden starrt er mißtrauisch an, auch die Aussätzigen, Menschen mit unehrenhaften Berufen wie Dirnen, Kloakenreiniger, Gerber oder Henker, die Gaukler und das ganze fahrende Volk, überhaupt alle Fremden. Jeder scheint ihm bedrohlich zu sein.

Bedroht fühlt sich auch Joel ben Uri ha-Lewi. Er ist einer jener Männer, die Geld verleihen, zu drei Pfennig pro Mark die Woche, was einem Jahreszins von ungefähr 26 Prozent gleichkommt. Ohne Zweifel Wucher, doch viele, vor allem adelige Gläubiger, zahlen ihre Schulden spät oder nie zurück, und die Stadt Köln belegt ihn bei jedem Kriegszug, jeder Unruhe, überhaupt jedem unvorhergesehenen Ereignis mit drückenden Steuern.

Joel ben Uri hat sich daran gewöhnt, nur mit dem spitzen Judenhut auf dem Kopf auf die Straße zu gehen – so alt schon ist diese Diskriminierung. Doch seit einigen Jahren scheint sie zuzunehmen. Die Juden haben kleine Mauern hochziehen müssen, um ihr Viertel besser vor nächtlichen Überfällen zu schützen; zudem war es auch der Wunsch des Rates, sie so vom Rest der Bürger besser isolieren zu können. Vor sieben Jahren haben ihnen die Väter der Stadt verboten, weitere Häuser zu kaufen, so daß ihr Quartier nicht mehr wachsen kann, obwohl die Gemeinde zahlreicher geworden ist. Die Zunft der Goldschmiede hat beschlossen, nicht mehr für Juden zu arbeiten. Das neue, reich geschnitzte Chorgestühl im Dom zeigt Szenen, in denen seine Glaubensbrüder auf derbe Art verspottet werden.

Und nun die Gerüchte von der Schuld am Großen Sterben ... Als wenn die Pestilenz allein nicht schon schlimm genug wäre! Juden in Savoyen, in Südfrankreich und in der Schweiz sind schon verhaftet und grausam gefoltert worden. Der erste Rabbiner Kölns, Joseph ben Isaak Joselin, erinnert die Ratsherren immer wieder daran, daß sie für die Steuern, die sie von der Gemeinde kassieren, deren Schutz versprochen haben.

Joel ben Uri vertraut den Männern im Rat nicht. Irgendwann in den Monaten nach Ankunft der Straßburger Reiter schleicht er sich heimlich in den Hinterhof seines Hauses und vergräbt dort eine Kiste mit Silbergroschen aus Köln und Tour, mit Prager und Florentiner Gulden, Englischen Sterlingen, Goldschilden von Ludwig dem Bayern, Gulden aus der Dauphiné, Böhmen und Liegnitz – einen Schatz von insgesamt 290 Gold- und Silbermünzen.

Daß Papst Klemens VI. in einer Bulle vom 26. September 1348 die Juden vor dem Vorwurf der Brunnenvergiftung in Schutz nimmt und verbietet, sie ohne Gerichtsverfahren zu töten, auszuplündern oder gegen ihren Willen zu bekehren, wird von den meisten Kölnern kaum beachtet. Bald darauf hört der Rat von Gerüchten, die Stadt Bern hätte einen „geständigen" Juden an Straßburg ausgeliefert. Sofort werden Boten entsandt.

Sie sollen Genaueres herausfinden, aber auch die Skepsis der Kölner übermitteln. Die sind gegen eine Verfolgung – vor allem, weil sie fürchten, daß die „ärgerlichsten und schwierigsten Unruhen entstehen könnten, ja sich das gemeine Volk daran gewöhnen kann, sich zusammenzurotten" (wie es in einer späteren Übertragung heißt).

Am 19. Dezember 1348 und am 12. Januar 1349 veröffentlicht der Rat zwei Briefe an die eigene Bevölkerung, in denen er sich zum

Schutz der Juden bekennt. Vergebens. Die Situation ist längst außer Kontrolle.

Schon im September 1348 ermordet der Mob in Zürich und in den Gemeinden am Genfer See die Juden, brennt deren Viertel nieder, plündert – angestachelt von fanatischen Predigern, getrieben von hysterischer Angst vor der Pest, aber auch von Habgier und der Absicht, lästige Schulden mit den Gläubigern loszuwerden. Im November brennen in Stuttgart und Augsburg die Judenviertel, im Dezember in Landsberg und Lindau, im Januar 1349 in Basel, Freiburg, Speyer und Ulm; schließlich im Februar, nachdem es zuvor zu Tumulten gegen den Rat gekommen ist, auch in Straßburg.

„Judensleger" nennt man die Täter bald überall im Anklang an die Männer, die im städtischen Auftrag streunende Hunde töten („Hundesleger"). Das Morden geht weiter: in Würzburg und Dresden, im März in Worms und Konstanz, im Juli in Frankfurt. Kaum irgendwo greifen Landesherren oder Stadträte wirkungsvoll ein, im Gegenteil: Manchmal bereichern sie sich am Besitz der Juden, noch bevor es überhaupt zu einem Pogrom gekommen ist.

Die Kirche schweigt. Selbst der Chronist Kunrat von Megenberg, der nicht an die Legende von der Brunnenvergiftung glaubt, nimmt Stellung gegen die Juden – „sie sint unser frawen veint und allen christen". Und als trotz der Ermordung der angeblichen Brunnenvergifter das Große Sterben die Städte überfällt, ändert das dort nichts am Haß auf die Juden – und auch nicht in den noch nicht betroffenen Orten.

In Bern – wo ein Jude angeblich „gestanden" hat – bricht die Pest im Sommer aus, ebenso in Genf, Basel, Ulm. Am 8. Juli 1349 stirbt das erste Pestopfer in Straßburg, Tausende folgen ihm. Gleichzeitig kriecht die Pest in einem großen Sichelbogen durch Nordeuropa. Ein englisches Schiff mit einer toten Besatzung wird vor dem norwegischen Bergen angetrieben, von wo aus das ganze Land verseucht wird. Andere Schiffe bringen die Seuche in die Ostseehäfen und nach Preußen.

Späteren Generationen scheint der „Schwarze Tod" – wie die Pest seit dem 17. Jahrhundert genannt wird – rasend schnell über Europa gekommen zu sein, doch für die Zeitgenossen ist sie ein langsam, aber unerbittlich herandrängendes Verhängnis. Von der Schweiz und dem Elsaß her erreicht die Seuche den Rhein und kriecht langsam stromab, wobei sie sich entlang des Mains und kleinerer Flüsse auch nach Osten ausbreitet. Gleichzeitig erobert sie die Küstenstädte im Norden und dringt von dort aus nach Süden.

Anfang Februar 1349 hält König Karl IV. feierlichen Einzug in Köln. Doch hinter den prunkvollen Empfängen, den Umzügen, den Gottesdiensten im Domchor vor dem goldenen Schrein mit den Reliquien der Heiligen Drei Könige lauert die Angst.

In den Wochen darauf wird es immer schlimmer. Der Fernhandel bricht beinahe zusammen, nur aus Flandern und einigen Hansestädten an der Nordseeküste kommen noch Waren im Rheinhafen an. Nicht mehr aber aus Frankfurt, aus Straßburg, aus London, aus Paris. Dafür strömen Flüchtlinge in die Stadt, feindselig betrachtet von den Bürgern. Die Ärmeren werden abgewiesen, manche der eigenen Bettler gleich mit hinausgeworfen.

Die Bürgermeister Heinrich vom Kusin und Richolf Overstolz entschließen sich zu einigen halbherzigen Maßnahmen. Das Haus Windeck am Alten Markt beispielsweise wird wegen extremer „Unreinlichkeit" geschlossen. Der Rat droht jedem, der eine „Judenschlacht" beginnen will, mit der Todesstrafe. Doch weder wird eine wirkungsvolle Quarantäne eingerichtet oder gar eine vollständige Abschottung der Stadt nach außen angeordnet, noch erhält das Judenviertel im Schatten des Rathauses einen gehörigen Schutz.

Juden, die in den Dörfern im Umland um ihr Leben fürchten, fliehen in die Kölner Gemeinde. Manche sind aus Worms, Speyer oder Augsburg entkommen und berichten von ihren schrecklichen Erlebnissen. Jeden Tag wird die Stimmung auch in Köln aggressiver. Rabbi Joseph ben Isaaks Hoffnung schwindet. Seine Glaubensbrüder verteilen all jene Waffen unter sich, die christliche Schuldner bei ihnen als Pfänder hinterlegt haben, und versuchen, sich weitere zu verschaffen – diskret, damit der Pöbel keinen Vorwand zum Losschlagen hat.

Im Sommer 1349 entgleitet die Situation in der Stadt vollends der Kontrolle der Bürgermeister und des Rates: Die „buessleut" sind da. Es sind Geißler – Menschen, die sich peitschen, um in der Nachahmung der Leiden Jesu Christi ihre Sünden zu büßen. Mit dem Aufkommen des Großen Sterbens sind die „geisselbrodere" populär geworden als Mahner und Todesboten der Pest. Denn sind nicht die Ärzte, die Priester und sogar der Papst hilflos gegenüber der Seuche?

Irgendwann stehen sie vor den Toren: barfüßige Männer, gekleidet in grobes Sackleinen, aufgestellt in Zweierreihen wie bei einer Prozession. Fahnen- und Kreuzträger gehen ihnen voran, andere tragen Kerzen oder Reliquien. Vier Geißler führen den Zug an, leiten ihre Anhänger in einem monotonen, rhythmischen Singsang, der auch in späteren Jahrhunderten populär sein wird: „Jesus Christus ward gefangen/und an ein Kreuz gehangen./Das Kreuz war vom Blute rot/wir beklagen sein Martyrium und seinen Tod./(...) Für Gott vergießen wir unser Blut/das ist für unsere Sünden gut."

Die Kirchenglocken läuten, als die Prozession sich in die Stadt bewegt. Die Menschen stehen an den Straßen; viele beten, weinen, manche wollen sich dem Zug der „buessleut" sofort anschließen. Dreiunddreißig und einen halben Tag lang sollen die mitmarschieren – einen Tag für jedes Lebensjahr Christi. Sie dürfen keine Frau anrühren und nicht betteln, müssen laut ihre Sünden bekennen und den Geißler-Meistern bedingungslos gehorchen.

In Kirchen ziehen sich die Flagellanten bis auf das Unterkleid aus. Mit ihren Geißeln – einem Stock mit drei Riemen, deren Enden mit weizenkorngroßen Eisendornen gespickt sind – schlagen sie sich auf Brust und Rücken, gelegentlich so heftig, daß das Blut an die Kirchenwände spritzt. Manche umrunden sich geißelnd den Altar, andere werfen sich bußfertig auf den Boden.

Längst haben die meisten Handwerker ihre Werkstätten geschlossen, die Händler ihre Läden. Das Volk strömt vor den Kirchplatz und wartet auf die Geißler, auf deren Predigt unter freiem Himmel. Manche „buessleut" sind Mönche, die meisten zwar Laien – doch ihre Prediger sind sämtlich wortmächtig.

Ein Geißler zeigt ein Schriftstück vor und ruft: „Allen den sol wesen kunt, die diesen brief gesehent oder gehorent lesen", und dann folgt eine Aufzählung der Orte, an denen „der dirte mensch nüt lebet" (jeder dritte nicht überlebt): Sizilien, Zypern, Rom, Avignon, Padua.

Wird nicht die Pest schon in der Offenbarung des Johannes als eine der Plagen beschrieben, die der Ankunft des Antichrist vorausgehen? „Dann hörte ich eine mächtige Stimme aus dem Tempel, die sagte zu den sieben Engeln: ‚Geht und gießt die sieben Schalen mit dem Zorn Gottes über die Erde aus!' Der erste Engel ging und goß seine Schale über die Erde. Da bekamen alle, die das Kennzeichen des Tieres trugen und sein Standbild angebetet hatten, ein schmerzhaftes und schlimmes Geschwür."

Kann jetzt, da dieses neue Zeitalter heraufdämmert, die Kirche noch helfen? Nein! „Ja sint es etliche priester, die darumbe priester werdent, daz sü wol essen und trinken wellent und gottes wort nüt bredien wellent!" Verflucht ist, wer nicht büßen will! Verflucht, wer nicht beichten will – und zwar dem Geißler-Meister, obwohl er Laie ist! Verflucht, wer sich den Geißlern entgegenstellt!

Goebel Schalant steht inmitten der Menge, die gebannt zuhört. Benennen die Geißler nicht den Grund für das Große Sterben? Gott straft die Sünder und markiert die Zeit des Antichrist. Und zeigen sie nicht, wie man seine Seele retten kann? Durch Buße – und durch Blut. Es sind Fanatiker, die da vor ihm stehen. Sie liefern eine hypnotisierende Mischung aus neuesten Nachrichten über die Seuche, Bibelzitaten, Kritik an den Pfaffen, Heilsversprechen, Bußübungen – und Haßbildern. Denn auch die Geißler predigen Gewalt.

Obwohl die „buessleut" das Volk faszinieren, mag doch nur eine Minderheit einen Monat lang in Sack und Asche gehen und sich mit einer dornengespickten Peitsche blutig schlagen. Aber die Prediger hämmern den Menschen ein, nicht mehr darauf zu vertrauen, daß die Priester oder die Obrigkeit etwas gegen das Böse unternehmen. Denn die Zeit eilt bis zum Beginn der Herrschaft des Antichrist. Aufgerufen ist jeder, selber gegen ihn zu kämpfen.

Und so vergießt man statt des eigenen Blutes das der Juden.

Das hohe Domkapitel, die Äbte und Prioren der Klöster, die Ratsherren und die beiden Bürgermeister hören die Hetze der „buessleut" nicht gern. Denn kaum jemand gehorcht noch. Ein Chronist berichtet: „Die lüte sprochent ouch zuo den pfaffen: ‚waz kunnent ir gesagen? dis sint leute die die worheit fürent und sagent.'"

Nach den Predigten sind viele bereit, den Geißlern Obdach zu gewähren. Die zerlumpten, blutüberströmten Männer bleiben tagelang in der Stadt, überall sieht man sie bei ihren Bußübungen, überall reden sie von Sünden und der Reinwaschung durch Blut.

In diesem Sommer gleicht Köln einem siedenden Kessel, auf dem die Ratsherren kaum noch den Deckel halten können: überfüllt von Flüchtlingen, wirtschaftlich schwer getroffen, hysterisiert durch die wildesten Gerüchte. Mitte August 1349 besucht der König erneut die Stadt, für ungefähr zwei Wochen. Wieder Prunk und Prozessionen, die Erregung steigt. Dann die Nachricht, daß Erzbischof Walram in Frankreich unter nicht geklärten Umständen gestorben ist. Das Gerücht lautet: Der französische König habe den Erzbischof eigenhändig erwürgt, dessen Leichnam verhöhnt und aufknüpfen lassen.

Vielleicht ist es das Bewußtsein, ohne den geistlichen Oberhirten zu sein, das die Dämme brechen läßt: Der Mob stürmt das Judenviertel.

Ob das Pogrom geplant ist oder nicht, ob die Geißler aktiv daran beteiligt sind – nur soviel ist klar: In der Nacht vom 23. auf den 24. August 1349, der Bartholomäusnacht, dringen Männer und Frauen aus Köln und dem Umland, bewaffnet mit Schwertern, Knüppeln und Fackeln, ins Judenviertel ein. Darunter auch Goebel Schalant. Eine Mordnacht beginnt, wie sie Köln noch nie erlebt hat.

Die niedrigen Mauern sind für die Menge kein Hindernis. Sie brechen die Türen auf und stürzen in die Häuser. Verzweifelt wehren sich die Juden, doch unterschiedslos werden Männer, Frauen, selbst Kinder niedergemetzelt. Der reiche Geldwechsler Joel ben Uri wird mit seiner Familie erschlagen; Rabbi Joseph ben Isaak geht in den Kiddus ha-sem, den Märtyrertod „zur Heiligung des göttlichen Namens".

Bald brennen die ersten Häuser. Später werden Chronisten behaupten, daß sich die Juden lieber selbst den Feuertod gegeben hätten, als sich taufen zu lassen. Doch selbst wenn ein Jude wirklich die Taufe als Rettung hätte wählen mögen – in dieser Nacht hat er keine Aussicht auf Gnade.

Die Mörder plündern, zerren weg, was ihnen wertvoll erscheint. Immer mehr Häuser brennen und werfen ein gespenstisches Licht auf die Gassen mit erschlagenen Menschen. Einige „Judensleger" stürmen die Synagoge und reißen den Boden auf, weil sie Schätze darunter vermuten. Sie finden nichts. Schließlich greift das Feuer sogar auf das Rathaus über, das teilweise niederbrennt.

Am nächsten Morgen sind von dem Judenviertel im Herzen der Stadt nur rauchende Ruinen geblieben. Auch am hellichten Tag ziehen Plünderer hindurch, immer noch auf der Suche nach den sagenhaften Reichtümern der Geldwechsler. Gut eine Woche lang geht das so, dann ist Kölns jüdisches Viertel nur noch eine öde Trümmerstätte. Von den 800 Menschen, die hier gewohnt haben, sowie der unbekannten Menge von Flüchtlingen aus dem Umland konnten nur wenige in der ersten Nacht fliehen.

Währenddessen bleiben Rat und Kirche untätig. Kein Wachsoldat greift ein, kein Geistlicher stellt sich dem Mob in den Weg, kein Wort des Bedauerns danach. Fast scheint es, als wären die reichen Handelsherren und die Geistlichen froh, daß der Zorn der aufgeputschten Menge den Juden gilt und nicht ihnen.

Erst Wochen später werden der Rat und die Kurie des Erzbischofs aktiv: Sie streiten sich um die Erbschaft der Erschlagenen. Schließlich einigen sie sich auf säuberliche Teilung. Die Plünderer werden streng verfolgt, wenn sie ihre Beute nicht ausliefern. So gerät auch Goebel Schalant ins Visier der Justiz. Hingegen wird keiner der „Judensleger" je als Mörder gehenkt.

Auch nach dem Blutrausch schwillt die allgemeine Hysterie nicht ab. Denn der Tod der Juden hält die Pest nicht auf. Auch aus den

Geißlern, die Blut und Buße predigen, wird zusehends ein roher, vulgärer Haufen. Manche Bußübungen gleichen orgiastischen Festen, die Vorwürfe gegen die Kirche werden immer schriller.

Schließlich wird das Geißlertum offiziell in einer Bulle vom 20. Oktober 1349 vom Papst verdammt. Ziemlich rasch löst sich die Bewegung auf. In Köln werden viele „buessleut" aus der Stadt geworfen, mitunter sogar „verderbt und gehangen", wie ein Chronist berichtet. Am 18. Dezember 1349 wird Wilhelm von Gennep der neue Kölner Erzbischof.

Kurz danach muß es aufmerksamen Bürgern zum erstenmal aufgefallen sein, daß mehr Ratten über die Straßen huschen als früher. Viele sind offensichtlich schwach und krank und verenden schließlich ...

Niemand wird je wissen, wer als erster in Köln erkrankt ist: ein Bürger, ein Händler, jemand vom fahrenden Volk, ein Rheinschiffer, ein Flüchtling? Irgendwann in diesem Winter mag irgend jemand vielleicht bemerkt haben, daß einer der Flohbisse, unter denen praktisch jeder leidet, sich völlig anders ausnimmt.

An der juckenden Stelle entwickelt sich ein bis sechs Tage nach dem Biß ein blauschwarzes Umfeld. Zwei bis drei Tage später schwellen die dieser Stelle am nächsten gelegenen Lymphknoten an, dann folgen nach etwa einer Woche Kopfschmerzen, Fieber und Benommenheit. Bis dahin ähnelt die Krankheit einer der üblichen winterlichen Erkältungen.

Doch dann wird der Kranke schwach und bettlägrig, Hautblutungen treten auf, Verdauungsstörungen, große innere Schmerzen, Halluzinationen – und die Lymphknoten schwellen zu faustgroßen Beulen, und wenn sie aufbrechen, quillt daraus eine stinkende, eitrige Flüssigkeit. Spätestens jetzt werden Familie und Freunde des Kranken in Angst und Schrecken geraten sein, weil sie begriffen haben: Die Pest ist in Köln.

Der Kranke kämpft einige Stunden oder Tage gegen die Seuche und fällt dann ins Delirium, schließlich in ein tiefes Koma und stirbt. Doch in den wenigen Tagen, die der Todeskampf gedauert hat, sind bereits weitere Menschen von Beulen gezeichnet: vielleicht Verwandte oder Nachbarn oder eines der „fischwiever" vom Markt, bei dem der schon fiebrige Kranke noch vor einigen Tagen eingekauft hat.

Der Pesterreger ist ein Bazillus, dessen Wirtstier die Ratte ist und der durch den Biß des Rattenflohs von Tier zu Tier übertragen wird. Ratten und Flöhe sind in dieser Zeit alltäglich – so alltäglich, daß niemand auf die Idee kommt, daß zwischen ihnen und dem schrecklichen Sterben ein Zusammenhang besteht.

Doch wenn die Pest nicht nur die Wanderratten befällt, sondern auch die Hausratten, die in Häusern, Speichern und Schiffen leben, kommen früher oder später auch Menschen mit der Krankheit in Kontakt. Der Floh kann ohne Wirtstier bis zu 30 Tage überleben, zum Beispiel versteckt in Stoff oder Strohballen.

Aus der Antike sind Berichte über verheerende Seuchen überliefert; unbekannt ist, ob es sich dabei auch um die Pest handelte. Zweifellos aber hat sie zur Zeit des Kaisers Justinian von 541 an Konstantinopel heimgesucht und ist dort bis zum Jahr 750 immer wieder aufgeflackert. Dann zog sich die Seuche für Jahrhunderte aus Europa zurück und blieb wahrscheinlich nur in wenigen Gebieten Zentralasiens – von Indien bis China – endemisch. Warum sie so lange verschwunden ist und warum sie ausgerechnet Mitte des 14. Jahrhunderts Richtung Westen Orient und Okzident überrollt, kann bis heute niemand befriedigend erklären.

Lückenhaft sind auch die Berichte über die ersten Tage der Seuche in Köln. Mag sein, daß sie sich zunächst langsam ausbreitet, denn der Floh fällt bei Temperaturen unter zehn Grad Celsius in Gliederstarre.

Doch bei manchen Erkrankten kann sich die Beulenpest in die noch tückischere Lungenpest verwandeln – wenn Lymphflüssigkeit in die Lunge eines Infizierten gelangt und das Gewebe des Atemorgans rasend schnell zerstört. Bluthusten, Nervenlähmungen und schließlich Tod durch Ersticken sind die Folgen.

Einmal akut, wird die Lungenpest durch Tröpfcheninfektion übertragen, durch winzige Flüssigkeitsspuren in der Luft – wie eine Grippe. Sie zerstört den Körper mit schrecklicher Effizienz, von der Infektion bis zum Tod vergehen meist zwei Tage, in manchen Fällen sogar nur ein paar Stunden. Nur eines von drei Opfern überlebt die Beulenpest und ist für eine gewisse Zeit gegen die Krankheit immun, wenn auch manchmal Schäden, etwa Lähmungen, zurückbleiben. Die Lungenpest dagegen überlebt so gut wie niemand.

Den Kölnern ist kaum bewußt, daß Beulen- und Lungenpest irgendwie miteinander zusammenhängen und daß es sehr gefährlich sein kann, einem Kranken zu nahe zu kommen. Vielmehr glauben sie – jetzt, da niemand mehr die Juden beschuldigen kann – an die Pesthauch-Theorie des umbrischen Arztes Gentile da Foligno (der inzwischen selbst der Seuche erlegen ist).

Nach dieser Lehre, die von der angesehenen Pariser medizinischen Fakultät als die allein richtige anerkannt wird, hat eine ungünstige

Konstellation von Mars, Jupiter und Saturn bereits im März 1345 zu schädlichen Ausdünstungen in der Luft („aer corruptus") geführt, die wiederum das Gleichgewicht der vier Körpersäfte im Menschen – Blut, Schleim, gelbe und schwarze Galle – durcheinanderbrachte. Es ist zu einer inneren Fäulnis gekommen, hervorgerufen durch einen Überschuß an Blut.

Einige Ärzte geben sich zwar mit dieser Erklärung nicht zufrieden und sezieren sogar Pesttote, kommen aber auch damit dem Geheimnis der Seuche nicht näher. Die Doctores veröffentlichen eine Unzahl von Ratschlägen, von „Pestconsilia". Manche mögen tatsächlich den einen oder anderen gerettet haben, etwa der Rat, Pestbeulen aufzuschneiden, damit die giftige Flüssigkeit den Körper verlassen kann, oder die Aufforderung, die Häuser mit Essigwasser auszuwaschen. Letzteres ist zwar nutzlos gegen die Krankheit selbst, kann aber – auch wenn die Ärzte den Zusammenhang so nicht kennen – den Floh vertreiben.

Ansonsten sind die Ratschläge ein Kompendium der Hilflosigkeit. Meide den giftigen Südwind, öffne die Fenster nur gen Norden! Regelmäßiges Aderlassen mindert den fatalen Blutüberschuß! Meide die giftige Luft über stehenden Gewässern! Meide zu viel direktes Sonnenlicht! Lege den Kranken auf ein Hochbett, damit dessen giftige Ausdünstungen nur die oberste Luftschicht im Zimmer vergiften und sich kein anderer anstecken kann! Nimm Mittel wie Theriak oder Mithridat!

Wirkungsvoll, aber letztlich ein Eingeständnis eigenen Unwissens ist nur der Rat: Flieh aus der Stadt, in der die Pest wütet! Doch für die meisten Kölner gibt es keine Flucht. Wohin auch? Mit jedem wärmeren Frühlingstag greift die Seuche schneller um sich. Sie springt von Haus zu Haus, von Gasse zu Gasse, wütet aber auch in den Städten und Dörfern der Umgebung, in Klöstern und auf Herrensitzen.

Jeden trifft es: den Schmied vor dem Amboß, „sconevrouwen" („Schönfrauen" = Dirnen), den Arbeiter im Tretrad eines Krans am Rheinhafen, den Bettler auf dem Domhof, den Wachsoldaten auf der Stadtmauer, den Schreiber in der Amtsstube. Manche brechen an Ort und Stelle zusammen, andere schleppen sich nach Hause, mit hühnereigroßen Beulen unter den Achseln und an den Leisten, aus denen Blut und Eiter hervorquellen, der Körper übersät mit Geschwüren und schwarzen Flecken, gekrümmt von inneren Schmerzen. Atem, Schweiß, Urin, Kot – alles stinkt nach Fäulnis.

Glücklich die Infizierten, die abends noch scheinbar gesund zu Bett gehen und den nächsten Morgen nicht mehr erleben. Die meisten müssen verzweifelt mitansehen, wie ihr Anblick, manchmal nur ein erstes Symptom oder auch der bloße Ansteckungsverdacht genügen, daß der Mann oder die Frau, die eigenen Eltern, die Kinder sie fluchtartig verlassen. Viele Opfer verbringen ihre letzten Stunden in Blut, Schmutz und Qualen in gespenstisch leeren Häusern.

Besonders verheerend wirkt die Pest dort, wo viele Menschen auf engem Raum zusammenleben: in Hospitälern, Klöstern, dem „Turm" (das Stadtgefängnis), in Herbergen, Siechenhäusern, auf Rheinschiffen. Nachdem der erste zusammengebrochen ist, dauert es oft nur Tage, bis niemand in einem Haus mehr lebt.

Plötzlich beneidet man die sonst so verachteten Gerber. In deren Wohnungen und Werkstätten, abseits der anderen wegen der schrecklich stinkenden Tierhäute, sterben weniger als in den anderen Gassen. Vermutlich haben die scharfen Gerbstoffe desinfizierend gewirkt.

Notare lehnen es ab, den Kranken ihr Testament aufzusetzen. Auch Ärzte verweigern sich. Viele fühlen allenfalls den Puls mit vom Patienten abgewendeten Blick, einen Schwamm mit Essig vor dem Mund und oft in Begleitung von Trägern, die stark qualmende Fackeln halten. Der Qualm soll vor „schädlichen Ausdünstungen" schützen.

Nichts aber trägt mehr zur Verzweiflung bei als die Weigerung vieler Geistlicher, den Sterbenden die Sakramente zu sprechen. In den Monaten der Seuche verliert die Kirche beim Volk mehr Ansehen als in allen 13 Jahrhunderten zuvor.

Die neuen Bürgermeister Peter Schoenewedder und Werner vom Spiegel versuchen, das städtische Leben einigermaßen zu bewahren. Doch die Mitglieder der reichen Familien sind aus der Stadt geflohen – genau jene Männer, die wichtige öffentliche Ämter innehaben.

Wer geblieben ist, der leidet nicht minder als die Armen. Vier der 22 Schöffen sterben, höchstwahrscheinlich an der Pest. Bürgermeister und Rat verhängen – viel zu spät – ein Einreiseverbot und weisen einige Bettler, Gaukler und andere Fremde aus. Die irren über die Landstraßen durch ein verödetes Land. Herden, deren Hirten irgendwann zusammengebrochen sind, zerstreuen sich, auf manchem Feld steckt gar noch der Pflug im Acker, doch der Bauer ist tot oder geflohen.

In ihren Herrensitzen haben sich die Landadeligen verschanzt. Bleiben ihre Burgen frei von der Seuche, sind sie gerettet; ein einziger Krankheitsfall aber macht sie zu tödlichen Fallen. Der Ritter Christian von Dürffenthal, ein einflußreicher Ratgeber des Grafen von Jülich, ist mit seiner Familie auf seine Burg gut 35 Kilometer westlich der Stadt geflohen – die Pest löscht das ganze Haus Dürffenthal aus.

In Köln bemüht sich der Rat derweil, die Märkte offenzuhalten – die einzigen Orte, an denen die Bürger an rasch teurer werdende Lebensmittel kommen können. Die Schenken und Freudenhäuser werden geschlossen: wohl in erster Linie, um öffentlich Bußfertigkeit zu zeigen, damit sich der Zorn Gottes legen möge.

Nicht überliefert, aber denkbar ist, daß der Rat wie in vielen anderen Städten auch das Läuten der Trauerglocken und große Trauerprozessionen verbieten läßt, um die Menschen nicht zusätzlich zu entmutigen.

Auf dem Höhepunkt der Seuche im Frühherbst 1350 – der Zeit, in der Ratten- und Flohpopulationen am stärksten sind – ist das städtische Leben praktisch zusammengebrochen. Nur noch die Kirchen und Apotheken sind geöffnet. In letzteren kaufen Verzweifelte Theriak und andere dubiose „Wundermittel" und machen die Apotheker steinreich. Sofern diese die Pest überleben.

Für die Kranken, die von furchtlosen Familienangehörigen in die Hospitäler bei St. Agnes, St. Gereon oder in eines der anderen Häuser gebracht werden, bedeuten diese hoffnungslos überfüllten und schmutzigen Orte, an denen nur noch wenige Mönche und Nonnen sich um die Patienten kümmern, weil die anderen alle entweder geflohen oder tot sind, meist das sichere Ende.

Unablässig rollen die Handkarren mit Leichen durch die Gassen, gezogen von vermummten Gestalten: Bettlern, Krüppeln, verwegenen Männern – von solchen, die bereit sind, diese lebensgefährliche und verachtete Aufgabe zu übernehmen.

Längst ist es nicht mehr möglich, die Opfer in der Kirche oder auf einem der 19 kleinen Friedhöfe zu begraben; ja, selbst das Wachs für die Totenkerzen ist fast unbezahlbar teuer geworden. Während der schlimmsten Wochen müssen in Köln, so schätzt man heute, jeden Tag etwa hundert Menschen gestorben sein.

Vor den Toren der Stadt werden hastig Massengräber ausgehoben – viele so flach, daß streunende Hunde die Leichen wieder ausgraben und zerreißen. Verwesungsgeruch mischt sich mit dem üblichen Gestank der Stadt und der Fäulnis der Pest.

Wer noch lebt, reagiert unterschiedlich auf das Große Sterben. Manche haben sich in ihre Häuser verkrochen und warten verzweifelt, manche auch nur noch dumpf und teilnahmslos auf das Ende. Chronisten berichten immer wieder von der erstickenden Hoffnungslosigkeit, die die Pest begleitet.

Andere erleben die Zeit in einer Art Tanz auf dem Vulkan. Sie genießen das Leben, solange es noch geht, und stürzen sich in orgiastische Ausschweifungen. Es gibt ja genug Häuser, deren Bewohner die Seuche dahingerafft hat, so daß man in sie einbrechen und darin machen kann, was man will.

Und die Kirche? Der Klerus hat an Autorität nicht nur verloren, weil viele Geistliche vor der Seuche geflohen sind – sondern erst recht, weil Priester ihre eigene Gemeinde verlassen haben, um sich eine andere, reichere zu sichern, deren Pfarrer an der Pest gestorben ist. Spötter singen: „Gott geb' ihm ein verdorben jar, der mich macht zu einer nonnen."

Doch es gibt auch Geistliche, Ärzte, Amtleute, Bürger anderer Schichten, die nicht davonrennen, sondern den Kranken beistehen (oft unter Einsatz des eigenen Lebens), die arbeiten und versuchen, irgendwie das Alltagsleben aufrechtzuerhalten und die Trost in einer neuen Spiritualität finden. Um Schutz flehen sie zum heiligen Sebastian; die Pfeile, durch die er als Märtyrer zu Tode kam, werden als „Pestpfeile" verstanden – wahrscheinlich weil die aufgebrochenen Pestbeulen den Pfeilwunden ähnlich sehen.

Ausgerechnet während der schlimmsten Monate organisieren einige Kölner – wie Bürger auch woanders im verheerten Europa – eine „romervart", eine große Pilgerreise nach Rom. Denn 1350 ist vom Papst zum „Heiligen Jahr" erklärt worden, in dessen Verlauf in Rom besonders wirkungsvoll ein Sündenerlaß zu erreichen ist.

Erst Ende des Jahres 1350 klingt die Seuche ab. Im selben Jahr hat sie das reiche Flandern, Bremen, Lübeck, Magdeburg, Schweden und Dänemark verwüstet. Die Siedlungen auf Grönland sind durch die Pest völlig entvölkert.

Am Karfreitag 1350 stirbt Alfons XI. von Kastilien als einziger europäischer König an der Krankheit. Das schottische Heer, das gegen das von der Seuche geschwächte verhaßte England angetreten ist, wird im Juli vom Schwarzen Tod vernichtet. Bis 1352 erobert Magna mortalitas die letzten Regionen Skandinaviens und Rußlands: Der Sichelbogen der Pest durch Europa hat sich vollendet.

Seltsamerweise bleiben einige Städte und Landschaften verschont – so Nürnberg, Mailand, Teile Böhmens. Weshalb, ist bis heute ein Rätsel. Die Pest bleibt vorerst in Europa endemisch, wütet allerdings niemals wieder so heftig wie in der Mitte des 14. Jahrhunderts.

Erst 1722, nach dem Abklingen eines letzten großen Ausbruchs in der Provence, verschwindet die Pest vollständig aus Europa. Vielleicht haben Mutationen den Erreger weniger aggressiv gemacht oder bestimmte Veränderungen in der Umwelt oder den Lebensbedingungen der Ratten ihm die Basis genommen. An der besseren Hygiene kann es nicht liegen – die ist noch lange so miserabel, daß fast 200 Jahre später in Hamburg die Cholera nahezu ungehindert wütet. Den Erreger der Seuche isoliert der Schweizer Tropenarzt Alexandre Yersin erst 1894 bei der Untersuchung einer Pestepidemie in Hongkong.

Die Magna mortalitas des 14. Jahrhunderts verdient ihren Namen: Heute schätzen die meisten Forscher, daß zwischen 1347 und 1352 ungefähr ein Drittel der damals 60 bis 75 Millionen Europäer der Seuche erlegen sind. Zum Vergleich: Dem Zweiten Weltkrieg und dem barbarischen Holocaust fielen von 1939 bis 1945 etwa fünf Prozent der europäischen Bevölkerung zum Opfer.

Auf den ersten Blick ist die Welt von 1352 der von 1347 gleich. Zwar sind manche Landstriche, Städte und Klöster für immer ihrer Bedeutung beraubt, manchmal völlig ausgelöscht worden. Doch die Lebensbedingungen, die sozialen Verhältnisse hat die Pest insgesamt nicht verändert.

Die meisten Menschen haben monatelang, vom ersten Auftreten der Krankheit in ihrer Heimat bis zum darauffolgenden Winter, das tägliche Sterben erlebt. In vielen Städten herrschte die Seuche auch über die kalte Jahreszeit und damit länger als ein Jahr.

Mühsam kommt das Alltagsleben wieder in Gang. Die Zünfte, früher Trutzburgen des Handwerks, öffnen sich für kurze Zeit neuen Mitgliedern, damit ihre Reihen sich auffüllen. Die Kirche ist froh um jeden, den sie den verwaisten Gemeinden schicken kann. Schon bald häufen sich die Klagen über Priester, die nicht einmal lesen könnten.

Arbeit wird teuer, denn es gibt weniger Handwerker, Knechte, Tagelöhner, und die wenigen fordern mehr Lohn. Indirekte Folge der Seuche ist eine schwere Wirtschaftskrise. 1351 nennt das Kölner Domkapitel drei Gründe dafür: Magna mortalitas, Krieg und „debilitas monetae" – Inflation.

Erstaunlicherweise scheint die gewaltige Katastrophe sich nicht in der Weltvorstellung der Menschen niederzuschlagen – als hätte die Seuche auch die geistigen Kräfte erschöpft. „Die Tugend ist in der ganzen Welt geschwächt", klagt ein Chronist. Nein, widerspricht ein anderer, sie sei vielmehr gewachsen: Mangels Nachfrage würden die Hersteller von Würfelspielen jetzt Rosenkränze produzieren.

Tatsächlich aber ist die Kirche im Innersten erschüttert. Sie ist immens reich geworden, weil zahlreiche Pestkranke ihr Vermögen dem

Domkapitel, Klöstern oder anderen klerikalen Einrichtungen vermacht haben. Doch den Menschen hat die Kirche kaum geholfen.

„Was könnt ihr den Menschen predigen? Demut? Ihr seid der Stolz selbst, aufgeblasen, pompös und verschwenderisch. Armut? Ihr seid so habgierig, daß alle Reichtümer der Welt euch nicht zufriedenstellen könnten. Keuschheit? Davon wollen wir schweigen..." So donnert Papst Klemens VI. 1351 seine Prälaten an.

Die Erfahrung, daß die Kirche nicht allmächtig und die von ihr vertretene Ordnung der Welt nicht gottgegeben und unabänderlich ist, wirkt wie ein untergründiges Beben fort, das ein Jahrhundert später eskaliert: Die Reformation wäre ohne die Erschütterungen, die das Große Sterben der mittelalterlichen Welt zugefügt hat, nicht vorstellbar.

Was die Zeiten seither überdauert hat, das ist die Angst. Eine Angst, die sich so mächtig und so tief in das kollektive Unterbewußtsein Europas eingegraben hat, daß auch sechs Jahrhunderte später das bloße Gerücht vom Ausbruch der Pest irgendwo auf der Erde die alte Furcht vor dem Ende der Welt erneuert.

Was Köln angeht, so scheint die Stadt gewissermaßen „durchschnittlich" verwüstet worden zu sein, also ungefähr ein Drittel ihrer Einwohner verloren zu haben. An ihrer Stellung im Gefüge des Reiches und Europas ändert sich nichts. Andere deutsche Städte werden härter getroffen, in Hamburg und Bremen etwa fallen zwei von drei Einwohnern der Seuche zum Opfer.

Für einen Teil der Kölner Bürger hat nicht die Pest die ärgsten Folgen, sondern die Hysterie, die ihr vorauseilte: für die Juden. Zwar erlaubt ihnen der Rat nach dem Pogrom sofort wieder die Ansiedlung. Doch 1426 werden die Juden endgültig aus der Stadt vertrieben; sie müssen sich (wie später auch die Protestanten) auf der rechten Rheinseite ansiedeln. Bis ins 19. Jahrhundert bleiben sie in Europa rechtlich und sozial deklassiert, und die Hysterie des Mittelalters wird im fanatischen Haß der Nationalsozialisten schreckliche Erneuerung finden.

Das abgebrannte Kölner Judenviertel wird nach dem Rückzug der Pest vollends niedergerissen. Eine Kapelle entsteht nun auf den Trümmern der Synagoge. Dort, wo früher Häuser und Geschäfte eng beieinandergestanden haben, wird ein großzügiger Platz angelegt. Erst unter den Bombentrümmern des Zweiten Weltkrieges finden die uralten Fundamente sich wieder. Und was allen Plünderern entging, das graben 1953 Archäologen aus: den Gold- und Silberschatz des Joel ben Uri ha-Lewi.

Das Zeugnis einer fernen Angst und einer vergeblichen Hoffnung.

WOLF SCHNEIDER

Ein Kaiser im Würgeeisen

*Mit nur 168 Mann überrumpelt der
spanische Oberst Francisco Pizarro am 16. November 1532 den
Inka-Herrscher Atahualpa und dessen 5000 Mann starke
Leibgarde. Da macht Atahualpa dem Feind ein Angebot: Ein Zimmer
werde er bis zur Höhe seiner ausgestreckten Fingerspitzen mit
Gold füllen – wenn Pizarro ihn danach freilasse ...*

Dies ist die phantastische Geschichte von dem Schweinehirten, der einen Kaiser überwältigte, ausraubte und erwürgen ließ – von Francisco Pizarro, einem der Erzschurken des Kolonialzeitalters, einem Bündel von Schamlosigkeit, Zähigkeit und Wagemut, wie es kaum ein zweites gegeben hat.

Was trieb ihn, den Habenichts mit der maßlosen Vision, daß er, sechzig Jahre alt, den Sonnenkaiser von Peru aus seiner goldenen Sänfte zerrte? Und wie konnte das hochorganisierte Riesenreich der Inka mit Hunderttausenden vorzüglich ausgerüsteten Soldaten zusammenbrechen unter dem Anprall von 168 spanischen Hasardeuren?

Alles fing damit an, daß „eine Person niederen Standes", wie die Chronisten sagen, wahrscheinlich 1471, vielleicht aber 1474 oder 1478 einen Jungen gebar, den sie Francisco und, nach seinem mutmaßlichen Vater, einem Obersten der Infanterie, Pizarro nannte. Wer hätte sein Geburtsjahr registrieren sollen? Ein Elternhaus hatte er nicht, eine Schule besuchte er nicht, Schweine mußte er hüten auf den Hügeln der dünnbesiedelten Landschaft Extremadura, unweit der portugiesischen Grenze. Und schon reißt jede Überlieferung ab bis zum Jahre 1504, als Pizarro um die 30 war. Da tauchte er in Haiti auf, später als Stellvertreter eines Alonso de Ojeda auf einem Kriegszug gegen die Indianer.

Wann hatte er sich nach Amerika eingeschifft? Wir wissen es nicht. Nur daß einem armseligen spanischen Hirten die prahlerischen Berichte des Kolumbus wie ein Befreiungsschrei in den Ohren geklungen haben müssen: Viermal zwischen 1493 und 1504, als er von seinen vier Reisen zurückkehrte, wußte Kolumbus sich und seine Entdeckungen ja in Szene zu setzen, jedesmal hartnäckig behauptend, in „Indien" gelandet zu sein (worunter er, nach dem Sprachgebrauch seiner Zeit, Japan und China verstand).

Und schon 1494, noch in dem Irrglauben des Kolumbus befangen, teilten Spanien und Portugal die Erdkugel zwischen sich auf, damit ihre Seefahrer einander nicht mehr ins Gehege kämen: Im Kloster von Tordesillas unterzeichneten sie einen Vertrag, wonach östlich einer Linie, die etwa dem 46. Grad westlicher Länge im heutigen Brasilien entspricht, die Erde portugiesisch, westlich davon hingegen spanisch sein sollte. Die Erde! Sie kannten sie kaum, aber sie nahmen sie sich. Der unvorstellbare Hochmut der Könige muß den Vagabunden, die in ihrem Namen halb Amerika zusammenraubten, wohl als mildernder Umstand angerechnet werden.

Nun ist es nicht weit von Extremadura nach Sanlúcar, dem Hafen von Sevilla, wo sich die Segel der Entdeckerschiffe blähten, Boten aus einer Welt der sagenhaften Möglichkeiten; und da waren nicht nur Matrosen gefragt, sondern auch Glücksritter, die sich jenseits des Ozeans bereichern durften, wenn sie nur Palisaden bauten und Eingeborene in die Schranken wiesen.

Pizarro war so einer. Um 1500 vielleicht stahl er sich aus Spanien davon oder in jenem Jahr 1502, als der italienische Seefahrer Amerigo Vespucci als erster die Überzeugung äußerte, all die Schiffe aus Europa führen gar nicht an der Ostküste Asiens entlang, sondern an einer Neuen Welt; demselben Jahr, da dem Inka-Kaiser Huayna Capac der Sohn Atahualpa geboren wurde, der sich 31 Jahre später im spanischen Würgeisen zu Tode keuchen sollte.

Haiti also, 1504. Spätestens im Jahre 1513 finden wir Pizarro auf der Landenge von Panama wieder, einem Sammelplatz spanischer Siedler und Soldaten, an den schon die ersten Gerüchte vom großen Gold im Süden gedrungen waren. 1513 gehörte Pizarro zu jener Expedition unter Núñez de Balboa, die den Isthmus durchquerte, so daß die ersten Europäer es nun vor sich liegen sahen: das Südmeer, wie sie sagten, aus Panama zu Recht; den Stillen Ozean, wie Magellan ihn später taufte; den pazifischen Seeweg zum Gold.

Im Jahre 1522 war Pizarro ein Hauptmann um die 50, ein alter Mann nach den Maßstäben der Zeit, mit einem Stück Land in der Nähe der neuen Hauptstadt Panama, dem Südmeer zugekehrt, und ein paar Indianern, die ihm Frondienst leisteten. Gemessen an seiner traurigen Jugend hatte er es zu etwas gebracht. Ob er gleichwohl mit sich unzufrieden war oder ob er seinen Ehrgeiz erst entwickelte durch die drei Anstöße, die er in jenem Jahr bekam – wir wissen es nicht.

Der eine Anstoß war, daß Panama vibrierte vor Begeisterung über den endgültigen Sieg, den Hernando Cortez im Vorjahr über die Azteken in Mexiko errungen hatte – ein Edelmann aus Extremadura, erst 36 Jahre alt und vermutlich mit dem Vater Pizarros verwandt! Der zweite, daß ein spanischer Seefahrer in Panama berichtete, wie er bis zur Küste von Peru vorgestoßen sei und dort von einem Reich mit unerhörten Goldschätzen gehört habe.

Den dritten Anstoß gab Pizarro das Zusammentreffen mit zwei Männern, die ihn zu einem Bündnis überredeten: dem alten Haudegen Diego de Almagro, ähnlich alt wie Pizarro, aber von ungebrochener Unternehmungslust, und dem Pfarrer Hernando de Luque, der bereit war, das Geld eines reichen Siedlers, der nicht in Erscheinung treten wollte, in eine Expedition zum Goldland im Süden zu investieren.

Die drei wurden sich einig: Almagro beschafft zwei Segelschiffe und kratzt aus den glücklosen Herumtreibern in Panama eine Mannschaft zusammen, Pizarro übernimmt den Befehl, und de Luque gibt das Geld.

Es geschah im November 1524, daß Pizarro Segel setzte, um das Goldland zu erobern; und es wurde ein fast totaler Mißerfolg. An der Küste Urwald, Sümpfe, nichts zu essen. Endlich ein Dorf, in dem die Einheimischen vom Goldland schwärmten, dort hinter den Bergen. Schließlich eine Stadt, in der die Spanier rohen Schmuck aus purem Gold in Mengen rauben konnten, doch fünf wurden dabei erschlagen und viele verwundet – Pizarro selbst an sieben Stellen, die der Harnisch nicht bedeckte.

Aus Sorge um die Verletzten und mit dem Stolz des erbeuteten Goldes ordnete Pizarro die Rückkehr nach Panama an. Der spanische Statthalter dort war jedoch weniger vom dem Gold beeindruckt als von der Tatsache, daß Pizarro ein Viertel seiner Männer durch Hunger, Krankheit und Kampf verloren hatte; und so lehnte er es ab, weitere Entdeckungsfahrten zum Goldland zu genehmigen – es sei denn, Pizarro erkenne an, daß er ihm, dem Statthalter, von der nächsten Beute 1000 Goldpesos schulde.

So stand nichts im Wege, daß Pizarro, sein Kampfgenosse Almagro und Pater de Luque am 10. März 1526 einen ungeheuerlichen Vertrag abschlossen, ihr privates Tordesillas sozusagen: Sie ergriffen von den noch zu entdeckenden Ländern am Südmeer urkundlich Besitz und versicherten einander, alles, was sie erobern würden, Land, Menschen, Gold und Vorteile jeglicher Art, gleichmäßig unter sich aufzuteilen, im Namen des Herrn, der Heiligen Dreifaltigkeit und der Jungfrau Maria, aufs Meßbuch geschworen, mit dem Abendmahl besiegelt und von drei ehrbaren Bürgern Panamas beglaubigt, von denen je einer für die beiden Analphabeten unterschrieb, Almagro und Pizarro. So wurde ein Kaiserreich zerlegt.

Pizarro stach noch 1526, im Jahr des Dreierbunds mit de Luque und Almagro, zum zweitenmal in See; diesmal mit zwei Schiffen, einem für Almagro und einem für sich, und rund 160 Mann, die sie in Panama nur mühsam zusammengeklaubt hatten – zu erschreckend war der Anblick der ausgemergelten Überlebenden der ersten Fahrt gewesen. Bessere Waffen immerhin befanden sich an Bord und sogar ein paar Pferde, von Spanien im Bauch der Segler über den Atlantik zur pferdelosen Neuen Welt geschaukelt bis an die Nordküste Panamas, dort übers Gebirge zum anderen Ozean getrieben und nun wieder in engen, mit Stroh gepolsterten Verschlägen auf dem Meer.

Achtzehn Monate dauerte Pizarros zweite Reise, und mehrfach war sie dem Desaster nah. Zwar konnten die Spanier gleich bei ihrer ersten Landung an der Küste des heutigen Ecuador ein Dorf überrumpeln und Gold erraffen, so daß Almagro mit der Beute nach Panama segelte, um Verstärkungen anzuwerben. Aber von denen, die bei Pizarro geblieben waren, gerieten 15 Mann in einen indianischen Hinterhalt, und keiner kehrte zurück. Da jedoch Almagro bald wiederkam mit neuen Abenteurern aus dem Norden und da das andere Schiff von einer Erkundungsfahrt in den Süden zurückgekehrt war voll von Gerüchten über goldgetäfelte Paläste, von denen alle Indianer erzählten – segelten beide Schiffe weiter nach Süden.

Bei einer Stadt stellten sich ihnen zum erstenmal Tausende von Kriegern entgegen, und eine halbwegs beglaubigte Anekdote besagt, die Spanier seien nur entkommen, weil einer von ihnen vom Pferd fiel: Denn war das Doppelwesen Pferd-Mensch den Indianern schon unheimlich genug, so mußte sein jäher Zerfall in zwei Teile sie in Panik stürzen.

Doch das Erschrecken der meisten Spanier über die Zahl ihrer Feinde blieb. Aus, vorbei, nach Panama zurück! riefen sie. Da war es Almagro, der sie beschwor: Ob sie nicht allesamt Schulden hätten in Panama? Und ob es nicht besser sei, weiter nach Gold zu suchen, als ins Gefängnis zu wandern? Almagro segelte noch einmal heim; Pizarro zog sich mit den Zurückgebliebenen auf eine kleine Insel zurück, weil es auf dem Festland immer bedrohlicher von Kriegern wimmelte.

Als nach Wochen des Hungers endlich zwei Schiffe aufkreuzten, bekamen Pizarros Männer zwar wieder zu essen, aber das Kommando an Bord hatte nicht Almagro, sondern ein spanischer Ritter namens Juan Tafur, der Pizarro den Befehl des Statthalters überbrachte, jeden Spanier, den er noch lebend antreffe, nach Panama zurückzuschaffen. Die Weisung war ergangen, weil einer der Zurückgebliebenen einen Brief auf Almagros Schiff hatte schmuggeln können, an die Frau des Statthalters, mit der Klage, Pizarro halte sie gegen ihren Willen in hoffnungsloser Lage zurück.

Pizarro wiederum konnte einen Brief von Almagro und Pater de Luque in Empfang nehmen, in dem sie ihn beschworen, auszuharren. Da zog er mit dem Schwert eine Linie in den Sand, von Osten nach Westen, und sprach zu seinen Männern: „Im Norden liegen Armut und ein bitteres Leben, im Süden Hunger, Gefahr, Verlassenheit, der Tod – und Peru mit seinen Schätzen. Wählt, was zu einem tapferen Kastilianer paßt! Ich gehe in den Süden. Wer kommt mit mir?" Und damit überschritt er die Linie. Dreizehn Männer folgten ihm.

Wer hätte in diesem Augenblick gewettet, daß es eben jene vierzehn Tagediebe sein würden, deren Besessenheit fünf Jahre später das Inka-Reich zerstören half? Zu ihrem Glück gehörte sogleich, daß der Ritter Tafur seinen Befehl nicht wörtlich auslegte und die vierzehn auf ihrer elenden Insel zurückließ.

Als die beiden Schiffe abgelegt hatten, sahen sich die Desperados, die ein Kaiserreich zerschlagen wollten, zum Warten verurteilt, wieder einmal – sieben qualvolle Monate lang. Pizarro sorgte dafür, daß Tag für Tag ein Morgengebet gesprochen, am Abend das Loblied der Jungfrau Maria gesungen, die Kirchenfeste so feierlich wie gerade noch möglich begangen wurden.

Endlich kam ein kleines Schiff, zu Pizarros Ärger ohne die ersehnte Verstärkung – denn nur unter dieser Bedingung hatte der Statthalter sich von Almagro und de Luque erweichen lassen, Pizarro, dem Befehlsverweigerer, doch noch einmal zu helfen. Außerdem erging an Pizarro die Weisung, spätestens in sechs Monaten in Panama zur Berichterstattung anzutreten.

Sechs Monate! Das hieß ja: Zunächst konnten sie nach Süden segeln! In Tumbez erreichten sie zum erstenmal die Grenze des heutigen Peru, und von hier aus, hatten etliche Indianer behauptet, sei es nicht mehr weit zum Reich des Goldes. Pizarro schickte einen Ritter an Land, mit glänzender Rüstung und einer Arkebuse auf der Schulter – einer der ältesten Schußwaffen, die ein Mensch tragen konnte, einem mindestens sieben Kilo schweren Donnerrohr, das Bleikugeln im Durchmesser von zwei Zentimetern verschoß und zum Schuß auf einen Gabelstock gelegt werden mußte. Von neugierigen Einheimischen bedrängt, ließ der Ritter sich nicht lumpen, schoß ein Brett in Splitter und lächelte denen, die sich unter Feuerschein und Knall in den Staub geworfen hatten, freundlich zu. Da zeigten sie ihm einen Tempel, der von Gold und Silber glänzte.

Die Spanier jubelten, als der Ritter ihnen davon berichtete. So war es Pizarro ein leichtes, sie für die Weiterreise in den unbekannten Süden zu gewinnen – bis zum 9. Grad südlicher Breite, weiter, als es fünf Jahre später für den entscheidenden Kriegszug nötig sein sollte. Die Küste war dicht besiedelt, die Indianer staunten und brachten Geschenke, Schmuck, feinste Tuche, auch einige Lamas, von denen zwei ein Jahr später mit Pizarro nach Europa reisten.

Um diese Zeit, 1527, muß Huayna Capac gestorben sein, der Vollender des Inka-Imperiums. In seinen Mythen wird das Reich seit etwa dem Jahr 1200 erwähnt, zunächst ein Agrarstaat rund um Cuzco im Süden des heutigen Peru, nicht den alten Hochkulturen zugehörig wie der von Chimú im Norden und der von Tiahuanaco im Süden. Erst etwa hundert Jahre vor seinem gewaltsamen Ende begann die Durchdringung oder militärische Unterwerfung von immer mehr Nachbarvölkern, denen die Herrenrasse der Inka ihre Sprache und ihren ebenso effizienten wie erbarmungslosen Beamtenapparat aufnötigte.

Woran der jähe Expansionsdrang der Inka sich entzündete, woher sie ihre ausgefeilte Herrschaftstechnik nahmen und wie sie sie in so kurzer Zeit durchsetzen konnten – darauf gibt es bis heute keine befriedigende Antwort. Rund eine Million Quadratkilometer waren von den Straßen, Brücken, Rasthäusern, Vorratslagern, Festungen und Tempeln der Inka überzogen, das Dreifache von Deutschland, mehr als 4000 Kilometer von Nord nach Süd, von der Grenze des heutigen Kolumbien bis über das heutige Santiago de Chile hinab; eine Entfernung wie die vom Nordkap Europas bis nach Libyen.

Huayna Capac aber teilte noch auf dem Sterbelager das Riesenreich zwischen seinem ältesten Sohn Huascar und seinem Lieblingssohn Atahualpa auf – und leistete damit einen Beitrag zu seinem Untergang.

Hat der sterbende Kaiser den kommen sehen? Seinen engsten Vertrauten soll er verkündet haben, das Reich werde zerstört werden durch bärtige, weißhäutige Fremde, die in hölzernen Burgen unter riesigen Tüchern nach Süden schwömmen, denn so spreche das Orakel, und es habe keinen Zweck, sich dem Willen des Himmels entgegenzustellen. Garcilaso de la Vega erzählt diese Geschichte, und einerseits ist er die beste, ja die einzige Quelle für die Inka-Seite:

1539 in Cuzco geboren als Sohn eines spanischen Adligen und einer Inka-Prinzessin und von seiner Mutter im Inka-Geist erzogen; andrerseits von einer Fabulierfreude, die ihn nach Meinung der meisten späteren Historiker unzuverlässig macht.

Unbestritten aber ist, daß Huayna Capac noch Nachricht von den bärtigen Exoten in den dicken Schiffen empfangen hatte, und beunruhigt haben könnte ihn diese Auskunft schon: Schließlich hatte man nicht ein lückenlos durchorganisiertes Staatswesen geschaffen, um am Ende seines Lebens plötzlich von Fremdlingen zu hören, die dreist das alles beherrschende Schema sprengten.

Pizarro, der Bärtige, und seine längst tot geglaubten, inzwischen wohlgenährten Leute waren unterdessen nach Panama zurückgekehrt. Sie erregten zwar Aufsehen, aber der Statthalter verweigerte jede weitere Unterstützung für das offenbar uferlose Unternehmen.

Da hatte Pater de Luque eine kühne Idee, und Almagro unterstützte ihn darin: Einer von ihnen müsse nach Spanien reisen, um den König für die Unternehmung zu gewinnen – und Pizarro müsse es sein, kein anderer sei geeignet, auf den Regenten Eindruck zu machen. De Luque brachte 1500 Dukaten auf, Pizarro wurde angemessen eingekleidet (und, dürfen wir vermuten, von de Luque in der höfischen Etikette unterwiesen und mit unzähligen Ratschlägen versehen). Im Frühjahr 1528, nach vierjähriger Belagerung Perus, schiffte er sich nach Europa ein.

Es geschah dann im Sommer, durch de Luque eingefädelt, daß der ehemalige Schweinehirt aus Extremadura in Toledo, Spaniens größter Stadt, hintrat vor Karl V., Kaiser des Heiligen Römischen Reiches Deutscher Nation, König von Kastilien, Aragón, Granada, Navarra, Neapel, Sizilien und der Inseln und Festländer des Ozeanischen Meeres, Herzog von Mailand, Brabant, Luxemburg und Schlesien, Freigraf von Burgund und Graf von Flandern.

Der Kaiser war 28, Pizarro zwischen 50 und 59 Jahre alt, der Kaiser eher schmächtig, Pizarro ein hochgewachsener Mann; der Kaiser von zurückgenommenem Wesen, Pizarro inmitten all der Hofschranzen und der goldbetreßten Pracht von keinem Zweifel an sich selber angekränkelt; der Kaiser, auch auf Flämisch und Französisch von eher stockender Rede, im Kastilianischen nicht recht zuhause – Pizarro der geborene Rhetor, egal, ob er seine Männer zum Ausharren begeisterte oder von den unglaublichen Opfern berichtete, die des Königs treueste Diener auf sich genommen hätten, um das Goldland Peru ihm zu Füßen zu legen.

Karl V., ist überliefert, war bis zu Tränen bewegt. Er beugte sich neugierig über den goldenen Schmuck und bewunderte die Feinheit der Gewebe aus der Wolle der Lamas, von denen er zwei betrachten konnte, vermutlich standen sie im Hof.

Natürlich möchte man viel mehr über diese Szene wissen, einen Film von ihr haben, eine fulminante Reportage, ein exaktes Protokoll – denn selten war ein solcher Widerspruch der Herkunft und des Lebensstils in einem Raum vereinigt, und überdies war dies die Stunde, da der mächtigste Mann Europas sich mit einem Haudegen und Hungerleider darauf einigte, daß der ihm den mächtigsten Mann Amerikas unterwerfen sollte.

Was könnte Karl V. bewogen haben, Pizarro und sein Anliegen dem königlichen „Rat von Indien" lebhaft zu empfehlen? Das Gold vermutlich und eine Art Sendungsbewußtsein auch. Zwar war es höchst ungewiß, ob Pizarro nun wirklich Gold herbeischaffen würde in jenen Mengen, wie der Kaiser sie dringend hätte brauchen können, um seine permanenten Kriege zu finanzieren: allein viermal gegen Frankreich, dazwischen gegen den Kirchenstaat und später gegen die Türken. Andrerseits war der Einsatz ja gering.

All diese zäh ablaufenden Kriege finanzierte Karl V., im Stil seiner Zeit, durch kurzfristige Schuldverschreibungen, zumal bei den großen Bankhäusern von Antwerpen, Augsburg und Genua. Die verlangten mindestens 12 Prozent, zum Teil bis zu 45 Prozent Zinsen, und Karl zahlte sie auch, wenn andernfalls eine seiner Armeen zu meutern oder auseinanderzulaufen drohte – wobei er so weit ging, Hypotheken auf noch nicht eingegangene Steuern aufzunehmen.

Doch nur die Hoffnung auf das Gold war es nicht, was dem Hauptmann Pizarro die Huld des Kaisers eintrug. Mercurino de Gattinara, italienischer Jurist und Großkanzler des Heiligen Römischen Reiches, hatte dem 19jährigen, als er Kaiser wurde, eingeredet, er sei berufen, „die ganze Welt unter einem Hirten zu vereinigen". Karl hörte das gern. Er träumte vom *dominium mundi*, der Herrschaft über die Erde, der *monarchia universalis*, dem Weltkönigtum; und als er 1525, drei Jahre vor der Begegnung mit Pizarro, seinen Erbfeind Franz I. von Frankreich geschlagen und gefangengesetzt hatte, schien das Ziel nah.

Nun wollte Karl die Türken schlagen und Jerusalem zurückerobern – „damit die ganze Welt unter diesem christlichen Fürsten unseren katholischen Glauben annehme und so die Worte des Erlösers sich erfüllen: Es wird ein Schafstall und ein Hirte sein". So ließ der Kaiser es nach seinem Sieg über den König von Frankreich verkünden, und kein Chronist bestreitet, daß Karl V. wirklich fromm war, dazu sittenstreng und pflichtbewußt bis zur Federfuchserei. „Die ganze Welt" katholisch – die Neue also auch!

Ein volles Jahr nach der Audienz von Toledo, am 26. Juli 1529, bekam Pizarro endlich die Urkunde ausgehändigt, die ihm das Recht gab, das Land Peru – oder Neu-Kastilien, wie es fortan heißen sollte – zu erobern und es als Statthalter zu regieren, mit einem Gehalt von 725 000 Maravedi, die dem Lande zu entnehmen seien.

Da war viel versprochen und nichts riskiert. Nur einen gewissen Zuschuß wollte der Hof leisten zu dem Kriegsgerät, mit dem Pizarro versehen werden sollte. Im übrigen war es dessen Verpflichtung, binnen eines Jahres 250 Soldaten aufzutreiben und mit ihnen nach Peru aufzubrechen. Mit 250 Mann gegen ein Kaiserreich – es klang wie Aberwitz; aber wie wir wissen, hat es funktioniert, mit 168 Mann sogar.

Die Suche nach den richtigen Männern begann Pizarro in seiner Heimat Extremadura, wo der vor einem Vierteljahrhundert verschollene arme Schlucker sich gebührend bewundern ließ. Drei seiner vier jüngeren Halbbrüder schlossen sich ihm an: Gonzalo und Juan, unehelich geboren wie er, und Hernando, ehelich und von allen Zeitgenossen als überempfindlich, hochmütig und rachsüchtig geschildert.

In Panama gab es Ärger mit Almagro, weil Pizarro für ihn nur 300 000 Maravedi (gegen 725 000 für sich selber) und den Posten des Kommandanten der Festung Tumbez ausgehandelt hatte, statt ihn, wie verabredet, mit denselben Rechten zu versehen. Pater de Luque konnte vermitteln. Und im Januar 1531 zog Pizarro zum drittenmal aus, das Goldland zu erobern, diesmal mit drei Schiffen und 190 Mann – mehr hatte er nicht zusammentrommeln können.

Am Nordrand des heutigen Ecuador betrat er zum drittenmal den Boden des Inka-Reichs. Nach mühsamem Marsch erreichten die Spanier die Stadt Coaque, aus der sie ohne Widerstand alles raubten, was aus Gold oder Silber war. Doch noch im Plündern erzwang Pizarro Disziplin: Alle Beute hatte auf einen Haufen geworfen zu werden, Pizarro zweigte wie immer ein Fünftel davon für den König ab, den Hauptteil schickte er mit den beiden Schiffen nach Panama zur Finanzierung des Nachschubs und zu weiteren Anwerbungen – der Rest wurde verteilt. Wer sich auf eigene Faust bereicherte, dem drohte der Tod.

Während die Schiffe unterwegs waren, zog Pizarro südwärts durch eine Sandwüste, die Sonne unter dem Äquator brannte auf die schweren Rüstungen und die dicken Wämser, und mehrere Spanier starben an einer jäh aufgetretenen Seuche, die die Körper der meisten mit großen, blutigen Warzen bedeckte. Wo der verzagte Haufe auf Indianer stieß, da brachten die den Spaniern nicht mehr Früchte wie früher, sie flohen.

Am Golf von Guayaquil, wie er heute heißt, fielen Tausende von Indianern über die Eindringlinge her und kämpften Mann gegen Mann, bis die Spanier schließlich siegten mit der Kavallerie unter Hernando Pizarro und durch das Entsetzen der Indianer vor dem Feuer und dem Getöse der beiden „Feldschlangen", der ersten leichten Kanonen auf nur zwei Rädern; schon Cortez hatte solche nach Mexiko mitgeführt.

Als die erhoffte Verstärkung aus Panama eingetroffen war, zog Pizarro nach Tumbez weiter, das er von seiner vorigen Unternehmung im Jahre 1527 kannte. Dort vernahm er von den Einheimischen mit Genugtuung, daß es im Inka-Reich zwei Kaiser gebe, die gerade einen blutigen Krieg gegeneinander führten.

In der Tat: Nur drei Jahre lang, von 1527 bis 1530, hatten sich die Thronerben Huascar und Atahualpa das Reich friedlich geteilt, wie es ihres Vaters Wunsch gewesen war – Huascar residierte in der alten Hauptstadt Cuzco im südlichen Peru, Atahualpa in Quito im heutigen Ecuador. Dann rüstete Atahualpa ein Heer und zog nach Süden, um sich in den alleinigen Besitz des Reichs zu setzen, wobei er alle Städte, deren Bewohner ihm die Huldigung verweigerten, niederbrannte.

Die Entscheidung im Bürgerkrieg war noch nicht gefallen, als Pizarro erstmals davon hörte. Spätestens nun aber müssen beide Kaiser ihrerseits erfahren haben, daß ein Trupp von bärtigen Fremden sich an der Küste breitmachte. Das Inka-Reich verfügte ja über das beste Nachrichtensystem, das es bis zur Einführung des Telegraphen gegeben hat. Seine Straßen waren schmaler und simpler als die berühmten der Römer und durften es sein, denn die Neue Welt kannte kein Reittier, kein Zugtier und keinen Wagen; im Tempo aber, mit dem die Inka Botschaften über diese Straßen jagten, in der ausgetüftelten, mit eiserner Faust erzwungenen Kuriertechnik waren sie den Römern noch überlegen.

In der Sandwüste mancher Küstenregionen bestand die Inkastraße nur aus zwei Reihen von Pfosten, die die Route markierten. In besiedelten Landschaften war sie im Durchschnitt vier Meter breit, oft von Mauern eingefaßt, von Bäumen beschattet und von einem Bach begleitet. In Sumpfgebieten lief sie über einen Damm.

Im Gebirge, dem Rückgrat des Riesenreichs, sah die Straße anders aus: nur einen Meter breit, über Steilhänge im Zickzack geführt, über

Felsen als Treppe, über Flüsse und Schluchten als Hängebrücke aus Weidenzweigen oder Pflanzenfasern, zu mannsdicken Seilen geflochten. Jeweils drei davon trugen die Last, mit Querhölzern verbunden und mit Matten oder Lehm belegt, zwei Seile bildeten das Geländer. Tief hing die Brücke durch, im Wind schwankte sie, erst recht unter dem Tritt von Menschen oder Lamas – aber sie hielt, sogar unter den Hufen der spanischen Pferde, wenn Mensch und Tier dabei auch zitterten vor Angst.

Kurz: Die Inkastraßen gehörten, nach dem Urteil Alexander von Humboldts, zu den „staunenswertesten Werken", die der Mensch je geschaffen habe. 20 000 Kilometer maß das Straßennetz, wovon allein 6000 Kilometer auf die große Nord-Süd-Verbindung über die Hochebenen und die Pässe der Kordilleren entfielen, 4000 Kilometer in der Luftlinie.

Auf diesen Straßen zogen die Heere entlang, über sie wurden auf dem Rücken von Lama-Karawanen Vorräte und Kriegsgerät für das lückenlose Festungssystem transportiert, auf ihnen reisten in goldgeschmückten Sänften die kaiserlichen Beamten, die den Staat zusammenhielten. Privates Reisen gab es nicht, privaten Handel gab es nicht, Geld gab es nicht – der allmächtige Staat hatte alles geregelt, jede Region versorgte sich selbst, keiner litt Hunger, alle Vorratshäuser waren voll.

Und über die Straßen rannten die kaiserlichen Läufer. Nach unstrittiger Überlieferung schafften sie mühelos 240 Kilometer am Tag, doch auch 400 Kilometer binnen 24 Stunden sollen erreicht worden sein. Das klingt plausibel: 400 durch 24 ergibt 16,7 Stundenkilometer. Ein Marathon-Olympiasieger bringt es auf 21 Stundenkilometer. Er muß nicht bergauf rennen – aber dafür 42 Kilometer durchhalten; der Stafettenläufer der Inka-Post wurde im Flachland nach spätestens 20 Kilometern, im Gebirge je nach Gelände schon nach einem bis acht Kilometern abgelöst.

Und das ging so: Im Abstand der jeweiligen Laufdistanz stand eine Hütte, in der Tag und Nacht zwei Läufer warteten. Sahen sie einen Kurier herantraben, so lief der eine ihm entgegen, und im gemeinsamen Lauf übernahm er entweder die Ware, zum Beispiel frischen Meeresfisch für den kaiserlichen Hof, oder ein Quipu, eine Botschaft, die in bunte Fransen aus Lamawolle geknotet war. Auch wurde die gemeinsame Laufstrecke oft dazu genutzt, eine mündliche Nachricht weiterzugeben, da die Knotenschrift, die einzige, die die Inka besaßen, offenbar nur Mengen erfassen oder zuvor getroffene Abmachungen bestätigen, nicht aber etwas Unvermutetes übermitteln konnte.

Die Botschaft mußte unter diesen Umständen in einen höchst einfachen Satz gefaßt sein, und den riefen sich der alte und der neue Läufer während ihres gemeinsamen Wegstücks mehrfach wechselseitig zu. An die Intelligenz und die Zuverlässigkeit der Läufer wurden demgemäß hohe Anforderungen gestellt, sie wurden sorgfältig ausgewählt, trainiert – und für den Fall, daß sie die Nachricht einem anderen als dem nächsten Läufer übermittelten, mit dem Tod bedroht. Nicht mit Gold und nicht unter Folter gelang es Pizarros Männern jemals, einen Postläufer zum Reden zu bringen.

Seine Strecke kannte jeder so gut, daß er sie auch in völliger Finsternis zurücklegen konnte. Sein Nahen verkündete er nachts mit einem Muschelhorn, oder von Hütte zu Hütte wurde zur Vorwarnung ein Feuer entzündet. Natürlich gab es Straßenmeister und Brückenmeister mit ihren Arbeitskolonnen, Kontrolleure und Oberkontrolleure und alle 20 Kilometer, eine Tagereise für Sänftenträger und Lama-Karawanen, festungsähnliche Herbergen und Vorratslager.

Solche Relaisstationen hatten die Römer an ihren Straßen auch, doch das Stafettensystem kannten sie nicht, ein Kurier konnte nur die Pferde wechseln, und auch damit schaffte er niemals 400 Kilometer am Tag. Andrerseits besaßen die Römer eine Buchstabenschrift, mit der sie fremde Eindringlinge hätten beschreiben können; das Quipu konnte vermutlich nichts enthalten als die Menge der Spanier, und auch in dem Satz, der sich zur mündlichen Weitergabe über hundert Stationen eignen mußte, wird schwerlich mehr unterzubringen gewesen sein als etwa „Gefährliche Männer auf dem Rücken großer Tiere".

Bärtige in Tumbez also, auf klassischem Inka-Boden. Die Unruhe über die Fremden wird sich gleichwohl in Grenzen gehalten haben, denn die kaiserlichen Brüder bereiteten sich vor auf ihre letzte Schlacht. Vor den Toren Cuzcos besiegten die Truppen Atahualpas im Februar 1532 die seines Bruder Huascar und setzten den Kaiser gefangen.

Damit noch nicht zufrieden, ordnete Atahualpa aus der Ferne – er war in Cajamarca geblieben, vermutlich der wohltuenden heißen Quellen wegen – einen schrecklichen Rachefeldzug an. Huascars gesamte Sippe wurde gefoltert und in der Hauptstadt an Pfählen aufgehängt, den Kopf nach unten: seine Frauen und seine Konkubinen, seine Geschwister, Tanten, Neffen und Nichten, seine Anhänger und seine mehr als achtzig Kinder auch. Huascar blieb am Leben, aber zuschauen mußte er dem Gemetzel.

Was immer man Pizarro nachsagen mag an maßloser Selbstherrlichkeit: Ganz so abstoßend wie Atahualpa war er nicht. Mindestens wird man feststellen dürfen, daß da zwei Scheusale sich schicksalhaft aufeinander zu bewegten.

Im Mai 1532 brach Pizarro von Tumbez zu Lande nach Süden auf. Den Einheimischen gegenüber zeigte er sich gnädig, zumal dann, wenn sie die Spanier bewirteten und wenn sie nicht protestierten, sobald der Notar in seiner Truppe etwas bestätigte, was sie ohnehin nicht verstanden: daß sie von nun an Untertanen des Königs von Kastilien und Kinder der katholischen Kirche seien.

Im Juni 1532 ließ Pizarro in einem fruchtbaren Tal, etwa 50 Kilometer von der Küste entfernt, eine Stadt erbauen, die er San Miguel taufte und die heute Piura heißt, mit einer Kirche, einem Gerichtsgebäude und einer Zitadelle. Die fünfzig Spanier, die hier bleiben sollten, bekamen jeder ein Stück Land und etliche Indianer zugewiesen.

Am 21. September 1532 war es soweit: An der Spitze von 177 Mann mit zwei Feldschlangen, drei Arkebusen, 15 Armbrüsten und 67 Pferden brach Pizarro auf zum letzten Schlag. Einheimische und seine Kundschafter hatten ihm übereinstimmend berichtet, Atahualpa habe im Bruderkrieg gesiegt und residiere zur Zeit in einer Stadt hoch in den Kordilleren, zehn bis zwölf Tagesmärsche von San Miguel entfernt.

Wie Pizarro sich das nun alles dachte, wieso er glaubte, mit seinem Häuflein von wenigen Rittern und vielen Marodeuren könne er ein Imperium zerschlagen – überliefert hat er es nicht, schreiben konnte er nicht, und wenn, hätte er gewiß nur von Gott und König geschrieben. Falsch wäre das nicht einmal gewesen, denn wir müssen uns klarmachen, daß ein habgieriger Plünderer durchaus zugleich an Gott und König denken konnte, ja daß es ihm ohne diese Rechtfertigung vielleicht an jener totalen Selbstgewißheit gefehlt hätte, die für ein so teuer erkauftes und so brutales Unternehmen nötig war.

Noch einmal aber, wie 1527 auf der Hungerinsel vor der Küste Ecuadors, bewies Pizarro, daß er nicht nur gewissenlos und tollkühn war, sondern auch Menschen souverän zu behandeln wußte. Unter dem Eindruck, daß ein Teil seiner Mannschaft nur widerwillig mitmachte und folglich zur Belastung werden könnte, sprach er zu seinen Leuten: Es solle keiner weiter mit ihm ziehen, der auch nur den geringsten Zweifel hege, daß sie einen gewaltigen Sieg erringen würden. Noch sei es nicht zu spät, umzukehren, ja die schwache Besatzung von San Miguel könne eine Verstärkung gut gebrauchen.

Nur neun Männer betraten diese goldene Brücke; die Moral der anderen hatte Pizarro deutlich gehoben, wieder einmal. Nun waren sie noch 168. Die zogen weiter, nach Südosten, den Viertausendern entgegen. Es gab fruchtbare Täler, in denen sie freundlich aufgenommen wurden, weil die Einheimischen die Inka-Herrschaft als Last empfunden hatten; in den Rasthäusern der Regierung wurden sie bewirtet.

Als Pizarro hörte, daß der nächste Ort von Soldaten besetzt sei, schickte er einen Trupp voraus, von dem Ritter Hernando de Soto befehligt, der sich später als Eroberer von Florida einen Namen machte und am Mississippi beim Kampf mit Indianern starb.

Nach einer quälend langen Woche kam de Soto endlich zurück und mit ihm ein Abgesandter des Kaisers. Der überbrachte die Botschaft Atahualpas, die Fremden seien in seinem Lande willkommen, und er lade sie ein, ihn in seinem Feldlager im Gebirge zu besuchen. Pizarro nahm dankend an, behandelte den Gesandten mit großem Respekt und ließ ihm ausrichten, sie seien angereist, um dem Kaiser ihre Ehrfurcht zu bezeugen und ihm ihre Dienste gegen seine Feinde anzubieten; Übersetzer unter den Indianern hatte Pizarro schon bei seiner zweiten Reise angelernt.

Von de Soto informiert über eindrucksvolle Straßen, Festungen und Vorratslager – und auch dadurch nicht irritiert –, zog Pizarro nun ins Gebirge hinauf und auf die Stadt Cajamarca zu, die in 2860 Meter Höhe zwischen den beiden Hauptkämmen der Kordilleren liegt. Die Einheimischen, auf die sie stießen, ergriffen die Flucht. Ein gefangener Indianer, von Hernando Pizarro gefoltert, berichtete, in und bei Cajamarca lagerten 50 000 Soldaten, und Atahualpa habe nichts anderes im Sinn, als die Fremden in die Falle zu locken.

Als sie auf die Hauptstraße nach Cuzco stießen, wurde Pizarro von etlichen seiner Männer bedrängt, ihr zu folgen, statt über die beschwerlichen und gefährlichen Kordilleren-Pässe nach Cajamarca zu ziehen, in die Höhle des Löwen. Pizarro hielt dagegen, er habe dem Inka seinen Besuch angekündigt, und dabei werde es bleiben, wenn sie nicht als feige gelten wollten. Faßt Mut! sprach er. In der Not steht Gott den Seinen bei, und wir werden den Heiden den wahren Gott verkünden, das ist schließlich unser Ziel! „Führe uns, wohin du willst!" sollen sie daraufhin gerufen haben.

Mit 40 Reitern und 60 Mann zog Pizarro voraus, auf die Pässe zu. Auch da fand er das, was die Inka eine Straße nannten, aber für Flachlandbewohner war sie eine Zumutung und für Pferde oft kaum passierbar: ein Pfad über dem Abgrund, eine Treppe im Fels. Dazu kam die Angst, die nächste Engstelle könnte eine Falle sein, doch selbst eine mächtige Festung auf einer Paßhöhe erwies sich als unbesetzt. Offensichtlich *wollte* Atahualpa die Spanier in Cajamarca haben, im Vertrauen auf seine ungeheure Truppenzahl und gewiß in der Absicht, sie tot oder lebendig in seine Gewalt zu bekommen; vielleicht nach einem Spiel, wie einst Nero es mit den Christen im Kolosseum trieb, zur Zerstreuung der kaiserlichen Langeweile. Pizarro muß das gewußt haben. Und da ihm klar war, daß ein Rückzug an jedem Paß leicht hätte verhindert werden können, setzte er – verbohrt, verwegen – auf den totalen Sieg.

Auf der Hochebene zwischen den Bergketten angelangt, schlugen die Spanier ihre Zelte auf und drängten sich fröstelnd ums Feuer. Ein neuer Abgesandter des Inka überbrachte Pizarro mehrere Lamas als Geschenk und fragte, wann sein Kaiser die Fremden erwarten dürfe, er wolle die notwendigen Erfrischungen vorbereiten. Dabei war der Gesandte hochmütig und selbstmörderisch genug, seinen gegorenen Maissaft aus einem Becher von funkelndem Gold zu trinken.

Es war der 15. November 1532, als die Spanier das blühende Tal von Cajamarca vor sich sahen; acht Wochen nach ihrem Aufbruch von San Miguel; acht Jahre nachdem Pizarro zum erstenmal von Panama südwärts zum Goldland gesegelt war. Die weißen Häuser glänzten in der Sonne – und über ihnen am Berghang, ein paar Kilometer entfernt, Tausende von Zelten, meilenweit. In drei Abteilungen schritten und ritten die Spanier in militärischer Ordnung langsam zur Stadt hinab, das Herz schlug ihnen im Halse, wie man vermuten darf; und mehr noch als Häuser und Zelte blitzten ihre blankgeputzten Harnische in der Abendsonne, von ihren Helmbüschen und Bannern überragt. Auf den Straßen kein Mensch. Atahualpa hatte die Stadt offenbar vollständig räumen lassen; warum, wissen wir nicht. Auch in der gewaltigen Festung über der Stadt kein Zeichen von Leben.

Seinem Bruder Hernando sowie dem Ritter Hernando de Soto erteilte Pizarro den Auftrag, mit 35 Mann ins kaiserliche Lager zu reiten. Mit klirrenden Waffen und Trompetenschall, vom stummen Erstaunen der indianischen Soldaten begleitet, galoppierten sie zum Lusthaus Atahualpas, das auf einer Wiese zwischen der Stadt und dem Zeltlager stand.

Der Kaiser saß im Vorhof auf einem Kissen, hoheitsvoll und ausdruckslos; um ihn herum stand sein zahlreiches Gefolge in prächtigen Gewändern aus golddurchwirkter Vicuña-Wolle. Hernando Pizarro verneigte sich im Sattel langsam und tief und sprach: Durch die Kunde von seinen Siegen angezogen, wollten die Spanier dem Kaiser ihre

Dienste anbieten und ihn den wahren Glauben lehren. Auch möge der Herrscher ihnen die Gunst erweisen, sie mit seinem Besuch zu beehren. Atahualpa sagte zu und forderte die Spanier auf, die öffentlichen Gebäude am großen Platz inmitten der Stadt zu beziehen.

Hernando de Soto fand die Gelegenheit günstig, zu zeigen, was ein spanischer Reiter und sein Pferd vermochten: Er gab ihm die Sporen, jagte in gestrecktem Galopp ein Stück durchs Tal und hielt es direkt vor Atahualpa so jäh an, daß es sich aufbäumte und ihn mit Schaum bespritzte. Der Kaiser rührte keine Miene. Die Höflinge in seiner Nähe aber, die entsetzt zurückgewichen waren, ließ er noch am selben Abend hinrichten.

Als die Nacht hereinbrach und über der Stadt Tausende von Feuern loderten, ging unter den Spaniern die Mutlosigkeit um wie noch nie. Unermüdlich redete Pizarro auf seine Männer ein, rief ihnen ihren göttlichen Auftrag ins Gewissen und versicherte ihnen, die Überzahl der Feinde sei nichts – verglichen mit der Tatsache, daß sie, die Spanier, mit dem Himmel im Bunde stünden. Seinen Rittern entwickelte Pizarro den Plan: Den Kaiser nehmen wir gefangen! Hatte nicht Cortez, der Eroberer von Mexiko, vor 13 Jahren den Aztekenherrscher Montezuma in dessen eigenem Palast überwältigt?

Mit viel Glück oder sicherem Instinkt hatte Pizarro sich für das machtpolitisch allein Mögliche entschieden: Wenn man in einem zentralistischen Staat den absoluten Herrscher aus der Spitze der Pyramide bricht, dann stürzt die ganze Pyramide zusammen. Nirgends unterhalb der Spitze gab es eine Schicht von Menschen, die bereit und fähig gewesen wären, Entscheidungen zu treffen. Das Volk wurde in totaler Abhängigkeit gehalten, niemand handelte ohne Befehl, keiner durfte seinen Wohnort je verlassen, es sei denn im Wege der Zwangsumsiedlung, die häufig stattfand, um den Zusammenhalt eines unterworfenen Stammes zu zerstören.

Noch dazu hatte Atahualpa gerade erst neun Monate zuvor, im Februar 1532, das Äußerste getan, um sich absolut unersetzbar zu machen: indem er seinen Bruder Huascar überwältigte und sich dessen Reichshälfte auch noch einverleibte. Ohne dies hätte Huascar nach Pizarros Handstreich in Cajamarca den Fremden, über ihre Macht und ihre Skrupellosigkeit nun voll informiert, ohne Zweifel eine Schlacht geliefert, die Pizarros Untergang gewesen wäre.

Sonnabend, der 16. November 1532. Auf dem großen Platz inmitten der Stadt erschallen im Morgengrauen die Trompeten, die die Spanier zu den Waffen rufen. Die breiten Tore der öffentlichen Hallen veranlassen Pizarro zu folgendem Plan: Je die Hälfte der 62 Reiter wird in zwei der Hallen stationiert, in einer dritten wartet das Fußvolk; auf Pizarros Zeichen brechen alle hervor.

Nun werden die Waffen inspiziert und die Brustgeschirre der Pferde mit Schellen versehen, um den Lärm zu verstärken. Nach einem guten Frühstück liest Pater Vicente de Valverde die Messe, erbittet den Sieg vom Gott der Schlachten und stimmt den Choral „Exsurge Domine" an: „Erhebe Dich, Herr, und richte Deine Sache", und machtvoll stimmen alle ein.

Es beginnt ein qualvolles Warten: Erst gegen Mittag nähert sich eine große Prozession, und knapp einen Kilometer vor der Stadt macht sie halt. Atahualpa schickt einen Boten, der Pizarro ausrichtet, der Kaiser gedenke dort seine Zelte aufzuschlagen und seinen Besuch am nächsten Morgen zu machen. Pizarro schickt die Bitte zurück, Atahualpa möge doch bei seinem ursprünglichen Plan bleiben und zum Abendessen sein Gast sein.

Und nun geschieht etwas Erstaunliches: Atahualpa zeigt sich sogleich bereit, auf Pizarros Vorschlag einzugehen – wie es eigentlich nicht die Art von Despoten ist; und noch dazu kündigt er an, er werde nur mit wenigen und unbewaffneten Kriegern kommen, Kriegern ohne ihre Schleudern, Keulen, Äxte und Spieße, mit denen sie stets der Schrecken ihrer Feinde waren.

Kein Chronist hat uns dieses für Atahualpa verhängnisvolle Verhalten je erklärt. Daß er den Fremden vertraut hätte, ist von äußerster Unwahrscheinlichkeit; was er selbst gegenüber seinem Bruder Huascar an Niedertracht bewiesen hat, muß er eigentlich auch den Bärtigen zubilligen. Als Erklärung bleibt nur: Der Sonnenkaiser fühlt sich so turmhoch überlegen, so vollkommen sicher inmitten seines Reiches, daß er die Überwältigung der Fremden, die er ohne Zweifel plant, genüßlich auf morgen verschiebt und die Gefahr im Heute nicht erkennt. Für Pizarros Wahnwitz fehlt ihm die Erfahrung und der Begriff. Wer wüßte denn *Außerirdische* richtig zu behandeln?

„Wenige" Krieger, das heißt für Atahualpa ohnehin: mehr als 5000 Mann. Sie alle versammeln sich am Abend auf der Plaza, und kein Spanier ist zu sehen. Der Kaiser thront auf einem Tragsessel von gediegenem Gold, mit prächtigen Federn geschmückt. „Wo sind die Fremden?" fragt er.

Da tritt Pater Valverde hervor – und inszeniert eine der widerlichsten Possen der Weltgeschichte. In der einen Hand die Bibel, in der anderen das Kruzifix, tritt er vor den Inka und hält eine umständliche

Rede, die der Dolmetscher Felipillo Satz für Satz übersetzt – nicht ohne Mühen, wie man sich denken kann; so erläutert er, laut Garcilaso de la Vega, die christliche Lehre von der Dreifaltigkeit mit den Worten: „Die Christen glauben an drei Götter und einen Gott, und das macht vier."

Die Hauptsache aber muß Atahualpa verstanden haben: Pater Valverde fordert ihn auf, unverzüglich den Christenglauben anzunehmen und sich dem Papst ebenso zu unterwerfen wie Karl V., dem mächtigsten Herrscher der Welt.

Atahualpa erwidert in höchstem Zorn, er halte nichts von einem Gott, der von denselben Menschen getötet worden sei, die er geschaffen habe; sein Gott lebe – wobei er auf die blutrot untergehende Sonne weist, Inti, Stammvater der kaiserlichen Dynastie. Der Papst müsse wahnsinnig sein, wenn er Länder verschenke, die ihm nicht gehörten; und die Fremden schuldeten ihm für ihr anmaßendes Verhalten Genugtuung. Die Bibel, die Pater Valverde ihm entgegenstreckt, ergreift der Kaiser, blättert kurz darin und schleudert sie zu Boden.

Da schreit Valverde den Spaniern in ihren Verstecken zu: „Seht ihr nicht, daß sich die Felder mit Indianern füllen, während dieser hochnäsige Hund mit uns streitet? Greift an! Ich erteile euch Absolution!" Pizarro schwenkt die weiße Binde, das verabredete Zeichen, und aus den drei Hallen stürzen sich schreiend die Spanier, feuern die Feldschlangen und die Arkebusen ab, stechen mit Lanzen und hauen mit Schwertern auf die eingekesselten Indianer ein und reiten sie mit ihren Pferden nieder.

Nur rund um den Thronsessel leisten einige Edelleute Widerstand. Als mehrere Reiter auf Atahualpa eindringen, schreit Pizarro ihnen zu, keiner, dem sein Leben lieb sei, dürfe sich an dem Inka vergreifen! Er selbst drängt sich zu der Sänfte vor, fängt Atahualpa auf, als sie umstürzt, und läßt den Kaiser zwischen starrenden Lanzen in ein nahes Gebäude schleppen.

Nach einer halben Stunde ist alles vorbei. Auf der Plaza liegen Tausende von Toten oder stöhnenden Verwundeten, niemand kümmert sich um sie. Unter den Spaniern gibt es eine einzige Verletzung: Pizarro hat sie, an der Hand, ihm beim Getümmel um Atahualpas Thron von einem Spanier zugefügt.

Die Soldaten auf den Berghängen lungern ratlos, mutlos, führerlos herum – eine enthauptete Armee. Pizarro aber, vielleicht schon 61 Jahre alt und jedenfalls von einem halben Jahrhundert der Armut und der Plage gezeichnet, empfängt den 30jährigen Sonnenkaiser des Inka-Reichs zum Abendessen, wie versprochen. Der Mann aus Extremadura hat gehandelt, wie mehr als 400 Jahre später Mao es sich wünschte: „Wer keine Angst davor hat, geviertelt zu werden, der wagt es, den Kaiser vom Pferd zu zerren."

Atahualpa verhält sich würdevoll wie nur je ein Monarch. „Das ist das Kriegsglück", sagt er in völliger Ruhe. Pizarro spricht tröstend auf ihn ein: Er, der Inka, teile nur das Schicksal aller Fürsten, die sich dem weißen Mann und dem wahren Glauben entgegenstellten; wenn er sich unterwerfe, werde er milde und gerecht behandelt werden, nach spanischer Art.

Pizarro besäuft sich nicht, er sorgt für die Aufstellung der Wachen, er ermahnt seine Männer, sich bewußt zu sein, daß sie von Feinden umringt sind. Am Morgen danach schickt er 30 Reiter in das Lager Atahualpas, um sich des Goldes zu bemächtigen.

Dreißig Reiter zwischen Zehntausenden von Kriegern! Aber wieder einmal hat Pizarro richtig kalkuliert: Gelähmt von dem doppelten Schreck, ihren Kaiser verloren zu haben und sich durch eine Meute von Übermenschen übertölpelt zu sehen, haben sich die Getreuen des Inka in die Wälder zerstreut – bis auf Frauen, Kinder und Alte ist das Lager leer.

Neben dem Gold bringen die Reiter unzählige Frauen mit: Ehefrauen, Konkubinen und Dienerinnen. Inka-Krieger müssen die Toten von der Plaza schaffen, und außer denen, die die Spanier als Diener brauchen, werden alle ermuntert, in ihre Heimat zurückzukehren.

Atahualpa aber, von Pizarro mit großer Korrektheit behandelt, hat schon nach ein paar Tagen begriffen, daß den Fremden eines noch wichtiger ist als ihr König und ihr Papst: das Gold. So macht er Pizarro ein schier unglaubliches Angebot: Sein Zimmer, 40 Quadratmeter groß, werde er mit Gold füllen bis zur Höhe seiner ausgestreckten Fingerspitzen – wenn Pizarro ihn dann freilasse. Erst glaubt ihm keiner, dann entscheidet Pizarro: Versuchen wir's! Wir wissen ja nicht, wo das meiste Gold ist, vor uns würde man es verstecken. Also zieht er in der von Atahualpa angezeigten Höhe einen roten Strich und läßt einen Notar den Vertrag aufsetzen. 88 Kubikmeter! Die Sperrigkeit der meisten Gegenstände eingerechnet, müssen es um die zehn Tonnen sein, errechneten später Chronisten.

Zwei Monate hat Atahualpa Zeit. Die Postläufer schwärmen aus und überbringen des Kaisers Befehl, aus Tempeln und Palästen überall im Reich allen goldenen Zierat zu entfernen und ihn nach Cajamarca zu schleppen. Lama-Karawanen ziehen über Inka-Straßen, um die Habsucht der Bärtigen zu sättigen; 700 goldene Platten allein aus dem Sonnentempel von Cuzco.

Dort hockt Huascar, der entmachtete Bruder, in seinem Verlies und hört von Atahualpas Katastrophe. Er schöpft neue Hoffnung und schickt einen bestochenen Wärter zu Pizarro, mit dem Versprechen, ein viel höheres Lösegeld zu zahlen, wenn *er* freikäme. Pizarro ist höchst zufrieden: Das gibt ihm die Chance, seine Macht zu etablieren, indem er die verfeindeten Brüder gegeneinander ausspielt! Doch macht er den Fehler, seinem Gefangenen zu sagen, daß er Huascar aus dem fernen Cuzco nach Cajamarca holen wolle.

Atahualpa erkennt die Gefahr und schafft es noch einmal, seine Post in Trab zu setzen, über vermutlich 300 Stationen an der etwa 1500 Kilometer langen Strecke: „Huascar töten, sofort!" Rufen die Läufer das einander zu? Oder gibt es im Quipu einen Knoten für jedes dieser drei Elemente? So oder so: Nach vier Tagen ist der Befehl am Ziel, und nach acht Tagen kann Atahualpa die Vollzugsmeldung entgegennehmen. Seinem Besieger heuchelt er tiefe Betrübnis über den Tod des Bruders vor.

Im Februar 1533 – die Goldträger sind noch immer unterwegs – trifft Diego Almagro mit 250 Mann in Cajamarca ein. Pizarro und er umarmen sich herzlich, obwohl beiden aus ihrer Umgebung eingeflüstert wird, jeder betreibe des anderen Untergang. In Pizarros wildem Haufen geht die Angst um, Almagros Männer würden Anspruch auf einen Teil der Beute erheben, die sich langsam dem roten Strich entgegenhäuft. Doch Pizarro gelingt es, Almagros Leute mit einer bescheidenen Pauschale und der Aussicht auf eigene Raubzüge abzuspeisen.

Ein Fünftel des Goldes wird für den König abgezweigt, Hernando Pizarro soll es nach Spanien bringen. Alles andere, die Platten, Teller, Kannen, Kelche, die Vasen, goldenen Vögel, Götzenbilder und ein Springbrunnen mit goldenem Strahl, wird von indianischen Goldschmieden eingeschmolzen, einen vollen Monat brauchen sie dafür.

Dann stellt Pizarro seine Truppe auf der Plaza auf, ruft den Beistand des Himmels an und verteilt die goldenen Barren „nach Verdienst" – sechs Prozent der Beute für ihn allein, darunter Atahualpas nicht eingeschmolzenen Thron; gut drei Prozent für Hernando Pizarro, ein Prozent für Hernando de Soto, für Reiter das Doppelte wie fürs Fußvolk, aber noch der einfache Soldat bekommt 20 Kilo pures Gold.

Wenn sie nun alle sogleich nach Panama oder nach Spanien reisten, wären sie reich. In Cajamarca aber ist Gold von dieser Stunde an überraschend wenig wert, und manche von dem Raubgesindel verspielen ihren Anteil in einer Nacht.

Atahualpa fordert nun seine Freilassung. Pizarro läßt ihm von einem Notar bestätigen, daß das Lösegeld in der Tat entrichtet worden sei; die Sicherheit der Spanier verlange jedoch, ihn weiter gefangenzuhalten. In der Tat: Es häufen sich die Gerüchte, daß ein indianisches Heer sich nähere; mehr als ein Vierteljahr lang sind die Spanier ja unbehelligt geblieben, von den Indianern als übermächtige höhere Wesen gefürchtet oder gar verehrt, auch wenn viele der reichgewordenen Strolche sich in schamlosen Herren-Allüren gefallen.

Wenn das stimmt mit dem Heer – dann muß Atahualpa es heimlich mobilisiert haben! Er bestreitet das feierlich. Hernando de Soto wird ausgesandt, die Gerüchte zu überprüfen. Aber noch ehe er zurückgekehrt ist, tritt ein Gerichtshof zusammen, mit Pizarro und Almagro als Vorsitzenden. Die Anklage lautet nicht nur auf die unbewiesene Anzettelung eines Aufstands, sondern groteskerweise auch auf Entmachtung und Tötung des Bruders, auf Vielweiberei und Götzendienst. Eine Minderheit der Richter stimmt gegen eine Verurteilung; Pizarro selbst soll zumindest gezögert haben. Die Mehrheit entscheidet, und Pater Valverde ist sofort dafür: Tod auf dem Scheiterhaufen, noch heute, am 29. August 1533 – schnell, schnell, am Ende kehrt sonst de Soto zurück und hat von einem Aufstand nichts bemerkt!

Als Pizarro seinem Gefangenen das Urteil übermittelt, soll der gefleht, geweint und das doppelte Lösegeld angeboten haben, und Pizarro soll immerhin gerührt gewesen sein. Zwei Stunden nach Sonnenuntergang führt Pater Valverde den Sonnenkaiser zum Scheiterhaufen – und beschwört ihn, seine Seele zu retten und sich den Flammentod zu ersparen, indem er seinem Glauben abschwöre und sich taufen lasse; dann werde er den milderen Tod durch das Halseisen finden, das mit langsamer Schraubendrehung den Kehlkopf zerdrückt. Atahualpa ist bereit, denn für einen Verbrannten gibt es im Inka-Glauben kein Leben nach dem Tode. Pizarro bittet er, Mitleid mit seinen Kindern zu haben.

Sein Todesröcheln begleiten die versammelten Spanier mit dem Murmeln von Credos zum Heil seiner Seele.

Zweieinhalb Monate danach zog Pizarro in Cuzco ein, die Hauptstadt des Reiches. Einen Halbbruder der beiden letzten Herrscher, Manco Capac, machte er zum Kaiser. Dem gelang es 1536 doch noch, ein Heer zu mobilisieren und Cuzco einzuschließen. Die Spanier unter Hernando Pizarro kämpften fünf Monate lang um jedes Haus und verschanzten sich schließlich im brennenden Inka-Palast – während die Belagerer, von Hunger geplagt und keiner Inka-Disziplin mehr unterworfen, allmählich auseinanderliefen. Die endgültige Rettung brachte der alte Diego de Almagro, der von einem erfolglosen Beutezug in den Süden nach Cuzco zurückkehrte. Doch dafür forderte Almagro Cuzco als Preis, und da Hernando Pizarro sich widersetzte, nahm Almagro ihn gefangen. Francisco Pizarro, außer sich, schickte aus seiner neuen Hauptstadt Lima 700 Mann nach Cuzco; sie besiegten Almagro in offener Schlacht, und Hernando Pizarro ließ Almagro nach einem Prozeß, der so abstrus war wie der gegen Atahualpa, am 8. Juli 1538 mit der Garrotte erwürgen.

Wenig später zog Francisco Pizarro zum zweitenmal im Triumph in Cuzco ein, und hochmütig verweigerte er Almagros Sohn Diego das Recht, als Erbe seines Vaters die Herrschaft über den Südteil des Inka-Reichs anzutreten. Drei Jahre später kam die Rache: Am 26. Juni 1541 fiel ein Dutzend der gedemütigten Anhänger Almagros über Francisco Pizarro, Statthalter von Neu-Kastilien und Marqués de los Atabillos, in seinem Palast in Lima her; sein Schwert schwang der 70jährige gegen sie bis zum letzten Atemzug.

So hatten die beiden alten Halunken, die sich einst das Goldland teilen wollten, einander den Tod gebracht, und Pizarro, der mit einem Kaiser im Bunde einen Kaiser strangulieren ließ, starb einen angemessenen Tod.

„Pizarro war ein Mann von unübertroffener Tapferkeit, großem Feldherrntalent, von Klugheit und eiserner Ausdauer, aber geschändet in der Geschichte und seines Endes würdig gemacht durch die unerhörte Treulosigkeit, die Raubsucht und Grausamkeit, die durch alle Handlungen seines Lebens hindurchblicken." Der Große Brockhaus schrieb das 1846; und seit wir dem ganzen Kolonialismus mißtrauisch gegenüberstehen, hat sich Pizarros Ruf eher noch verschlimmert. Zu Recht.

Wahr ist aber auch, daß alle Weltreiche auf widerwärtige, blutrünstige Weise zusammengeplündert worden sind, das römische zum Beispiel – und warum bleibt Cäsar für die meisten Historiker eine Lichtgestalt? Ist er nicht über Gallien in derselben maßlosen Arroganz, mit derselben Geld- und Ruhmgier hergefallen wie Pizarro über Peru? Hat er nicht den Gallierfürsten Vercingetorix in Ketten durch Rom geschleift und dann ermordet, weil der sich erdreistet hatte, seine Heimat gegen Cäsar zu verteidigen? Und hat er nicht unendlich viel mehr Blut als Pizarro vergossen?

Aber freilich, Cäsar ist mit zwei brillanten Büchern zum eigenen Ruhm vielen Generationen von Lateinlehrern ans Herz gewachsen. Er war eben ein kultivierter Mensch von uraltem Adel, und mit Sicherheit besaß er bessere Tischmanieren.

REINER KLINGHOLZ

Goldrausch auf der »Revenge«

*Im August 1591 lauert Sir Richard Grenville,
der finsterste aller englischen Seehelden, vor den Azoren einer
spanischen Schatzflotte auf. Tonnen von Gold und Silber vor
Augen, läßt sich der Kapitän auf eine aussichtslose Schlacht ein.
Der vermeintliche Raubzug endet in einer der schlimmsten
Katastrophen der christlichen Seefahrt.*

Am 5. April 1591 beginnt für Sir Richard Grenville die Reise ins Verderben. Im Hafen von Plymouth besteigt der als starrsinnig berüchtigte Abkömmling einer südenglischen Adelsfamilie die „Revenge", die berühmteste Galeone der Royal Navy. Sie nimmt Kurs auf Flores, eine kleine Insel inmitten des Atlantik.

Grenville fährt mit klarem Auftrag: Queen Elizabeth I. hat ihn zum Vizeadmiral eines Geschwaders ernannt, das bei den Azoren die spanische „Flota" kapern soll – jene Schatzflotte, die regelmäßig im Sommer von den Kolonien zurück nach Europa segelt und ungeheure Reichtümer geladen hat. Grenville und seine Leute haben es auf Gold und Silber, Perlen und Edelsteine abgesehen, auf Gewürze und Zucker, Porzellan und Seide: eine Beute, die heutzutage auf Auktionen über eine Milliarde Mark einbringen würde.

Doch was als größter Coup aller Zeiten geplant ist, geht ein halbes Jahr später als absurdeste Seeschlacht in die englische Geschichte ein. Das Unternehmen kostet Tausende von Seeleuten das Leben. An die hundert Schiffe sinken auf den Grund des Atlantik.

Kuba, Frühjahr 1591: Im Hafen von Havanna drängen sich Matrosen und Soldaten, Kauf- und Edelleute, Witwen und Waisen, Priester und Bürokraten. Sie warten – manche seit zwei Jahren – auf eine Überfahrt zurück in die Alte Welt. Nach und nach treffen auf der Karibikinsel 77 schwerbeladene spanische und portugiesische Karracken und Galeonen ein. Sie kommen aus Nova Hispania (dem heutigen Mexiko), aus der Tierra Firme (heute Panama und Venezuela), aus Santo Domingo und Honduras, aus China und Indien.

Die Schiffe sollen, so verlangt es ein Dekret des spanischen Königs Philipp II., Mitte Juli gen Heimat aufbrechen. Madrids Schicksal hängt von der lange erwarteten Fracht ab, vor allem von jenen Tonnen an Gold und Silber, die neue Kraft in die Lebensadern Kastiliens pumpen und die Kriege Philipps II. finanzieren sollen.

Spaniens kolonialer Transatlantikverkehr ist wie ein Liniendienst organisiert. Gewöhnlich verlassen zwischen April und Juli zwei getrennte Konvois Europa Richtung Karibik und Südamerika. Dort überwintern sie und nehmen ihre Ladung auf. Beide Flotten treffen sich mit weiteren Schiffen des spanischen Weltreiches, die aus dem Indischen Ozean zurückkehren, im darauffolgenden Frühjahr in Havanna, um noch vor Beginn der Hurrikansaison im September im Schutz schwerbewaffneter Galeonen über die mitten im Atlantik gelegenen Azoren heimzusegeln.

Zwar ist die 8000 Seemeilen lange Tour von Madrid aus akribisch geplant, doch gibt es immer wieder massive Störungen im Fahrplan. 1589 zum Beispiel ist fast die gesamte Atlantikflotte den Stürmen oder Piraten zum Opfer gefallen: Von 220 in der Karibik gestarteten Schiffen erreichte nur ein gutes Dutzend die Heimathäfen auf der Iberischen Halbinsel. Ein Desaster für Philipp II.

Daraufhin hat der König 1590 aus Vorsicht die Abreise aus Kuba so lange hinausgezögert, daß sein Befehl zu spät in Havanna eintraf und eine sichere Überfahrt vor den Hurrikans nicht mehr möglich war. Deshalb türmt sich im Frühjahr 1591 in Havanna eine der reichsten Ladungen, die je den Atlantik passiert haben. Sie birgt alles, was die Spanier über zwei Jahre in ihren Kolonien zusammengerafft haben.

Wochenlang werden die Schiffe beladen. Nicht nur in den Laderäumen, auch an Deck, unter den Beibooten, selbst auf den Bug- und Heckkastellen stapeln sich meterhoch Kisten, Säcke und Ballen. Von einer gesicherten Existenz in der Heimat träumend, schleppt jeder an, vom Edelmann bis zum Kanonier, was er nur kann – auf jeden Fall mehr, als er darf. Manchmal sind die Schiffsaufbauten so zugeräumt, daß sich nicht einmal mehr Segel oder Ankerwinde bedienen lassen. Sogar außen an der Bordwand halten Taue das Gepäck. Einige Schiffe sinken schon überladen am Kai.

Die Fracht besteht vor allem aus exotischen Waren, vom Zucker bis zur Cochenille, einem sündhaft teuren karminroten Farbstoff, den die Indianer Mexikos aus Schildläusen gewinnen. Der größte Wert indessen steckt im Gold und zumal im Münz- und Barrensilber, das aus mexikanischen und peruanischen Minen stammt.

Wieviel Edelmetall 1591 auf welche spanischen Schiffe geladen wird, das wissen nur Juan de Texeda, der Gouverneur von Havanna, und ein paar Vertraute. Nach offiziellen Angaben der Archive sind es fünf bis sechs Millionen Pesos – vermutlich rund 600 Tonnen Silber und zehn Tonnen Gold. Der Schatz ist in Kisten versiegelt, die erst im königlichen Tresor von Sevilla wieder geöffnet werden dürfen.

Doch fast jeder Transatlantikfahrer bringt heimlich Gold, Silber und Juwelen an Bord, um die „Averice" zu umgehen, jene Steuer, die Philipp II. auf alle Importe erhebt: Vermutlich schmuggeln die Passagiere mindestens eine Million Pesos, in Schatullen und Truhen versteckt oder in Kleider eingenäht, Richtung Europa.

Irgendwo zwischen all den Pfeffersäcken und Tabakballen finden auf jedem der Schiffe auch noch ein paar hundert Leute Platz. An guten Seeleuten allerdings herrscht notorischer Mangel. Kundige Mannschaften sind rar in der spanischen Marine, in der die meisten Männer sterben, ehe sie Erfahrung sammeln können.

Manche Spanier sind schon in den Untergang gesegelt, bevor sie sich überhaupt der großen Flota anschließen konnten. Allein auf der Anreise von Panama sind 27 Schiffe untergegangen oder von Piraten gekapert worden, und 19 sind auf der Fahrt von Mexiko nach Kuba gesunken. Das ist kein Wunder, denn die meisten Schiffe schaukeln in jämmerlichem Zustand durch die Karibik. Viele liegen schon so lange in tropisch-warmen Gewässern, daß die Rümpfe rotten. Und weil die Schiffe häufig unter Zeitdruck und aus grünem Holz gezimmert sind, klaffen überall offene Fugen, in denen sich Muscheln und Krebse einnisten. Die Kalfaterer stopfen rund um die Uhr Werg und Teer in die Ritzen – und können doch nicht alle schließen.

Endlich, am 17. Juli 1591, ist die spanische Flota bereit: Die Matrosen setzen Segel, und 77 Schiffe nehmen Kurs auf die Straße von Florida, jene Meerenge zwischen Nordamerika und den Bahamas, die eine halbwegs sichere Passage in den Atlantik erlaubt. Und während die tropischen Schiffsbohrwürmer an den Planken nagen, beten die Passagiere, mehr auf Gott als auf den Kapitän vertrauend, um eine glückliche Reise durch die stürmische und piratenverseuchte See.

Hundert Jahre zuvor noch galt in Europa die endlose Wasserwüste des Atlantik als unpassierbares „Meer der Finsternis". Und der nördliche Wendekreis als Schlund des Verderbens, in den ein jeder zu stürzen droht, der ihn überquert. Nichts war bekannt von den Völkern und Reichtümern jenseits der dunklen Wogen.

Dann wagten zunächst portugiesische, später spanische Seefahrer das Undenkbare: Tollkühn durchkreuzten sie die Weltmeere und erreichten, was sie gesucht hatten: die Portugiesen im Osten das wirkliche Indien, die Spanier am anderen Ende der Erde ihr „West-Indien" und dort das geheiligte Gold der Inka und Azteken. Innerhalb weniger Jahre hatte Europa das Tor zur Welt aufgestoßen, das Mittelalter hinter sich gelassen und die Erde zur Kugel gemacht.

Doch ohne es zu wollen, hatte der spanische König mit der Öffnung der Welt eine Entwicklung ermöglicht, die er nicht mehr aufhalten konnte. Es wehte ein erster Hauch von Aufklärung durch Europa. Manche Herrscher schlossen sich einer Bewegung an, die sich „Reformation" nannte. Sie war politisch so erfolgreich, daß die pragmatischen englischen Protestanten Ende des 16. Jahrhunderts als Gegenmacht zu der weltweit herrschenden Union von Papst und spanischem Thron aufstiegen.

England war zwar ein wirtschaftlicher Zwerg am Rande der Alten Welt, der vom Verkauf von Schafwolle und von Seeräuberei lebte, wußte aber seine begrenzten Mittel optimal zu nutzen. Während beispielsweise der König von Spanien über eine Staatsflotte gebot, deren Kapitäne sich eher durch ihre Zugehörigkeit zum landbesitzenden Militäradel als durch besondere nautische Fähigkeiten auszeichneten, fuhren für die Royal Navy *privateers* zur See: Gentlemen, Investoren und Handelsleute, die im Auftrag und mit Gewinnbeteiligung Queen Elizabeths fremde Schiffe plünderten. Weil Spanien damals die Neue Welt von Brasilien bis zu den Philippinen kontrollierte und der Reichtum ganzer Nationen auf den Ozeanen kursierte, war das Kapern von Schiffen die beste Möglichkeit für koloniale Habenichtse, am Wohlstand aus Übersee teilzuhaben.

Was immer die Spanier zu ihrem eigenen Schutz unternahmen, unterwanderten die Engländer mit agilem Erfindergeist. Mit seinem Hang zur Gigantomanie ließ Philipp II. Schiffe wie schwimmende Schlösser bauen, mit enormen Ladebäuchen, schwersten Kanonen und gewaltiger Besatzung – Matrosen und Soldaten. Die Engländer hingegen entwickelten kleine, wendige Schiffe und eine leichte, aber weittragende Artillerie, mit der sich der Gegner auf Distanz halten ließ. In allem Seemännischen – im Schiffbau, in der Waffentechnik, in der Seekriegstaktik – waren die Engländer den Spaniern voraus.

Die Protestanten nannten sogar ihre Schiffe anders: Spiegelten spanische Schiffsnamen wie „Santa Maria la Blanca" oder „San Felipe" Heiligenverehrung und religiöses Sendungsbewußtsein wider, so standen englische Namen – „Lion", „Brave", „Revenge" – unverblümt für weltliche Großmannssucht.

Gegen Ende des 16. Jahrhunderts, als Spanien jährlich rund das Zehnfache des englischen Staatshaushalts in Form von Edelmetallen über den Atlantik transportierte, erlebten die Freibeuter ihre größte Zeit. Zwar war in der Neuen Welt immer weniger Gold zu holen. Doch die Spanier hatten bei Potosí in Peru einen Berg entdeckt, der aus schierem Silber zu bestehen schien. Und das war auch den englischen Privateers nicht verborgen geblieben.

Plymouth, Februar 1591: Im wichtigsten Hafen Englands rüsten sich neben der „Revenge" fünf weitere Kriegsschiffe Ihrer Majestät und 13 bewaffnete Frachtschiffe Londoner Handelshäuser für große Fahrt. Die Flotte kombiniert mächtige Feuerkraft mit großer Ladekapazität – eine Mischung, die sich auf früheren Piratenzügen hervorragend bewährt hat. Wochenlang werden Proviant und Ausrüstung zu den Docks geschafft. Die sechs königlichen Schiffe bunkern Vorräte für vier Monate: 530 Fässer Bier (vorgesehen sind vier Liter pro Mann und Tag), 56 Tonnen Schiffszwieback, 16 Tonnen Schinken, 16 000 Pfund getrocknete Erbsen, 5600 Pfund gesalzene Butter, 11 400 Pfund Käse und 11 400 Stück Stockfisch.

Dann werden die Galeonen der Königin bewaffnet: mit 336 Fässern Schießpulver, 400 Musketen, 250 leichten Arkebusen, Bögen, Lanzen, Schwertern, Granaten und anderem „Feuerwerk".

Mitte März trifft die Admiralität ein. Das offizielle Kommando für die geplante Expedition auf die Azoren übernimmt Lord Thomas Howard. Der 30jährige Sohn des Duke of Norfolk segelt die „Defiance", einen 500-Tonner von ähnlicher Größe wie die „Revenge". Lord Thomas gilt als klug und großherzig, kann aber erst einen militärischen Einsatz auf hoher See vorweisen. In spanischen Dokumenten wird er geringschätzig als „Jüngling und kein Seemann" bezeichnet.

Ganz anders der Ruf des Vizeadmirals Sir Richard Grenville: Er ist eine der grimmigsten und verwegensten Figuren seiner Zeit. Schon die Nennung seines Namens löst auf spanischen Schiffen Panik aus. Als „Don Ricardo de Campo Verde" haben sie ihn ehrfürchtig hispanisiert, nennen ihn „den großen Seefahrer und Freibeuter, Ketzer und Katholikenjäger", den „arrogantesten Menschen der Welt". Überall erzählt man sich, wie er Gefangene an Bord behandele: Er bewirte sie wie ein Gentleman, unter Wahrung aller Förmlichkeiten – und zerkaue während des Mahls Weingläser, bis ihm das Blut aus dem Munde fließe.

Von Grenvilles Jugend ist wenig bekannt. Wie die meisten Sprößlinge des Landadels bekommt auch er christliche Werte und militärische Ideale mit auf den Lebensweg. Mit 20 Jahren tötet er in London beim Duell zum erstenmal einen Widersacher: Er rennt ihm das Schwert in den Körper und fügt ihm „eine 16 Zentimeter tiefe und dreieinhalb Zentimeter breite Wunde" zu. Ein paar Jahre später taucht er in der ungarischen Pußta im Kampf gegen die Türken auf, ohne daß ein Historiker sagen könnte, was ihn dorthin verschlagen hat. 1568 ist Grenville der Sheriff von Cork in Irland.

1577 läßt der glühende Protestant – mittlerweile Sheriff von Cornwall – Papisten verfolgen und einen katholischen Priester gefangensetzen. Er befiehlt, ihn hängen, ausweiden und vierteilen zu lassen. Fortan gilt der Katholizismus im Südwesten Englands als ausgerottet. Queen Elizabeth schlägt Grenville für diese Leistung zum Ritter.

Erst 1585 treibt es Grenville auf den weiten Ozean. Sein Ziel ist Virginia. Aber sein Auftrag, dort eine Kolonie und einen Piratenstützpunkt zu gründen, schlägt fehl: Die Zahl der abgesetzten Kolonisten – 107 – ist viel zu klein. Immerhin gelingt es ihm, auf dem Weg über den Atlantik ein paar spanische Schiffe mit reicher Ladung zu kapern. Und bei einem Abstecher nach Santo Domingo entert er eine spanische Galeone von einem aus Schiffskisten zusammengezimmerten Floß aus.

Verständlich, daß im Frühjahr 1591 unter den englischen Matrosen in Plymouth Richard Grenville als eigentlicher Anführer der Expedition gilt. Zumal er die „Revenge", das Flaggschiff, kommandiert.

Die „Revenge" ist keine sonderlich große Galeone, ein Dreimaster von nur 42 Meter Länge. Doch mit ihren 42 Bronzekanonen gilt sie als effektivste Kampfmaschine ihrer Zeit. 1588 diente sie Sir Francis Drake als Basis beim Kampf gegen die spanische Armada im Ärmelkanal. Von 40 Treffern feindlicher Kanonen durchlöchert, war sie noch seetüchtig genug, um gegen weit stärkere Gegner zu bestehen.

Die Massen jubeln und die Kanonen feuern, als sich die „Revenge" am 5. April 1591 mit aufgeblähten Segeln auf den Weg macht. Pompös in den Farben Weiß und Grün bemalt, mit geometrischen Verzierungen in Rot, Gelb und Purpur, mit langen, flatternden Bannern an den Mastspitzen und eine riesige Flagge mit der Rose gehißt – dem Zeichen des Hauses Tudor – treiben die Schiffe der Queen gemächlich davon, die privaten Handelsschiffe im Gefolge. Kommandanten und Matrosen, jenes Gesindel, das sich noch vor Wochen in dunklen Spelunken herumtrieb, sind in Erwartung reicher Beute jetzt bester Dinge. Sie ahnen nicht, was ihnen bevorsteht.

Kriegerische Aktionen zu planen ist schwierig in einer Zeit, da sich Nachrichten nicht schneller ausbreiten, als ein Pferd laufen oder ein dickbauchiges Schiff segeln kann. Elizabeth und Philipp II. wissen kaum, wo sich die eigenen Verbände aufhalten. Und wo sich die feindlichen herumtreiben, können sie bestenfalls mutmaßen. Was die Spione ermitteln, trifft meist verfälscht bei den Auftraggebern in London oder Madrid ein – oder ist hoffnungslos veraltet.

Dennoch unterhalten beide Höfe Legionen von bezahlten und freiwilligen Agenten im Feindesland. Ein „Ihrer Majestät Wohlgesonnener" aus Andalusien beispielsweise liefert dem englischen Hof am 3. Dezember 1590 einen konkreten Zeitplan der spanischen Transatlantikfahrten. Fast auf den Tag genau sagt er die Ankunft der Schatzflotte aus Havanna voraus.

Die Engländer, die nicht wissen können, weshalb sie ausgerechnet dieser Nachricht unter hundert anderen Glauben schenken sollten, ignorieren sie fatalerweise. Statt dessen vertrauen sie einem französischen Spion namens Châteaumartin aus Bayonne – der als Doppelagent auch bei Philipp II. im Sold steht.

So erfährt London von ungewöhnlichen Plänen für das Jahr 1591. Viele klingen unglaubhaft, lösen aber dennoch Panik aus – wie jener, nach dem Spanien mit 500 Schiffen eine Invasion der englischen Insel vorbereite. Sicher scheint nur eines zu sein: daß in diesem Jahr eine gewaltige Flotte den Atlantik überqueren wird. Allerdings nennen die Geheimberichte sowohl April, Mai wie auch Juni als Abfahrtstermin von Kuba – nie aber den tatsächlichen, den 17. Juli.

Der spanische König ist besser informiert. Er weiß seit Ende 1590, daß die Engländer seine Schatzflotte bei den Azoren überfallen wollen. Und er hat auch erfahren, daß die englischen Privateers nicht vor April 1591 aufbrechen werden und daß sie nur für vier Monate Proviant mitführen.

Philipp II., ein zurückgezogen lebender und schweigsamer Mann mit stoischem Gottvertrauen, zieht aus den Spionageberichten kluge Schlüsse: Erstens schickt er seine Armada von Havanna so spät wie möglich auf die Reise, um so die englischen Privateers auf hoher See auszuhungern oder zurück ans Festland zu zwingen. Zweitens sendet er den Heimkehrern eine Schutzflotte entgegen, die den Konvoi von den Azoren an sichern soll. Und drittens ersinnt er eine geniale List, um seine Schätze vor den Engländern in Sicherheit zu bringen – und hält sie streng geheim.

Um Punkt zwei seines Plans voranzutreiben, läßt Philipp II. eigens neue Schiffe auf Stapel legen, darunter die „zwölf Apostel": Schiffe, die nach dem Vorbild der besten englischen Galeonen gezimmert werden, allerdings wesentlich größer sind.

Der Doppelagent Châteaumartin meldet im Frühjahr 1591 nach London, in den nordspanischen Häfen herrsche friedliche Ruhe. Tatsächlich laufen in allen Werften entlang der gesamten Nordküste, von Santander im Baskenland bis La Coruña in Galizien, längst die Vorbereitungen zur Ausrüstung eines gewaltigen Geschwaders.

Der Mann im Zentrum des Geschehens ist Don Alonso de Bazán. Als Capitano General ist er Ausrüster und Planer der Schutzflotte. Don Alonsos Hauptproblem ist, daß er keinen der Termine für die Fertigstellung des Geschwaders einhalten kann, die sein König ihm setzt. Es fehlt ihm an allem – an Kapitänen und Navigatoren, an Tauwerk und Masten, an Brot und Wein, sogar an Schiffspriestern, die der Besatzung auf See die Sakramente spenden könnten. Besonders aber an Pulver und Kanonen.

Indischer Pfeffer aus königlichen Beständen muß in Portugal gegen ungarisches Kupfer eingetauscht werden, damit deutsche Kanonenschmiede in Lissabon und Andalusien Geschütze gießen können. Auf Kohlenfrachtern versteckt, werden über Lübeck und Hamburg sogar englische Kanonen ins Land geschmuggelt. Trotzdem kann Don Alonso die Schutzflotte nur mit der Hälfte der vorgesehenen Artillerie ausrüsten. Sorge bereiten ihm auch die angeheuerten deutschen Kanoniere, die nicht gewohnt sind, von einem schwankenden Schiff aus zu schießen, und „schrecklicherweise Frau und Kinder mit in den Dienst bringen".

Dennoch kommt bis Juni 1591 in La Coruña eine beachtliche Streitkraft zusammen. Allein Don Alonsos Flaggschiff, „San Pablo" benannt nach dem Apostel Paulus, ist dreimal so groß wie die „Revenge" und gleicht einer schwimmenden Trutzburg. Auch jene anderen vier „Apostel", die rechtzeitig fertig werden, erhalten das Prädikat „bonissimo". Die besten Kapitäne übernehmen das Kommando.

Am 17. Juli, einen Tag nach dem letzten aller letzten Termine des Königs, stechen 51 Schiffe mit über 7000 Mann Besatzung in See. Vier Tage später schließen sich dem Verband acht bewaffnete Handelsschiffe aus Lissabon an. Zwei Wochen noch bleibt die Flotte in Sichtweite zur Küste hängen. Erst dann sind die Winde günstig, und in breiter Front fahren die Schiffe davon, um den Auftrag des Königs zu erfüllen: „Zu den Azoren segeln. Das Meer von Piraten befreien. Die Flota sicher nach Sevilla eskortieren." Bei Sonnenaufgang sichten die Matrosen im Mastkorb am 20. August nach nur 16 Tagen Fahrt die steilen Lavaklippen der Azoreninsel Terceira.

Eine Atlantiküberquerung ist im 16. Jahrhundert alles andere als eine Kreuzfahrt. Kaum haben die Schiffe der Schatzflotte in Havanna abgelegt, verkriechen sich die meisten Passagiere unter Deck. Dort lagern und schlafen sie, kurieren ihre Leiden und verrichten ihre Notdurft. Spanische Schiffe, heißt es damals spöttisch, könne man auf See riechen, lange bevor sie sichtbar seien. Hauptbeschäftigung an Bord sind ein endloses Anflehen der Heiligenfiguren und das Singen von Litaneien von Sonnenauf- bis Sonnenuntergang. Drei Wochen lang wirken die Fürbitten offenbar: Die Flota segelt unbehelligt durch die Straße von Florida und nimmt Kurs auf die Bermudas.

Der Kurs übers Meer wird damals von den Hauptwindrichtungen diktiert. Viele Schiffe sind kaum besser zu steuern als ein Floß und können praktisch nur vor dem Wind segeln. Um nach Amerika zu gelangen, müssen die Kapitäne deshalb zu den Kanarischen Inseln abfallen und sich von dort mit den Passatwinden und den Strömungen westwärts über den Atlantik bis in die Karibik treiben lassen – eine Route, die schon Kolumbus gewählt hatte und die Segelyachten heute noch nutzen.

Für den Rückweg nehmen die spanischen Kapitäne einen weiter nördlich gelegenen Kurs: per Westwind, über die Azoren. Diese neun versprengten Vulkaninseln heißen fälschlicherweise „Ilhas Açores" – „Habichtsinseln" –, weil die ersten Seefahrer, die den Archipel sichteten, die allgegenwärtigen Bussarde für Habichte gehalten hatten.

Im 16. Jahrhundert – und noch lange danach – sind die Azoren das Nadelöhr im Welthandel. Sämtliche Schiffe, ob sie aus Indien oder Südafrika, von den Molukken, aus China oder Japan kommen, segeln den letzten Teil ihrer Heimroute nach Europa über die Azoren. Und sie brauchen die Inseln, um Trinkwasser und Proviant zu bunkern – als „Hotel, das Gott am geeignetsten Ort im Ozean aufgestellt hat", wie einmal ein französischer Konsul notiert hat.

Auf den Wind, der sie hinüberbringt, können sich auch die Kapitäne der Schatzflotte verlassen. Auf die Navigationskunst weniger. Die Steuermänner vertrauen auf Kompaß und vage Seekarten und segeln so lange in eine Richtung, bis sie irgendwo ankommen. Seefahrer sind damals zwar in der Lage, aus Tageszeit und Sonnenstand die geographische Breite zu ermitteln, nicht aber den Längengrad. Sie schätzen deshalb täglich ihren Kurs ab, ermitteln mit Sanduhr und Logleine die Geschwindigkeit und bestimmen daraus ungefähr die eigene Position. Also weiß schon nach wenigen Tagen kein Kapitän mehr genau, wo sich sein Schiff gerade befindet.

Mangels konkreter Orientierungspunkte tastet sich auch die Flota anhand eines Flickenteppichs von Erfahrungen voran. In der Karibik nutzen die Kapitäne die Wasserfärbung als Erkennungsmuster. In der Straße von Florida die Strömung. In der Sargassosee weisen die Seegrasteppiche die Richtung. Danach übernimmt normalerweise der Südwestwind das Kommando, und mit etwas Glück tauchen 28 bis 30 Tage nach dem Ablegen in Havanna die westlichsten Azoreneilande Corvo und Flores auf. Deren Silhouetten, die schon in den frühesten Seefahrtshandbüchern vermerkt sind, gelten Generationen von Kapitänen als die ersehnten Leuchtfeuer nach Europa.

Die am 17. Juli in Havanna ausgelaufene Flota ist noch längst nicht so weit, als am 14. August plötzlich der Wind dreht. Die Südwestbrise, die die Schiffe konstant auf Heimatkurs gehalten hat, entwikkelt sich zu einem Nordsturm, der die überladenen Frachter mit aller Wucht gegen die weiter aus der alten Windrichtung anrollenden Wogen preßt. Der Orkan reißt ein Dutzend Schiffe aus dem Verband.

Die Restflotte gerät am 24. August auf Höhe des 48. Breitengrades in den Ausläufer eines Wirbelsturms. In Sichtweite der anderen Galeonen zerschmettert das Unwetter in den Morgenstunden des 25. August das Flaggschiff der Flota. Die anderen Kapitäne lassen die Segel einholen, um nicht zu kentern, und beginnen mit den üblichen Verzweiflungsmanövern: Ein Teil der hoch aufgetürmten Ladung wird über Bord geworfen, um den Schwerpunkt der Schiffe zu senken und deren Manövrierfähigkeit zu verbessern. Wenn das nicht hilft, werden auch die Kanonen versenkt. Dann Treibanker geworfen. Und zuletzt die Masten gekappt.

Nach sieben Tagen legt sich der Hurrikan. Aparicio de Arteaga, der neuernannte Flottenkommandant, zählt von der einst stolzen Armada von 77 Galeonen und Karracken noch 49 Schiffe. Zwölf weitere haben den Sturm zwar überlebt, sind aber über ein weites Seegebiet versprengt. Alles in allem ein jämmerlicher, wehrloser Haufen, den immer noch knapp zehn Tagesreisen von den Azoren trennen.

Auch die Engländer bekommen das Ungemach der Meere zu spüren. Sie sind keine zwei Tage auf See, da trifft sie am 7. April ein Sturm im Ärmelkanal. In Höhe der Scilly-Inseln knickt er beide Hauptmasten der „Revenge". Mit Mühe gelingt es den Matrosen, sie aus der tosenden See zu bergen und das Schiff zu reparieren.

Sonst jedoch verläuft die Reise eher ereignisarm: Vor Cap Finisterre an der spanischen Nordwestküste sichten die Engländer vier Schiffe aus Hamburg, nehmen ihnen aber nur ein paar Lebensmittel ab, weil sonst nichts Brauchbares an Bord ist. Vor den Spanien vorgelagerten Inselchen der Berlingas kapern sie einen 600-Tonnen-Frachter aus Lübeck, setzen die Mannschaft gefangen und schicken das Schiff unter englischer Besatzung nach Plymouth. Später versenken sie noch eine Karavelle, von der lediglich drei Fässer Öl, die Mannschaft und ein Bündel Briefe zu übernehmen sind.

„Wir fühlen uns wie Löwen, die fast verhungern auf der Suche nach Beute", schreibt der Kadett Philip Gawdy von Bord der „Revenge" in einem Brief und klagt, wie sehr ihm der Duft der Blumen und Gräser des heimatlichen Norfolk fehle: „Überall nur Himmel und Meer. Und nicht eine Bierkneipe im Umkreis von 20 Meilen." Der Brief erreicht England mit dem gekaperten Lübecker.

Am 19. Mai greifen die Engländer 200 Meilen vor der östlichsten Azoreninsel Santa Maria die spanische Pinasse „La Concepción" auf. Pinassen sind die Rennyachten des 16. Jahrhunderts, gedrungene Dreimaster, mit denen sich der Atlantik in nur 28 Tagen überqueren läßt. Wie segelnde Telegrammzusteller tragen sie wichtige Kassiber rund um den Globus. „La Concepción" kommt direkt aus Havanna. Sie soll in Spanien die Ankunft der Schatzflotte ankündigen.

Etwa einen Monat nach dem Auslaufen der englischen Flotte treffen in London beunruhigende Nachrichten ein. Die Spione melden jetzt glaubhaft, daß die Flota später als erwartet über den Atlantik segele. Und daß sie obendrein von einer geheimnisvollen Schutzflotte unter Don Alonso de Bazán in Empfang genommen werden solle. Der Earl of Cumberland, ein englischer Privateer, der im Golf von Biskaya von den Aktivitäten der Spanier erfährt, schickt daraufhin seinen schnellsten und besten Kundschafter auf die Reise: Captain William Middleton mit der Pinasse „Moonshine". Er soll so rasch wie möglich zu den Azoren segeln, um Howard und Grenville vor der unerwarteten spanischen Streitmacht zu warnen.

Gleichzeitig versucht London, Verstärkung und Proviant Richtung Azoren auf den Weg zu bringen. Der Kronrat schickt Briefe an alle Seehäfen mit dem Aufruf, Schiffe „für Massen von Schätzen" bereitzustellen. Doch nur zwei große Segler stehen überhaupt zur Verfügung. Auch an Matrosen mangelt es, weil Howard und Grenville die Quartiere zuvor regelrecht leergefegt haben. Erst Ende Juni sind die „Golden Lion" und die „Foresight" ausgerüstet.

Später folgen noch fünf bewaffnete Handelsschiffe, die aber wegen widriger Winde erst gar nicht aus der Bucht von Plymouth herauskommen. Erst Mitte August segeln sie hinter der „Golden Lion" und der „Foresight" her. Sie werden Howard und Grenville nie erreichen.

Seit Ende Mai kreuzen die englischen Piraten in azorischen Gewässern. Mit kleinen Schiffen patrouillieren sie in der Gegend, segeln ein paar hundert Meilen weit auf den Atlantik hinaus und bringen Fischerboote auf, um aus den Besatzungen Neuigkeiten herauszupressen. Von der Flota keine Spur.

Vorübergehend landen die Engländer auf der Azoreninsel Flores, um sich mit Trinkwasser zu versorgen. Philip Gawdy, der Kadett aus Norfolk, schreibt am 6. Juli in einem euphorischen Brief von Bord der „Revenge" – der nächste wird aus der Gefangenschaft in Lissabon kommen –, daß er sich nie im Leben besser gefühlt habe und daß er jetzt soweit sei, eine Meerjungfrau zu heiraten. „Wir beten jeden Tag von ganzem Herzen, daß die spanische Flotte kommen möge."

Die 2000 Fischer, Schäfer und Bauern von Flores werden eher ums Verschwinden der Piraten gebetet haben. Die nämlich sind keinesfalls nur an Trinkwasser interessiert, was aus einem Brief hervorgeht, den Caspar Pimentel, der Verwalter von Flores, am 15. Juli nach Angra, dem Hauptort der Hauptinsel Terceira, schmuggeln läßt. Aus diesem Schreiben erfährt der dortige Generalgouverneur Juan de Urbina, daß sich englische Freibeuter in seinen Gewässern herumtreiben: „Sie brennen Kirchen und viele Häuser in den Dörfern nieder und stehlen viele Schweine und Schafe."

Urbina erhält aber auch die Nachricht, daß die 2000 Engländer am Ende ihrer Vorräte sind und bereits die Rationen kürzen. Der Gouverneur kann freilich nichts gegen sie unternehmen. Also wartet er auf die angekündigte Schutzflotte aus Spanien.

Angra ist damals wahrscheinlich die modernste Stadt der Welt; ihr Fort das bestbewachte außerhalb des spanischen Mutterlands; ihr Naturhafen der einzige halbwegs geschützte im Umkreis von 1500 Seemeilen. Angra ist als regelrechte Modellstadt angelegt worden – samt Abwasserkanälen und rechtwinkligem Straßennetz. Über diesen Hafen läuft der gesamte Welthandel des spanischen Reiches.

Der holländische Geschichtsschreiber und Spion Jan Huygen van Linschoten hat festgehalten, wie zwei spanische Schiffe aus West-Indien in Terceira festmachen und den Hafen in eine königliche Schatzkammer verwandeln: „Ihre Ladung bestand aus fünf Millionen Dukaten in Silberbarren von acht oder zehn Pfund, die zum großen Ergötzen der Zuschauer am Kai entladen wurden, die so große Reichtümer zu sehen bekamen, darüber hinaus noch Gold, Perlen und andere Handelsgüter."

Der Traum von solchen Schätzen wird Howard und Grenville allmählich zum Alptraum. Noch immer ist nichts von der Flota zu sehen. Weder die versprochene Verstärkung noch der Nachschub treffen ein. Mitte Juli bricht auf den Schiffen zudem eine Epidemie aus. Auf der „Bonaventure" gibt es keinen Mann mehr, der ein Segel setzen könnte. Auf der „Revenge" liegen 90 Mann darnieder. So schlimm wütet die Krankheit, vermutlich eine Kombination von Skorbut und Typhus, daß die Galeone „Nonpareil" am 23. Juli mit 250 Siechen an Bord nach England zurückgeschickt werden muß.

Howard und Grenville lassen die übrigen Kranken auf Flores an Land setzen. Wer arbeitsfähig ist, wird zur Seuchenbekämpfung abkommandiert. Die Männer werfen die Ballaststeine, zwischen denen faules Wasser, verschimmelte Essensreste, menschliche Exkremente und Rattenkot der letzten vier Monate schwappen, über Bord. Sie schrubben die Schiffsbäuche, waschen sie mit Essig aus und nehmen frisches Wasser auf. Die Aktion dauert Wochen. Die ganze Zeit über suchen Späher von den höchsten Bergen von Flores aus den westlichen Horizont nach den Segeln der Flota ab.

Niemand kommt auf die Idee, auch den Osten zu kontrollieren.

Als Don Alonso de Bazán am 20. August Terceira erreicht und seine Schutzflotte in der Bucht der Hauptstadt Angra vor Anker geht, versorgt ihn der Gouverneur der Insel umgehend mit dem Neuesten aus Flores. Doch Don Alonso gibt sich überaus gelassen und gönnt seinen Leuten erst einmal drei Tage Ruhe. Er ahnt nicht, daß er beobachtet wird: von Captain Middleton, der den spanischen Schiffen mit seiner Pinasse „Moonshine" in sicherer Distanz nach Terceira gefolgt ist. Als der Engländer Genaueres über die Pläne Don Alonsos erfahren hat, bricht er unverzüglich nach Westen auf, gen Flores. Er kommt jedoch nicht sehr weit, weil der Wind ihm entgegenbläst.

Wenig später macht sich die spanische Schutzflotte auf den gleichen Weg. Auch Don Alonso kommt kaum vom Fleck. Bis zum 28. August legt er keine 50 Meilen zurück und bleibt zwischen den Inseln São Jorge und Graciosa hängen. Immerhin erhält der spanische General in dieser Zeit wichtige Informationen.

Auf einem entgegenkommenden Schiff fahren ein französischer Mönch und ein spanischer Kapitän nach Europa zurück, die von englischen Piraten überfallen, ein paar Tage auf der „Revenge" vor Flores festgehalten, dann aber freigelassen worden sind. Nach den Aussagen der beiden ist die englische Flotte viel schwächer, als Don Alonso angenommen hat.

Am 28. August kommt günstiger Wind auf, und am Abend des nächsten Tages hält Don Alonso 50 Meilen vor Flores auf der „San

Pablo" Kriegsrat mit seinen Kommandanten. Die Spanier beschließen, die Nacht durchzusegeln und bei Tagesanbruch anzugreifen. Noch in der Nacht schicken sie Spione in kleinen Booten aus, um die genaue Position des Feindes auszukundschaften.

Im Morgengrauen desselben Tages überbringt Captain Middleton Lord Howard die denkbar schlechteste aller Nachrichten: Während der Admiral eine ausgelaugte und schwerbeladene Flota aus Westen erwartet, erfährt er jetzt, daß nur wenige Stunden entfernt im Osten 53 spanische Kriegsschiffe mit ausgeruhter Mannschaft die Kanonen in Anschlag bringen.

Howard muß sofort reagieren. Die Hälfte seiner Männer ist an Land. Die meisten seiner Schiffe sind noch ohne Ballast, also kaum zu manövrieren – sie würden kentern, wenn die Segel voll im Wind stünden. Im Pendelverkehr schaffen die Engländer mit Ruderbooten Ballaststeine von der Insel auf die Schiffe. Dann versenken sie eine ihrer Barken und übernehmen die Besatzung auf die „Bonaventure", die sonst nicht genug Leute an Bord hätte, um alle Segel zu setzen.

Don Alonso hat seine Flotte zu diesem Zeitpunkt schon in zwei Abteilungen aufgeteilt. Die eine – sieben kastilische Galeonen und vier kleinere Schiffe unter Marcos de Aramburu – soll die ankernden Engländer von Südosten her attackieren. Die andere – etwa 40 Schiffe, angeführt von Don Alonso selbst – soll um Flores herumsegeln und aus dem Hinterhalt angreifen, von Südwesten her: aus jener Richtung also, aus der die Engländer seit Wochen die Flota erwarten.

Die Besatzung einer englischen Pinasse, die nach der Schatzflotte Ausschau hält, fällt prompt auf den Trick herein. Kaum sehen die Engländer die ersten Segel, eilen sie mit ihrem Schiff in die Bucht, wo die englische Flotte ankert, feuern die Kanonen ab und streichen das Toppsegel: das vereinbarte Zeichen für die Ankunft der Flota.

Auf den englischen Schiffen bricht Chaos aus. Berge von Silber im Kopf, vergessen Kapitäne und Matrosen die Bedrohung durch die von Captain Middleton angekündigte spanische Kriegsflotte und machen sich angriffsbereit. Auf manchen Galeonen werden einfach die Leinen gekappt, weil man sich keine Zeit nimmt, die Anker zu lichten. Die Mannschaften setzen nur Topp- und Vorsegel – ein deutliches Zeichen dafür, daß sie in Kürze mit einem Kampf rechnen. Die Hauptsegel bleiben gerefft, weil die Schiffe sonst unter dem Winddruck so weit krängten, daß die Kanonen auf der einen Seite ins Wasser und auf der anderen nur in die Luft schössen.

Lord Howard führt die Flotte mit der „Defiance" an. Er hat den Wind günstig im Rücken und glaubt, die Schlachtordnung diktieren zu können. Alle Schiffe folgen ihm. Nur Sir Richard bleibt mit der „Revenge" zurück. Ungewiß ist, weshalb. Womöglich erkennt Grenville den Ernst der Lage nicht, vielleicht aber will er seine letzten kranken Leute von der Insel bergen. Kaum hat Howard die Bucht verlassen, da krachen aus Westen zwei Kanonenschüsse. Und wie ein Echo zwei weitere aus Osten: Fast auf die Minute genau sind beide spanischen Verbände am vereinbarten Ort eingetroffen und signalisieren einander, daß sie den Feind gesichtet haben.

Lord Thomas Howard braucht nicht zweimal hinzuschauen, um festzustellen, daß dies nicht die Flota aus der Karibik ist: Backbords tauchen drei aufgeblähte Ungetüme auf – die Vorhut des Geschwaders von Don Alonso de Bazán. Steuerbords nähert sich die „San Cristóbal", die erste von sieben Galeonen des kastilischen Geschwaders, das auf bestem Weg ist, Howard den Wind aus den Segeln zu nehmen.

Unter Trommel- und Trompetenlärm hißt Don Alonsos Flaggschiff „San Pablo" das karminrote Kriegsbanner und feuert das Zeichen zum Schlachtbeginn. Wie die Zähne eines Haimauls legen sich mehr als 50 Schiffe um die englische Flotte.

Howard nutzt seine einzige Chance: Eine Musketenschußweite vor dem kastilischen Geschwader findet er einen Ausweg Richtung Norden. Im Vorbeiziehen feuert ein englischer Kanonier noch eine gezielte Ladung in die Takelage der „San Cristóbal". Dann entkommen die Privateers – um fünf Uhr am Nachmittag des 30. August, Sekunden bevor das Haimaul endgültig zuschnappt.

Die Engländer segeln um ihr Leben, „als hätten sie den Teufel persönlich an den Fersen", wie ein spanischer Kommandant kommentiert. Don Alonso setzt hinterher, doch im Schutz der Nacht schüttelt Lord Thomas Howard seine Verfolger ab. Nur die „Revenge" bleibt im Maul des Hais hängen.

Als Sir Richard bemerkt, daß der Horizont voller spanischer Segel und der Weg zu seinen Landsleuten abgeschnitten ist, macht er seinem Ruf als Sturkopf alle Ehre: Als seine Leute in einem verzweifelten Fluchtversuch das Hauptsegel setzen wollen, geht er dazwischen und droht, jeden hängen zu lassen, der das Fall berührt. Dann gibt er Order, die „Revenge" geradewegs auf die spanischen Galeonen zuzusteuern. Erst im letzten Moment läßt er beidrehen und eine Breitseite abfeuern. So reißt er eine Lücke in die Umzingelung.

Angesichts der Übermacht ist das ein selbstmörderisches Manöver. Denn sofort heften sich spanische Schiffe an die „Revenge". Die „San Felipe", der Koloß unter den spanischen „Aposteln", kommt so nah an das Flaggschiff der Queen, daß er ihm den Wind nimmt und die Segel der „Revenge" wie müde Lappen herabhängen. Mit gezücktem Schwert fordert der spanische Kapitän Grenville förmlich auf, sich zu ergeben. Dieser salutiert wie ein Gentleman – und läßt seine Kanonen auf die Spanier abfeuern.

Auf der „San Felipe" dient die Elite der spanischen Infanterie: handverlesene Freiwillige, deren Lebensinhalt darin besteht, sich mitten auf dem Ozean und unter Kanonendonner auf schwerbewaffnete gegnerische Schiffe zu hangeln, die gewöhnlich wie eine Burg verteidigt werden. Als die erste Enterleine an Deck der „Revenge" fliegt, springen zehn Spanier in voller eiserner Montur hinterher.

Die englischen Kanoniere feuern aus nächster Nähe, aus sämtlichen Steuerbord-Geschützen und von beiden Decks, treffen die „San Felipe" unter und über der Wasserlinie, in der Takelage, den Rahen und den Masten, bis sich der stolze „Apostel" davonstiehlt. Sieben Mann vom spanischen Enterkommando werden niedergemetzelt. Die drei anderen Männer retten sich mit gewagtem Sprung auf die „San Bernabé", die sich auf der Backbordseite mit der „Revenge" anlegt – später werden die drei mit sechs Goldmünzen für ihren Mut belohnt.

Grenville läßt nun die „San Bernabé" unter Feuer nehmen, doch deren Kommandant, Don Martín de Bertendona, mit 45 Dienstjahren ein Seekriegsveteran, läßt sich nicht so leicht abschütteln. Mit Enterhaken klammern sich seine Leute an die englische Galeone und ziehen sie auf voller Länge an ihre Seite. Die Engländer lassen aus den Mastkörben Pfeile, Feuerlanzen, Pech und Granaten herabregnen, feuern ihre Musketen in gegnerische Kanonenluken und hauen ihre Schwerter auf jede Hand, die sich ihrem Schiff nähert.

In mörderischer Umklammerung verharren die „Revenge" und die „San Bernabé" Seite an Seite, ohne daß die Spanier einen weiteren Enterversuch wagen. Die ganze Nacht über dröhnen Pauken und Trompeten durch die Schreie der Verletzten und krachen die Musketenschüsse von der „San Bernabé" – „laut und ununterbrochen, um die eigenen Männer anzufeuern und den Feind zu terrorisieren".

Das geht so die ganze mondlose Nacht hindurch. Die englischen Matrosen verschanzen sich hinter Bollwerken und zersplitterten Decksaufbauten, schießen auf alles, was sich gegenüber bewegt, und bemerken im Kampfeseifer nicht, wie Marcos de Aramburu mit der „San Cristóbal" von hinten heransegelt und mit voller Wucht das Heck der „Revenge" rammt.

Ein neuer Trupp Spanier schwingt sich an Bord, und es entbrennt ein stahlklirrender Nahkampf. Sie drängen Grenvilles Männer zurück, säbeln sich bis zum Hauptmast durch und reißen unter „Victoria, victoria"-Geschrei die englische Standarte herunter.

Sir Richard, schon in den ersten Stunden des Kampfes von einem Musketenschuß verletzt, wird um elf Uhr nachts von einer zweiten Kugel getroffen. Er weigert sich, den Schiffsarzt aufzusuchen, der unter Deck bei Kerzenschein Kugeln und Pfeilspitzen herausschneidet, Beine amputiert und Brandwunden versorgt. Vielmehr läßt er den Arzt zu sich rufen. Während der ihn behandelt, werden beide getroffen. Der Arzt stirbt neben dem Vizeadmiral.

Noch immer nicht denkt Grenville an Kapitulation. „Laßt uns die Hunde von Sevilla zerschlagen", brüllt er mit blutüberströmtem Kopf, „denn weder dem Teufel noch einem Don habe ich je den Rücken gekehrt." Dann läßt er das Deck räumen.

Was wie ein Rückzug aussieht, ist ein Trick: Nun haben die Schützen im Vorderkastell freie Sicht auf die deckungslosen Spanier. Einigen von diesen gelingt noch die Flucht – die anderen werden von den aus ihrem Versteck herausstürmenden Engländern niedergemetzelt.

Derweil schießen die Kanoniere aus den engen Geschützräumen des Hecks, die voller Qualm und Pulverdampf sind, mit ihren beiden Feldschlangen aus wenigen Metern Entfernung den Bug der „San Cristóbal" in Trümmer. Mitten in der Nacht muß Aramburu aufgeben. Mit Laternensignalen kann er gerade noch Hilfe anfordern, bevor sein Schiff sinkt.

Grenville bleibt wenig Zeit zur Erholung. Die „San Bernabé" klammert sich immer noch an die „Revenge", und ihre Kanonenschüsse räumen langsam deren Aufbauten ab. Außerdem verbeißen sich jetzt zwei weitere Schiffe in die englische Galeone. Immer wenn sich ein spanisches Schiff mit Blessuren absetzt, ist das nächste schon da – mit frischen Leuten, kühlen Kanonen und neuer Munition.

Doch Grenville, der Wahnsinnige, wirft jeden Angriff zurück, läßt jeden Enterversuch niederschlagen, versenkt die „Asunción" und setzt „La Serena" außer Gefecht, ist überall gleichzeitig und brüllt seinen Männern immer wieder mit erhobenem Schwert Mut zu: „Weiterkämpfen! Weiterkämpfen! Nicht ergeben!"

Als im Morgennebel des 1. September von den spanischen Schiffen die ersten Litaneien ertönen, ist die edelste Galeone der Royal Navy ein Wrack. Kein Mast steht mehr, das Oberdeck ist von zahllosen Kanonensalven abrasiert, und die Zimmerleute können schon lange nicht mehr die Löcher unter der Wasserlinie schließen.

In den Trümmern des Vorderkastells verbergen sich die letzten der Tapferen. Die Decks gleichen einem Schlachthaus: rot von Blut und schwarz von Ruß und Pulver. Von der einst 250köpfigen Besatzung leben kaum noch hundert Mann, die meisten sind mehrfach verletzt. Doch immer noch ist kein Spanier an Bord.

Schließlich akzeptiert Sir Richard Grenville die Aussichtslosigkeit seiner Lage. Kaum noch fähig, sich auf den Beinen zu halten, weist er den Ersten Kanonier an, das Schiff mit den restlichen 70 Fässern Pulver in die Luft zu sprengen. „Sink me the ship, Master Gunner – sink her, split her in twain! Fall in the hands of God, not into the hands of Spain!" hat der englische Balladendichter Alfred Lord Tennyson 287 Jahre später dem Vizeadmiral in den Mund gelegt.

Doch Grenvilles letztem absurden Befehl, seinem dämonischen Aufbäumen gegen das Schicksal, leistet die Mannschaft nicht mehr Folge. Nur einige wenige sind bereit zum kollektiven Selbstmord, darunter der Erste Kanonier. Er kann gerade noch davon abgehalten werden, sich in sein Schwert zu stürzen. Dann sperren ihn die anderen in seine Kajüte.

Der Erste Offizier läßt sich, vielfach verwundet, mit der weißen Flagge auf die „San Pablo" übersetzen, berichtet Don Alonso von Grenvilles Selbstzerstörungsplänen und bietet ihm die Kapitulation an. Der spanische General – der weiß, daß er bei einer Explosion der „Revenge" auch seine daran festgeklammerten Schiffe verlöre – sichert zu, alle Gefangenen nach England zu überstellen und daß niemand eingekerkert oder auf den Galeeren landen werde.

Sir Richard wird von seinen Männern auf die „San Pablo" geschleppt. Dort spricht Don Alonso de Bazán seinem Widersacher sein Beileid für den Verlust aus und stellt ihm seinen Leibarzt zur Verfügung.

Zwei oder drei Tage später stirbt Grenville, zutiefst verbittert. Auf dem Totenbett soll er seine Mannschaft als „Feiglinge und Hunde" verwünscht haben, die ihr Leben in Schande schmachten sollen. Der Leichnam des Freibeuters wird dem Meer übergeben.

Die „Revenge" ist das erste und einzige Schiff der Queen, das in dem jahrzehntelangen Krieg zwischen England und Spanien dem Erzfeind in die Hände fällt. Ihre Beute beeindruckt die neuen Besitzer sehr. Zusammengeschossen, wie sie ist, schätzt Don Martín de Bertendona ihren Wert immer noch auf 80 000 Dukaten.

Ein Teil der 42 Bronzekanonen, „die feinste Artillerie, die je auf einem Segelschiff gesichtet wurde", sowie Pulver und Munition werden umgehend auf spanische Schiffe umgeladen. Ebenso die Beute an Gold und Silber aus den von den Engländern unterwegs aufgebrachten Schiffen. Die Londoner Investoren des Raubzuges hätten davon nie etwas erfahren, denn in Grenvilles Fahrtenberichten kamen diese Schätze nicht vor. In wenigen Tagen stopfen spanische Zimmerleute und Taucher die Löcher in den Planken der „Revenge", setzen neue Masten, takeln das Schiff wieder auf und machen aus dem Wrack ein seegängiges Gefährt.

Don Alonso de Bazán hat den ersten Teil seines Auftrages, die Vertreibung der Piraten, erfüllt. Jetzt muß er sich um den zweiten kümmern: das sichere Geleit der Schatzflotte nach Sevilla – noch bevor seine Verwundeten genesen können.

Am 7. September kommen die ersten der sturmgebeutelten Frachtschiffe aus Havanna in Sicht. Sechs Tage dauert es, bis die versprengte Flotte auf Flores eintrifft. Sie ist in einem erbärmlichen Zustand und wäre eine leichte Beute für Grenvilles Piratentruppe gewesen.

Am 15. September machen sich insgesamt 97 Schiffe der Schutz- und der Schatzflotte – sowie die „Revenge", die jetzt „La Venganza" heißt – bei bestem Wetter auf die kurze Reise nach Terceira. Doch die eigentliche Katastrophe steht noch aus.

Schon gegen Mittag verdunkelt sich der Himmel, ein kräftiger Nordostwind zieht auf, der später auf Nord dreht und rasch Orkanstärke erreicht. Wenig später sinkt das erste Schiff. Das Unwetter, das der spanische Kommandant Bartolomé Villavicencio „das schlimmste und längste, das ich je erlebt habe", nennt und das Meteorologen des 20. Jahrhunderts aus historischen Daten als Jahrhundertsturm rekonstruiert haben, währt zwei Wochen lang.

„Es war, als verschlänge die See die Inseln", notiert der holländische Chronist Linschoten auf Terceira, „die Wogen stiegen höher als die Klippen, die so hoch sind, daß ein Mensch gegen sie verschwindet. Aber das Meer kam noch höher und warf lebende Fische bis ans obenliegende Land." Die Menschen auf den Azoren glauben, der Allmächtige habe sich nun auf die Seite der Lutheraner geschlagen.

Spanische Galeonen stranden an der Küste vor Pico, Graciosa, São Jorge und Terceira. Andere verschlägt es bis an die Felsen der 600 Kilometer entfernten Azoren-Inseln São Miguel und Santa Maria. Manche treiben mit nackten Masten weiter in ein ungewisses Schicksal gen Osten nach Europa. Andere werden noch angesichts der Bucht von Angra in die Tiefe gerissen. Selbst im Hafen ankernde Schiffe werden mit gerissenen Ankertauen an den Lavafelsen zerschmettert.

Während der Orkan noch tobt, trifft mit der „Golden Lion" und der „Foresight" die versprochene Verstärkung aus London ein – zu spät für Howard und Grenville. Ungeachtet des mörderischen Seegangs lassen sich die Engländer auf ein Scharmützel mit den Spaniern ein. Von zwei sinkenden gegnerischen Schiffen können sie immerhin einen Teil der Ladung retten. Zwei weitere entern sie tollkühn. Eines davon holen sich die Spanier in einem dreitägigen Seegefecht mitten im sturmgepeitschten Atlantik wieder zurück.

Für die „Revenge" ist es die letzte Fahrt. Der Sturm treibt sie mit 70 Mann an Bord außer Sichtweite ihrer spanischen Begleitung. Erst vor der Küste Terceiras taucht sie wieder auf, „wo sie an den Felsen in hundert Stücke zerbricht", wie der Holländer Linschoten berichtet.

Der einzige Überlebende wird wie durch ein Wunder an Land gespült, erklettert mit letzter Kraft die Klippen, erzählt dem ersten besten, den er trifft, von der Katastrophe – und stirbt. Von der „Revenge" fehlt – wie von allen anderen Schiffen, die vor, während und nach der Schlacht vor Flores gesunken sind – bis heute jede Spur.

So endet die Illusion von einem der größten Raubzüge aller Zeiten. Zwar kann Lord Thomas Howard auf dem Heimweg nach Plymouth einige Schiffe kapern und mit der ansehnlichen Beute wenigstens die Queen gnädig stimmen. Doch mittlerweile ist auch in London jene List bekannt geworden, mit der König Philipp II. die englischen Freibeuter auf die falsche Fährte geführt hat: Die Flotte aus Havanna hatte nämlich überhaupt kein königliches Silber an Bord.

Juan de Texada, der Gouverneur von Havanna, hatte in der Karibik auf Anweisung Philipps sechs Fregatten bauen lassen, die schneller waren als die meisten damals bekannten Schiffe und stark genug, jeden Verfolger außer Gefecht zu schießen. Im Winter 1590/91 hatte Juan de Texada vier dieser Fregatten zu segelnden Panzerschränken umrüsten lassen. Sie nahmen das gesamte südamerikanische Silber im Wert von sechs Millionen Pesos an Bord und fuhren entgegen allen gewohnten Zeitplänen schon Ende Januar nach Europa.

In der Nacht des 2. März 1591 – Sir Richard Grenville hatte noch nicht einmal die „Revenge" im Hafen von Plymouth bestiegen – erreichten die ersten Fregatten problemlos die Atlantikküste bei Cascais, unweit von Lissabon. Unbehelligt segelten sie weiter durch die Straße von Gibraltar bis in den Flußhafen von Sevilla.

Tagelang zählten und notierten die Beamten, bis sie wußten: Die Schätze des Königs sind vollständig in Europa angekommen.

CAY RADEMACHER

Tod im Pazifik

*Eine Bucht auf Hawaii. Zwei britische Dreimaster
ankern in Sichtweite des Strandes. Der Kommandant ist an Land
gegangen, um eine Strafexpedition gegen die Inselbewohner
anzuführen. Er will einen der Häuptlinge als Geisel nehmen, doch
plötzlich stürzt sich ein Trupp Polynesier auf ihn. Der dreispitz-
bewehrte Kapitän heißt James Cook. Er ist der größte
Kartograph und Entdecker seiner Zeit – und er wird diesen
Februarmorgen im Jahre 1779 nicht überleben.*

Kealakekua-Bucht, Hawaii, 20. Februar 1779. An dem kleinen, palmengesäumten Küstenstreifen am Westrand der Insel liegen zwei britische Dreimastbarken vor Anker. Drohend weisen die Kanonen der Breitseiten auf das Ufer. Die Hütten einer polynesischen Siedlung am Strand sind verwüstet. Da nähert sich aus dem dicht bewaldeten hügeligen Hinterland der Insel eine lange Prozession von Eingeborenen, an der Spitze ein Häuptling mit prachtvollem Federumhang. Krieger stellen mannshohe Trommeln auf und schlagen einen dumpfen Rhythmus. Die anderen besteigen Kanus, halten grüne Zweige und kleine Stoffetzen als Friedenszeichen hoch und rudern hinaus zu dem größeren der britischen Schiffe.

Dort werden sie vom Kapitän und einigen Dutzend Soldaten und Matrosen schweigend empfangen. Demutsvoll legen die Polynesier die Gaben ab, mit denen sie den Frieden wiederherstellen wollen: Schweine, Yamswurzeln, Obst. Und sauber vom Fleisch gelöste menschliche Knochen.

Die Männer breiten die Skelettteile eines Mannes aus: Schädel mitsamt Skalp, Arm-, Bein- und Hüftknochen, das Schulterblatt. Nur die Hände sind noch von Haut umgeben: Sie sind mit Salz, durch tiefe Einschnitte in das Fleisch gedrückt, konserviert worden.

Der Kommandant des Schiffes untersucht die rechte der beiden Hände und entdeckt schnell eine alte Narbe zwischen Daumen und Zeigefinger. Er erkennt sie und nickt. Die Polynesier haben ihm tatsächlich die Gebeine jenes Mannes gebracht, den er sucht. Die

Überreste des zweifachen Weltumseglers und Entdeckers James Cook können an Bord seines Schiffes kommen.

Was auf so grausige Weise endet, hat zweieinhalb Jahre zuvor in Plymouth unter ganz anderen Vorzeichen begonnen. Cook, der berühmteste und erfahrenste Seemann Großbritanniens, ist im Juli 1776 angetreten, sein Lebenswerk durch eine dritte Weltumseglung zu krönen – und durch den Versuch, die legendäre Nordwestpassage zu finden: die Seeverbindung zwischen Atlantik und Pazifik vor der Nordküste Amerikas.

Seit über 200 Jahren schickt Großbritannien regelmäßig Expeditionen an die Atlantikküste des heutigen Kanada, doch alle mußten vor Eis und stürmischer See kapitulieren; manche kehrten nie zurück. Diesmal will es die Admiralität von der pazifischen Seite aus versuchen, einer Region, von der es nur unvollständige Karten gibt.

Und wer könnte eine solche Expedition ans unwirtliche Ende der Welt besser leiten als dieser Kapitän Cook, der bereits zweimal im Pazifik gewesen ist? Der sein Schiff aus dem Großen Barriere-Riff vor Australien hinausmanövriert und die Küste Neuseelands und vieler kleinerer Inseln akkurat kartographiert hat; und der so weit südlich in antarktische Gewässer vorgestoßen ist wie nie ein Mensch zuvor?

Dabei hat die Karriere des 1728 geborenen Landarbeitersohnes keineswegs vielversprechend begonnen: Erst im Alter von 17 Jahren heuerte er zum erstenmal an – auf einem Kohlenschiff. Doch Cook, gewissenhaft und wißbegierig, arbeitete sich hoch, wechselte 1755 zur Navy, wo er bald im britisch-französischen Krieg in nordamerikanischen Gewässern kämpfte. Hier, in der Mündung des St.-Lorenz-Stromes und vor der unübersichtlichen Küste Neufundlands, entwickelt er sich zu einem meisterhaften Kartographen und Navigator. Seine 1766 bis 1768 publizierten Küstenkarten sind Werke von solcher Präzision, daß sie erst im 20. Jahrundert übertroffen werden.

1769 ist Cook zum erstenmal im Stillen Ozean. Der Pazifik bedeckt über ein Drittel der Erdoberfläche und ist so riesig, daß alle Landmassen dieses Planeten in seinen Tiefen versenkt werden könnten. Auf der einen Seite sitzen die Niederländer in Südostasien und bewachen eifersüchtig ihren hochprofitablen Gewürzhandel. Auf der anderen Seite beherrschen die Spanier Südamerika und schicken mit Gold beladene Schiffe ins Mutterland. Doch beide Mächte haben den Zenit ihrer Herrschaft überschritten, es sind jetzt Briten und Franzosen, die ehrgeizige Expeditionen in die unerforschten Weiten des Pazifiks senden.

Irgendwo dort erhoffen sich die beiden Staaten einen immensen Lohn für ihre Anstrengungen: die Entdeckung der Terra Australis, jenes sagenhaften – vor allem sagenhaft reichen – Südkontinents, dessen Existenz seit der Antike durch die Phantasie von Gelehrten spukt. Zwar haben schon im 17. Jahrhundert niederländische Seefahrer erste Küstenabschnitte des heutigen Australien gesichtet. Doch erstens sind sich die Führer der seefahrenden Nationen über die Dimensionen dieser Entdeckung nicht im klaren, und zweitens verfahren sie nach dem Motto, daß nicht sein kann, was nicht sein darf: Da diese Küsten sich nicht als reich erwiesen haben, muß Terra Australis sich noch irgendwo in den riesigen weißen Flecken der Seekarten verstecken.

James Cook ist der Mann, für den sich die Lords der Admiralität entscheiden: Er ist ein exzellenter Kartograph, ein ausgewiesener Beobachter astronomischer Phänomene und ein guter Navigator – einer der wenigen, die nach der Monddistanzmethode und später anhand genauer Chronometer zuverlässig Längengrade bestimmen können.

Von 1768 bis 1771 ist Cook auf seiner ersten Weltreise unterwegs. Im Jahr darauf startet er zu seiner zweiten, ebenfalls dreijährigen Fahrt. Auf diesen Expeditionen steuert er Kapstadt und Kap Hoorn an, kartographiert Neuseeland, die Ostküste Australiens, Tahiti, die Neuen Hebriden, Neukaledonien, Neuguinea, Tonga, die Marquesas, die Osterinsel und viele weitere Eilande. Er dringt südlich des 71. Breitengrades in antarktische Gewässer bis an die Packeisgrenze vor. Und er zeigt, daß der legendäre Südkontinent eine Illusion ist – der erste Entdecker, der beweist, daß es etwas nicht gibt.

Nach diesen epochalen Fahrten wird Cook auf eine Stelle im Naval Hospital versetzt, einen Posten, der mit 230 Pfund Jahressalär einer ehrenhaften Pensionierung gleichkommt. Doch es hält ihn dort nicht lange. Obwohl er glücklich verheiratet ist und vier Kinder hat, bewirbt er sich im Februar 1776 für die Expedition zur Nordwestpassage – und wird akzeptiert.

Die üblichen Vorbereitungen beginnen. Cook gebietet über zwei Schiffe, die viele Seeleute für die häßlichsten im Dienst der Royal Navy halten. Sie sind dick, langsam (sieben Knoten unter guten Bedingungen) und so schlicht ausgestattet, daß sie nicht einmal Galionsfiguren haben. Es sind *colliers*, Kohlentransporter. Doch Cook schätzt deren Vorzüge: Sie haben einen enormen Laderaum – wichtig für die Unmengen an Vorräten, lebendem Vieh, Ersatzsegeln, Beibooten und wissenschaftlichen Instrumenten, die er mitnehmen muß. Zudem haben die wannenförmigen Rümpfe nur einen geringen Tiefgang. So können die Besatzungen – 112 Mann auf der „Resolution", 70 auf der „Discovery" – nahe an unbekannte Küsten heransegeln, ohne ein Auflaufen zu befürchten.

Die „Resolution", 34 Meter lang und etwas über zehn Meter breit, wird von Cook kommandiert. Die kleinere „Discovery" steht unter dem Kommando des jungen Kapitäns Charles Clerke. Wie sich später herausstellen wird, ist die „Resolution" auf der Marinewerft so schlampig überholt worden, daß sie auf hoher See wie ein alter Seelenverkäufer zu lecken beginnt.

Vorräte kommen aus dem Marine-Magazin an Bord: Beile, Stoffe, Eisanker, Schlagnetze, Eisenäxte, Messer, Nägel, Angelhaken, Medaillons, Stoffe, Glasperlen. Präzisionsinstrumente wie Oktanten, Sextanten, Chronometer und Peilkompasse. Spezialmaschinen zum Entsalzen von Meerwasser und „Süßen" von lange abgestandenem Trinkwasser mittels hineingepumpten Kohlendioxids. Und Kanonen – zwölf für die „Resolution", acht für die „Discovery".

Zur Verpflegung der Männer wird geladen: Fleisch, das so eingesalzen ist, daß es die Ratten abschrecken soll; Schiffszwieback, so hart gebacken, daß die Maden es schwer haben, sich hindurchzufressen; Stockfisch sowie „Dr James's Fieberpulver" als Allheilmedizin; Marmelade aus gelben Rüben, gesalzener Kohl, Suppenpulver und Sauerkraut. Und Alkohol: Viereinhalb Liter Bier pro Mann – und für schlechtes Wetter jeweils ein halber Liter Rum – sind die Tagesrationen.

Cook gelingt es als einem der ersten Kapitäne, trotz dieser Kost seine Besatzung fast frei von Skorbut zu halten – ungewöhnlich in einer Zeit, in der manchmal bis zu dreiviertel einer Besatzung auf großer Fahrt stirbt. Er greift zu Tricks: Da die Matrosen manche der neuen, gesünderen Nahrungsmittel verschmähen, wie etwa Sauerkraut, läßt er sie demonstrativ in der Offiziersmesse servieren – wissend, daß die Besatzung all das, was ihr Kapitän ißt, für eine Delikatesse hält und ebenfalls haben möchte.

Am 12. Juli 1776 segelt Cook los. Es gibt nur Gerüchte über das Ziel seiner Expedition; selbst die meisten Offiziere haben keine klare Vorstellung. Das Ausland ist beunruhigt. Der Vizekönig von Neu-Spanien, dem heutigen Mexiko, bekommt den geheimen Befehl, Cook festzunehmen, sollte der Engländer in spanischen Gewässern auftauchen. Doch der wählt den anderen, bequemeren Weg in den Pazifik – den über Kapstadt.

Nach einigen Tagen sind die frischen Vorräte verbraucht oder in der feuchten Luft unter Deck verschimmelt. Nun essen die Männer

Schiffszwieback und Salzfleisch – und zwar im Dunkeln, um die grün schillernde Farbe des Fleisches nicht sehen zu müssen. Oder die Maden. Oder die von Ratten angenagten Stellen.

Am 1. Dezember 1776 verlassen beide Schiffe Kapstadt und segeln in die „Roaring Forties", die wegen ihrer schweren Stürme gefürchteten 40er-Breitengrade. In den Logbüchern häufen sich nun Notizen über zerfetzte Segel und gebrochene Rahen. Nach einem kurzen Stopp in Tasmanien erreicht Cook am 12. Februar 1777 Neuseeland.

Vögel und Fische werden gefangen, Matrosen sammeln alle Pflanzen, die eßbar erscheinen, andere bringen Frischwasser in Eichenfässern zurück. Die Blätter einer Myrten-Art ergeben einen guten Tee, die einer Fichte eine Art Bier. „Wir hauten von verschiedenen Bäumen die Gipfel ab", erinnert sich ein Matrose, „kochten sie in Wasser, gaben dann auf ein halbes Ohm des gekochten Wassers ein Maß eines aus Malz gekochten Liqueurs und warfen fünf bis sechs Pfund Zucker hinein. Dieses war ein angenehmes und gesundes Getränk."

Als die Schiffe am 25. Februar die Segel setzen, steht Cook jedoch schon unter Druck, denn er liegt mehrere Monate hinter seinem unrealistisch kurzen Zeitplan zurück – auch wegen der ständigen Reparaturen an der maroden „Resolution". Nun muß er den größten Ozean der Erde von Süd nach Nord durchqueren.

Es fängt schlecht an. Cook hält nordöstlichen Kurs, doch er gerät in Flauten oder ungünstige Winde. Langsam kriechen die Schiffe über die immense Wasserfläche und scheinen und scheinen ihrem Ziel nicht näherzukommen. Die Matrosen haben wenig zu tun. Als an Bord der „Resolution" ein paar Vorräte gestohlen werden, kürzt Cook der Besatzung die Fleischration um ein Drittel für einen Tag. Die Männer protestieren. Cook nennt dies ein „sehr meuterndes Verhalten" und verlängert die Strafe.

Jene Matrosen, die schon mehrfach unter ihm gedient haben, bemerken vielleicht schon jetzt eine Veränderung an ihrem Kapitän. Eine der größten Stärken Cooks war immer dessen Geduld: Beharrlich hatte er Tausende von Küstenkilometern kartographiert, ruhig hatte er überall versucht, friedlich Kontakte zu den Eingeborenen herzustellen. Doch auf dieser Fahrt scheint seine Langmut zu erodieren, zermürbt durch den täglichen Druck der Verantwortung, zermürbt vielleicht auch durch Müdigkeit, Rheuma und möglicherweise andere Krankheiten. „Kapitän Cook ist ein wenig indisponiert", notiert einer der Offiziere.

Ein Matrose beschreibt ihn so: „Herr Cook war ein großer, schöner, starker, etwas hagerer Mann, schwarzbraun, finster von Gesicht, etwas gebückt. Er war sehr streng und jähzornig, und so, daß die geringste Widersetzlichkeit eines Offiziers oder Matrosen ihn aus der Fassung brachte."

Am 6. April gibt Cook schließlich auf. Er kann in den polaren Gewässern Nordamerikas nur während des Sommers segeln, doch wird er sein Ziel vor Juni nicht mehr erreichen. Er ändert den Kurs Richtung Tonga. Über neun Wochen nachdem sie Neuseeland verlassen haben, kommen die Inseln der Tonga-Gruppe in Sicht.

Am 17. Juli 1777 verläßt Cook den Archipel und macht sich gen Tahiti auf. Am 12. August ruft der Ausguck der „Resolution": „Land in Sicht!" Vor ihnen liegen die Gesellschafts-Inseln Mehetia und Tahiti.

Vielen Seefahrern gilt Tahiti seit der Entdeckung 1767 als schönste und reichste Insel der sieben Meere. Auch Cook hat auf seinen früheren Fahrten viele Wochen hier verbracht. Am 13. April 1769 ist er zum erstenmal hier gelandet, um die astronomische Beobachtung des Venustransits – des Durchgangs des Planeten vor der Sonnenscheibe – vorzubereiten.

Dieses seltene Phänomen, das im 18. Jahrhundert nicht wieder auftreten würde, ermöglicht unter anderem die präzise Bestimmung des Abstandes der Erde von der Sonne – vorausgesetzt, es wird von verschiedenen, genau bestimmten Punkten der Erdoberfläche zeitlich exakt ermittelt. Am 3. Juni 1769 war es soweit. Doch Cook und seine Mitarbeiter lieferten unbrauchbare Daten, da an diesem Tag die Venusatmosphäre eine akkurate Beobachtung verhinderte.

Als die beiden Barken sich nun Tahiti nähern, schießen wendige Auslegerkanus aus den geschützten Buchten und umkreisen die dickbauchigen Schiffe. Die ersten Polynesier klettern an Bord. „Ehri no te tuti Mai tai!" rufen sie aus – „Der oberste liebe Cook ist gut!" Sie haben ihn von seinen letzten Besuchen in guter Erinnerung.

Der Kapitän und einige seiner Männer treffen auf alte Bekannte und unterhalten sich mit ihnen radebrechend in deren Sprache. Mit feierlichen Gesten werden Begrüßungsgeschenke getauscht: Kleidungsstücke, Eisenwerkzeug und rote Federn aus Tonga gegen Yamswurzeln, Kokosnüsse und Schweine. Auch die Matrosen beginnen nun einen lebhaften Handel mit ihren Besuchern.

Dafür gibt es von Cook einen klaren Befehl: Eisenwaren und Kleidung nur gegen Lebensmittel! Es ist eine einfache, aber wirkungsvolle Art von Marktregulierung. Der Kapitän weiß, daß viele Matrosen am liebsten ihre Handelswaren gegen bunte Federn, Keulen, Masken, Matten oder andere „Kuriositäten" eintauschen möchten – was in den

Augen der Eingeborenen den Wert der von ihnen eingehandelten Dinge mindern und somit Lebensmittel indirekt verteuern würde.

So aber hält Cook die Preise stabil und sichert die Proviantversorgung. Der Handel konzentriert sich zunächst auf Schweine, Federvieh, Yamswurzeln, Kokosnüsse, Obst und Fische im Tausch gegen Eisenwerkzeug aller Art, Nägel und Kleidung. Wie ein riesiger schwimmender Jahrmarkt gleiten die Schiffe schließlich am 13. August langsam in die Vaitepiha-Bucht von Tahiti und werfen Anker.

Der Kapitän ist kaum an Land, als ihn Eingeborene zu einer Hütte in der Nähe des Ufers führen, die von Europäern gebaut worden ist, davor ein schlichtes Holzkreuz mit der Inschrift: CHRISTUS VINCIT CAROLUS III IMPERAT 1774 – Christus siegt, Karl III. herrscht; 1774.

Karl III. von Spanien! Franziskaner sind hier gewesen, die, wenn auch erfolglos, die Eingeborenen bekehren wollten. Cook läßt das Kreuz herausreißen, auf die andere Seite GEORGIUS TERTIUS REX ANNIS 1767, 69, 73, 74 & 77 einschnitzen und wieder aufstellen, um zu zeigen, daß die Ansprüche Georgs III. älter sind.

Nach zehn Tagen bringt Cook seine Schiffe in die größere und geschütztere Matavai-Bucht. Hier wartet inmitten einer großen Menschenmenge der „Ari'i rahi" Tu auf ihn, der Häuptling dieses Gebiets. Cook tritt ihm am Strand entgegen und überreicht feierlich einen Leinenanzug, einen goldbesetzten Hut und eine tongaische Häuptlingsmütze aus roten Federn – wofür sich sein Gastgeber mit zehn fetten Schweinen revanchiert. Dann läßt sich Tu mit seiner Familie in einem prachtvollen Kanu zur „Resolution" hinausrudern, betritt gemeinsam mit Cook die achtern liegende große Messe und setzt sich mit den englischen Offizieren zu einem Borddinner nieder.

Am 1. September 1777 lädt Tu Kapitän Cook ein, an einem Menschenopfer teilzunehmen. Der Kommandant ist viel zu neugierig, um abzulehnen. Einige Matrosen rudern Cook, Tu, den Expeditionszeichner John Webber und den Schiffsarzt William Anderson zu einer schmalen Halbinsel an der Südküste. Hier steht das *marae*, das Heiligtum des Kriegsgottes Oro, eine flache, langgestreckte Hütte mit einer Art Altar aus Stein und Holz.

Dumpf dröhnt der Schlag fast mannshoher Trommeln über die Insel, als die Engländer mit Tu an Land gehen; die Matrosen müssen im Boot bleiben. Priester, Krieger und Jungen, aber keine Frauen, sind vor dem *marae* versammelt. Auf dem Boden liegt in einem kleinen Kanu die an einen Pfahl gebundene Leiche eines Mannes, dem man den Schädel eingeschlagen hat.

Die Weißen beobachten die nun folgenden Zeremonien, ohne alle Einzelheiten zu verstehen. Zum Schlag der Trommeln rufen Priester laut den Gott an. Tu nähert sich dem Kopf des Opfers und macht Gesten des Essens – symbolisch verspeist er ein Auge, rührt es aber tatsächlich nicht an. Ein Priester schneidet dem Toten ein Büschel Haare ab, die zusammen mit kostbaren roten Federn und den Eingeweiden eines geschlachteten Hundes Oro auf einem Altar dargebracht werden.

Als aus dem Wald hinter dem *marae* der Schrei eines Eisvogels erklingt, deutet Tu dies als Stimme des Gottes. Einige Männer heben gegen Abend ein Erdloch aus, in dem sie den Leichnam begraben. Ein Junge ruft mit schriller Stimme den Gott an und bittet ihn, von dem geopferten Hund zu essen. Beim Sonnenuntergang endet der erste Tag des Rituals.

Cook und die anderen übernachten in der Nähe des Heiligtums und werden am nächsten Morgen Zeugen des zweiten Teils der Zeremonie. Jetzt wird ein Schwein geopfert, und wieder werden rote Federn dargebracht. Vorsichtig entfalten die Priester einen schwarz eingefaßten, mit roten und gelben Federn besetzten Mantel sowie ein Objekt, das so heilig ist, daß Cook es nicht ansehen darf: eine kleine Kultfigur aus geflochtenen Kokosfasern – das Bildnis Oros. Die nunmehr dargebrachten roten Federn werden ihm beigelegt, dann falten die Priester alles wieder vorsichtig zusammen. Die Zeremonie ist vorüber.

Cook und seine Begleiter lassen sich zurückrudern, beeindruckt und verstört. An Bord seines Schiffes schreibt der Kapitän einen ausführlichen Bericht ins Logbuch, dann kümmert er sich wieder um seine alltäglichen Probleme. Zwei Sorgen begleiten ihn auf jede der Pazifikinseln: die um Frauen und Diebstähle.

Der Kapitän ist kein religiöser Mann, der sich nur aus enger Moral dagegen stemmt, daß seine Matrosen mit eingeborenen Frauen anbändeln. Er hat einen konkreten Grund: *the venerals* – die Geschlechtskrankheiten, unter denen viele seiner Männer leiden und die, wie er zu Recht befürchtet, durch die Matrosen auf die Inseln eingeschleppt werden.

Manche Seeleute sehen in dieser Libertinage, die dazu führt, daß abends mehr Frauen als Männer an Bord sind, einen paradiesischen Zug der Inselgesellschaft; andere vergleichen dies nüchterner mit der Prostitution, die man in jedem britischen Hafen finden kann. Und tatsächlich wollen die Schönen bezahlt werden. Eine Axt oder ein Leinenhemd pro Nacht muß jeder Seemann an den Tahitianer aushändigen, der die betreffende Frau hergebracht hat.

Auf andere Widrigkeiten reagiert Cook noch weniger gelassen. Vor allem Eisenwerkzeuge sind ständig durch Diebstahl gefährdet – von Nägeln, die geschickte Taucher aus dem Holz des Schiffsrumpfes ziehen, bis hin zum tonnenschweren Anker. Begehrt sind auch Vieh, Boote und alle Arten von Instrumenten. Einfache Männer, mitunter aber auch Priester und Häuptlinge beteiligen sich an den Diebereien: Manche greifen sich am hellichten Tage blitzschnell irgend etwas an Bord, springen ins Wasser und verschwinden damit.

Der Kapitän, der auf seinen früheren Fahrten nur selten Gewalt angewendet hat, reagiert zunehmend gereizter und brutaler. Zwar verhindert er nach wie vor, daß seine Männer Eingeborene einfach niederschießen. Doch ertappte Diebe läßt er jetzt auspeitschen, manchen gar zusätzlich mit Messern Kreuze in die Arme ritzen. Vielleicht ist es die Ungeduld über das wegen der Verzögerungen „verlorene Jahr", die ihn so cholerisch werden läßt. In den folgenden Wochen wird Cooks Jähzorn für die Einwohner von Tahitis Nachbarinseln schreckliche Folgen haben.

Cooks Offiziere sind schockiert – zumal der Kommandant der „Discovery" vor Tonga gezeigt hat, daß es auch anders geht. Er ließ Missetätern kurzerhand die Hälfte von Haarschopf und Bart wegrasieren und warf sie über Bord. Die Sünder wurden an Land zum Gespött ihrer Freunde. Ergebnis: Die Diebstähle auf der „Discovery" hielten sich in Grenzen.

Cook ist nicht der einzige Besucher, der von alten Bekannten zunächst gefeiert wird. Auch O-Maï ist wieder zurück, ein abenteuerlustiger junger Tahitianer, der auf Cooks letzter Expedition freiwillig an Bord gegangen war, um die ferne Heimat der Fremden zu sehen. Dort war er zum Darling der Gesellschaft geworden. Er hat zwar nie richtig Englisch gelernt, ist dafür aber der erste Polynesier, der Schlittschuh laufen kann.

O-Maï ist bei den Matrosen beliebt. Cook jedoch ist darüber enttäuscht, daß der junge Mann zwar aus Neugier ans andere Ende der Welt gereist ist, sich dort aber von den Errungenschaften der britischen Zivilisation nur wenig hat beeindrucken lassen. Statt alles über Gemüseanbau oder Werkzeugherstellung in Erfahrung zu bringen, war O-Maï vor allem an blitzenden Panzerrüstungen und Feuerwaffen interessiert. Doch Cook hatte versprochen, ihn wieder nach Hause zu bringen, und alles darangesetzt, dieses auch zu erfüllen.

O-Maï, der nicht aus tahitischem Adel, sondern aus dem niederen Volk stammt, genießt nach seiner Rückkehr zunächst nur wenig

Ansehen – bis er anfängt, seine „Reichtümer" wie rote Federn und Eisennägel freigiebig zu verteilen. Er wird einer der Hauptakteure der folgenden Tragödie.

Am 29. September ankern Cooks Schiffe vor Tahitis Nachbarinsel Moorea. Die Männer treiben die ihnen verbliebenen Ziegen an Land. Ein paar Tage später nimmt einer der Matrosen, die zur Bewachung der grasenden Ziegen abkommandiert sind, einem Eingeborenen etwas weg; dieser stiehlt daraufhin aus Rache ein Tier.

Cook antwortet, nach kurzen, fruchtlosen Verhandlungen, mit einem beispiellosen Rachefeldzug. Zunächst zieht er mit einem Trupp schwerbewaffneter Matrosen und Soldaten über die Insel und zerstört viele Gebäude und Kanus. Die Eingeborenen fliehen. Am nächsten Tag fällt er in die benachbarte Bucht ein und läßt noch mehr Häuser und kostbar geschnitzte Kanus zertrümmern. Viele seiner Matrosen – auch O-Maï – plündern alles, was sie finden. „Den Schaden, der dadurch verursacht worden, können sie in einem Jahrhundert schwerlich mehr ersetzen", schreibt einer der an der Strafaktion beteiligten Männer. Nach zwei Tagen der Verheerung geben die Polynesier die Ziege zurück.

Kaum weniger brutal ist Cook kurze Zeit später auf Huahine, einer anderen Nachbarinsel Tahitis, wo die Matrosen für O-Maï eine große Hütte bauen und einen Garten anlegen. Einen Dieb läßt Cook auspeitschen, „bis die Fetzen der Haut wegflogen", wie ein entsetzter Augenzeuge berichtet. Der Mann rächt sich, indem er O-Maïs Garten zerstört, wird aber gefangengenommen. Der Kapitän befiehlt einem Matrosen, dem Mann beide Ohren abzuschneiden. Das weitere Schicksal von O-Maï ist unklar. Möglich, daß er nach Cooks Abfahrt zum Ziel von Racheaktionen geworden ist.

Cook verläßt die Gesellschafts-Inseln am 8. Dezember 1777. Seine Schiffe sind in gutem Zustand, doch sein Ansehen bei Besatzung und Polynesiern ist beschädigt. Er hält nach Norden. Am 18. Januar 1778 entdeckt er nördlich des Äquators neue Inseln. Doch dieses Jahr will Cook unbedingt die Nordwestküste Amerikas erreichen, deshalb begnügt er sich mit einer flüchtigen Erkundung. Er benennt den Archipel nach dem ersten Lord der Admiralität „Sandwich Islands". Von der Hauptinsel Hawaii hat er noch nichts gesehen, beschließt aber, diese Inselgruppe im folgenden Herbst näher zu untersuchen.

Weiter nach Norden. Die Temperaturen sinken, bis sie im März kaum noch zehn Grad betragen. Am 6. März 1778, wenig südlich von 45 Grad nördlicher Breite, sichtet der Ausguck Wale und Robben. Cook hat als erster Kapitän den Pazifik von Süd nach Nord durchquert. Nach gut eineinhalb Jahren Reise – doppelt so lang, wie ursprünglich geplant – hat er endlich sein Zielgebiet erreicht, die Küste, von der seine Entdeckungsfahrt überhaupt erst beginnen soll.

Am nächsten Morgen liegt das nordamerikanische Gestade vor ihm – und wird gleich zur Gefahr. Ein böiger Westwind kommt auf und drückt die Schiffe gegen das Land. Cook muß gegensteuern, vor der Küste kreuzen. Es fängt an zu schneien, das Land ist außer Sicht. Die „Resolution" und die „Discovery" müssen zunächst südwärts abdrehen und sich später langsam wieder hochkämpfen. Cook läßt, wie er in seinem Logbuch vermerkt, „mehr Segel stehen, als das Schiff bei diesem Wetter eigentlich tragen konnte" – nur, um Kurs zu halten.

Erst am 29. März segeln die Schiffe in eine einigermaßen sichere Bucht und werfen Anker – an der Westseite von Vancouver Island im Nootka Sound. Masten und Takelage der „Resolution" sind schwer mitgenommen, die Matrosen müssen Bäume schlagen, um Ersatz zu zimmern. Indianer kommen in Einbaum-Kanus: Männer und Frauen in Pelzen und Leder, unglaublich schmutzig selbst nach den Maßstäben der Seeleute des 18. Jahrhunderts, nach Fisch, Tran und Rauch riechend, die Gesichter schwarz, weiß, ockerfarben und rot bemalt. Doch sie sind friedlich, tauschen kostbare Seeotterpelze gegen Kleinigkeiten ein und versorgen die Schiffe mit Unmengen Fisch.

Doch außer einem primitiven Handel mittels Zeichensprache ist die Verständigung schwierig. Die Indianer führen Tänze auf, für die sie sich realistische Tiermasken überziehen, doch zu welchem Zweck, kann niemand sagen. Cook nennt sie „Wak'ashians" — nach einem Wort, das, soviel er versteht, in ihrer Sprache Zustimmung und Freundschaft bedeutet. Er ist der erste Europäer, dem eine detaillierte Beschreibung der Indianerkultur Nordwestamerikas gelingt.

Er fertigt auch eine genaue Karte der Küste an, indem er sich von seinen jungen Midshipmen im Beiboot zu zahlreichen Buchten und vorgelagerten Inseln rudern läßt – oft 30 Seemeilen am Tag, was die Männer an den Rand des Zusammenbruchs bringt. Auf einem hohen freien Punkt an Land installiert Cook Sextant, Fernrohr und einige andere Präzisionsinstrumente in einem Schutzzelt und berechnet von dort die genaue Position des Hafens.

Am 26. April stemmen sich einige Matrosen in die Winden und ziehen die Anker hoch, während ihre Kameraden in den Beibooten an den Rudern sitzen und die Schiffe mit schierer Muskelkraft aus der Bucht ziehen. Die Indianer hocken in ihren Kanus und singen etwas, das den Briten wie ein Abschiedslied vorkommt. Sie schwenken die Dinge, die sie von ihnen eingetauscht haben, während ein Mann mit ständig wechselnden Tiermasken tanzt. Einem Häuptling, der noch einmal mit seinem Kanu längsseits kommt, schenkt Cook einen Degen.

Nun segeln sie eine Küste entlang, die 37 Jahre zuvor Vitus Bering in umgekehrter Richtung als erster erkundet hat. Doch die aus jener Reise resultierenden russischen Karten erweisen sich als so ungenau, daß Cooks Fahrt einer Neuentdeckung gleichkommt.

Eine wilde Küste zieht langsam an ihnen vorbei, ein karger, felsiger Landstrich vor riesigen, schneebedeckten Gipfeln. Je weiter sie nach Norden vorstoßen, desto seltener entdecken sie Bäume. Vom 65. Breitengrad an soll Cook, so lauten seine Befehle aus London, alle größeren Buchten nach Eingängen zu einer möglichen Nordwestpassage absuchen. Doch am 12. Mai 1778 – in Höhe 61° 11' Nord – meldet der Ausguck Land nicht mehr nur östlich der „Resolution", sondern auch auf West-Nord-West. Und mit jeder weiteren Stunde werden neue Landmassen sichtbar – direkt vor ihnen. Was tun?

Cook überprüft die Akkuratesse seiner Karten anhand eigener Positionsbestimmungen – mit niederschmetternden Resultaten. Die eine Karte legt nahe, daß das so unerwartet an Backbord aufgetauchte Land mit der Küste verbunden ist, der er die ganze Zeit folgt, er sich also jetzt im nördlichen Scheitelpunkt einer riesigen Bucht befindet und nach Südwest umkehren muß, um diese Bucht zu verlassen – ein großer Zeitverlust. Nach der anderen Karte gehört das Land im Nordwesten zu einer Inselgruppe, zwischen der und dem Festland er hindurchsegeln könnte – zum Eingang der Nordwestpassage.

Die Berge im Westen sind wie die im Osten bis fast hinunter zur Küstenlinie schneebedeckt – für Cook ein Zeichen, daß sie zu einer zusammenhängenden großen Landmasse gehören. Er segelt langsam die Küste entlang, die sich tatsächlich nun Richtung Südwest hinzieht. Am 24. Mai scheint die unwirtliche Landmasse unterbrochen zu sein: Zwei markante Felskuppen bilden Kaps, zwischen denen 50, 60 Seemeilen weit nichts ist als Wasser. Cook stößt hinein.

Ein kalter Wind bringt abwechselnd Regen, Nebel und Sonnenschein. Auf den nordost segelnden Schiffen stehen Männer am Bug, die das immer flacher werdende Wasser nach Sandbänken und Felsen absuchen und den Steuermann rechtzeitig warnen müssen. Langsam rücken die schroffen Bergrücken zu beiden Seiten näher heran, die Kraft der Gezeiten wird dadurch wie in einem gigantischen Kanal verstärkt – bald schwankt der Wasserstand um fast sieben Meter.

Die Schiffe kommen nur wenige Seemeilen pro Tag voran, interessiert beobachtet von hier lebenden Ureinwohnern. Einige von ihnen rudern mit ihren Kajaks hinaus und laden die Briten durch Gesten zum Landen ein, doch Cook wünscht keine Verzögerung und kämpft sich verbissen weiter.

Nach einigen Tagen ist der Sog der Ebbe so stark, daß Cook nur noch bei Flut segeln kann – genauer: sich von deren Welle weiter hineintragen läßt – und bei Gezeitenwechsel schwere Anker auswirft. Das Wasser ist, schreibt Cook ins Logbuch, „sehr dick und schmutzig" – wie Flußwasser, das Sand aufgewirbelt hat. Tatsächlich ist es Schmelzwasser von den Bergen.

Cooks Erster Offizier John Gore, ein eigentlich bis zur Phantasielosigkeit nüchterner Mann, ist einer urplötzlichen, romantischen Sehnsucht nach der Nordwestpassage verfallen. Auf seiner privat geführten Seekarte gibt er Landpunkten Namen wie „Kap Hoffnung", „Berg Willkommen" oder „Land der Großen Erwartung". Er vor allem drängt weiter voran.

Doch am 30. Mai kriechen die Schiffe nur noch mühsam zwischen den jetzt dicht beieinanderliegenden Felswänden entlang. Zwei sich gegenüberliegende markante Punkte nennt der Erste Offizier „Gore's Head" und, nach seiner Freundin, „Nancy's Foreland". Doch genau hier kehrt Cook um, überzeugt, einen Fluß vor sich zu haben: den „Turnagain River".

Wäre er noch einen einzigen Tag weitergesegelt, dann hätte er bemerkt, daß dies nicht stimmt, sondern daß er sich in eine Sackgasse hineingewagt hatte, einen riesigen Fjord – dem die Admiralität später den Namen „Cook Inlet" geben wird und an dem heute Anchorage liegt, Alaskas größte Stadt. In Gores Unterlagen findet sich nie wieder ein so romantischer Ausbruch wie in diesen vergangenen Tagen. Und statt „Gore's Head" und „Nancy's Foreland" steht auf allen Seekarten nur „West and East Foreland".

Cook verläßt den Fjord und folgt wieder der Küste Alaskas, Kurs Südwest – genau die entgegengesetzte Richtung jener Route, die er eigentlich einschlagen wollte. Die „Resolution" und die „Discovery" tasten sich durch Untiefen, segeln an winzigen Inseln vorbei; an Land ragen eisbedeckte Berge in den Himmel, aus einem Vulkan steigen Rauchfahnen hoch. Wale und Robben spielen um die Schiffe, große Schwärme von Wildenten, Gänsen und Schwänen ziehen vorbei. Die meiste Zeit ist es so neblig, daß Cook weder die Küste genau kartographieren noch deren exakte Position bestimmen kann.

Am 19. Juni gibt es Alarm auf der „Resolution". Die „Discovery", zwei Meilen achteraus segelnd, hat ein paar Kanonen abgefeuert. Es stellt sich schnell heraus, daß sie von Eskimos in Kajaks besucht worden ist. Diese haben, verpackt in einer alten, kleinen Holzkiste, einen beschriebenen Zettel an Bord gebracht, den aber niemand lesen kann. Auch auf Cooks Schiff vermag kein Mann die Zeichen zu entziffern, doch der Kapitän vermutet, daß es Kyrillisch sei.

Was auch immer – er segelt weiter. Seine Besatzung, die in dem Zettel die Nachricht von Schiffbrüchigen sieht, die an einer der im Nebel halbverborgenen Inseln gestrandet sind, protestiert vergebens. Als Eskimos gut eine Woche später eine zweite unentzifferbare Botschaft überbringen, läßt Cook auf englisch und lateinisch die Namen seiner Schiffe, ihrer Kommandanten und das Datum aufschreiben und schickt die Eskimos damit zurück.

Neun Wochen nachdem sie die Nootka-Bucht verlassen haben, weicht die Küste endlich Richtung Nordosten zurück. Cook hat am 28. Juni 1778 bei Nebel und Sturm einen Weg durch die Aleuten gefunden und die Westspitze Alaskas umrundet. Jetzt ist er in der Beringsee.

Am 3. August stirbt nach längerer Krankheit der Schiffsarzt Anderson an Fieber und Entkräftung – ein schwerer Schlag für die Expedition. Deren endgültiges Scheitern kommt zwei Wochen später. Doch dessen sind sich die Männer zu diesem Zeitpunkt nicht bewußt. Am 17. August sichtet der Ausguck die ersten Eisfelder, am nächsten Tag müssen die Schiffe vor einer massiven, drei bis vier Meter hohen Packeiswand beidrehen – auf 70° 44' Nord. Weiter wird Cook nie vordringen.

Auf dem zerklüfteten Eis liegen unzählige Walrosse. Der Kapitän schickt bewaffnete Matrosen los, die ein Dutzend der Giganten abschlachten. Cook läßt nach dieser Aktion alle Bordrationen mit Ausnahme des Schiffszwiebacks streichen, damit seine Männer frisches Walroßfleisch essen. Der Kommandant, der auch schon auf Tahiti gebackene Hunde als vortrefflich gelobt hat, findet es genießbar, doch seine Männer kapitulieren bald vor dem schwarzen, trantriefenden, streng schmeckenden Walroßbraten. Nur mit einiger Mühe gelingt es den Offizieren, Cook davon zu überzeugen, seiner Besatzung wieder die normale Bordration zu gestatten.

In den folgenden Tagen treibt Cook seine Schiffe westwärts und ostwärts das Packeis entlang – vergebens. Nirgendwo zeigt sich zwischen Eis und Felsküste eine Lücke, weder auf der Seite Alaskas noch an Sibiriens Nordseite.

Wenn sich in dem Eispanzer Risse auftun, die so schmal sind, daß die Segelschiffe nicht eindringen können, schickt Cook seine Beiboote aus, bis auch die nicht mehr vorankommen. Der Nebel ist inzwischen undurchdringlich. Die Winde drohen die „Resolution" und die „Discovery" gegen das Eisfeld zu drücken – das seinerseits unerbittlich näherkommt. Ende August ist der arktische Sommer vorbei, das Packeis dringt innerhalb von 48 Stunden 20 Seemeilen nach Süden vor.

Am 29. August 1778 gibt Cook auf und befiehlt Südkurs. Er selbst fühlt sich von einem übermächtigen Gegner besiegt, doch an Bord herrscht Erleichterung. Die Luft ist schneidend kalt, erste Schneeschauer gehen nieder, Treibeis gleitet an den Schiffen vorbei. Der Engländer kann nicht wissen, daß er nie eine reelle Chance hatte. Zwar gibt es tatsächlich eine nördliche Seeverbindung zwischen Pazifik und Atlantik, doch die liegt auch im Hochsommer unter einer fast geschlossenen Eisdecke – eine unüberwindliche Barriere für ein normales Segelschiff.

Die Barken umrunden am 2. September das Ost-Kap, die östlichste Spitze Asiens, und ankern knapp einen Monat später auf Unalaska, einer Insel der Aleuten. Hier treffen sie auf russische Pelztierjäger. Deren Stationsleiter verspricht, einen Brief Cooks über die russische Post bis nach London zur Admiralität weiterzuleiten. Der Kapitän beschreibt seine bisherige Reise und verspricht, im nächsten Sommer wieder in die Arktis zu fahren, weil er sich noch nicht geschlagen geben will. Den Winter aber wolle er zur Erholung und Reparatur auf den neuentdeckten Sandwich-Inseln verbringen. Es ist Cooks letzter Brief. Als die Depesche etwa ein Jahr später in London eintrifft, ist deren Verfasser längst tot.

Am 26. Oktober 1778 verlassen die Schiffe die Aleuten, einen Monat später sichtet der Ausguck den Buckel des Haleakala-Vulkans auf Maui. Nach kurzem Stopp will Cook die Insel Hawaii anlaufen, von der ihm Eingeborene berichtet haben. Doch es folgen frustrierende Wochen. Wind und Strömungen sind extrem ungünstig. Jetzt verwandelt sich Cooks vielgerühmte Ausdauer in Starrsinn: Tage vergehen, in denen er die Schiffe stur gegen die Strömung ansteuern läßt und doch nicht eine Seemeile gewinnt – und alles in Sichtweite einer der schönsten pazifischen Inseln.

Aus Tagen werden Wochen. Mitte Dezember geraten die Schiffe in schweren Seegang und werden beschädigt, was Cook zu einer wütenden Tirade in seinem Logbuch gegen die Schlamperei der Marinewerften veranlaßt. Seine Offiziere sind ratlos, die Matrosen wütend und kurz vor der Meuterei. Wegen eines kleinen Vergehens erhält ein Matrose zwölf Peitschenhiebe. Erst am 17. Januar 1779 gelingt es den Besatzungen, ihre Schiffe in der Kealakekua-Bucht auf Hawaii zu ankern. Die Stimmung an Bord ist schlecht.

Dafür ist der Empfang überwältigend: freundliche Polynesier, Kanu-Prozessionen, Geschenke. Als Cook an den Strand fährt, werfen sich die Eingeborenen vor ihm nieder. Er wird feierlich zu einem *heiau* geführt, einer steinernen Tempelstätte mit einem kleinen Platz, auf dessen Umzäunung menschliche Schädel liegen. Auf einem Altar verwest ein Schwein.

Schweigende Priester erwarten Cook, mit Hundefellen verzierte Zauberstäbe in den Händen. Bald wird dem Engländer klar, daß er selbst der Mittelpunkt dieses Gottesdienstes ist – ein zurückgekehrter Gott. „O-runa no te tuti!" hört ein Matrose die Polynesier rufen. „Tuti" ist Cook, und „O-runa" ist Rono (oder Lono), der Gott von Licht und Frieden, der Früchte der Erde und des Reichtums, der nun in seinem großen weißen Schiff wiedergekehrt ist.

Ein Priester legt Cook ein Gebinde aus kostbaren roten Federn um, opfert ein neues Schwein, spricht Gebete und macht mit Cook die Runde vor 16 hölzernen Idolen, die der Priester alle verhöhnt – bis auf das kaum einen Meter hohe Abbild des mächtigen Kriegsgottes Ku, vor dem er sich niederwirft.

Der Kapitän läßt die lange Zeremonie über sich ergehen, weigert sich aber standhaft, beim anschließenden Festessen von dem geopferten Schwein zu kosten, weil es ihm von jenem Priester dargebracht wird, der kurz zuvor mit bloßen Händen das halbverweste erste Opfertier weggeworfen hat. Als Cook endlich gehen darf, verschenkt er einige Nägel und andere Kleinigkeiten.

Der „Gott" kann in den nächsten Wochen keinen Schritt an Land machen, ohne daß ihm Priester zur Seite stehen und sich Männer und Frauen vor ihm in den Staub werfen. Die Männer können unbehelligt ausbooten, Expeditionen rund um die von dichten Wäldern und hohem Pili-Gras bewachsenen Flanken des alten Vulkans Mauna Loa unternehmen, Waren tauschen und nachts an Bord die Reize der tätowierten, pagenköpfigen Frauen genießen. Diebstähle kommen vor, doch in tolerierbaren Grenzen. Als eine Katze der „Discovery" über Bord fällt, wird sie von den Hawaiianern zurückgebracht. Eine glückliche Zeit.

Doch Anfang Februar begeht Cook zwei möglicherweise fatale Fehler. Er läßt von dem heiligen *heiau*, in dem er als Gott empfangen worden ist, den um den Platz laufenden Zaun und die Idole als Brennholz an Bord bringen. Der Oberpriester Kao hat zugestimmt und nur gebeten, daß die drei wichtigsten Götterstatuen an ihrem Platz bleiben, was die Matrosen auch respektieren, doch mögen sich trotzdem viele Einwohner provoziert gefühlt haben.

Zudem stirbt ein Engländer an einem Schlaganfall und wird an Land beigesetzt. Später werden viele Matrosen behaupten, daß dies ein Fehler gewesen sei, weil die Briten damit gezeigt hätten, daß sie sterblich und keineswegs göttlich seien – allerdings hielten die Hawaiianer Cooks Begleiter nie für Götter.

Trotz dieser Vorkommnisse verlassen die Briten Hawaii am 4. Februar 1779 in Freundschaft mit den Eingeborenen.

Eine Woche später sind sie wieder da – und alles ist anders. In der Nacht auf den 7. Februar hat der Fockmast der „Resolution" im Sturm einen gefährlichen Riß bekommen, und Cook hat sich zur Umkehr entschlossen. Die Schiffszimmerleute legen den Mast nieder, bringen ihn ans Ufer und machen sich an die Arbeit. Von der göttlichen Verehrung ist plötzlich nichts mehr zu spüren, die Diebstähle nehmen rapide zu, die verärgerten Seeleute werden ausgelacht. Vielleicht sind es gar nicht die zerstörten Idole oder der an Land begrabene Kamerad, die den Eingeborenen die Scheu genommen haben, sondern die unerwartet rasche Wiederkehr der Briten auf einem offensichtlich schwer beschädigten Schiff.

In der Nacht auf den 14. Februar verschwindet das größte Beiboot der „Discovery", das an der Ankerboje vertäut gewesen ist. Kapitän Clerke meldet es am nächsten Morgen Cook, der außer sich gerät. Er befiehlt Clerke, zwei Beiboote mit Bewaffneten zur Öffnung der Bucht zu schicken, um zu verhindern, daß Eingeborene in Kanus entkommen können. Ein weiteres Boot schickt er zur Sicherung in die Nordwestecke der zwei Kilometer breiten Bucht. Er selbst läßt sich mit einem Offizier und neun Marinesoldaten an Land rudern. Bewaffnete in einem weiteren Boot sollen in der Nähe des Ufers warten.

Es ist zwischen sechs und sieben Uhr morgens, als Cook auf den schwarzen Vulkanboden in der Nähe des Dorfes springt. Sein Ziel: den Häuptling Kalei'opu'u und dessen beide kleine Söhne als Geisel zu nehmen, bis das Beiboot der „Discovery" wieder herausgegeben ist. Cook hat ein doppelläufiges Gewehr dabei, den einen Lauf geladen mit Schrot, den anderen mit einer Kugel. Die Marinesoldaten tragen ihre langen Musketen mit aufgepflanztem Bajonett.

Es ist bis heute ein Rätsel, weshalb der erfahrene Entdecker an diesem Morgen so unüberlegt gehandelt hat. Denn entweder hätte er den Häuptling höflich einladen können, oder aber er hätte mit stärkerer Macht landen müssen. Es ist, als hätte sich Cooks berühmte geistige Ausdauer in eine Mischung aus Starrsinn und Jähzorn verwandelt.

Der Kapitän und seine Soldaten marschieren in das Dorf und verlangen, den Häuptling und dessen Söhne zu sehen. Die Kinder, schon früher oft Gäste auf der „Resolution", sind nicht beunruhigt, einer der Jungen rennt sogar den Männern voraus und springt in das Beiboot. Auch der Häuptling, der bis zu diesem Zeitpunkt nichts vom Diebstahl weiß, will mitkommen.

Cook hat es beinahe geschafft, seine Geiseln zu nehmen, als ihm die Kontrolle über die Situation entgleitet. Die Frau von Kalei'opu'u und zwei Unterhäuptlinge fangen die kleine Prozession am Ufer ab und reden erregt auf das Dorfoberhaupt ein. Kalei'opu'u, plötzlich verängstigt, setzt sich hin und lehnt ab mitzukommen.

Inzwischen haben sich immer mehr Dorfbewohner versammelt, die Männer mit Speeren, Steinen, Dolchen und Keulen bewaffnet. Ein Priester ruft etwas und scheint Cook und dem Häuptling eine Kokosnuß darzubieten, doch die Engländer können den Zweck dieser Aktion nicht erraten. „Wir können nicht daran denken, ihn an Bord zu zwingen, ohne einige dieser Leute zu töten", sagt Cook zu dem Offizier. Er will sich zurückziehen.

In diesem Augenblick fallen Schüsse am anderen Ende der Bucht. Die Männer in den Booten am Ausgang feuern auf ein Kanu, das ihre Blockade durchbrechen will. Es gibt einen Toten: Kalimu, ein Häuptling. Die Menge an Land ist aufgebracht, als ein Bote nur wenige Augenblicke später diese Nachricht überbringt. Cook und seine Marinesoldaten wissen indes nicht, was vorgefallen ist.

Als ein Krieger den Kapitän bedroht, schießt dieser – mit kleinem Schrot, mit dem man normalerweise Vögel jagt. Eine schwache Munition, die wirkungslos an der harten Brustmatte des Mannes abprallt. Daraufhin fallen die Eingeborenen mit einem Steinhagel über die Briten her.

Cook und der Offizier schießen mit Bleikugeln und töten zwei Angreifer. Die Marinesoldaten, die in einer unregelmäßigen Linie am Strand aufgereiht sind, feuern alle zugleich – in der festen Überzeugung, daß eine Salve ausreiche, um die Menge zu zersprengen. Doch obwohl einige Krieger getroffen zu Boden sinken, fliehen die anderen nicht, sondern greifen wütend an. Mit der ersten Salve haben sich die Soldaten ihrer wirkungsvollsten Waffe beraubt, denn ihre Musketen können sie nur langsam nachladen – zu langsam für die Angreifer. Mit Bajonett und Gewehrkolben verteidigen sie sich einen Augenblick lang verzweifelt gegen die Keulen, Speere und Dolche der Übermacht. Ihre Linie zerbricht in Sekunden, ohne daß auch nur ein Mann nachladen kann.

Cook steht auf dem schwarzen Lava-Ufer direkt am Wasser und winkt; offensichtlich will er die anderen Beiboote näher heranholen.

Später meinen einige seiner Offiziere, daß dies sein letzter, fataler Fehler gewesen sei: Kein Eingeborener habe gewagt, ihn ernsthaft anzugreifen, solange er sie angesehen hat. Doch jetzt dreht er ihnen für einen Augenblick den Rücken zu ...

Er bekommt einen Schlag mit der Keule auf den Kopf, dann sticht ihm ein Krieger seinen Dolch in die Schulter. Cook fällt kopfüber ins Meer. Die Eingeborenen schreien triumphierend auf. Der 50jährige Engländer stirbt im seichten Wasser unter ihren Hieben.

Der Offizier und fünf Marinesoldaten retten sich verletzt auf das Beiboot, vier weiteren wird der Weg abgeschnitten, sie sterben am Ufer. Bei den Engländern herrscht Konfusion. Die Besatzung des zur Deckung nah am Ufer postierten Beiboots ist beim ersten Angriff, statt näher heranzukommen, ein Stück weit weggerudert.

Als die Besatzung auf der „Resolution" den Tumult hört, feuert sie die auf das Ufer gerichteten Kanonen ab. Die Eingeborenen ziehen sich daraufhin etwas zurück. Jetzt wäre Zeit, zumindest die Toten zu bergen, doch die Männer in den Beibooten flüchten in die Sicherheit der beiden Schiffe.

Erst an Bord verwandelt sich die blinde Angst der Matrosen in ebenso blinde Wut. Sie wollen die Schiffe dicht unter Land bringen, um mit den schweren Kanonen auf alles zu schießen, was sich bewegt. „Niederbrennen, zerstören, töten", raten auch die meisten Offiziere. Doch Clerke hat nun das Kommando, und er bleibt besonnen.

Eine starke Truppe geht an Land und sichert den halbfertigen Fockmast der „Resolution". Dann wartet Clerke ab. Er will das große Schiff so schnell wie möglich wieder seetüchtig machen und gleichzeitig durch Verhandlungen versuchen, wenigstens den Leichnam des erschlagenen Kapitäns wiederzubekommen.

In der Nacht brennen überall auf der Insel große Feuer, die Männer an Bord hören Triumphgesänge. Sie können nicht ahnen, was geschieht: Cooks Leiche wird zerschnitten, die Knochen werden an die mächtigsten Familien der Insel als Trophäen verteilt.

Es herrscht Krieg. Verhandlungen bleiben fruchtlos. Die Seeleute werden verspottet, am 16. Februar tanzen einige Eingeborene sogar in Cooks Kleidung am Strand. Nun gibt Clerke seine Zurückhaltung auf: Die „Resolution" feuert mit ihren Kanonen auf das Dorf. Einen Tag später gehen schwerbewaffnete Matrosen und Marinesoldaten an Land und schießen nieder, „was uns vorkam", wie einer später berichtet. Der Mann schätzt, daß an diesem Tag 30 Häuptlinge und Priester sowie 200 bis 300 weitere Polynesier getötet wurden. Die Hawaiianer geben nach.

Am 20. Februar kommt es zur Übergabe der makabren Trophäen durch den Häuptling. Daß es Cooks Leichnam ist, erkennt Clerke an den Händen: Die Rechte zeigt die Narbe, die sich Cook einst vor Neufundland bei einem Unfall zugezogen hat. Am nächsten Tag hat der neue Kommandant fast sämtliche sterblichen Überreste Cooks erhalten. Sie werden in einen Sarg gelegt und anschließend im Meer versenkt. Am folgenden Tag stechen beide Schiffe in See.

Nach Cooks Tod sei, behauptet ein Matrose, „der Erforschungsgeist, die Entschlossenheit, der feste Mut verloren" gewesen. Doch Clerke denkt gar nicht daran, nach Europa zurückzusegeln. Er treibt beide Schiffe noch einmal vergebens in die Arktis – und stirbt, von der Tuberkulose zerfressen, am 22. August 1779 vor der Küste Kamtschatkas, wo er beerdigt wird.

Nun übernimmt der heimliche Romantiker Gore das Kommando und segelt zurück nach England. Nach fast viereinhalb Jahren Fahrt erreichen die beiden Schiffe am 4. Oktober 1780 ihren Heimathafen. Ohne ihre Kapitäne und zwölf Mann der Besatzung.

Niemals zuvor oder danach hat ein Mensch so viele weiße Flecken auf der Weltkarte getilgt wie der ehemalige Kohlenschiffer aus Yorkshire. James Cook hat vollendet, was mit Vasco da Gama und Kolumbus 300 Jahre zuvor begann: das Zeitalter der Entdeckungen unter Segeln. Seinen Nachfolgern bleibt nur noch übrig, ein paar kleinere Inseln zu finden oder Küstenabschnitte genauer zu untersuchen, doch eine „Neue Welt" gibt es in den von Cook befahrenen Meeren nicht mehr zu entdecken.

Erst mit Spezialschiffen gelingt es dem Schweden Adolf Erik Nordenskjöld 100 Jahre nach Cooks Versuch, einen nördlichen Weg vom Atlantik in den Pazifik zu finden. 1878 startet er mit der „Vega" von Tromsø aus und taucht ein Jahr später, nach einer Drift entlang der sibirischen Küste, in der Beringstraße wieder auf: Eine Passage durch das nördliche Eis ist entdeckt – aber anders als die von Cook gesuchte Passage nördlich Amerikas liegt diese oberhalb Eurasiens.

Die legendäre Nordwestpassage von Alaska nach Neufundland bezwingt der Norweger Roald Amundsen in Ost-West-Richtung mit seinem Motorsegler „Gøa" erst weitere 25 Jahre später. Nach einer dreijährigen Fahrt von der Westküste Grönlands durch das Gewirr aus Inseln und Riffen vor der kanadischen Küste passiert er am 30. April 1906 die Beringstraße.

CAY RADEMACHER

Dr. Livingstone, I presume?

Vier Wörter, die in die Annalen der Kolonialgeschichte eingegangen sind. Gesprochen hat sie der Reporter Henry Morton Stanley, als er im Herbst 1871 mitten in Afrika einen ausgemergelten alten Mann traf, den er seit Monaten gesucht hatte: den Missionar und Entdecker David Livingstone. Dieses ist die Geschichte hinter seinen Worten.

Tanganjika-See, Zentralafrika, Herbst 1871. Im gleißenden Licht der Mittagssonne schimmert der von zerklüfteten, dicht bewaldeten Bergrücken eingefaßte See wie eine riesige Silberscheibe. Schon von weitem kann der Mann, der sich am Ufer der Stadt Ujiji nähert, die dreieckigen Segel arabischer Daus ausmachen, die scheinbar lautlos über die Wasserfläche gleiten.

Es ist ein Europäer in einem abgewetzten, vielfach geflickten Tropenanzug. Seine Gesichtshaut ist von mehr als 25 Jahren Aufenthalt unter der afrikanischen Sonne dunkel und faltig gebrannt wie altes Leder. Sein fast zahnloser Mund gibt ihm „das Lächeln eines Flußpferdes", wie er selber feststellt. Fast schon grotesk wirkt die Konsularsmütze, die er trägt: eine ausgeblichene blaue Kappe mit zerfasertem Schirm, eine Karikatur würdevoller Amtsinsignien.

Dieser Mann ist Dr. David Livingstone, und er glaubt, der einzige Weiße in mindestens tausend Meilen Umkreis zu sein.

Gemeinsam mit einem Dutzend einheimischer Träger erreicht er Ujiji, einen florierenden, von Palmen umsäumten Hafen am Ostufer des Tanganjika-Sees. Es ist die Zwischenstation vieler arabischer Karawanen aus dem Innern Afrikas, ehe es weiter Richtung Sansibar geht, wo ihre Waren verschifft werden: Sklaven und Elfenbein.

Aus hartgetrocknetem, braunweißem Uferschlamm haben die Araber hier *tembés* gebaut, großzügige Häuser mit Innenhöfen: kleine Festungen für ihre Familien, ihren Harem und die Leibsklaven. Je nachdem, wie viele Karawanen gerade in der Stadt sind, leben zwischen 30 und 160 Araber hier und rund 2000 dunkelhäutige Einheimische, die durch Ujiji geschleusten Sklaven nicht mitgerechnet. Die

Schwarzen wohnen in einfachen, meist bienenstockförmigen Hütten, die in einem weiten Ring um die *tembés* liegen. Träger schleppen Weizensäcke und Elfenbein auf den Markt oder in große Lagerschuppen, Karawanen ziehen durch die Straßen, Herden von Schafen und Gänsen werden zwischen den Araberhäusern und den Hütten hindurchgetrieben. Fischer bieten ihren Fang an, Händler rötliches Palmöl, das so fest wie Butter ist, Salz, Perlen und billige Tuche aus Sansibar.

Für Livingstone ist Ujiji ein Ort der Hoffnung. Seit fünf Jahren kämpft er sich durch den Urwald und die Savannen Zentralafrikas, getrieben von zwei Zielen: die legendären Quellen des Nils zu entdecken – und im Alleingang den arabischen Sklavenhandel zu beenden. Doch bis jetzt ist er, trotz nahezu unmenschlicher Strapazen, seinen Zielen keinen entscheidenden Schritt näher gekommen.

In Ujiji will er sich mit dringend benötigten Vorräten versorgen, die er vor drei Jahren per Boten beim britischen Konsul in Sansibar erbeten hat. Doch er wird enttäuscht. Zwar sind die Vorräte auch tatsächlich angeliefert worden, aber einige der arabischen Händler haben die Sendung an Medizin, Kaffee, Tee, Mehl, Kleidung, Tauschwaren für die Eingeborenen, Waffen und Munition längst gründlich geplündert. Nichts ist Livingstone geblieben.

Wie zum Hohn erscheint kurz nach seinem Eintreffen in Ujiji im Triumph eine arabische Karawane mit Hunderten von Sklaven und 30 Tonnen Elfenbein. „Alle diese Händler waren erfolgreich", schreibt er deprimiert in sein Journal, „ich allein bin gescheitert."

Zwischen Ujiji und Sansibar liegen rund 1100 Kilometer Urwald und Trockenebene – eine Region, in der sich mächtige Stämme mit den Sklavenhändlern einen erbitterten Krieg liefern. Das Gebiet ist für den kranken, nahezu mittellosen Engländer unpassierbar. Er irrt in einer riesigen Falle umher, aus der er nicht mehr entkommen kann.

Doch eben jetzt, da Livingstone endgültig geschlagen zu sein scheint, wendet sich das Schicksal. Zwei Tage später hört er zu seiner grenzenlosen Überraschung Gerüchte von einem *wasungu*, einem weißen Mann, der durch die Dörfer im Osten ziehe. Weitere drei Tage danach hört man Schüsse von jenseits der Hütten: Eine Karawane nähert sich Ujiji. Es ist der 28. Oktober 1871 (dieses Datum zumindest gibt Livingstone an; doch da er wegen schwerer Fieberanfälle über die letzten Jahre hinweg wahrscheinlich ein bis zwei Wochen „verloren" hat, ist es eher Anfang oder Mitte November).

Rasend schnell verbreitet sich die Kunde, daß ein Weißer anrücke. Araber und Einheimische sammeln sich neugierig vor der Hütte, in der Livingstone Quartier gefunden hat; doch der weigert sich, die

Nachricht ernst zu nehmen. Da stürzt Susi, einer seiner zuverlässigsten Diener, herein und ruft aufgeregt: „Ein Engländer! Ich sehe ihn!"

Livingstone tritt hinaus und erblickt 45 Träger, alle in wallenden roten Gewändern, Turbane auf dem Kopf; es ist die reichste Karawane, der er je begegnet ist. „Da kommt kein armer Lazarus wie ich!" schreibt er später. Die mit Gewehren bewaffneten Männer tragen nicht nur die üblichen Vorräte, sondern auch riesige Kochtöpfe, ein zerlegtes Boot, Sättel, große Zelte, ein schwarzes Bärenfell, Perserteppiche, ja sogar eine Badewanne aus Zinn auf ihren Rücken – pro Mann über 30 Kilogramm Last.

Dann tritt ein hünenhafter Afrikaner hervor, und Livingstone wird klar, daß kein Engländer nach Ujiji gekommen ist, denn der Mann hält eine große Fahne mit den Stars and Stripes hoch. „Merikani!" rufen einige der Schaulustigen. Livingstone tritt aus der Menge der Neugierigen hervor wie ein General, der sich vor seine Truppe stellt. Aus der Mitte der Karawane löst sich ein junger, kleinwüchsiger Weißer mit einem gepflegt gestutzten Vollbart, im perfekt sitzenden hellen Flanellanzug, mit blitzblanken Schuhen.

Der Fremde lüpft seinen Tropenhelm wie ein Gentleman in der Londoner City den Bowler, deutet eine Verbeugung an und sagt mit mühsam gleichmütig gehaltener Stimme einen Satz, der in die Annalen eingehen wird: „Dr. Livingstone, I presume?" – „Dr. Livingstone, nehme ich an?"

Die Vorbereitung dieses vielleicht skurrilsten Treffens der Kolonialgeschichte und größten Presse-Scoops des 19. Jahrhunderts begann zwei Jahre zuvor, am 17. Oktober 1869, in einem Zimmer des „Grand Hôtel" in Paris. James Gordon Bennett Jr., erratischer Verleger des „New York Herald" – eines Blattes, das von der Fülle seiner internationalen Nachrichten lebte, aber auch von Skandal- und Enthüllungsgeschichten aller Art – war dabei, seine nächste Sensationsstory vorzubereiten. Das Thema: den in Afrika verschollenen Livingstone aufspüren zu lassen. Der Reporter, den Bennett mit dieser Aufgabe betreuen wollte, hieß Henry Morton Stanley.

Livingstones Berühmtheit hatte längst Patina angesetzt. Dem 1813 geborenen Forscher, ausgebildet als Missionar und Mediziner, war 1854 bis 1856 von Luanda im Westen bis nach Quelimane in Moçambique die erste dokumentierte Durchquerung Schwarzafrikas gelungen, wofür er in der Heimat enthusiastisch gefeiert worden war. Sein Reisebericht wurde einer der erfolgreichsten Bestseller der Epoche.

Gern sah das Publikum bei der Lektüre seines Buches über allerlei Ungereimtheiten hinweg. Darüber zum Beispiel, daß Livingstone ursprünglich als Missionar nach Afrika gekommen war, aber auch nach mehreren Jahren nicht einen einzigen Eingeborenen auf Dauer bekehrt hatte. Daß er sich mit vielen Geistlichen bitter zerstritten hatte. Und daß er während seiner berühmten Afrika-Querung Frau und Kinder daheim in England sich selbst überlassen hatte – und damit drückender Armut.

Livingstones zweite Expedition ein paar Jahre später (diesmal führte er eine große, gut finanzierte Gruppe von Forschern und Missionaren an) scheiterte an mancherlei Widrigkeiten; an der Malaria, an Stammeskriegen, an der Regenzeit, an unpassierbaren Stromschnellen – und auch daran, daß sich Livingstone als jähzornig, starrsinnig und fast krankhaft mißtrauisch erwies. Kurz: daß er als Anführer großer Expeditionen eine glatte Fehlbesetzung war.

Als er 1865 zu seiner dritten Entdeckungsreise nach Afrika aufbrach (diesmal, um die Quellen des Nils zu suchen, die er fälschlicherweise südwestlich des gerade entdeckten Victoria-Sees vermutete), geschah das unter ähnlichen Bedingungen wie zwölf Jahre zuvor: Livingstone war der einzige Weiße in der Expedition und hatte nur wenig Geld für Träger und Ausrüstung.

Zwei Jahre danach dringen Gerüchte nach England, nach denen der Entdecker in Zentralafrika verschollen, vielleicht sogar gestorben ist. Die Presse bringt ein paar kurze Meldungen, danach spricht niemand mehr von Livingstone – bis auf eine Ausnahme.

Der Verleger Bennett beginnt am späten Abend jenes 17. Oktober sein Vabanquespiel in seinem Hotelbett. Er ist fast eingeschlafen, als es an der Zimmertür klopft. Herein tritt Henry Morton Stanley, dem Bennett ein Telegramm geschickt hatte. Der Reporter, der 1868 von der britischen Strafexpedition in Äthiopien berichtet und dabei alle Konkurrenten um zwei Wochen geschlagen hat, ist der einzige, dem der Verleger zutraut, sich ins Innere Afrikas vorzukämpfen und auch wieder heil herauszukommen.

Bennett verliert keine Zeit mit Begrüßungsfloskeln und kommt gleich zur Sache: „Wo, glauben Sie, hält sich Livingstone auf?"

Stanley ist verblüfft. „Ich weiß es wirklich nicht."

„Glauben Sie, daß er am Leben ist?"

„Kann sein, kann aber auch nicht sein."

Das reicht Bennett, um das Leben des 28jährigen Reporters aufs Spiel zu setzen und ein Vermögen zur Finanzierung einer Suchexpedition auszugeben – in der vagen Hoffnung, daraus eine sensationelle

Story machen zu können. Es soll die erste große Expedition in der Geschichte sein, die nicht zur Eroberung, Bekehrung, Ausbeutung oder aus schierer Abenteuerlust unternommen wird, sondern um der Sensation willen: ein Meilenstein auf dem Weg zur Informationsgesellschaft.

Geld spielt keine Rolle, wie Bennett dem zunächst eher verblüfften als begeisterten Stanley klarmacht: „Heben Sie 1000 Pfund ab, und wenn Sie diese verbraucht haben, nehmen Sie wieder 1000 Pfund, und wenn diese ausgegeben sind, abermals 1000 Pfund, und wenn Sie damit zu Ende sind, noch 1000 Pfund – aber finden Sie Livingstone!"

Als Stanley endlich im Februar 1871 von Sansibar aus aufbricht, hat sein Verleger bereits 4000 Pfund in die Expedition investiert; Livingstone hingegen hatte mit viel Mühe gerade 1500 Pfund zusammengekratzt. 192 Träger ziehen mit insgesamt sechs Tonnen Ausrüstung los: die bis dahin bestorganisierte Afrika-Expedition. Desertationen und Fieber reduzieren auch diese Truppe bis Ujiji um drei Viertel. Immerhin ist sie sehr schnell unterwegs; für die erste Etappe von 800 Kilometern, die sie in drei Monaten zurücklegt, haben andere Expeditionen fünf Monate gebraucht.

Stanley ist ein umsichtiger, ausdauernder Leiter – aber auch einer, der alle langsamen Träger die Hundepeitsche spüren läßt („was ihrem Rücken sehr gut bekam und sie zu einer gesunden, bisweilen sogar übermäßigen Tätigkeit wieder befähigte", wie er später schreiben wird). Er führt seine Truppe nicht wie ein Wissenschaftler, sondern eher wie ein Conquistador, der ausgezogen ist, mit wenigen Getreuen einen halben Kontinent zu unterwerfen.

Seine Suchtechnik ist einfach und wirkungsvoll, aber nervenzehrend. Er folgt etwa der Route ins Landesinnere, die Livingstone fünf Jahre zuvor eingeschlagen hatte, bis er in Dörfern und bei Karawanen die ersten Gerüchte über den Entdecker aufschnappt, der bei Einheimischen und Arabern längst Berühmtheit erreicht, aber eher Ver- als Bewunderung ausgelöst hat. Stanley folgt den vagen Hinweisen Richtung Ujiji – immer in der Sorge, daß sie sich als falsch herausstellen könnten. Oder, schlimmer noch, daß der als menschenscheu geltende Livingstone von ihm hören und sich ihm entziehen werde.

Immer wieder grübelt der Amerikaner darüber nach, wie er, ein sensationshaschender Journalist, dem ernsthaften, schwierigen Missionar und Forscher gegenübertreten solle, ohne ihn gleich beim ersten Treffen gegen sich einzunehmen.

Die Sorgen sind unbegründet. Livingstone wird von der Begegnung mit Stanley geradezu überwältigt. Plötzlich stehen ihm, der sich schon am Ende wähnte, all jene Vorräte zur Verfügung, die er jahrelang entbehren mußte: Medikamente, Kleidung, frische Ausrüstung.

Die beiden Männer ziehen sich auf die Veranda vor Livingstones Hütte zurück, während Stanleys Träger ihre Lasten abladen. Schnell überwinden sie jede viktorianische Förmlichkeit. Mehr als fünf Jahre Weltgeschichte stürzen auf Livingstone ein; jetzt erst hört er vom Deutsch-Französischen Krieg und von der Eröffnung des Suezkanals. Stanley hat ihm bündelweise Briefe aus der Heimat mitgebracht. „Sie haben mich ins Leben zurückgeholt", sagt Livingstone zu ihm, und das ist keine Übertreibung.

In den nächsten Tagen beobachten die staunenden Araber und Einheimischen, wie die beiden Weißen stundenlang in der Hütte auf Perserteppichen und dem Bärenfell sitzen und Tee trinken. Oder lange Spaziergänge durch Ujiji unternehmen, immer in lebhafte Gespräche vertieft, wobei es meist der Ältere ist, der gestenreich und eindringlich erzählt. Theatralisch hat Stanley gleich zu Anfang seine Vorräte von den Trägern auftürmen und in zwei gleich große Haufen teilen lassen: Den einen behält er, der andere ist für Livingstone.

Der Missionar, der ein tragisches Talent dafür hat, sich mit allen Leuten zu überwerfen, empfindet tiefe Zuneigung ausgerechnet für diesen draufgängerischen Journalisten („ein entschlossener, häßlicher kleiner Mann", wie Queen Victoria ihn später bezeichnen wird), der nicht besonders gebildet ist, kaum religiöse Überzeugungen besitzt und schwarze Träger in einer Woche häufiger schlägt als er während all seiner Jahre in Afrika. Stanley erscheint ihm wie ein Sohn.

Auch der Amerikaner ist überwältigt. Vielleicht hat die gegenseitige Sympathie etwas damit zu tun, daß beide Männer die Traumata einer schlimmen Kindheit überwinden mußten.

Livingstone hatte schon als Zehnjähriger in einer Baumwollspinnerei schuften müssen, zwölfeinhalb Stunden am Tag, sechs Tage in der Woche. Freiwillig ging er danach noch jeden Abend zur Schule und erarbeitete sich zäh und unbeirrbar eine Bildung, die ihm ein Studium ermöglichte.

Der 1841 in Wales unehelich geborene Stanley landete schon mit fünf Jahren in einem Arbeitshaus, dessen Leiter derart brutal war, daß er schließlich für verrückt erklärt und in ein Irrenhaus gesperrt wurde. Als 15jähriger floh er in die USA, wo er schließlich während des Bürgerkrieges mit Glück und Geschick journalistische Meriten erwarb und Amerikaner wurde.

Vielleicht ist es aber auch gegenseitige Dankbarkeit, die die Männer anzieht. Die unverhofft eingetroffene Hilfe ist für Livingstone die

Chance, doch noch seinen Lebenstraum verwirklichen zu können. Für Stanley sind die folgenden Wochen die Krönung seiner Laufbahn, zumal Livingstone, anders, als er gehört hat, keineswegs schroff und abweisend ist, sondern zuvorkommend mit ihm kooperiert.

Voller Energie schreibt er auf Stanleys Bitte viele seiner Erlebnisse in Afrika auf, darunter die dramatische Schilderung eines von arabischen Sklavenhändlern an Eingeborenen verübten Massakers, dessen Zeuge er geworden war – eine leidenschaftliche Anklage des Menschenhandels.

„Sein Wesen kommt dem eines Engels so nah, wie es einem Sterblichen überhaupt nur möglich ist", schreibt Stanley fasziniert. Es dauert Wochen, bis sich der Amerikaner eingesteht, daß sein Held auch dunklere Seiten hat. So geht Livingstone mit ihm in peinlichen Details manchen Streit durch, den er vor Jahren ausgefochten hat. Doch Stanley erwähnt Livingstones Intoleranz, Starrheit und Rachsucht mit keinem einzigen Wort.

Was gäbe das auch für eine Story, all diese Mühen und Kosten aufgewendet zu haben, um ins Innere Afrikas vorzudringen – und dann auf einen zänkischen Alten zu stoßen? Da ist es ungleich attraktiver, einem Mann zu begegnen, der gleich einem Heiligen allein unter arabischen Sklavenhändlern und kriegerischen Eingeborenen lebt. („Denn es ist kein Falsch in ihm", wird Stanley später in biblischem Tonfall über seinen Heroen schreiben.)

Zudem hat der sonst eher zynische Stanley die Suche nach dem verschollenen Livingstone zunehmend als mythische Aufgabe empfunden, als „Pilgerfahrt". Und wer pilgert, der will am Ende seiner Strapazen ein Ideal finden, unbefleckt von trivialen Schwächen.

Rund eine Woche nach Stanleys Ankunft begeben sich die beiden Männer auf eine Expedition an den Nordrand des Tanganjika-Sees. Ein reicher Araber stellt ihnen dafür sein Boot zur Verfügung, „ein zwar nur schwankendes, aus dem edlen Mvule-Baum Ugomas ausgehöhltes Kanu", wie Stanley schreibt. Rund sieben Meter Stoff müssen sie jedem der beiden einheimischen Führer zahlen. Außerdem nehmen sie einen jungen Araber, einen Koch und 16 Ruderer mit.

Tag für Tag lassen sie den großen Einbaum meist in Ufernähe auf nördlichem Kurs über den See gleiten. Nachmittags legen sie an, die Ruderer sichern Boot und Landeplatz, während der Koch zunächst Kaffee oder Tee für seine weißen Herren brüht, ehe er die nächste Mahlzeit vorbereitet.

Die Expedition bleibt natürlich nicht unbemerkt. In manchen Dörfern werden sie gastfreundlich empfangen, gelegentlich muß Livingstone – der Ältere, Sprachkundigere und Erfahrenere – mit Häuptlingen um die Höhe des Schutzgeldes feilschen, das sie für die Passage des Stammesgebietes bezahlen müssen. Manche Nächte verbringen sie in selbstgebauten, mit Dornenhecken befestigten Mini-Forts, da sie Diebstähle befürchten.

Ohne große Schwierigkeiten gelangen sie Anfang Dezember 1871 zum Nordufer, wo sie feststellen, daß es dort einen Zufluß, aber keinen Abfluß gibt – der Tanganjika-See kann also nicht mit Albert- und Victoria-See verbunden und damit eine Quelle des Nils sein.

Nach 28 Tagen sind sie wieder in Ujiji. Sie haben die Frage nach dem Zufluß am Nordufer geklärt und ein kleines Eiland im See entdeckt, das Livingstone mit feinem Sinn für gute Public Relations „New-York-Herald-Insel" nennt. Für ihn war diese Fahrt ein „Picknick" – was Stanley etwas irritiert, denn der fand das Unternehmen anstrengend und manche Begegnungen mit Eingeborenen, die fast zu Gewalttätigkeiten eskaliert wären, durchaus dramatisch.

Auch sieht der Reporter, der während dieser Tage selbst unter Malaria-Anfällen leidet, wie Livingstone wiederholt von schweren Durchfällen geplagt wird. Er notiert besorgt, wie schwach und krank sein Begleiter ist.

Deshalb ist er bestürzt, als es ihm einige Wochen später nicht gelingt, Livingstone zur Rückkehr nach England zu überreden. Stanley möchte nach Sansibar und von dort nach London; schließlich muß er endlich die Story seines Lebens abliefern. Er schlägt dem anderen vor, mitzukommen, sich in Großbritannien gründlich auszukurieren und dann nach Afrika zurückzukehren.

Doch Livingstone möchte als Triumphator heimkommen oder gar nicht. Zudem nagt die Furcht in ihm, daß andere während seiner Abwesenheit auf dem von ihm gewiesenen Weg bis zu den Nilquellen vordringen und ihn so um seinen Ruhm betrügen könnten. Er bleibt.

So kann Stanley ihm nur versprechen, von der Küste aus Träger mit neuen Vorräten zu senden. Am 14. März 1872 trennen sich die beiden Männer. Es ist ein emotionaler Abschied, beide haben Tränen in den Augen.

Livingstone gibt Stanley nicht nur Dutzende von Briefen mit, sondern auch das fünffach versiegelte Journal mit allen Eintragungen, auch den persönlichsten, über den bisherigen Verlauf der Expedition: ein gewaltiges Konvolut handschriftlicher Notizen und Kartenskizzen, die er immer in einer Blechkiste mit sich herumgetragen hat. Es ist der größte Vertrauensbeweis, zu dem dieser schwierige Mann einem anderen gegenüber fähig ist.

Stanley seinerseits prägt sich in den letzten Minuten noch einmal jeden Gesichtszug Livingstones ein, als ob sein Gehirn eine Fotoplatte wäre, die auch das kleinste Detail für alle Zeiten speichert. Er ahnt, daß er den Engländer niemals wiedersehen wird.

Die Quellen des Nils: Dahinter verbirgt sich eines der größten geographischen Rätsel aller Zeiten, das erst von der Mitte des 19. Jahrhunderts an nach und nach gelöst wird. 1858 hat John Speke den Victoria-See entdeckt und behauptet, hier den Ursprung des Nils gefunden zu haben. Er kann es aber nicht beweisen (was Stanley 19 Jahre später gelingen wird).

Livingstone dagegen vermutet die Nilquellen anderswo: am Bangweulu-See, von dem ihm Eingeborene während seiner zweiten Expedition erzählt haben.

Später wird diese Vorstellung konkreter, aber zugleich auch phantastischer – wird zu einer bizarren naturwissenschaftlich-religiösen Vision: Livingstone sieht im Lualaba, einem gewaltigen Strom in Zentralafrika, den Nil (tatsächlich ist es der Oberlauf des Kongo).

Im Juli 1870, als er, die Füße von eitrigen Geschwüren zerfressen, in einem kleinen Dorf monatelang pausieren mußte, hatte er von durchreisenden arabischen Karawanen neue Gerüchte von vier Quellen irgendwo südlich des Bangweulu-Sees erfahren, denen große Flüsse entsprängen. Zermürbt von erzwungener Untätigkeit, von Schmerzen, Blutverlust und Fieberschüben, hatte Livingstone darin ein entscheidendes Indiz für die Richtigkeit seiner Theorie gesehen.

Viermal hatte er in dieser Zeit die Bibel durchgelesen, sich wieder und wieder in das Buch Exodus vergraben. Moses war irgendwo südlich von Ägypten gewesen – vielleicht in der Nähe? Hatte er hier gelebt und eine Stadt gegründet? Einen „Tagtraum" hatte Livingstone das anfangs halb scherzhaft genannt, doch mehr und mehr war es zu seiner Obsession geworden, die „Heiligen Orakel zu bestätigen".

Dann hatte er sich an Herodots Bericht über die vier Quellen erinnert. Der griechische Geschichtsschreiber aus dem fünften vorchristlichen Jahrhundert überliefert aus Ägypten eine Legende von den Quellen des Nils: Vier Wasserlöcher von unergründlicher Tiefe sollte es irgendwo tief in Afrika geben, von denen zwei nach Süden abflössen und zwei nach Norden; letztere seien der Ursprung des Nils.

Der Kranke hatte sich in eine neue Vision verbissen, großartiger noch als seine erste: Der Lualaba ist tatsächlich der Nil, gespeist von den vier sagenhaften Quellen Herodots. Livingstone hatte seine berauschende Theorie Stanley ausführlich geschildert.

Der Reporter, der zum erstenmal in Zentralafrika war, den die Bibel nicht besonders interessierte, der Herodot kaum kannte und auch der wissenschaftlichen Geographie gegenüber bis jetzt fast gleichgültig war, hatte nichts dagegen einzuwenden, daß sein neugewonnener Freund die biblischen und antiken Legenden ernst nahm.

Als er deshalb Livingstone versprach, ihm gut ausgerüstete Träger zu schicken, tat er das im Bewußtsein, daß sich der von Krankheiten gezeichnete Engländer ein unerhörtes Unternehmen vorgenommen hatte: eine Expedition vom Bangweulu im südlichen Zentralafrika den Lualaba/Nil hinauf längs durch den Schwarzen Kontinent – einen Ein-Mann-Triumphzug von Süd nach Nord durch Afrika.

Knapp eine Woche nach Stanleys Abreise wird Livingstone 59 Jahre alt. „19. März – Geburtstag", notiert er in seinem Journal: „Mein Jesus, mein König, mein Leben, mein Alles; und wieder widme ich mich Dir ganz. Erhöre mich und gib, o gnadenreicher Vater, daß, bevor dies Jahr gegangen ist, ich meine Aufgabe beendet habe."

Auf eine ganz andere Art pathetisch sind die Briefe, die er einige Wochen später schreibt, nachdem er erfahren hat, daß eine nach ihm ausgesandte britische Suchexpedition auf Stanleys Coup hin aufgegeben hat. Teilnehmer dieser Expedition war auch Livingstones Sohn Oswell. In bitteren Briefen an die Familie überschüttet er Oswell mit Vorwürfen: Feigheit, Untreue, Hinterhältigkeit, kurz, er sei „das armseligste Exemplar von Sohn, das Afrika jemals hervorgebracht hat".

Am 9. August 1872 sind auf einen Schlag alle mißmutigen Gedanken vergessen: Stanleys Träger treffen ein. Es sind 56 Männer, für zwei Jahre im voraus bezahlt (25 bis 30 Dollar pro Jahr) und hervorragend ausgerüstet. Jeder trägt ein Gewehr. Sie bringen unter anderem zehn Fäßchen Pulver und 3000 Kugeln mit, dazu Mehl, Zucker, Kaffee, Tee, Konserven, ein neues Heft für Livingstones Journal, Medizin und ein neues Chronometer. Niemals zuvor hat Livingstone über eine so gut ausgestattete Mannschaft verfügt. Nur das eiserne Sklavenjoch, das ihm Stanley für die „Unkorrigierbaren" mitschickt, wird er nie benutzen.

Am 25. August 1872 macht sich Livingstone wieder auf. „Sofari – sofari leo! – Pakia, pakia!" rufen die Führer der Träger – „Eine Reise, eine Reise heute! Macht euch auf!" Der Engländer geht voran, leicht gebeugt und mit müdem, etwas schleppendem Gang. Churna und Susi folgen, die beiden bewährtesten Helfer. Chuma hatte er 1861 aus den Händen von Sklavenhändlern befreit und Susi 1863 zunächst als Arbeiter eingestellt.

Im September und Oktober durchstreift er das hügelige, unwegsame Land südöstlich des Tanganjika-Sees. Aus einer Ebene mit hohem, hartem Gras und Dornenbüschen ragen gewaltige Affenbrotbäume, Sykomoren und Tamarinden auf. Es riecht nach Großwild, nach Elefanten, Giraffen, Zebras, Antilopen, deren Herden in Sichtweite die Karawane passieren. Die Sonne brennt den Boden der Savanne so heiß, daß einige der barfüßigen Träger Brandwunden bekommen.

Neben der gnadenlosen Hitze sind es Malaria und Durchfall, die Livingstones Körper schwächen; am 9. November stellt er bei sich erstmals wieder Analblutungen fest, ein altes Leiden. Von nun an vergeht fast kein Tag, an dem er nicht Blut verliert. In diesem Zustand – körperlich schon stark angegriffen, aber beseelt von seiner großartigen Vision – gerät er mit seiner Expedition irgendwo auf halbem Wege zwischen Tanganjika- und Bangweulu-See in die Regenzeit.

Durch die Luft treiben feine Nieselschauer, die sich blitzschnell in Wolkenbrüche verwandeln können und wie Wasserfälle auf die Erde stürzen. In den wenigen wolkenlosen Stunden brennt die tropische Sonne Löcher in den Dunst, dann quälen Moskitos und Tsetsefliegen Menschen und Tiere. Das Land verwandelt sich in eine eintönige, scheinbar unendliche Sumpflandschaft unter einem bleigrauen Himmel, durchzogen von Tümpeln, riesigen Seen, reißenden Bächen und majestätischen Flüssen.

Nur weil hier die Grenzen zwischen festem Land und Gewässern bis zur Unkenntlichkeit verwischt sind, ist ein grotesker Fehler zu erklären, den Livingstone Ende Dezember 1872 begeht. Er hat einen Mann aus der Gegend als Führer angestellt, der ihn bis zum Nordwestrand des Bangweulu-Sees führt. Von hier aus müßte er nur weiter Richtung Südwesten gehen, um die Region zu erreichen, in der die vier Quellen liegen sollen.

Doch Livingstone glaubt dem Eingeborenen nicht. Seiner Meinung nach steht er am Ostufer des Sees, er schickt den Führer verärgert weg. Auf eigene Faust will er in einem großen südöstlichen Bogen um den See herummarschieren – und gerät so in einen mehr als 200 Kilometer weiten Sumpf.

Es ist nicht nur der gleichförmige Morast, der ihn verwirrt. Die Angaben des eingeborenen Führers widersprechen auch den Aufzeichnungen, die Livingstone vor und während eines ersten flüchtigen Besuchs des Bangweulu-Sees 1868 gemacht hatte. Doch starr und selbstgerecht hält er es wie immer für unmöglich, einen Fehler gemacht zu haben. Ein tödlicher Irrtum.

Denn schon Anfang 1867, zu Beginn seiner dritten Expedition, ist der Träger seiner Chronometer so heftig gestürzt, daß Livingstone die Präzisionsinstrumente neu justieren mußte – was ihm aber mitten in Zentralafrika nur unzureichend gelang. Deshalb lokalisierte er sich von da an bei allen Positionsberechnungen um etwa 30 Kilometer zu weit östlich.

Sechs Monate später schüttelte ein leichtes Erdbeben die Uhren durch, so daß er sie erneut justieren mußte. Von nun an lag er mit seinen Berechnungen rund 80 Kilometer zu weit im Westen. Auf Livingstones Karten der Region um den Bangweulu gibt es deshalb über 100 Kilometer Gelände, die in der Wirklichkeit gar nicht existieren.

Besonders unpräzise ist seine Berechnung der Breite des Sees während seines ersten Besuchs: Livingstone schätzt sie auf 240 Kilometer, während es tatsächlich nur 40 Kilometer plus ausgedehnte Sümpfe sind. Jetzt macht Livingstone mit den neuen, von Stanley geschickten Chronometern eine Positionsbestimmung – und glaubt seinen Ergebnissen nicht, denn diese (genaue) Beobachtung widerspricht seinen seit einiger Zeit gewohnten Daten.

Nun also am Nordwestrand des Sees: In seinem Irrtum befangen, läßt Livingstone seine Männer wenden und einen östlichen Weg einschlagen. Keiner von ihnen wird in den nächsten Monaten auch nur für eine einzige Stunde trockene Kleidung tragen. Manchmal ist das Wasser so tief, daß es bis zum Mund reicht. Dann müssen sie die Lebensmittel und Waffen mit hoch erhobenen Armen tragen.

Susi, Chuma oder einer der anderen Männer bringen Livingstone auf den Schultern über die schwierigsten Stellen, weil ihr Anführer inzwischen zu schwach ist, sie auf eigenen Beinen zu passieren. Wenn ein Träger in den tiefen Schlamm des Abdrucks einer Elefantenspur gerät, müssen ihn zwei Kameraden herausziehen, weil er sich ohne Hilfe nicht mehr befreien kann. Sie kommen pro Tag nur noch rund zweieinhalb Kilometer voran.

Weiter durch den Sumpf. Fingerdicke Blutegel lauern im Morast. Jeden Abend müssen sich die Männer Dutzende Egel vom Körper abziehen. Eines Abends wird Livingstone auf seinem klammen Feldbett von einer Armee roter Ameisen überfallen. Er bemerkt sie erst, als sie schon Füße und Beine bedecken und sie mit unzähligen schmerzhaften Bissen überziehen. „Ich ging dann aus dem Zelt, und meine ganze Person wurde sofort von ihnen so dicht wie Windpocken überzogen", schreibt er später lapidar in seinem Journal – um anschließend eine detaillierte Beschreibung von Körperbau und Beißgewohnheiten seiner Angreifer zu liefern.

Doch so nüchtern und zäh er sich auch gibt: Blutverlust, Schwäche und heftige Schmerzen in Eingeweiden und Rücken zermürben ihn – nicht nur körperlich. Je größer seine Qualen, je drückender seine Hilf- und Orientierungslosigkeit werden, desto realer erscheinen ihm seine Visionen vom Ursprung des Nils. „Ich habe die Ehre, Eurer Lordschaft zu berichten, daß es mir am — endlich gelungen ist, die Quellen zu finden, von denen jede ein großer Fluß wird", schreibt er in einem Briefentwurf an den britischen Außenminister. Nur das Datum und die exakten Positionsangaben hat Livingstone noch nicht eingesetzt. Es ist eine Botschaft, die er nie absenden wird.

Erst Mitte April 1873 kämpfen sich die Männer aus dem schlimmsten Teil der Sümpfe heraus. Sie befinden sich jetzt noch östlich des Bangweulu-Sees, aber das Land ist besser passierbar und besiedelt. Sie finden jetzt häufiger Unterschlupf in kleinen Dörfern.

Doch Livingstone hat fast keine Kraft mehr. Später wird festgestellt, daß sich in seinen Eingeweiden ein Blutgerinnsel von der Größe einer Männerfaust gebildet hat. Er muß getragen werden, zuerst auf den Schultern seiner Leute, dann auf einer Trage.

Niemand weiß heute mehr, wen die Träger eigentlich in dem hinfälligen Mann erblickt haben, der auch jetzt noch seine schäbige Konsularsmütze wie ein Häuptlingsemblem trägt. Sicher ist, daß sie nicht verstehen, weshalb einer seine ferne Heimat verläßt und sich (und seine Mannschaft) derartig quält, nur um die Quellen eines Flusses zu finden. Und doch hat der sterbende Livingstone mehr Macht über seine Männer, als er es im Vollbesitz seiner Kräfte je hatte. Kaum einer desertiert, niemand meutert oder stiehlt. Es ist, als ob sie alle an einem magischen Ritual teilnähmen, dem sich keiner zu entziehen wagt, auch wenn niemand dessen Bedeutung versteht.

„Es ist nicht das reinste Vergnügen, diese Expedition", schreibt Livingstone am 19. April. Inzwischen ist er so schwach, daß es ihm schon Mühe macht, den Stift zu halten, mit dem er diese bemerkenswerte Untertreibung notiert. Sechs Tage später erreichen sie ein Dorf. Livingstone läßt einige Männer zusammenkommen. Unter großen Schmerzen gelingt es ihm, mit ihnen zu reden, ihnen die eine, alles entscheidende Frage zu stellen: Haben sie von vier Quellen gehört, nur wenige Tagesreisen weiter im Westen?

Die Männer schütteln den Kopf. Livingstone ist verzweifelt. Zum erstenmal hat er ein eindeutiges Indiz dafür, daß nichts von dem, was ihn südwestlich des Bangweulu erwartet, etwas mit der von Herodot berichteten Legende zu tun hat. All seine Leiden könnten vergeblich gewesen sein.

Doch er gibt nicht auf. Am 27. April reicht seine Kraft noch für eine abgehackte Notiz: „27 – ziemlich erschöpft und bleibe – erhole mich – schicke Milchziegen zu kaufen. Wir sind am Ufer des Molilamo-Flusses." Es ist sein letzter Eintrag.

Er kann nichts Festes mehr essen und ist zu schwach, um von der Liege in seiner Hütte die wenigen Schritte nach draußen zur Trage zu machen. Doch er will weiter. Also reißen Susi und Chuma die Hütte ein, um die Trage direkt vor Livingstones Bettstatt zu bringen. Vorsichtig wie eine kostbare Fracht heben sie ihren Anführer hoch.

Jeder Schritt, jeder Stoß bereitet dem Sterbenden unvorstellbare Qualen. Wenn der Schmerz für Augenblicke abebbt, entgleitet ihm das Bewußtsein. Am 29. April schleppen die getreuen Männer ihn zum Dorf Ilala, wo sie eine Hütte errichten.

Am nächsten Tag bleibt Livingstone liegen. Für Stunden verharrt er in einem Dämmerzustand, nur gelegentlich schreckt er auf. Susi muß ihm helfen, die Uhr aufzuziehen. Später will Livingstone plötzlich wissen, wie weit sie noch vom Fluß Luapula entfernt sind. „Drei Tagesreisen", antwortet sein Begleiter. Gegen Abend hilft Susi ihm, heißes Wasser und etwas Kalomel vorzubereiten. Dabei muß er eine Kerze dicht vor Livingstones Gesicht halten, weil dessen Sehkraft dramatisch nachgelassen hat. Dann wird Susi aus der Hütte geschickt.

Niemand beobachtet, was nun geschieht. Es ist die Nacht auf den 1. Mai 1873. Einer der jungen Träger bleibt in der Hütte, um am Krankenbett zu wachen, doch er schläft bald ein. Kurz darauf muß Livingstone mit letzter Kraft von seinem Lager gekrochen sein – vielleicht, um zu beten; vielleicht, um nicht im Bett vom Tod übermannt zu werden; vielleicht auch, weil er selbst in seiner letzten Stunde nicht aufgeben und sich noch einmal weiterschleppen will.

Als der Träger früh am nächsten Morgen erwacht, stürzt er aufgeregt zu Susi und Chuma. Sie finden Livingstone auf Knien hingesunken neben der Liege, als wäre er in ein tiefes Gebet versunken. Minutenlang zögern sie, sich ihm zu nähern. Als sie es endlich wagen, ihn anzurühren, merken sie, daß sein Körper schon kalt ist...

In den nächsten Tagen verheimlichen Susi und Chuma Livingstones Ende vor den Dorfbewohnern – sie wissen genau, daß die meisten Eingeborenen eine abergläubische Furcht vor Leichen haben. Vor allem Susi ist entschlossen, Livingstones Körper nach England zu überführen. Die Diener errichten abseits der anderen Behausungen eine Hütte, deren Dach sie nicht komplett schließen.

Eilig entnehmen sie die inneren Organe des Toten und begraben sie. Der Leichnam wird in Salz eingelegt und unter dem präparierten

Dach der Sonne ausgesetzt – die Regenzeit ist vorüber. Jeden Tag drehen die Diener den Körper ein Stück weiter, nach zwei Wochen ist die Leiche getrocknet. Die Männer baden das Gesicht in Brandy und nähen den Leichnam anschließend in geteertes Segeltuch ein.

Mit ihrer makabren Last gelangen Livingstones Träger tatsächlich zurück zur Küste, wo ein britisches Schiff den Toten aufnimmt. Susi und Chuma werden nach England eingeladen und geehrt, später arbeiten sie als hochgeachtete Karawanenführer von Sansibar aus.

Der Körper des toten Entdeckers wird unter großem Pomp in Westminster beigesetzt – Livingstone ist längst so etwas wie das Sinnbild des Forschers und Menschenfreunds geworden. Vor allem Stanleys Berichte, die neun Monate vor Livingstones Tod veröffentlicht worden sind, erregen die Öffentlichkeit mehr, als es jemals zuvor Zeitungsartikel getan haben. Die Reportagen werden zunächst von der britischen, dann von der gesamten europäischen Presse aufgegriffen.

James Gordon Bennett, der Verleger, hat sein Vabanquespiel gewonnen. Aus dem vergessenen Missionar ist ein Held geworden, der das Rätsel um die Quellen des Nils gelöst (was damals kaum jemand bestreitet) und aufrecht den Menschenhandel bekämpft hat (auch wenn er gelegentlich mit Sklavenkarawanen gereist ist).

In den zwei Jahrzehnten nach seinem einsamen Tod wird aus Livingstone ein viktorianisches Ideal: ein Mann, der sich dank eiserner Energie aus ärmlichen Verhältnissen hochgearbeitet und eigenhändig einen ganzen Kontinent für Großbritannien eröffnet hat – und zudem als Missionar versucht hat, das Licht des Christentums ins Innere Afrikas zu bringen.

Seine Berichte (und die Stanleys, der nun selbst als ein bedeutender Afrikaforscher gilt) tragen entscheidend dazu bei, den ungeheuren Reichtum der afrikanischen Natur bekanntzumachen. Sie führen die Afrikaner weder als blutrünstige „Wilde" vor noch als primitive, der „Errettung" bedürftige Seelen, so wie es viele andere Missionare tun. Afrikaner, schreibt Livingstone, „zeigten mehr philosophischen Geist als die (dafür berühmten) Deutschen".

Doch andererseits war er der Ansicht, daß der Schwarze Kontinent christianisiert werden müsse. Im Laufe der Jahre wuchs in ihm die Überzeugung, daß das nur durch die Errichtung großer britischer Kolonien im Innern Afrikas möglich sei.

Viele Protagonisten des europäischen Imperialismus, die später die Kolonisierung der Afrikaner mit einer moralischen Verpflichtung zu begründen versuchen (der berühmten „Bürde des weißen Mannes"), berufen sich auf Livingstone. Dessen Begeisterung für diesen Kontinent weckt erst das Interesse der britischen Öffentlichkeit – und wer weiß, ob London ohne die breite Diskussion über seine Berichte in den folgenden Jahrzehnten Uganda, Tanganjika, Kenya, Rhodesien und andere Teile Afrikas für sich reklamiert hätte. Es war Livingstone, der das Interesse des Empire auf Zentralafrika lenkte.

Unbestritten ist aber auch, daß er den Gegnern der Sklaverei gewaltigen Auftrieb gab. Sie hatten seit Jahrzehnten von London gefordert, den ostafrikanischen Menschenhandel zu unterbinden. Noch 1865 wurden in Sansibar ungefähr 20 000 Menschen auf dem Markt verkauft. Nach Livingstones Berichten wurde die öffentliche Empörung so groß, daß sich die Regierung zum Handeln entschließen mußte. 1873 beendete Großbritannien durch militärischen Druck auf den Sultan von Sansibar den Menschenschacher.

Nichts davon konnte Livingstone erahnen, als er, orientierungslos und mit der schrecklichen Vermutung vor Augen, daß die Quellen Herodots gar nicht existieren, südlich des Bangweulu-Sees im Sterben lag. Vielmehr wird er sich wohl als gescheitert angesehen haben. Seine große Wirkung auf die viktorianische Gesellschaft liegt denn auch nicht so sehr in dem, was er tatsächlich gewesen ist, sondern in dem, was Stanley und andere aus ihm gemacht haben.

Dessen bedeutendste Expedition beginnt 1874. Sie wird vom „New York Herald" und dem Londoner „Daily Telegraph" bezahlt. Mit 356 Mann kämpft er sich von der ostafrikanischen Küste zum Victoria- und zum Albert-See durch und anschließend den Kongo hinunter bis an die Westküste. Als sich London am Kongobecken nur wenig interessiert zeigt, nimmt Stanley es kurzerhand für den belgischen König Leopold II. in Besitz. Für das britische Establishment ist er lange Zeit nur ein Reporter, den Geldgier und Abenteuerlust nach Afrika geführt haben, aber keinerlei „noble" Motive: Erst 1899 wird Stanley geadelt. 1904 stirbt er in London.

Ironischerweise erinnern sich spätere Generationen beim Namen „Livingstone" vor allem an Stanleys skurrile Begrüßung mitten in der Wildnis Afrikas. Dabei wollte der Journalist lediglich das typische Understatement der von ihm beneideten britischen Oberschicht imitieren und sich so der Nachwelt überliefern.

Bis zum Ende seiner Tage sollte er nicht verstehen, daß er statt dessen einen der bekanntesten Running Gags der Weltgeschichte erfunden hatte. Noch Jahre später konnte es ihm passieren, daß sich wildfremde Leute auf der Straße vor ihm aufbauten, ihren Hut zogen und mit breitem Grinsen fragten: „Mr. Stanley, I presume?"

WOLF SCHNEIDER
Die längste Nacht

*Am 27. August 1883 explodierte südlich von Sumatra
der Vulkan Krakatau. 36 000 Menschen verbrannten im Feuerregen
oder ertranken in den Flutwellen, drei Jahre lang trieb die
Asche um die Erde. Es war eine der größten Naturkatastrophen aller
Zeiten – und die erste, von der binnen Stunden auch der
Rest der Menschheit erfuhr: per Telegraphie.*

Als der Vulkan Krakatau am Morgen des 27. August 1883 mit der Kraft von 7000 Hiroshima-Bomben explodierte, erzeugte er das gewaltigste Getöse, das auf Erden je registriert worden ist; vier Stunden war es unterwegs. Die Eruption türmte eine der höchsten Wogen auf, von der wir wissen: Mehr als 30 000 Menschen erschlug und ersäufte sie, nach 32 Stunden kam sie im 18 000 Kilometer entfernten Le Havre an.

Ein Jahr nach der Detonation auf der kleinen Insel zwischen Java und Sumatra landete ein Teppich aus Bimsstein an der Ostküste Afrikas, bedeckt mit Muscheln, Krebsen und den Skeletten von Mensch und Tier. Die Asche des Krakatau trieb drei Jahre lang sichtbar um die Erde; drei Monate nach dem Ausbruch färbte sie den Abendhimmel über New York so flammend rot, daß die Feuerglocken läuteten; vier Jahre lang senkte sie die Durchschnittstemperatur auf Erden.

Viel schneller aber als die Asche und die Welle lief die Schreckensnachricht um die Welt: Durch das gerade komplettierte Netz der im Meer versenkten Telegraphenkabel ließen Verwaltungsbeamte, Journalisten, Versicherungsagenten ihre Berichte aus der Sundastraße nach Indien, Holland, England morsen, nach Sydney, Kapstadt, New York und Buenos Aires. Und während eine Reise um die Erde nach den Fahrplänen von 1883 noch immer 80 Tage dauerte, wie Jules Verne dies 1873 ausgerechnet hatte, brauchte die Nachricht bis zu den Zeitungslesern weniger als 24 Stunden.

Da entstand nun allmählich etwas gänzlich Neues in den Köpfen: das Bewußtsein, daß die Menschheit eine Schicksalsgemeinschaft auf einem höchst begrenzten Planeten ist. Die „Victoria" des Fernando de Magallanes hatte ja noch wenig bewegt, als sie 1522 ihre dreijährige Weltumseglung abschloß und damit die Kugelgestalt der Erde zum erstenmal anschaulich machte; dafür interessierten sich nur Kaufleute, Admirale und Gelehrte.

Aber nun einen feuerroten Horizont oder einen grünen Mond zu sehen, weil am anderen Ende der Welt ein Vulkan explodiert war – und durch die allgegenwärtigen telegraphischen Berichte binnen Stunden über die jüngsten Hiobsnachrichten informiert zu sein –, und mit den eigenen Ängsten und Fehlalarmen wie dem der New Yorker Feuerwehr Stoff für neue Telegramme zu liefern, die wiederum um die Erde flogen: Das war die eigentliche Geburtsstunde dessen, was der kanadische Medienphilosoph Marshall McLuhan 81 Jahre später als „das globale Dorf" bezeichnete – die Menschheit, die eines Tages gleichzeitig lachen oder weinen wird.

203 Jahre lang, seit einem Ausbruch Anno 1680, von dem nicht viel überliefert ist, hatte die Insel Krakatau friedlich dagelegen: damals 33 Quadratkilometer groß, etwas kleiner als Pellworm im nordfriesischen Watt; von drei stumpfen Vulkankegeln nur mäßig überragt, 822 Meter hoch der höchste; vielen Seefahrern durch ihre Lage mitten in der verkehrsreichen Sundastraße zwischen Sumatra und dem reichen Java wohlvertraut; unbewohnt und von üppigem Urwald bedeckt, der hin und wieder ein paar Holzfäller von den Nachbarinseln anzog.

Daß aus diesen drei Vulkanstümpfen 20 Kubikkilometer Bimsstein und Asche – fast 8000mal das Volumen der Cheops-Pyramide – in den Himmel schießen würden, bevor das Meer zwei Drittel der Insel verschlang: dafür gab es durchaus Signale. Die Vulkanologen von heute, Wissenschaftler, die der Erdkruste den Puls fühlen und die Menschen warnen können wie 1991 vor dem Ausbruch des Pinatubo auf den Philippinen – sie hätten diese Signale zu deuten verstanden und damit vermutlich Zehntausenden ihren gräßlichen Tod erspart.

Sonntag, 20. Mai 1883. Drei Monate vor der Katastrophe erwacht der Krakatau aus seinem Schlaf: Er läßt Donner hallen, Asche regnen und auf Java Häuser zittern; und die Sonne, wenn sie sich überhaupt zwischen den Aschenwolken zeigt, ist blau.

30 Kilometer nördlich am Krakatau vorbei dampft an jenem Sonntag im Mai die deutsche Korvette „Elisabeth" von Java nach Westen, ein kleines Kriegsschiff mit Schornstein und mit Segeln, wie das damals noch üblich ist. (Den Geschwindigkeitsrekord für die Atlantiküberquerung hält seit 1871 die britische „Adriatic", eine vollgetakelte

Viermastbark mit Dampfmaschine.) An Bord befindet sich ein Marinepfarrer namens Heims, der farbig schildert, was er am Himmel und was er auf Erden sieht.

„Der Kapitän hatte eben die paradierende Besatzung besichtigt und schickte sich an, zur Inspektion des schönen blitzblanken Schiffes zu gehen, als unter den im Sonntagsanzug auf Achterdeck versammelten Offizieren eine gewisse Aufregung bemerkbar wurde", berichtet Heims. Von der Insel Krakatau steigt plötzlich „eine enorme glänzend weiße Dampfsäule mit reißender Schnelligkeit auf, in kurzer Frist die kolossale Höhe nicht unter 11 000 Meter erreichend und in fast schneeiger Helle von dem klaren blauen Himmel sich abhebend".

Die Säule rundet und ringelt sich und erinnert den Pfarrer an einen riesigen Blumenkohl, von immer neuen wirbelnden Massen zu majestätischem Rollen getrieben. „Allmählich mischten sich dunklere Farben in die weißschimmernde Helle der Wasserdämpfe, bis nach und nach eine breite blaugraue Wand, gleich einer mächtigen, finsteren, fächerförmigen Gewitterwolke alles überdeckte."

Aus der Wand regnet es Asche – „eine hellgraue, etwas gelbliche, unendlich fein zerteilte Masse", die sich wie ein Flaum über das Schiff ausbreitet. Und was ist am nächsten Morgen aus des Kaisers spiegelnder Korvette geworden? Eine schwimmende Zementfabrik! schreibt der Marinepfarrer: Schiffswand, Torpedorohre, Segel „dick und lückenlos mit dem graulichen haftenden Staube belegt. Gedämpft klang der Tritt der Leute, und sie selbst sahen aus, als wären sie ehrbare Müllergesellen. Über all diesen Aschenregendesastra wölbte sich der Himmel wie eine große Glocke aus recht mattem Milchglas, in der die Sonne wie eine hellblaue Kugellampe hing".

An den beiden folgenden Tagen sind in Batavia auf Java, der Hauptstadt des damaligen Niederländisch-Indien, noch mehrere Explosionen zu hören, 150 Kilometer vom Krakatau entfernt. Das alles gilt als nicht weiter beunruhigend: Mit einem Schiff der Niederländisch-Indischen-Dampfschiff-Kompagnie fahren am 27. Mai, eine Woche nach dem großen Aschenregen, 86 Passagiere aus Batavia zum Krakatau, aus Neugier einfach. Über dem niedrigsten der drei Vulkankegel der Insel, den Meeresspiegel nur um 100 Meter überragend, steht eine Dampfwolke von zwei bis drei Kilometer Höhe, und alle fünf bis zehn Minuten kracht es in ihm.

Die meisten Passagiere bleiben an Bord bis zur Heimfahrt am Abend, aber einige lassen sich mit einem Boot an Land setzen, darunter der Bergwerksingenieur J. Schuurman. Den Strand erreichen sie, indem sie, bis zu den Knöcheln einsinkend, über eine etwa einen

Meter dicke Schicht aus Bimsstein und Asche staksen. Den früher undurchdringlich dichten Tropenwald finden sie auf kahle Stämme reduziert, die aus der Asche ragen; es riecht nach Schwefelsäure. „Ein Bild der totalen Zerstörung", notiert Schuurman, „aus dem mit unbeschreiblicher Schönheit und donnernder Gewalt die Rauchsäule emporschoß."

Irgendwelche Warnungen für die nahe Zukunft leitet der Bergwerksingenieur daraus nicht ab: Ein wissenschaftliches Instrumentarium fehlt ihm, an Vulkanausbrüche ist man in diesem Teil der Welt gewöhnt, und nachdem die Zeitungen mit Schuurmans Bericht noch ein letztes Echo hervorgerufen haben, erlischt in der Hauptstadt Niederländisch-Indiens das Interesse am Krakatau.

Dabei sind an der Westküste, näher zu den drei Vulkanen, ab Mitte Juni wieder Detonationen zu hören, auch heftige darunter, eine zweite Rauchsäule steht am Himmel, und in Anyar, der Krakatau nächsten javanischen Stadt, werden Erdstöße registriert.

Am 11. August, 16 Tage vor dem Unglück, erhält die Vulkaninsel noch einmal Besuch: Kapitän H. J. G. Ferzenaar hat immerhin den Auftrag, zu prüfen, ob eine genaue Erforschung des Krakatau möglich sei. Der Kapitän rät von ihr ab, weil sie zu gefährlich wäre: Nun stehen schon drei Rauchsäulen über der Insel, schmutziggrau, weiß oder rötlich gefärbt. Ferzenaar fertigt eine Lageskizze an, stochert in Asche, Bimsstein und Schwefel herum und fährt rasch wieder davon. Seine Gründe, nicht zu bleiben, sind gut, nur: Welchen Grund hat er, keine Warnung zu äußern?

Am 23. August, drei Tage vor dem Verhängnis, notiert der Kapitän des Postdampfers „Princes Wilhelmina": „einstündige Fahrt durch hellbraunen Aschenregen, mächtige Rauchwolken über dem Krakatau". Die Bewohner der umliegenden Küsten von Java und Sumatra sehen sie auch und ändern ihr Leben nicht. In Anyar trifft am 25. August, dem Vorabend der beiden Schreckenstage, der neue Leiter des Telegraphenamts ein, Schruit mit Namen. Seine Familie hat er zunächst in Batavia gelassen; er zieht ins Hotel und freut sich des hübschen Städtchens mit seinen Mango- und Tamarinden-Bäumen, Kokospalmen und Platanen.

<u>Sonntag, 26. August</u>. Aus brodelnder Tiefe bahnt das Desaster sich seinen Weg nach oben. Vulkane sind ja nur die sichtbaren Mündungstrichter von Schloten, die durch die Erdkruste ins Erdinnere ragen, als Ventile für den Überdruck, wie er sich zum Beispiel aufbaut, wenn im Magma, dem glühend-flüssigen Gestein der Tiefe, Druck oder Tem-

peratur abnehmen: Dann werden riesige Gasmengen freigesetzt, die sich explosionsartig ausdehnen und durch den Schlot nach außen drängen, wobei sie Magma mitreißen und auch Fels und Sand von den Wänden des Eruptionskanals.

Um sechs Uhr morgens ist es allein die Besatzung des amerikanischen Frachters „Berbice", mit Petroleum von New York nach Batavia unterwegs, die einen Geschmack davon bekommt, was der Sundastraße und den benachbarten Regionen auf Java und Sumatra bevorsteht. Sonst zeigt sich der Überdruck am Morgen dieses schwarzen Sonntags nur in einem Mehr an Rauchwolken, Donnergrollen und Aschenregen.

Der aber trifft eben die „Berbice" voll, so daß sie nicht mehr in die Sundastraße einfährt. „Blitz und Donner wurden immer schlimmer", heißt es im Logbuch des Kapitäns. „Elektrische Entladungen schossen um das Schiff herum, Feuerbälle fielen aufs Deck und versprühten zu Funken. Der Steuermann spürte in einem Arm Elektroschocks, die Kupferverkleidung des Ruders begann zu glühen. Ich ließ Segel über die Luken nageln, damit die Ladung nicht Feuer fing."

Gegen Mittag verlassen viele Anwohner der Lampung-Bucht auf Sumatra nördlich des Krakatau ihre Häuser und flüchten in die Berge, aus Angst vor dem Wasser – das, wie sie richtig voraussehen, viel mehr Menschen umbringen wird als die glühende Lava. (Nur daß Tausende der Geflohenen später eben doch durch fallende Glut verbrennen.)

13.06 Uhr. Viele Bewohner von Batavia schauen verwundert zum Himmel, denn ein Gewitter scheint heranzurumpeln, ohne daß sich eine Wolke blicken läßt. Vielleicht Kanonendonner? Erste Unruhe macht sich breit.

14.00 Uhr. Die glühenden Gase sprengen den Deckel des Ventils und schießen, mit Lava versetzt, donnernd in den Himmel – 34 Kilometer hoch, der Kapitän des Handelsschiffes „Medea" hat die schwarze Wolke vermessen, das Schiff ist 149 Kilometer entfernt und wird doch von der Eruption geschüttelt. In Anyar an der Westküste Javas, nur 60 Kilometer vom Krakatau entfernt, tickert der diensthabende Telegraphist nach Batavia: Krakatau explodiert, Qualm und Dunkelheit ringsum.

Das Telegraphenbüro in Batavia wird sogleich in Hochbetrieb versetzt. Es ist die hohe Zeit der Telegramme: Der drahtlose Funk ist noch nicht erfunden (er kommt erst 1897), Telefonleitungen sind nur zwischen einzelnen Großstädten gelegt – aber 190 000 Kilometer Telegraphenkabel liegen auf dem Meeresgrund.

Allein zwölf Kabel queren den Atlantik, das erste schon seit 1866 – während noch 1865 die Nachricht von der Ermordung Abraham Lincolns zwei Wochen von Washington nach Berlin unterwegs gewesen war, weil sie den Weg zwischen den Telegraphenstationen New York und Cork in Irland per Schiff zurücklegen mußte.

Die Nachricht von der Detonation des Krakatau aber rast von Batavia einerseits nach Australien, andererseits über Sumatra, Singapur, Madras in Indien und Bombay nach Aden, von wo ein Unterseekabel nach Kapstadt, das andere nach Suez führt. Von Suez aus rennen die Morsezeichen über Malta und Gibraltar nach Lissabon, von dort verzweigen sich die Kabel nach Rio de Janeiro und nach Land's End, der Südwestspitze Englands; von dort westwärts nach New York und ostwärts nach London, Le Havre, Rotterdam, Den Haag und Hamburg.

Über Nacht ist ein großer Teil der zivilisierten Menschheit informiert. Zugleich beginnt damit jene Ära, in der wir heute leben, und mit Hilfe des Fernsehens noch intensiver: die blitzartige und fast lückenlose Unterrichtung über alle Katastrophen auf Erden (die uns oft zu dem Irrglauben verführt, es gehe auf dem Globus heute schlimmer zu als in früheren Jahrhunderten).

14.10 Uhr. Der nächste Ausbruch des Krakatau, von nun an etwa alle zehn Minuten. Gegen 15 Uhr werden die Eruptionen noch lauter, wie Kanonenschüsse, die mit Donnerschlägen wechseln, schreibt ein Ohrenzeuge auf Sumatra.

15.30 Uhr. Der Kapitän des irischen Seglers „Charles Bal", nur zehn Seemeilen vom Krakatau entfernt, registriert „ein seltsames Geräusch wie prasselndes Feuer oder die Salven schwerer Artillerie im Abstand von ein bis zwei Sekunden", während eine Aschenwolke mit rasender Geschwindigkeit nach Nordosten zieht.

17.00 Uhr. Der Lärm der Eruption durchdringt die gesamte Länge der Insel Java, bis zu 1100 Kilometer vom Krakatau entfernt. Im Logbuch der „Charles Bal" ist festgehalten: „Dunkelheit überzog den Himmel, und ein Hagel warmen Bimssteins knatterte aufs Schiff. Wir deckten die Luken ab und schützten Füße und Köpfe mit Stiefeln und Südwestern."

17.30 Uhr. In Anyar trifft der erste Vorbote des furchtbaren Seebebens ein: Eine zwei Meter hohe Welle läßt mehrere vor Anker liegende Schiffe an die Zugbrücke krachen, schwer beschädigt bleibt sie zurück. Eine halbe Stunde später meldet Mijnheer Schruit aus dem Telegraphenamt von Anyar nach Batavia: totale Finsternis; kurz darauf ist die Leitung unterbrochen. Südlich der Hauptstadt zittert die Erde.

In Telukbetung auf Sumatra, 80 Kilometer nördlich des Krakatau gelegen, wird das Meer so unruhig, daß die ersten Einwohner aus den unteren Teilen der Stadt fliehen. „Die Sonne ging ganz schrecklich unter", berichtet später ein Augenzeuge. „Durch schmutzige Wolkenmassen zuckten wilde Blitze."

19.00 Uhr. Wild wechselnde Strömungen reißen in Telukbetung mehrere Schiffe aus den Verankerungen, Matrosen gehen über Bord. In Caringin auf Java, 40 Kilometer südöstlich des Krakatau, spülen Wellen mehrere Häuser weg; aus umgestürzten Lampen wächst ein Feuer, das weitere Häuser zerstört.

20.00 Uhr. In Katimbang auf Sumatra, 35 Kilometer nordöstlich des Krakatau, klatscht die erste Welle gegen das Büro des holländischen Verwalters Beyerinck. Der schickt seinen Schreiber zum höher gelegenen Wohnhaus: Die Familie solle sich sofort zur Flucht vorbereiten – warm anziehen, noch was essen! Was danach geschieht, hat Frau Beyerinck aufgeschrieben: Ein Diener mit einer Laterne kommt vorbeigerannt und schreit: „Der Seegeist kommt! Das Meer ist weg! Ich habe die Korallenbänke gesehen, und man sieht sie nie, auch nicht bei der tiefsten Ebbe!"

20.30 Uhr. Während der Tumult des Vulkanausbruchs sich mit dem Lärm des aufs Dach prasselnden Bimssteins mischt, versucht Frau Beyerinck noch ihren Jüngsten zu stillen. Da reißt eine Welle das Bürohaus weg und vom Wohnhaus die Treppe. Ihr Mann kann sich auf eine Kokospalme retten, rennt dann zum Wohnhaus und ruft den Dienern zu: „Bindet die Pferde los!" Und zu Frau und Kindern: „Springt, ich fang' euch auf!" Sie rennen durch riesige Pfützen, versinken in Morast, erreichen den pfadlosen Dschungel, reißen sich Blutegel vom Hals und verschnaufen erst gegen Mitternacht, nachdem sie eine Hütte etwa 130 Meter über dem Meer erreicht haben.

Zur selben Zeit setzt sich Mijnheer Schruit, der neue Telegraphenmeister in Anyar auf Java, zum Abendessen nieder, mit dem Vorsatz, sich gleich morgen früh um die Reparatur der vor drei Stunden unterbrochenen Telegraphenleitung zu kümmern. Für seine Mahlzeit nutzt er eine Viertelstunde, in der die drei Vulkane auf Krakatau schweigen. Vorher hat er mehrere holländische Damen beschwichtigt, „die sich durch die obwaltenden Umstände alarmiert fühlten", wie er später schreibt. Die Umstände – das waren „ein gewaltiges Gewitter und ein Beben der Erde, als wäre der Tag des Jüngsten Gerichts gekommen".

23.00 Uhr. Kapitän W. J. Watson von der „Charles Bal" berichtet, 20 Kilometer vom Krakatau entfernt: „Feuerketten steigen zwischen dem Vulkan und dem Himmel auf und ab, weiße Feuerbälle drehen sich über der Insel. Der Wind ist heiß, erstickend, schwefelig, brennende Schlacke fällt aufs Deck. Das Lot kommt ganz warm aus dreißig Faden Tiefe" (55 Meter).

23.32 Uhr. In Batavia bleibt die astronomische Uhr stehen, die Erdstöße haben sie aus dem Tritt gebracht.

So endet der erste der beiden schwarzen Tage – der weniger schlimme. Noch sind nur einige Menschen umgekommen, noch glaubt niemand an eine Jahrhundertkatastrophe. Aber die meisten der in der Tiefe freigesetzten Gase rumoren noch in den Kavernen und drängen in den Schlot, der auf der Insel Krakatau seine drei Ventile hat.

<u>Montag, 27. August</u>. An diesem Morgen berichten die holländischen Zeitungen bereits von dem, was gestern auf der anderen Seite der Erde geschah.

2.00 Uhr. Auf der „Berbice" liegt die Asche einen Meter dick. „Ich mußte meine Beine andauernd aus den Ascheschichten ziehen, damit sie nicht darin begraben wurden", berichtet der Kapitän. „Ich rief alle Mann mit Laternen an Deck, um die Asche wegzuschaufeln – obwohl die fürchterlichen elektrischen Entladungen und Donnerschläge weitergingen. Die Asche brannte Löcher in die Kleider und die Segel."

Auf Java und Sumatra bleibt die Lage bis kurz vor Sonnenaufgang wie seit gestern gewohnt: In Telukbetung so hohe Wellen, daß kein Schiff mehr anlegen kann, auf der „Charles Bal" tanzen Elmsfeuer an Masten und Rahen, in der Hauptstadt Batavia sind etliche Schaufenster zerbrochen, und viele Gaslaternen verdüstern sich.

5.00 Uhr. In ihrer Hütte 130 Meter über dem Meer geben die Beyerincks ihren Dienern den Auftrag, ein Huhn zu schlachten und eine Suppe zu kochen – „schnell, vielleicht müssen wir noch höher fliehen!" Die Hütte ist in Wolken von Asche gehüllt, die das Meer verbergen; Flammen züngeln in den Baumwipfeln.

5.30 Uhr. Der Krakatau holt zum ersten seiner vier verheerenden Schläge aus. Hunderttausende schreckt das Ungewitter aus dem Schlaf – ein Morgengrauen, ohne daß es tagt. Um 5.43 Uhr zeichnet das Barometer in der Gasanstalt von Batavia eine schwere Druckwelle auf. Weitere Bewohner der Stadt Telukbetung auf Sumatra fliehen in die Berge; andere, die schon gestern abend geflüchtet sind, kehren noch einmal zurück, um ein paar Habseligkeiten zusammenzuraffen. Gegen sechs Uhr berichtet ein Kapitän südöstlich des Krakatau: Bimsstein fällt in Kürbisgröße.

6.30 Uhr. Die erste der vier großen Wellen kommt, zehn Meter hoch, höher, als sie hier je ein Orkan peitschen könnte – ein Tsunami, Schreckensruf in Japan, in Indonesien, auf Hawaii. In Telukbetung auf Sumatra zerstört die Welle den Leuchtturm und die Lagerhäuser; den Raddampfer „Berouw", der an der Pier geankert hat, wirft sie mit seinen vier Kanonen auf die Hütten der Chinesen, alle 28 Mann der Besatzung kommen um.

6.44 Uhr. Die zweite der vier großen Eruptionen. Nach 13 Minuten ist die Druckwelle in Batavia. Durch die Hauptstadt kriecht die Angst, notiert Reverend Tenison-Woods. Gegen 8.20 Uhr knirscht es in den Mauern vieler Häuser.

9.00 Uhr. Der zweite Tsunami steilt sich auf, die Sintflut kommt. Die Woge schlägt über dem blühenden Städtchen Anyar zusammen und läßt keinen Baum und keine Mauer stehen. Mijnheer Schruit, der Telegraphenmeister, sieht sie nahen, weil er gerade mit seinen Männern plaudert, die die gestern zerstörte Leitung nach Batavia reparieren wollen – sieht sie „wie einen Berg, der vorwärts stürmt, und zwei noch höhere hinter ihr. Ich rannte, so schnell mich meine Beine tragen konnten, den brüllenden Tod auf den Fersen". Als Schruit auf einem Berghang atemlos zusammenbricht, sieht er ungläubig das Wasser fallen und dankt dem Himmel, daß er seine Familie in Batavia zurückgelassen hat.

Alle, die noch in Anyar waren, als die Welle kam, sind tot: Javaner, Araber und Chinesen und etwa 50 Europäer. 35 Meter hoch war der Tsunami, wie sich später anhand seiner Spuren berechnen ließ – 35 Meter! Eine elf Meter hohe Grundsee war am Neujahrstag 1995 stark genug, den deutschen Seenotrettungskreuzer „Alfried Krupp" unter Wasser zu drücken und einen Mann der Besatzung über Bord zu spülen; 35 Meter aber – das ist so hoch wie ein elfstöckiges Haus oder fast so hoch wie die Türme der Markuskirche in Venedig.

In Merak nordöstlich von Anyar zerstört die Welle einen Steinbruch, drückt Kräne zu Blech zusammen und schleudert eine Lokomotive 300 Meter weit ins Land. Der Fabrikdirektor, seine Familie und 100 Arbeiter kommen um. In Batavia wird der Himmel gelblich und beginnt sich zu verdüstern, während es Asche regnet. Sie bedeckt die Straßen und legt sich auf die Gemüter. In den Häusern gehen die Lichter an.

9.30 Uhr. Mijnheer Schruit hat sich von seinem Schock erholt, schreibt sofort einen Bericht an seine Vorgesetzten und schickt einen Boten los, nach Serang im Inneren von Java. Fast unbekleidet und völlig verstört stolpert ihm eine europäische Dame entgegen, sie hat ihre beiden Kinder verloren und sucht Hilfe für ihren Mann, der mit verletztem Rückgrat in ihrem halbzerstörten Hause liegt. Schruit wirft ihr einen Sarong über und eilt mit ihr durch den Aschenregen, um zu helfen.

9.58 Uhr. Das Barometer in der Gasanstalt von Batavia zeigt den nie erlebten Ausschlag von 6,7 Zentimetern Wassersäule. Auf der amerikanischen Dreimastbark „W. H. Besse", die 80 Kilometer nordöstlich des Krakatau mit gerefften Segeln ankert, hüpft die Nadel des Barometers um mehr als zwei Zentimeter hin und her. Mit einem Getöse, das bis nach Indien und Australien dringt, speien die Schlote des Krakatau glühenden Bimsstein und glühende Asche in Kubikkilometern himmelwärts, die Asche bis in 40 Kilometer Höhe; und zwei Drittel der Insel mit den drei Vulkanen beginnen in den Hohlraum hinabzustürzen, den das Magma hinterlassen hat – schneller hinausgeschleudert, als sie aus dem Erdinnern nachfließen kann.

Oben, über der Kruste, zucken Bündel von Blitzen in allen Richtungen durch die schwarze Nacht. In den Donner mischt sich das Heulen des Orkans und das Klatschen des Schlamms, der vom Himmel fällt. „Es war eine der wildesten und schrecklichsten Szenerien, die man sich vorstellen kann", berichtet der Erste Offizier der „W. H. Besse": „Es war Mitternacht zur Mittagszeit. Der Sturm heulte in der Takelage, das Wasser strömte mit knapp 20 Kilometern pro Stunde dem Krakatau entgegen und riß an unserer Ankerkette. Es stank nach Schwefel, wir hatten Angst zu ersticken. Wir glaubten, die letzten Tage der Welt seien gekommen."

10.00 Uhr. An den Küsten von Java und Sumatra werden Bäume vom Orkan entwurzelt, Dächer abgedeckt, Hütten eingerissen, Fenster von Schlamm zerschlagen. In Batavia wird es Nacht. Die Temperatur steigt nicht wie sonst am Vormittag; den Einwohnern kommt das vor, als ob das Thermometer fiele.

10.15 Uhr. Auf die krakataunahen Küsten bricht die dritte der vier großen Wellen nieder. Bis zu elf Kilometer weit schwappt sie auf Sumatra landeinwärts, losgerissene Korallenblöcke bis zu 600 Tonnen schwer hebt sie auf den Strand, und den Raddampfer „Berouw" mit den Leichen derer, die nicht von der ersten Welle über Bord gespült worden sind, trägt sie von Telukbetung drei Kilometer landeinwärts; in einem Flußbett setzt sie ihn fast unversehrt ab, neun Meter über dem Meeresspiegel.

Es ist dieser Tsunami, der die meisten der mehr als 300 Dörfer zerstört und die meisten der 36 000 Menschen tötet, die dem Krakatau zum Opfer fallen. Und zugleich ist es diejenige Welle, die sich fortpflanzt durch alle Ozeane bis nach Kap Hoorn und in den Englischen Kanal. Warum aber kracht sie so vernichtend auf die Küste, während sie alle Schiffe auf dem offenen Meer unbehelligt läßt? Dazu muß man die Mechanik eines Tsunami verstehen und seine speziellen Ursachen am Krakatau.

Das sind vermutlich drei auf einmal:
- der Kollaps von zwei Dritteln der Insel, mit dem ungeheuren Sog des Wassers, das in den Hohlraum stürzt;
- die gleichzeitige Hebung des Südteils der Insel (dort steigen während der Ausbrüche fünf Quadratkilometer Land aus dem Meer);
- der Umstand, daß Millionen Tonnen Schlacke und Bimsstein aufs Meer platschen.

Durch je eine dieser Ursachen oder durch das Zusammenwirken aller drei entsteht eine Welle, an der zunächst keineswegs die Höhe ungewöhnlich ist – hier kaum mehr als 60 Zentimeter –, sondern das Tempo. Gewöhnt sind wir an die erhabene Langsamkeit, mit der ein Sturm die Brecher den Strand hinauftreibt. Wo aber nicht der Wind das Wasser bewegt, sondern eine plötzliche Erschütterung, da breitet sich die Welle kreisförmig mit rund 800 Kilometern pro Stunde aus, der Reisegeschwindigkeit eines Düsenflugzeugs.

Stößt nun diese Wasserschlange, die quer über den Ozean rast, auf flache Gewässer wie zumal in Küstennähe, dann wird sie gebremst, zusammengestaucht und in die Höhe gedrückt – kirchturmhoch und nur noch etwa 45 Kilometer pro Stunde schnell; nur noch das doppelte Tempo eines Menschen, der um sein Leben rennt.

Eine Bucht staut den Wellenberg zusätzlich durch ihre Trichterform, und im Innersten der größten Bucht rund um den Krakatau liegt das Städtchen Telukbetung. Von dort kann niemand mehr berichten, wie es war, als der Tsunami kam – wie es war, von dem brüllenden Ungeheuer ergriffen, hochgeschleudert, niedergepreßt, zermalmt, verschlungen zu werden.

10.30 Uhr. Auf den irischen Segler „Charles Bal" stürzt Schlamm herab, ununterbrochen muß ein Matrose ihn von den Scheiben des Kompaßhauses wischen. Es ist so finster, daß keiner mehr den anderen sieht.

Mijnheer Schruit, der Telegraphenmeister von Anyar, erreicht mit anderen Flüchtlingen ein Dorf im Dschungel, die Einwohner kommen ihnen in der schwarzen Nacht des Tropentags mit Fackeln entgegen und zerren sie in ihre Hütten, „offenbar froh, Europäer um sich zu haben, deren Gegenwart ihre Angst verminderte. Das Krachen der

Bäume im Orkan, der Schlammregen und die Finsternis verbanden sich zu einem Abbild der Hölle".

Da immer mehr Flüchtlinge herbeiströmen „und rücksichtslos Wasser tranken", rationiert Schruit den Vorrat, indem er sich aufs Wasserfaß setzt. Die Flüchtlinge beklagen ihr hartes Los „und schimpften mehr oder weniger auf die Regierung, der sie die Schuld an allem Unglück gaben".

Ein anderer Europäer unter den Flüchtlingen, von Reverend Neale zitiert, erlebt Schlimmeres: Nicht irgendeiner fernen Regierung – allen Europäern wird von den Einheimischen die Schuld gegeben, „sie verweigerten uns Essen und Hilfe, so daß etliche Frauen vor Erschöpfung niedersanken und starben".

Am schlimmsten unter allen Überlebenden geht es gegen 10.30 Uhr den Beyerincks an der Südspitze Sumatras in ihrer Hütte über dem Meer. „Einer kam angerannt und schrie: ‚Macht die Türen zu!' Plötzlich wurde es pechschwarze Nacht", berichtet Frau Beyerinck. „Das letzte, was ich sah, war Asche, die durch die Ritzen im Fußboden emporquoll wie ein Springbrunnen. Mein Mann rief: ‚Wo ist das Messer? Ich werde uns allen die Pulsadern aufschneiden, dann sind wir von unserem Leiden erlöst.' Das Messer ließ sich nicht finden. Ein schwerer Druck warf mich zu Boden, die Luft wurde mir aus dem Mund gesaugt, Klumpen fielen mir auf Kopf und Körper, die Eingeborenen schrien ‚Allah il Allah!'"

Frau Beyerinck versucht aufzustehen, fällt in heißer Asche auf die Knie, stolpert ins Freie. Als sie ihr Haar zurückstreichen will, verfangen sich die Finger in ihrer verbrannten Haut. Stöhnend in die finstere Hütte zurückgekehrt, findet sie ihren Jüngsten und will ihm die Brust geben, aber sein Herz schlägt nicht mehr. Er ist erstickt oder verbrannt wie mindestens tausend weitere Opfer an der Südspitze von Sumatra.

Auf dem Postdampfer „Generalgouverneur Loudon", von Telukbetung nach Anyar unterwegs, um von dem Unheil zu berichten, entschließt sich der Kapitän in der totalen Finsternis des Aschenregens, beide Anker auszuwerfen. Während der Regen in Bimsstein und schließlich in Schlamm übergeht, schlagen sieben Blitze in die Mastspitze. Ihr Krachen übertönt das Heulen des Sturms und das Kreischen der Ankerketten, an denen das Schiff dem Hurrikan die Stirn bietet, unter Dampf mit halber Kraft voraus, um manövrierfähig zu bleiben und „die himmelhohen Wogen" richtig anzuschneiden. In zehn Minuten ist die „Loudon" 15 Zentimeter hoch mit Schlamm bedeckt, fünf Zentner pro Quadratmeter. Die Mannschaft schaufelt keuchend über Bord, was sie im Orkan schaffen kann.

10.45 Uhr. Die letzte der vier großen Detonationen. Während noch einmal Magma in die Höhe schießt, werden die nördlichen zwei Drittel der Insel Krakatau vollends in die dadurch entstandene Höhlung hinabgesogen, fast sechs Kubikkilometer Inselmasse, und unter 200 Meter Wasser begraben.

11.10 Uhr. In den Leuchtturm an der Westspitze Javas schlägt der Blitz ein, fährt durch die Ketten der dort arbeitenden Sträflinge und verbrennt sie. Serang auf Java meldet: Es regnet erst Bimsstein und dann Schlamm, unter dessen Last die Äste von den Bäumen brechen.

In Batavia herrscht Nacht. Die Hühner gehen schlafen, die meisten Europäer räumen die Büros und fahren mit ihren Kutschen heim zu ihren Villen, mit brennenden Laternen und gespenstisch leise auf der zentimeterdicken Ascheschicht. Die Temperatur liegt bei 22 Grad – sieben Grad niedriger als zur selben Zeit am Tag davor und am Tag danach. Das Telegraphenkabel zwischen Batavia und Singapur ist zerrissen.

11.30 Uhr. Der vierte Tsunami. Er trifft vor allem die Semangka-Bucht auf Sumatra, 125 Kilometer nordwestlich des Krakatau; mindestens 3000 Menschen bringt er um.

12.30 Uhr. Im drei Kilometer langen „Havenkanaal", der die Kais von Batavia mit dem offenen Meer verbindet, steigt das Wasser jäh um 2,35 Meter, reißt einen Teil der Mauern weg, die den Kanal säumen, und überschwemmt die tiefer liegenden Straßen einen Meter hoch. Menschen rennen um ihr Leben. Eine Stunde später stehen nur noch Pfützen im Kanal, der Meeresspiegel ist um 3,15 Meter unter Normalnull gesunken, das heißt um fünfeinhalb Meter gegenüber der Flut – der Sog der verschluckten Insel Krakatau.

Der Kapitän des britischen Seglers „Bay of Naples", 220 Kilometer südwestlich von Java, meldet: „Die Strömung trägt 150 Leichen vorbei, auch tote Tiger und entwurzelte Bäume."

12.42 Uhr. Der Donner der großen Eruption von 9.58 Uhr kommt in Manila an, der 2880 Kilometer entfernten Hauptstadt der Philippinen. Die Hafenbehörden glauben an Kanonensalven und rätseln, ob es sich um ein Gefecht oder um das Signal eines Schiffes in Seenot handelt.

13.30 Uhr. An der Südwestküste von Ceylon (heute Sri Lanka), 3100 Kilometer vom Krakatau entfernt, geschieht „etwas Außerordentliches", wie der Korrespondent des „Ceylon Observer" festgehalten hat: „Das Meer zog sich für drei Minuten bis an den Fuß der

Hafenmole zurück und ließ viele Boote auf dem Trockenen, Kulis griffen nach Fischen und Garnelen. Das geschah noch zweimal."

In London geht am Nachmittag ein Telegramm aus Batavia ein, das die „Kölnische Zeitung", Deutschlands führendes Intelligenzblatt, in ihrer Morgenausgabe vom 28. August zitiert: „Auf der vulcanischen Insel Krakatoa in der Sundastraße haben in der vergangenen Nacht furchtbare Erdausbrüche stattgefunden. Die Feuererscheinungen waren in Batavia sichtbar. Serang ist vollständig in Dunkelheit eingehüllt, aus den Kratern ausgeworfene Steine sind dort niedergefallen. Auch in Batavia herrschte fortwährend vollständige Finsternis und alle Gaslaternen waren gestern abend verlöscht. Der Verkehr mit Anjer ist unterbrochen und man hegt Befürchtungen für diesen Ort."

Die Leser erfahren das auf Seite 2, unter „Vermischte Nachrichten", und zwar an dritter Stelle: Wichtiger war der „Kölnischen Zeitung" offenbar, daß in Erpel „ein des Schwimmens unkundiger Knabe im Rheine ertrunken" sei und daß man in der Pfalz „zur allgemeinen Heiterkeit" einen irrtümlich verhafteten Professor wieder freigelassen habe. Schnelle Nachrichtenverbindungen – das heißt eben noch nicht, daß die Journalisten schon imstande sind, in der neuen Informationsflut vernünftige Leuchtfeuer aufzustellen.

13.48 Uhr. Das Getöse von 9.58 Uhr hat den größten Teil des Indischen Ozeans überquert und erreicht die Insel Rodriguez östlich von Madagaskar, 4653 Kilometer vom Krakatau entfernt. Von keinem anderen Lärm auf Erden ist überliefert, daß er je eine solche Distanz überbrückt hätte. Es ist, als ob man in New York eine Explosion in San Francisco mit bloßem Ohr vernähme oder in Hamburg eine in Nigeria, über die Sahara, das Mittelmeer und die Alpen hinweg.

14.00 Uhr. In Batavia hört der Aschenregen auf. Langsam wird es hell, graue Asche liegt acht bis zehn Zentimeter dick in den Straßen, dazu die Äste, die unter dem Gewicht der Asche gebrochen sind. Die Hähne verkünden einen neuen Tag.

15.00 Uhr. Nun trifft es die „Berbice" noch einmal, die vor 33 Stunden mit den Feuerkugeln als erste das Nahen des Unheils zu spüren bekam. Um sie herum ist weiterhin Nacht. Das Schiff hat Schlagseite, weil viele Tonnen Asche in der Takelage kleben. Da fegt aus der stürmischen See ein sechs Meter hoher Brecher übers Deck und macht den Rumpf in seiner ganze Länge zittern; alle Chronometer bleiben stehen. Nur im Schein der Blitze sieht die Mannschaft ihr Gespensterschiff.

Um 16 Uhr setzt auf den Kokosinseln im Indischen Ozean, mehr als 1100 Kilometer vom Krakatau entfernt, ein zweitägiger Aschenregen ein. Um 21 Uhr fällt in Bombay, mehr als 4500 Kilometer westlich des Krakatau, der Meeresspiegel so plötzlich, daß Tausende von Fischen zurückbleiben und von Passanten gegriffen werden können. In Batavia ist kurz vor Mitternacht ein letztes Rumpeln zu vernehmen. In der Nacht zum 28. August steht der Mond sichtbar am Himmel und beleuchtet Land und Meer so hell, wie die Sonne es zwei Tage lang nicht vermochte.

Dienstag, 28. August. Zum erstenmal bricht wieder ein richtiger Tag an. Die Sundastraße zwischen Sumatra und Java, an der schmalsten Stelle 22 Kilometer breit, ist lückenlos durch einen zwei Meter dicken Bimsstein-Teppich verstopft, auf dem all das liegt, was die Riesenwogen mit zurück ins Meer gerissen haben: Bäume, Balken, Bretter, Türen, Trümmer aller Art – und Zehntausende von Kadavern, Menschen, Pferde, Büffel, Ziegen und auch Haie.

Erst vier Tage später, als die Meeresströmung etwas Luft geschafft hat, kann das erste Schiff sich knirschend eine Rinne bahnen. Die Zufahrt zu dem Strand, auf dem sich bis vor kurzem das Städtchen Telukbetung erhob, ist gar bis zum 7. September durch eine vier Meter dicke Bimssteinschicht blockiert. 2260 Menschen sind hier getötet worden.

In Katimbang, dem Ort, aus dem die Beyerincks flohen, sind 1000 Menschen ertrunken und 2000 durch glühende Asche verbrannt. Nach zwei Wochen sind 700 Leichen noch nicht beerdigt, Fliegen haben sich auf ihnen niedergelassen. Nahe den Kadavern etwa 1000 Überlebende, aus den Bergen zurückgekehrt, viele von Brandwunden entstellt, alle dem Verhungern nahe. Es gibt keine Pflanze mehr in den Küstenregionen von Sumatra und Java, die dem Krakatau zugewandt sind, nur Bimsstein, Schlamm und Asche. Pferde, Büffel, sogar Wildschweine durchstöbern die Wüste auf der Suche nach Wasser. Wo es noch welches gibt, schmeckt es nach Schwefel.

Vom Krakatau selbst sind vier kleine, noch qualmende Inseln geblieben, von Schlacke und Asche bis zu 70 Meter hoch bedeckt; mehrere andere Erhebungen sind durch den Schlackeregen aus den flachen Gewässern der Umgebung gewachsen. Weit über fünf Kubikkilometer Asche hat der Vulkan in die Luft geblasen und den größeren Teil auf 800 000 Quadratkilometern ausgestreut, mehr als der doppelten Fläche Deutschlands; der kleinere reist um die Erde.

Lange vor der Asche kommt die Luftdruckwelle. Den Meteorologen in aller Welt bietet sie ein Schauspiel, wie es kein zweites gegeben hat, und 70 Jahre später wird sie bei der internationalen

Diskussion über die möglichen Folgen von Wasserstoffbomben-Explosionen als warnendes Beispiel zitiert.

Während der Schall immerhin den Indischen Ozean überbrückt, ehe er nach knapp vier Stunden verebbt, breitet sich die Druckwelle mit annähernder Schallgeschwindigkeit kreisförmig über den gesamten Erdball aus. 19 Stunden nach der gewaltigsten der vier Explosionen prallen die Wellen in Kolumbien wieder aufeinander, am „Gegenüber" der Vulkaninsel auf der Erdkugel. Hier reflektieren sie einander und laufen nach Sumatra zurück.

Den Menschen wird diese Welle nicht bewußt, aber die Barometer registrieren sie jeweils durch einen plötzlichen Druckanstieg, und das viermal auf ihrem Lauf nach Kolumbien und dreimal gleichsam auf dem Heimweg zum Krakatau, siebenmal also in fünfeinhalb Tagen. Hinter einem Vulkanausbruch, der dieses leistet, steckt eine Energie von 100 bis 150 Megatonnen des Sprengstoffs TNT – das Doppelte der größten Wasserstoffbombe, die jemals detonierte.

Später als die Luftwelle trifft die Seewelle ein, sie reist nur mit 500 bis 600 Kilometern in der Stunde. In der Nacht zum 28. August läßt sie in Port Elizabeth in Südafrika, 7500 Kilometer vom Krakatau entfernt, den Meeresspiegel um 66 Zentimeter steigen. In Europa kommt die Welle nur noch in solch schwacher Höhe an –12 Millimeter in Le Havre am Abend des 28. August–, daß zu ihrer Messung zweierlei vonnöten ist: sehr feine Instrumente und ein Wille zur scharfen Beobachtung, den es ohne die telegraphischen Berichte vom Krakatau nicht hätte geben können.

Länger noch als Luft- und Seewelle braucht die Asche bei ihrem Rundflug um die Erde. Ihre geschätzte Menge: 300 Millionen Tonnen; die geschätzte Geschwindigkeit: 5000 Kilometer pro Tag, vom Jetstream getrieben, der Strahlströmung in durchschnittlich zehn Kilometer Höhe.

Was die Asche bewirkt, das können mindestens drei Viertel aller damals 1,4 Milliarden Menschen mit eigenen Augen sehen. Was in hundert Kilometer Umkreis schwarze Nacht und erstickenden Regen verbreitet hat, teilt sich Europäern und Amerikanern, Asiaten und Australiern monate-, ja jahrelang als lodernder Abendhimmel in allen Farben des Regenbogens mit – vor allem in Rubinrot, Blutrot, Purpur, Lila, Lachs- und Bernsteinfarben.

Bedrohlich finden das die einen, hingerissen sind die anderen, und oft bleibt umstritten, ob es der Widerschein eines nahen Feuers ist oder ein rätselhaftes kosmisches Ereignis – oder gar die Schleifspur des fernen Krakatau?

Auf den Seychellen im westlichen Indischen Ozean geht am 28. August, dem Tag nach dem Desaster, die Sonne verschleiert auf „wie an einem frostigen Morgen in England", und tags darauf sieht sie mehr aus wie der Mond. Auf Ceylon wird sie als grün am Morgen und blau am Mittag geschildert.

Am 2. September schreibt ein Einwohner von Trinidad in der Karibik an die „Times" in London: „Heute am späten Nachmittag sah die Sonne wie eine blaue Kugel aus, und nachdem sie untergegangen war, leuchtete der Himmel derart rot, daß wir glaubten, es brenne in der Stadt." Auf den Karolinen nördlich von Neuguinea ist die Sonne am 7. September „von krankem grünlichen Blau, als hätte sie die Pest".

In Batavia sind inzwischen die Hilfsmaßnahmen angelaufen. Dampfer mit Lebensmitteln, Tierfutter, Trinkwasser und Kleidung verlassen den Hafen, auch mit Petroleumfässern, um Kadaver zu verbrennen – dort, wo sie in Massen herumliegen. Einzelne Leichen werden begraben, zweieinhalb Gulden können sich die Einheimischen mit jedem beglaubigten Begräbnis verdienen. Noch weiß niemand, wie viele Menschen wirklich umgekommen sind.

Die Bimssteinteppiche treiben mit durchschnittlich 23 Kilometern pro Tag träge über den Indischen Ozean nach Westen, aber dick verharren andere in der Sundastraße. Anfang Oktober berichtet ein Matrose: „Zehn Tage lang segelten wir durch Bimssteinfelder. Zwei Tagesreisen hinter Anyar schlugen Hunderte und Aberhunderte von Leichen gegen das Schiff, die meisten nackt."

Ihre erstaunlichsten optischen Wirkungen ruft die Asche des Krakatau in aller Welt erst Ende November hervor. Was am 27. November, genau drei Monate nach dem Drama, in New York geschieht, liest sich tags darauf so in der „New York Times": „Kurz nach 17 Uhr entzündete sich der westliche Horizont zu einem leuchtenden Scharlachrot. Die Menschen auf den Straßen waren bestürzt über diesen unglaublichen Anblick, versammelten sich in kleinen Gruppen an allen Ecken und starrten nach Westen. Viele glaubten, das sei eine Feuersbrunst, die gerade Staten Island oder die Küste von New Jersey verwüste. Die Wolken verfärbten sich langsam ins Blutrote und mit ihnen das Meer. Schließlich gingen die leuchtenden Farben in ein mattes Rosa über, das langsam in der Dunkelheit verschwand."

In Poughkeepsie, nördlich von New York, läuten bei Sonnenuntergang die Feuerglocken: Der Himmel glüht fast bis zum Zenit. Auch in New Haven im Staat Connecticut galoppiert die Feuerwehr dem flammenden Horizont entgegen.

Wann aber setzt sich die Einsicht durch, daß dies die Reflexe der Asche vom Krakatau beim vermutlich zwölften Umlauf um die Erde sind – und gar die Folgerung daraus, daß auf unserem Planeten alles mit allem zusammenhängt, Luft, Land, Meer und Sonnenuntergang? Die erste schon bald, die zweite so recht erst rund hundert Jahre später. Da bestätigt sich die These der Kulturphilosophen, daß der Geist des Menschen dazu neigt, weit hinter seinen eigenen technischen Erfindungen zurückzubleiben.

Im Herbst 1883 freilich hat die Wissenschaft noch längst nicht bewiesen, daß es der Krakatau ist, der die New Yorker das Fürchten lehrt. Manche Experten tippen auf Meteorschwärme. Erst am 20. Dezember, knapp vier Monate nach der Katastrophe, stellt die angesehene Zeitschrift „Nature" fest, der Zusammenhang mit der Eruption in der Sundastraße habe sich „definitiv bestätigt".

Die „New York Times" ist davon nicht beeindruckt; sarkastisch schlägt sie fünf Tage später vor, es sollten endlich wissenschaftliche Expeditionen zu allen Orten mit feuerrotem Horizont ausgerüstet werden, nach Paris, Wien, Rom und Peking: „Mit einer geschickten Lobby sollte es mehreren hundert Wissenschaftlern möglich sein, sechs Monate lang auf Regierungskosten herumzureisen. Die Öffentlichkeit möchte die Sonnenuntergänge schließlich erklärt haben."

Einige der Bimstein-Teppiche haben unterdessen, im Dezember 1883, immer noch eine Länge von 2000 Kilometern. Der Kapitän des Dampfers „Bothwell Castle" notiert: „Manchmal waren die Massen so dick, daß Matrosen auf ihnen herumspazierten. Wenn wir Fahrt machten, gab es ein ständiges Knattern und Knirschen."

Von einem anderen Dampfer wird berichtet: „Eine Eisenstange, die wir hinunterwarfen, blieb auf dem Bimstein liegen. Das Schiff bahnte sich eine Fahrrinne, die sich hinter ihm sofort wieder schloß. Es war, als dampften wir wie ein Pflug durch trockenes Land."

Und von einem dritten Schiff, 4200 Kilometer westlich des Krakatau: „Die größeren Bimssteinbrocken waren mit Muscheln derart bepackt, daß wir uns fragten, ob sie noch lange schwimmen würden." Zwischen den Muscheln tummeln sich unzählige Kriechtiere, zwischen den Brocken „ruderten Legionen von Krebsen".

Was den Grund der aufregenden Sonnenuntergänge angeht, so läßt die „New York Times" nicht locker. Am 23. Januar 1884, fünf Monate nachdem es den Krakatau zerrissen hat, schreibt sie: „Auf Long Island hat ein Wissenschaftler den Staub in der Atmosphäre durch ein raffiniertes Experiment geprüft: Zwei Nächte lang ließ er seine Brille im Freien liegen. Es schlug sich jedoch kein Staubpartikel auf ihr nieder. Also wird niemand, der etwas von Brillen versteht, noch behaupten können, daß Staub vom Krakatau in nennenswertem Umfang in der Atmosphäre wäre."

In Wirklichkeit bleibt er dort mehr als drei Jahre lang. Der englische Maler William Ascroft hält zwischen dem 26. November 1883 und dem 13. September 1886 in 530 Pastellskizzen fest, wie die Asche aus der Sundastraße den Himmel leuchten läßt und zuletzt noch die Sonne mit einem kupferroten Hof versieht.

Die Erde kühlt sich im ersten Jahr nach der Explosion im Durchschnitt um 0,5 Grad ab, erst 1888 ist die Normaltemperatur wiederhergestellt. Die Reste des Krakatau werden von Experten vieler Nationen durchstreift, erforscht, vermessen. Schon im Mai 1884 entdecken französische Wissenschaftler eine winzige rote Spinne in der Lava-Wüste einer der Rest-Inselchen. Zwei Jahre später haben sich 34 Pflanzenarten angesiedelt, 1897 gibt es wieder eine dichte Pflanzendecke. Der alte Tropenwald aber hat sich auf diesen Inseln bis heute nicht vollständig erholt.

Im Dezember 1927 wird es auf der Inselgruppe erneut unruhig, und 1928 steigt gar ein neues Inselchen aus den Fluten empor, „Kind des Krakatau" genannt. Dreimal versinkt es wieder, viermal steigt es empor. Heute ist es auf 200 Meter Höhe angewachsen, oft brummend und Schwefeldämpfe speiend: Dabei kommt 1993 eine amerikanische Touristin ums Leben (man kann Motorboot-Ausflüge unternehmen von einem Hotel an Javas Westküste, das Krakatau-Souvenirs pflegt und am Wochenende überschwemmt wird von Touristen aus Jakarta, dem früheren Batavia).

Bis zu einer neuen großen Eruption wird sich der Krakatau vielleicht noch einmal hundert Jahre Zeit lassen. Wann und wo aber wird die Erde das nächste Mal ihren immer wieder verblüfften Bewohnern deutlich machen, daß sie eine Feuerkugel mit einer erschreckend dünnen Kruste ist?

Schon in neun Kilometer Tiefe stießen die Bohrer von Windischeschenbach in Bayern 1994 auf Gestein, das 300 Grad heiß und zähflüssig wie Honig war – und was sind neun Kilometer? Ein Siebenhundertstel der Entfernung zum Mittelpunkt der Erde. Und auf diese erbärmlich dünne Haut bauen wir Wolkenkratzer und Bausparhäuschen, am liebsten „für die Ewigkeit", wie wir bei Domen und Pyramiden sagen. Woher nehmen wir so viel Vertrauen?

Daher vor allem, daß wir, gemessen an den Zeitabständen geologischer Katastrophen, nur Eintagsfliegen sind mit unseren 80 Lebensjahren. Es ist die Kürze unseres Daseins, die uns zu der Illusion verführt, er verspreche uns Beständigkeit – dieser im Innern kochende Planet, dem nicht etwa die Kruste die annähernde Kugelgestalt bewahrt, sondern die Rotation.

Wollte man einen Globus zu einem wirklich realistischem Modell der Erde machen, so dürfte er natürlich nicht hohl und schon gar nicht aus Pappe sein: Aus Eisen, Nickel, Stein wäre er zu formen, und das hieße, daß er bei einem Meter Durchmesser fast drei Tonnen wöge. Und ein Motor müßte ihn in permanenter Drehung halten, sonst sänke er langsam und zischend zu einem Pfannkuchen zusammen, von Flammen umzüngelt, nach Schwefel stinkend und bis zu 7000 Grad heiß.

So ist sie, die alte Erde, und hin und wieder erzählen uns Vulkane die Wahrheit über sie.

WOLF SCHNEIDER

S.O.S. im Nordmeer

*Über keine zivile Katastrophe dieses
Jahrhunderts ist mehr geschrieben, kein Unglück so beschwörend
als Menetekel gedeutet worden wie der Untergang der
»Titanic« am 15. April 1912. Rund 3000 Bücher sind dazu erschienen,
Hunderte von Dokumentationen und drei Dutzend Spielfilme,
darunter die teuerste Produktion aller Zeiten (»Titanic«, 1997: über
200 Millionen Dollar). Doch noch immer überwuchern
Mythen, Legenden und Anekdoten den wahren Hergang des
Desasters. Hier wird er geschildert.*

Hochmut kommt vor dem Untergang. Den größten Luxus auf allen Ozeanen bietet die „Titanic" an, aber zu einem Fernglas für den Ausguck im Mastkorb hat es nicht gereicht. Für die Erste Klasse kocht einer der teuersten Küchenchefs der Welt, aber ein Scheinwerfer, bei der Kriegsmarine längst selbstverständlich, ist nicht an Bord.

Die Eiswarnungen haben sich gehäuft, auf ein Grad unter Null ist die Wassertemperatur gesunken, nur das Salz verhindert das Gefrieren – aber Captain Smith, 62 Jahre alt und höchstbezahlter Kapitän auf Erden, hält eisern Kurs in der mondlosen Nacht und drosselt die Maschinen nicht. Wer über das größte Schiff, ja, das bis dahin gewaltigste technische Produkt der Menschheitsgeschichte gebietet, fühlt sich offensichtlich über das bißchen Eis erhaben, und pünktlich in New York will er ankommen bei dieser Jungfernfahrt, die ein Triumphzug werden soll.

Auf sanfteren Sohlen ist eine Katastrophe nie herangeschlichen als diese, die den Hochmut jäh und grausam bestraft. Als das Eis dem Riesenschiff die Wunde schlägt, hören nur die Heizer im vordersten Kesselraum einen reißenden Lärm, und der Atlantik schießt ihnen in dickem Strahl entgegen. Ein paar Kohlentrimmer, die direkt darüber schlafen, fallen aus den Kojen.

Wer aber sonst an Bord überhaupt etwas wahrnimmt, der spricht von einem Schaben, Kratzen, Schleifen; einer reichen Dame ist, „als ob wir über tausend Murmeln führen"; vier Stewards, bei einem Nachtimbiß im Speisesaal der Ersten Klasse allein, registrieren ein Klappern des Bestecks; in der Backstube im dritten Stock des schwimmenden Palasthotels rutscht ein Blech mit frischen Brötchen vom Ofen.

Die meisten der 2200 Menschen an Bord spüren nichts und schlafen weiter, und schon gar nicht ahnen sie, daß für 1500 von ihnen die letzten Stunden ihres Lebens begonnen haben. In den 160 Minuten, bis die „Titanic" versackt, ballen sich mehr Verwirrung, Verblendung, Verzweiflung, Leiden, Aberwitz, als ein Drehbuchautor je ersinnen dürfte.

Es ist 23.40 Uhr am 14. April 1912. Frederick Fleet, der Ausguck im Krähennest 20 Meter über dem Deck, von keinem Scheinwerfer, keinem Fernrohr unterstützt, sichtet eine schwarze Masse, die ein paar hundert Meter vor dem Bug die Sterne verdunkelt, und läutet die Alarmglocke zur Kommandobrücke hinunter, dreimal. „Eisberg hart voraus!" schreit er ins Telefon. Und wie die Besatzung der „Titanic" schon vorher alles unterlassen hat, was sie hätte retten können, so machen nun auch der Erste Offizier, William Murdoch, und nach ihm der Kapitän alles, alles falsch.

Murdoch läßt hart backbord steuern und befiehlt: „Äußerste Kraft zurück!" Doch die zweite Anweisung durchkreuzt die erste. Wenn die „Titanic" links am Eis vorbeiwollte, hätten die Maschinen diesen Schwenk natürlich unterstützen müssen: die linke mit äußerster Kraft zurück, die rechte aber weiter mit voller Kraft voraus! Vielleicht hätte der Koloß aus 60 000 Tonnen Stahl es auf diese Weise schaffen können, sich am Eisberg links vorbeizumogeln, nur an wenigen Sekunden hat es ja gefehlt.

So jedenfalls, wie Murdoch es befiehlt, schafft es die „Titanic" nicht. Vier bis fünf Meter unter der Wasserlinie schrammt das Eis steuerbords am Schiffsleib entlang und schlitzt ihn an sechs Stellen auf, verteilt über das vordere Drittel seiner Länge von 269 Metern.

Zwei Minuten nach dem Zusammenprall, um 23.42 Uhr, ist Kapitän Edward J. Smith auf der Brücke, immerhin hat er etwas gemerkt. „Schotten dicht!" ruft er. „Schon geschehen!" sagt der Erste Offizier. So begehen sie einvernehmlich den nächsten Fehler – aber das, in der Tat, ist schwer vorauszusehen.

Fünf Minuten nach der Kollision stoppt Captain Smith die Maschinen. Es ist die plötzliche Ruhe, das Fehlen von Fahrtwind, Vibration, leicht schwankenden Kleiderbügeln, was viele Passagiere weckt.

Einige ziehen sich an, andere werfen sich einen Bademantel über, spähen durch die Gänge oder trauen sich an Deck in der eisigen Sternennacht. „Alles in Ordnung!" versichern die Stewards. „In ein paar Stunden fahren wir bestimmt weiter", versichern viele Passagiere einander und lächeln ein bißchen gezwungen.

Zu sehen gibt es nur auf dem Welldeck etwas, der vierten Überwasser-Etage, zwölf Meter über dem Meer: Auf ihm liegt Eis herum in Stücken und Brocken, ein paar Passagiere werfen übermütig damit. Im Postraum, vorn unter der Wasserlinie, schwimmen die Päckchen.

Aus den Luken über den vorderen Kesselräumen beginnt unterdessen die Luft ihre Todesmelodie zu pfeifen. Das Atlantikwasser preßt sie heraus, mehr als fünf Tonnen pro Sekunde platschen in den Leib des Schiffs und machen sich daran, seinen Auftrieb zu zerstören. Die 60 000 Tonnen Stahl, achtmal so schwer wie Wasser, können ja nur schwimmen, weil sie einen gewaltigen Hohlraum umschließen, mehr als 46 000 Bruttoregistertonnen, das sind 130 000 Kubikmeter, überwiegend mit Luft gefüllt.

Binnen 160 Minuten wird in der „Titanic" so viel Wasser stehen, daß sie in der Summe schwerer wird als dieses, und die schiere Physik wird sie, bei völlig stillem Meer, in die Tiefe ziehen.

Um 23.50 Uhr, zehn Minuten nachdem das Schiff den Eisberg gestreift hat, bricht ein Lärm los, der die Spaziergänger von den Decks wieder ins Innere treibt: Aus den Überdruckventilen faucht der Dampf der 29 Kessel; aus den Schornsteinen quillt der Qualm der gelöschten Feuer. Reglos und hell erleuchtet liegt die „Titanic" auf dem Meer. Doch in den untersten Kabinen der Dritten Klasse bilden sich die ersten Pfützen, und am Bug steht das Wasser schon vier Meter hoch in den Laderäumen.

Jetzt tritt Captain Smith gemeinsam mit Thomas Andrews, dem technischen Direktor der Belfaster Werft, die das größte Schiff der Welt gebaut hat, einen Rundgang in die Tiefe an. Sie nehmen die Mannschaftstreppen, um kein Aufsehen zu erregen.

Kurz vor Mitternacht stehen im vordersten der sechs Kesselräume die Heizer bis zur Hüfte im Wasser. Nach den Päckchen im Postraum beginnen nun auch die Schrankkoffer im Gepäckraum zu schwimmen, einige Passagiere sehen durch die Luken zu, eher belustigt als besorgt.

Es ist drei Minuten nach Mitternacht, 23 Minuten nach der Kollision, als Smith und Andrews von ihrem Kontrollgang auf die Brücke zurückkehren. Sie ziehen Bilanz, Andrews sagt es klar: Die „Titanic" wird untergehen. Denn die Schotten reichen nicht hoch genug, das

Wasser wird drüberschwappen. Und die Risse ziehen sich durch die vordersten sechs Abteilungen – die „Titanic" aber ist so ausgelegt, daß sie einen Wassereinbruch in höchstens vieren überstehen könnte. Bei diesem Sachverhalt wäre es besser gewesen, die Schotten gerade nicht zu schließen: Dann hätte sich das Wasser gleichmäßig im Schiff verteilt, also wäre der Bug nicht so rasch so tief eingetaucht, also wäre die „Titanic" länger schwimmfähig geblieben.

Gut, vielleicht war es kaum möglich, in diesen dramatischen Minuten so viel Überblick zu haben. Unverzeihlich aber ist die Fehlleistung, die sich Captain Smith als nächstes zuschulden kommen läßt: Hätte er auf das Todesurteil für sein Schiff nicht sofort mit dem S.O.S.-Ruf reagieren müssen? Er tut es erst kostbare zehn Minuten später. Jetzt, um 0.05 Uhr, ordnet er nur an, die Besatzung zu mobilisieren, die Passagiere zu wecken und die Rettungsboote klarzumachen. Aber keine Panik, meine Herren! Niemand ist in Lebensgefahr.

Der Kapitän selbst eilt wohin? Zu John Jacob Astor, dem reichsten Mann an Bord und in ganz Amerika. „Wir haben einen Eisberg gestreift, Sir. Kein Grund zur Unruhe, aber ..." Astors angebliche Antwort liefert die berühmteste der vielen „Titanic"-Anekdoten: „Ja, ich habe Eis bestellt, aber das ist ja wirklich lächerlich."

Eilt Smith nun endlich zu den Funkern? Nein, er verständigt andere Passagiere der Ersten Klasse und bittet auch sie, sich warm anzuziehen, die Schwimmwesten anzulegen und sich aufs oberste Deck zu begeben. Hätte er das nicht den Stewards überlassen können, die ohnehin dasselbe tun?

Gegen 0.10 Uhr, eine halbe Stunde nach der Minute Null, versammeln sich auf dem Bootsdeck die ersten unförmigen Gestalten: Passagiere mit Korkschwimmwesten über oder unter ihren Woll-, Pelz- oder Bademänteln, die meisten aus der Ersten Klasse, denn die andern werden später geweckt und viele überhaupt nicht. Das Zischen der Überdruckventile, aus denen noch immer der Dampf der 29 Kessel schießt, ist ärgerlich und behindert die Konversation; Angst aber zeigt niemand. Das Meer ist spiegelglatt, die Sterne funkeln, alle Lichter der „Titanic" strahlen, und nur geübte Augen erkennen, daß es zum Bug hin ein wenig abwärts geht.

Um 0.14 Uhr endlich betritt Captain Smith den Telegrafenraum und fordert die beiden diensthabenden Funker auf – S.O.S. zu funken? Nein, ihre Kollegen zu wecken, es gebe viel zu tun! Warum muß einer der Funker seinerseits den Kapitän fragen, ob er das Notsignal senden soll? „Ja, sofort!" antwortet Smith.

Das nächste Schiff, der Frachter „Californian", hört den Notruf nicht. Sein Kapitän hat um 22.21 Uhr die Maschinen gestoppt, um im Treibeis aufs Tageslicht zu warten, was nur vernünftig ist; leider ist damit auch die Lichtmaschine abgestellt, also der Strom fürs Funkgerät. Akkumulatoren, längst erfunden, sind auf Schiffen noch nicht üblich – auch auf der „Titanic" nicht. Tief in ihrem Bauch harren Dutzende von Heizern, Kohlentrimmern, Maschinisten aus, um die Generatoren in Gang zu halten. So funkelt der riesige Sarg aus vielen tausend Lichtern bis wenige Minuten vor seinem völligen Versinken, und alle 30 Maschinisten kommen um.

Das erste Schiff, das den Notruf der „Titanic" hört, ist der britische Frachter „Carpathia". Der Kapitän, zunächst ungläubig, befiehlt: Kurs auf die „Titanic", äußerste Kraft voraus! Es ist 0.25 Uhr, und sogleich ist klar, daß die „Carpathia" zu spät kommen wird: 58 Seemeilen ist sie entfernt, 14 Meilen schafft sie in der Stunde, rund vier Stunden wird sie brauchen – aber nur zwei Stunden hat die „Titanic" noch zu leben, und mindestens zwei Menschen an Bord wissen das auch: der Chefkonstrukteur und der Kapitän.

Aufs Bootsdeck strömen die Passagiere nun in Scharen, inzwischen auch die meisten aus der Zweiten und viele aus der Dritten Klasse. Viele Frauen weinen, aber niemand drängelt, keiner rennt. Daß die „Titanic" je untergehen könnte, glauben sie nicht; daß der viel zu geringe Platz in den Rettungsbooten die Hälfte von ihnen zu einem gräßlichen Tod verurteilt, wissen sie nicht; und der Kapitän und seine Offiziere, die es wissen, handeln nicht danach.

Die Rechnung ist einfach. 1308 Passagiere und 898 Mann Besatzung befinden sich an Bord, 2206 Menschen insgesamt. Für sie sind in den 20 Booten 1178 Plätze vorgesehen – mehr wird in der britischen Handelsschiffahrtsakte von 1906 nicht verlangt.

1028 Passagiere und Besatzungsmitglieder also sind, falls die „Titanic" untergeht, von vornherein dem Tod geweiht. Welche? Mehr die Männer als die Frauen? Mehr die Besatzung als die Passagiere? Mehr die aus der Dritten Klasse als die aus der Ersten? Auch 105 Kinder sind an Bord, und 53 von ihnen werden sterben.

Fast eine Stunde nachdem die „Titanic" den Eisberg gerammt hat, um 0.35 Uhr, beginnen 16 Matrosen endlich damit, die Boote klarzumachen – viel zu wenige Männer also, wieder viel zu spät, überdies nicht aufeinander eingespielt, denn noch nie hat auf der „Titanic" der obligate Bootsdrill stattgefunden, auch ist der vorgeschriebene Bootsoffizier nicht vorgesehen. Und noch dazu klebt alles von frischer Farbe: die Davits, jene kleinen Kräne, die die Boote in die Tiefe lassen; das Schandeck, die Planke, über die sie geschoben werden müssen; und die Boote selbst.

Kurz: In den anderthalb Stunden, bis die „Titanic" sich senkrecht stellt, werden von den 20 Booten nur 18 zu Wasser gelassen, und für zweimal 65 Menschen zusätzlich bedeutet das den Tod.

Doch das ist noch längst nicht alles an Verhängnis und Versagen. Als das erste Boot seine Reise in die Tiefe antritt, sind von den 65 Sitzplätzen nur 28 besetzt. Warum? Zum ersten, weil die Offiziere fürchten, das Boot, vorn und hinten aufgehängt, könnte bei voller Belastung durchbrechen. Aber wie konnten sie diese Sorge haben? Und wie konnten sie, falls sie sie hatten, an Bord des ihnen anvertrauten Schiffes solche Boote dulden?

Der zweite Grund liegt in der Ratlosigkeit der Passagiere. Niemand berät sie, eine Dame aus der Ersten Klasse empfindet das Ganze als „eine nette Abwechslung nach fünfzig oder sechzig Ozeanreisen", und wer Angst hat, der verspürt sie überwiegend eben davor, in einem hölzernen Napf an zwei Seilen durch die Frostnacht 21 Meter tief dem finsteren Meer entgegenzufahren, da man doch auf einem strahlenden Wunderwerk der Technik steht, das unmöglich untergehen kann!

Ja, der Bug liegt nun schon merklich tiefer, unten hört man die ersten Möbel rutschen. Aber das Fauchen der Überdruckventile hat aufgehört, und kein Windhauch ist zu spüren. „Das Ganze ist doch wohl ein Witz", sagen Passagiere oder „Dieses Schiff ist selbst ein Rettungsboot und kann gar nicht untergehen." Eine Überlebende versichert, ein Steward habe ihr gesagt: „Nicht einmal Gott könnte dieses Schiff versenken."

Den dritten Grund, weshalb das erste Boot nicht einmal halb voll ist, liefert Captain Smith. Er leitet die Bootsmanöver auf der Backbordseite, und jeder, der auf sich hält oder sich doch mehr fürchtet, als er zugibt, sucht seine Nähe. So gibt es backbords rasch viel mehr Gedränge als auf der Steuerbordseite, wo das erste Boot davonrudert, mit 15 Frauen, 12 Männern und 37 leeren Plätzen.

Warum aber rennen sie dann nicht in hellen Scharen nach Steuerbord hinüber, die, die in die Boote wollen, später wenigstens, als die Sorgen wachsen? Weil sie die Lage nicht übersehen: 28 Meter breit ist ja das Deck, unterteilt durch die Offiziersquartiere, die erhöhten Dächer des Rauchsalons und der Lounge im Deck darüber, die unförmigen Ventilatoren und die vier gewaltigen Schornsteine, jeder in der Grundfläche ein Oval von 34 Quadratmetern, hoch wie ein achtstöckiges Haus.

Fünf Minuten nach dem ersten Boot, um 0.50 Uhr, wird das zweite abgefiert, backbords diesmal, unter den Augen des Kapitäns und von Menschen umlagert. Hier also wird doch alles funktionieren? Nichts davon. Captain Smith macht seine zwei nächsten schrecklichen Fehler.

„Frauen und Kinder nach backbord!" hat er gerufen, als wolle er sie selbst beschützen, der wackere Mann – und dazu gibt er immer wieder die alte Parole der christlichen Seefahrt aus: „Frauen und Kinder zuerst!" Merkt er nicht, daß die beiden Weisungen, zusammengenommen, Unsinn produzieren? Wer soll denn die zehn Boote auf der Steuerbordseite besteigen, wenn die Frauen doch nach backbord beordert worden sind und die Männer nicht dürfen?

Auch der zweite Fehler ist unfaßbar: Im ersten Boot, dem Captain Smith den Weg nach unten freigibt, sitzen wiederum nur 28 Menschen. Männer dürfen nicht einsteigen, mehr Frauen wollen die Seilfahrt in die schlimme Tiefe nicht riskieren – und der Kapitän des sinkenden Schiffs beläßt es bei der Freiwilligkeit! Die Befugnis hätte er gehabt, ja, die Pflicht, die Autorität sowieso, die Frauen in die Boote zu befehlen, und wenn das nichts half, dann wenigstens genügend Männer hineinzuscheuchen – da er doch weiß, daß sein Schiff verloren ist und jeder leere Platz im Boot ein Toter mehr!

So bleibt es bis in den Untergang: Von den 18 Rettungsbooten, die das Wasser erreichen, sind nur vier voll besetzt. Die anderen rudern mit zusammen 467 leeren Sitzen von der sinkenden „Titanic" weg – ein mörderischer Wahnsinn, gespeist aus Desorganisation und jener Angst, die keiner zeigen will.

Freilich, Hunderte von Passagieren haben das Bootsdeck nie erreicht. Auch dies geht auf das Schuldkonto des Kapitäns: Zwar hat er um 0.05 Uhr der Mannschaft die Weisung erteilt, die Schlafenden zu wecken – aber lückenlos ist das nur in der Ersten Klasse geschehen, und kein Offizier bekommt den Auftrag oder fühlt sich aufgerufen, zu kontrollieren, ob die 762 Kabinen wirklich alle geräumt worden sind.

Sie sind es nicht. In der Dritten Klasse zumal fallen viele Schläfer erst aus den Betten, als der Rumpf der Senkrechten entgegenstrebt. Wer aber wach ist, hätte erst recht Hilfe gebraucht, wie nur einzelne Stewards sie anbieten: seinen Weg aus den sieben Kilometer langen Korridoren nach oben zu finden, bei einer kaum vorstellbaren Verschachtelung der Klassen, der Etagen, der Aufzüge und der Treppenhäuser, mit Schleichwegen und Sackgassen, in denen sich sogar manche Stewards verirren.

Die 709 Passagiere der Dritten Klasse – Auswanderer aus halb Europa, 76 Kinder unter ihnen – trifft das am härtesten, denn ihre Kabinen liegen am tiefsten, am weitesten also vom rettenden Bootsdeck entfernt, und die meisten können nicht einmal englische Schilder lesen.

Immerhin, 55 Männer der Dritten Klasse werden gerettet, nicht aber Männer wie die Präsidenten der Pennsylvania Railroad und der kanadischen Grand Trunk Railway oder solche, die nach heutigem Geld sogar Milliardäre sind: Colonel John Jacob Astor, ein Urenkel des gleichnamigen Auswanderers aus Walldorf bei Heidelberg, der im Pelzhandel ein Vermögen machte; oder Benjamin Guggenheim, einer der sieben Söhne des Meyer Guggenheim aus Langnau in der Schweiz, der als Hausierer anfing und in Amerika ein Bergwerksimperium aufbaute; oder Isidor Straus aus Otterberg bei Kaiserslautern, der es in New York zum Inhaber von Macy's gebracht hat, einem der größten Kaufhäuser der Welt.

Nichts ist es also mit der planmäßigen Benachteiligung der Armen durch die Reichen, einem Herzstück der meisten „Titanic"-Filme. Desinteresse, ja, aber kaum der Rede wert vor dem Hintergrund der allumfassenden Desorganisation. Nur in einem Fall ist bezeugt, daß ein Matrose eine Tür versperrte, durch die ein paar Passagiere der Dritten Klasse das Deck der Ersten erreichen wollten; sie traten die Tür ein und schafften es doch.

Um 0.45 Uhr, gut eine Stunde nach der Kollision, zischt eine Notrakete in die Nacht. Kurz erleuchtet sie das Vorderdeck und viele bleiche Gesichter: Nun ist das S.O.S. ja öffentlich geworden. Dann explodiert sie mit einem Sternenregen – „klein, matt und unnütz", wie eine überlebende Gouvernante es aufschrieb, „denn nie habe ich einen so leuchtenden Sternenhimmel und so viele Sternschnuppen gesehen".

Ernest Gill, ein Heizer auf der stromlosen „Californian", sieht das Notsignal trotzdem und auch noch ein zweites. Er sei sich ganz sicher gewesen, bekundet er später vor dem Untersuchungsausschuß des amerikanischen Senats – doch Alarm schlägt er nicht. „Es war nicht meine Aufgabe, die auf der Brücke zu verständigen", sagt er. „Aber die können das unmöglich übersehen haben."

Der Wachoffizier der „Californian" registriert die Erscheinung auch, doch ein Notsignal habe er darin nicht erkannt. So verstreicht die letzte Chance, daß die „Californian" wenigstens kurz nach dem Untergang bei der „Titanic" wäre und jene aufnähme, die im Eiswasser noch nicht erfroren sind.

Kurz vor 1 Uhr morgens, 85 Minuten hat die „Titanic" noch, ist der Stand der Dinge dieser: Das dritte Rettungsboot wird hinabgelassen, mit 41 Insassen und 24 leeren Plätzen. Die festlichen Reihen der Lichter in den sieben Überwasser-Etagen bilden jetzt einen auffallenden Winkel zum Meeresspiegel.

Im Rauchsalon der Ersten Klasse machen vier reiche Amerikaner – ein Stahlfabrikant, ein Maler, ein Weltenbummler und der Militärberater des Präsidenten – eine Schau daraus, wie gelassen sich bei einem guten Whisky plaudern läßt, auch wenn der ziemlich schräg in den vom Umfallen bedrohten Gläsern steht.

Die Ruhe im Salon sticht wohltuend ab von dem Lärm da draußen: dem Kreischen der Davits und der Flaschenzüge, den Kommandos, den Abschiedsrufen und der krampfhaft fröhlichen Musik von Wallace Hartley's Ragtime Band. Mit sicherem Instinkt und eisernem Pflichtgefühl – Eigenschaften, die der Schiffsführung schmerzlich fehlen – helfen die acht Musiker auf dem Bootsdeck blasend, trommelnd und fidelnd Panik vermeiden bis an ihr eisiges Ende.

Um 1 Uhr gibt Captain Smith das vierte Rettungsboot frei, wieder mit 37 leeren Plätzen. Eine Mrs. Eloise Hughes Smith aus Philadelphia hat ihn zuvor gefragt, ob ihr Mann nicht mit einsteigen könne, Platz sei doch genug! Doch der Kapitän schreit nur immer wieder seinen Spruch „Frauen und Kinder zuerst!" durchs Megaphon. Da bittet sie ihr Mann, der Weisung zu gehorchen, es sei nur eine Formsache, jeder werde hier gerettet! Er schiebt sie ins mehr als halbleere Boot, ruft „Auf Wiedersehen!" und ermahnt sie noch, die Hände in den Taschen zu behalten, es sei so schrecklich kalt. Dann kehrt er ihr den Rücken – wie so viele Ehemänner; die Überlebende hat das registriert.

Auf der Steuerbordseite bringt es das fünfte Boot immerhin auf 40 Insassen, also nur 25 leere Plätze – und auch dies nur, weil der Fünfte Offizier Harald Lowe jedermann ermuntert hat, einzusteigen. Da springen ein halbes Dutzend Heizer hinein, auch vier Herren aus der Ersten Klasse mit zwei Dienern und einem Hund – während sich gleichzeitig vier andere Herren der Ersten Klasse von ihren Frauen verabschieden. Was sind schon Plätze, die das Leben retten, verglichen mit einer guten Erziehung und dem Ehrgefühl der britischen Oberschicht!

In den Booten setzt das Chaos sich fort, verschlimmert durch Unfähigkeit und rüdes Benehmen bei den Stewards und Matrosen, die als Ruderer in die Boote beordert worden sind. In Boot 3 müssen die Passagiere unter den Sitzen nach Laternen suchen – aber sie finden keine und auch keine Notrationen. Zwei Ruder gehen über Bord.

In Boot 8 schaffen es die Stewards nicht einmal, die Ruder in die Dollen zu stecken, und verlangen schließlich von den Passagieren, sie sollten selber rudern. Als der einzige Matrose an Bord für Ordnung sorgen will, schreit ein Steward ihn an: Wenn er nicht ersaufen wolle, „dann hör auf, durch das Loch in deiner Visage zu quatschen". Eine empörte Millionärswitwe sagt das später aus.

Und dabei glauben um diese Zeit die meisten noch, zügiges Rudern könnte sie retten! Der Kapitän hat den Bootsführern die Weisung erteilt, auf drei Positionslichter zuzuhalten, die er und zwei seiner Offiziere zu erkennen glauben – ein Schiff, höchstens fünf Seemeilen entfernt! Sollte es die „Californian" sein, die demnach noch viel näher wäre, als man auf ihr glaubt – aber hätte sie dann nicht erst recht die Lichtorgie der „Titanic" sehen und Kurs auf sie nehmen müssen? Oder gäbe es noch ein Schiff in der Nähe, das sich nie gemeldet hat? Oder hätte das Funkeln der Sterne in der kristallklaren Nacht die Beobachter auf der „Titanic" getäuscht? Das Rätsel bleibt ungelöst.

Um 1.15 Uhr – 65 Minuten vor dem Ende – ist das Vorderschiff bis zum Welldeck überspült, auf das vor anderthalb Stunden die Eisbrocken polterten, einst die vierte Etage über der Wasserlinie. Aber kopflos ist noch immer keiner. „Wer sich zu Hause den Untergang der Titanic ausmalte", schrieb später Lawrence Beesley, ein junger Lehrer aus der Zweiten Klasse, „spürte ein stärkeres Entsetzen als die Passagiere, die auf dem Bootsdeck standen und sie Zoll für Zoll sinken sahen. Die Nacht war so friedvoll, der Himmel so klar, das Meer wie ein Dorfteich, das Schiff ohne Bewegung." Nur inzwischen mit fast 30 000 Tonnen Wasser im Bug.

In die Bootsmanöver kommt nun endlich etwas Schwung, elf Boote binnen einer halben Stunde – und auf einmal sitzen 55 – 60 – ja 70 Menschen in ihnen! Das Mißtrauen der Offiziere gegen eine mögliche Überladung ist ebenso geschwunden wie das der Passagiere gegen das Abtauchen in die Tiefe – zumal ihnen die Schrägung des Schiffs nun doch unheimlich wird.

Um 1.30 Uhr wird zum erstenmal geschossen. Harald Lowe, der Fünfte Offizier, ist dabei, backbords das elfte Boot nach unten zu fieren, und er sitzt selbst darin. Auf der Fahrt hinab kommen sie an drei Decks vorbei, auf denen sich Italiener aus der Dritten Klasse „wie wilde Bestien" über die Reling lehnen, so sagt Lowe später aus. Offenbar wollten sie in sein Boot springen, und da es schon überladen gewesen sei (Falschaussage, fünf Plätze waren frei!), habe er sie daran hindern müssen: Er zieht die Pistole und feuert dreimal zwischen Boot und Schiffswand hindurch. Verletzt wird keiner, erschrocken sind alle, und dann sind die im Boot erleichtert.

Steuerbords aber bricht in derselben Minute Panik aus: Das zwölfte Boot sinkt genau dem gewaltigen Wasserstrahl entgegen, den die Kondensatoren der Dampfmaschinen dicht über der Wasserlinie aus der Bordwand schleudern. Bei dem Versuch, dem Strahl auszuweichen, treibt das zwölfte Boot mit 64 Menschen genau unter das dreizehnte, in dem 70 Menschen sitzen. Die Oberen sehen das nicht, die Unteren schreien, aber die Matrosen an den Davits hören es nicht im Quietschen der Flaschenzüge. Als das obere Boot so dicht über dem unteren hängt, daß darin stehende Männer seinen Kiel erreichen können, gelingt es ihnen, ihr Boot weit genug von der Bordwand wegzudrücken, und nebeneinander liegend merken 134 Menschen mit einem Aufstöhnen, welcher Gefahr sie entronnen sind.

Um 1.35 Uhr wird zum zweitenmal geschossen: William Murdoch, der Erste Offizier, der auf der Steuerbordseite das Kommando führt, feuert über die Köpfe einer Gruppe von Männern hinweg, die in das halbleere fünfzehnte Boot gesprungen sind, und verjagt sie daraus. Frauen sind nicht mehr zu sehen, es geht offensichtlich ums Prinzip, zumal bei „Ausländern": So nennen die Offiziere und die Passagiere der Ersten Klasse alle, die nicht Englisch als Muttersprache haben.

Kurz vor dem Abfieren steigt unbehelligt in dasselbe Boot Lord Joseph Bruce Ismay, Sohn und Erbe des Gründers der White Star Line, der die „Titanic" gehört, und 26 Plätze bleiben leer.

Auf der „Carpathia" arbeiten Kohlentrimmer, Heizer, Maschinisten in zwei Schichten. Mit Volldampf durchpflügt sie das Eisfeld, das sie von der „Titanic" trennt. Die Rettungsboote werden klargemacht, Notbetten aufgeschlagen, Decken gestapelt. Im Speisesaal, der zum Schlafsaal werden soll, hat der Chefsteward seine Männer versammelt und fordert sie auf, ihre Pflicht bis zum Äußersten zu erfüllen, zum Ruhm des Schiffes und der britischen Marine. Ja, die Überlebenden aus den Booten wird die „Carpathia" alle retten – von den tausend, die im Wasser treiben, keinen mehr.

Vom Bootsdeck des sterbenden Titanen zischt um 1.40 Uhr die letzte Notrakete in den Sternenhimmel, 40 Minuten vor dem Ende. S.O.S. funkt die „Titanic" noch eine halbe Stunde länger, mit ständig schwächer werdendem Strom. Die angeblichen Positionslichter des mysteriösen Schiffs, auf das alle Boote zurudern sollten, sieht keiner mehr.

Dem Zweiten Offizier, Charles Lightoller, prägt sich das Bild ein, wie der Atlantik die lange Nottreppe zum Bootsdeck Stufe um Stufe heraufkriecht und jedesmal ein paar Lampen verschluckt, die unter Wasser noch einige Sekunden grünlich weiterleuchten. Lawrence

Beesley schreibt über diese Minuten: „Die Titanic lag absolut still, als hätte der Anprall des Eises ihr allen Mut genommen. Langsam und teilnahmslos sank sie tiefer und tiefer wie ein tödlich getroffenes Tier."

Die in den Booten graben sich in ihre Mäntel ein zum Schutz gegen die schneidende Kälte. Aus dem anfänglich überwiegenden Wunsch, in der Nähe der „Titanic" zu bleiben, denn sie könne doch nicht untergehen, wird mehr und mehr die Angst, dem Schiff zu nahe zu sein, falls es doch untergehen sollte – hört man nicht von einem schlimmen Sog in solchen Fällen, und könnte es nicht passieren, daß Ertrinkende sich an die Boote klammern und sie zum Kentern bringen würden?

In Boot 6 glauben die Passagiere einen Pfiff von der „Titanic" zu hören und wollen zurückgerudert werden. Aber der Bootsmann, der das Kommando führt, ruft: „Jetzt geht's um unser Leben, nicht um ihres!" Mehrere Frauen, die um ihre Männer bangen, protestieren, doch der Bootsmann flucht so lange, bis sie schweigen. Von den immer schrägeren Lichterketten der „Titanic" wehen weiter die Ragtime-Fetzen herüber, und immer näher rücken die düsteren Schornsteine ans Meer heran.

Als um 1.45 Uhr, 35 Minuten vor dem Ende, das sechzehnte Boot herabgelassen worden ist und nun nur noch vier in den Davits hängen, könnten die rund tausend Menschen auf dem Bootsdeck wissen, daß die meisten von ihnen keine Chance haben – aber noch immer scheinen sie nicht an den unabweisbaren Untergang zu glauben.

Rund fünfhundert Passagiere sind gar nicht erst heraufgekommen – viele noch immer ahnungslos in ihren Betten, andere in den Gängen und Treppen verirrt und wieder andere sehr fröhlich: Im Rauchsalon der Dritten Klasse, noch knapp über dem Wasser, wird gelacht, gebechert und sogar getanzt, und daß alle Tische und Stühle bugwärts rutschen und kein Glas mehr steht, macht manche Auswanderer nur noch ausgelassener.

Um 1.50 Uhr besucht Captain Smith den Funkraum, ermahnt die Funker, weiter S.O.S. zu senden, und gibt der „Titanic" noch eine halbe Stunde. Wie recht er hat.

Auf der Backbordseite wird das siebzehnte Boot klargemacht – das vorletzte, da ja zwei nicht mehr zu Wasser gelassen werden können. Lightoller führt eine Reihe von Damen der Ersten Klasse vom Bootsdeck in den eingeglasten 6. Stock des sinkenden Hotels hinab, noch fünf Meter über dem Meer; dort hilft er ihnen aufs Fensterbrett und beim Sprung ins Boot, einen Meter weit, denn Schlagseite nach backbord hat die „Titanic" auch.

Das sind die Minuten, in denen Amerikas Geldadel eine verhältnismäßig gute Figur macht. Nur als Anekdote überliefert im Fall von Benjamin Guggenheim: In den Smoking soll er sich geworfen und sich mit Champagner in seine Suite über dem herangurgelnden Wasser zurückgezogen haben; umgekommen ist er jedenfalls.

Beglaubigt aber ist das Ende von Isidor Straus, einem der Milliardäre an Bord, und von Ida, seiner Frau. Sie hat sich schon vor einer Stunde geweigert, ins Boot zu gehen, wenn er nicht mit einsteigen dürfe; auf ihn reden nun prominente Passagiere ein, dies doch zu tun, er sei 67, und Platz sei ja da. Doch Straus erwidert, er werde sein Schicksal mit dem der anderen Männer teilen.

Das letzte, was Überlebende von den Strausens sehen, ist, wie sie plaudernd und eng umschlungen an der Reling lehnen. Auch von zwei unzertrennlichen jungen Paaren wird berichtet. Von einem Offizier bedrängt, ins Boot zu steigen, antwortet die Braut: „Wir haben unsere Reise gemeinsam begonnen, wir werden sie gemeinsam beenden."

Als John Jacob Astor seiner Frau ins vorletzte Boot geholfen hat, lehnt er sich aus dem Nachbarfenster und fragt höflich den Zweiten Offizier, ob er sie begleiten dürfe, sie sei schwanger. „No, Sir!" erwidert Lightoller barsch. „Keine Männer, solange noch Frauen da sind." Daß er den reichsten Mann Amerikas damit zum Tod verurteilt, weiß Lightoller offensichtlich nicht, und es würde ihn wohl auch nicht beeindruckt haben.

Colonel Astor unternimmt keinen weiteren Versuch, ruft seiner Frau zu: „Good-bye, ich folge dir in einem anderen Boot!", winkt noch einmal und wendet sich ab. Seine Privatyacht hat sechs Rettungsboote, überdies vier Schnellfeuergeschütze gegen karibische Piraten, nichts geht ihm ja über Sicherheit! Sein Lebensgefühl teilt er vermutlich mit der angelsächsischen Oberschicht: Ihre Reitpferde schätzt sie mehr und behandelt sie besser als ihr Dienstpersonal, so hat die amerikanische Historikerin Barbara Tuchman es formuliert.

Und nun sind es eben die schrecklich kleinen Leute, Zofen, Kindermädchen, Frauen aus der Dritten Klasse, die zu Hunderten ihm vorgezogen werden, und Astor nimmt es klaglos hin. Würden wir heute von einem Ölscheich Ähnliches erwarten können? Niemand soll uns betteln sehen! Auch das gehört für den superreichen Nichtsnutz aus New York zu den Idealen seiner Klasse.

Ehe das vorletzte Boot hinabfährt, wird zum drittenmal geschossen – denn in letzter Minute sind einige Heizer und andere Männer hineingesprungen. „Raus!" schreien die Offiziere und schießen über ihre

Köpfe. Lieber 23 Plätze leer lassen als Männer retten, ob Heizer oder Milliardäre! Der Wahnsinn hat Methode.

Durch die Bullaugen sehen Mrs. Astor und die anderen 41 Insassen des vorletzten Bootes Stühle, Tische, Kommoden in den Kabinen schwimmen. Dann ziehen alle im Boot die Köpfe ein, denn Stühle fliegen über sie hinweg, vom Bootsdeck hinabgeworfen als Flöße, wenn das Unsägliche denn doch geschehen sollte. Fünf Minuten später, um 2 Uhr, schwingen sich drei Heizer ins Boot, klappernd und triefend – die ersten, die es gewagt haben, in das Wasser von minus zwei Grad zu springen. Einer ist betrunken.

Gegen 2.05 Uhr, eine Viertelstunde vor dem Ende, werden drei der prominentesten Männer an Bord zum letztenmal gesehen im nun rötlich flackernden Licht. Captain Smith besucht noch einmal die Funker und befiehlt ihnen, sich um sich selbst zu kümmern. John Jacob Astor lehnt stoisch auf der Brücke und sieht das Wasser näherkommen. Thomas Andrews, der Chefkonstrukteur, steht mit verschränkten Armen im Rauchsalon der Ersten Klasse und blickt zum Fenster hinaus; seine Schwimmweste hat er über einen Tisch geworfen.

Aus den Treppenhäusern zum Bootsdeck quellen gerade jetzt noch einmal Menschentrauben: Heizer mit schwarzen Gesichtern, Familien aus der Dritten Klasse, die endlich das Freie gewonnen haben, schreiende Kinder an der Hand. An 18 von 20 Davits baumeln leere Seile. Und alle hier oben drängeln sich, hangeln sich dem Heck entgegen, weil es wenigstens noch einige Meter aus dem Wasser ragt. Viele murmeln Gebete, andere unterhalten sich mit einer Whiskyflasche.

Um 2.12 Uhr, nachdem die „Titanic" zweieinhalb Stunden lang mit erhabener Langsamkeit gesunken ist, beginnt der geschundene Leib zu zittern, und sechs Minuten lang schwenkt er um eine unsichtbare Achse: Indem das Vorderschiff nun zügig abtaucht, hebt es das Heck aus dem Meer. Ein Pfarrer betet laut und ermahnt die Passagiere, die ihn umringen, zu beten und ihre Sünden zu bereuen; manche fallen dabei um.

Und Wallace Hartley klopft an seine Geige und spielt sein letztes Stück. War's der Choral „Näher, mein Gott, zu Dir", mit den Zeilen: „Still all my song shall be / Nearer, my God, to Thee, / Nearer to Thee!"?

Oder war's der Choral „Autumn", worin eine der Bitten an den „Gott des Erbarmens" lautet: „Hold me up in mighty waters", stütze mich in übermächtigen Gewässern?

„Autumn" hieß aber zugleich ein populärer Walzer – sollte nicht der dem Auftrag der Ragtime Band am ehesten entsprochen haben?

Die Überlebenden widersprechen einander, eine ganze Fachliteratur hat keine Klarheit geschafft. Sicher ist nur, daß sie schluchzen in den Booten, so oder so, ob sie eine tragisch passende oder eine verzweifelt fröhliche Melodie herüberschallen hören, während sie das hundert Tonnen schwere Ruder der „Titanic" aus dem Wasser steigen sehen und die drei mehr als sieben Meter hohen Schrauben.

Am schlimmsten trifft die Aufsteilung des Hecks die schätzungsweise fünfhundert Menschen im Inneren des Schiffs. Viele fallen jetzt erst aus den Betten und merken entsetzt, wie der Fußboden dabei ist, zur Seitenwand zu werden. Viele, die in den verschlungenen Gängen hängengeblieben sind, fallen übereinander oder stürzen in das Wasser, das sich immer weiter nach oben frißt. Viele werden erschlagen von Nachttischen, Palmentöpfen und Klavieren.

Um 2.15 Uhr hat der Rumpf der „Titanic" einen Winkel von 45 Grad erreicht, die Brücke taucht in den Atlantik ein, und wer sich nicht an die Reling oder die Taue der Davits klammern kann oder von einem der ehemals senkrechten Deckaufbauten gestützt wird, rutscht ins Meer, von Stühlen und Fässern getroffen oder polternd überholt. Der 17jährige Jack Thayer erzählt: „Wir waren eine hoffnungslose, benommene Masse Mensch, die nur noch versuchte, den letzten Atemzug bis zum letzten möglichen Augenblick hinauszuschieben."

In ihrer Verzweiflung kriechen viele nun erst recht dem Heck entgegen, weil der Atlantik es als letztes schlucken wird. Andere wollen nicht abwarten, bis sie ins Meer fallen, vielleicht den vorher Abgestürzten auf die Köpfe – sie springen ins eisige Wasser, „wie mit tausend Messern" fällt die Kälte sie an, der Zweite Offizier beschreibt es so. Nicht genug damit: Lightoller wird vor einen Luftschacht getrieben, durch den Wasser in die Kesselräume schießt, und vom Sog auf das Drahtnetz genagelt, das den Schacht abdeckt. Mit dem Netz zusammen taucht er zappelnd unter.

Ein Turm, illuminiert von Hunderten allmählich verlöschender Lichter – so dreht sich das Hinterschiff der Senkrechten entgegen, schließlich 60 Meter hoch. Vom Heck stürzen Menschen in schreienden Bündeln in die Tiefe.

Die in den Booten packt das Grauen. Viele verhüllen ihr Gesicht. Alle Hoffnung ist geschwunden, alle Ordnung umgestülpt – ein stehendes Schiff! Ein Skandal wie ein liegender Eiffelturm. Ein Mord: Das Luxushotel stellt sich auf den Kopf zum Sterben, der Eisberg hat es umgebracht.

Um 2.18 Uhr, drei oder vier Minuten nachdem die Ragtime Band verstummt ist, vermutlich abgestürzt, bricht im Bauch der „Titanic" ein Getöse los, das den Menschen in den Booten vollends das Blut gefrieren läßt: Der Gigant beginnt sich zu zerstören. Die 29 Dampfkessel, jeder fünf Meter im Durchmesser, die drei Kurbelwellen von je 118 Tonnen, die Kolben, die Pleuelstangen und Zylinder, die Niederdruckturbine, das Modernste auf dem Weltmarkt, 420 Tonnen schwer, alles auf Stahlplatten tausendfach vernietet: Diesem Schwenk in die Senkrechte hält es nicht stand – es donnert in die Tiefe, zerschlägt die Schotten, verbeult den Bug und löscht die letzten Lichter aus. Aus dem Schiffsleib schießt dabei ein Heißluftschwall, der Lightoller aus dem Sog befreit und ihn an die Oberfläche speit.

Das ist auch die Minute, in der der erste Schornstein kippt: 24 Meter hoch, an die 50 Tonnen schwer, platscht er qualmend und funkenstiebend ins Meer und zerschmettert die Dutzende, die unter ihm in ihren Korkschwimmwesten hängen. Astor ist einer von ihnen. Identifiziert wird seine rußgeschwärzte Leiche später nur mit Hilfe des dicken Diamanten, den er am Finger, und der 4000 Dollar, die er in der Tasche hatte, an die 200 000 Mark in heutigem Geld.

Auf diesen Lärm folgen zwei gespenstisch stille Minuten. „Erst stellte die ‚Titanic' sich so steil ins Wasser, als ob sie kopfüber tauchen wollte", sagt ein Steward später aus, „aber dann überlegte sie sich's noch mal und blieb ein Weilchen stehen." Ans Heck da oben klammern sich noch immer Dutzende, in den Booten hört man keinen Schrei von ihnen.

Um 2.20 Uhr, zwei Stunden und vierzig Minuten nachdem der Eisberg die „Titanic" vom Thron ihres Hochmuts hinabgestoßen hat, senkt sich das Hinterschiff aus der Senkrechten auf einen Winkel von etwa 70 Grad, und mit rasch zunehmender Geschwindigkeit schlüpft der stählerne Sarkophag ins Meer hinab.

Den letzten auf dem Deck rauscht das Ende aller Dinge immer schneller entgegen – sie stürzen, oder sie springen und knallen aufs Wasser, oder sie werden einfach abgestreift, als der Atlantik sein Opfer überraschend leise verspeist, mit einem schmatzenden Geräusch, ohne Sog und Strudel. Nur ein kleiner Rauchpilz bleibt zurück.

"She's gone", hört man in den Booten. Manche sprechen später von „einem Gefühl großer Einsamkeit". Viele Frauen weinen. Mehrere Boote rudern davon, aus Angst vor der großen Welle, die nicht kommt, und vor denen, die im Wasser um ihr Leben kämpfen. Wo das Schiff verschwunden ist, schnellen Stühle, Planken, Kisten, Türen aus dem Wasser.

Im Innern der „Titanic", die mit dem Tempo eines Expreßfahrstuhls in die Tiefe rauscht, sterben nun die letzten – erschlagen von dem Druck des Wassers, das durch Gänge und Säle schießt, Türen sprengt und Wände bersten läßt. Die drei restlichen Schornsteine reißen ab und taumeln einzeln zum Meeresgrund hinab; bis heute wurde keiner gefunden.

Um 2.22 Uhr, zwei Minuten nach dem Untertauchen, ereignet sich im Hinterschiff eine gewaltige Implosion: Unter dem Druck von 30 Atmosphären zerplatzt die Luftblase, die sich hier noch gehalten hat.

Oben endet in dieser Minute das merkwürdige Schweigen, das nach dem Verschwinden der „Titanic" zunächst geherrscht hat. Nun erst steigt aus den Kehlen der vielen hundert, die noch lebend in ihren Korkwesten hängen, der Schrei des Entsetzens zum Himmel: das Wasser unter Null, die Boote fern, und wo der schwimmende Palast war, das Nichts in der eisigen Nacht. In den Booten hören sie „die gräßlichsten Laute, die je ein Sterblicher vernommen hat", berichtet Colonel Gracie, ein Historiker aus Washington.

Zugleich und nun erst wird den 700 in den Booten damit klar, daß bei weitem nicht alle gerettet worden sind: Aufgeklärt hatte sie ja keiner über das Mißverhältnis zwischen Menschen und Plätzen, und allzu genau wissen wollten sie's nicht. „Das Geschrei traf uns wie ein Donnerschlag", schreibt Lawrence Beesley.

Einige Damen aus der Ersten Klasse verschaffen sich einen Trost, an dem damals keiner Anstoß nahm: „Da schreien die aus der Dritten Klasse, die haben den Untergang verschlafen, und nun sind sie hysterisch!" (So bekommen es die amerikanischen Senatoren zu hören, die die Untersuchung führen.) Daß ihre eigenen Männer darunter sein könnten, wird ihnen erst allmählich klar.

Also doch zu den Schreienden rudern? In Boot 6 bedrängen mehrere Frauen den Bootsmann, dies zu tun; er weigert sich. „Die sind sowieso alle tot, bis wir da sind", sagt er. In vier Booten ist es umgekehrt die Besatzung, die den Erfrierenden zu Hilfe kommen will, aber die Mehrzahl der Passagiere, auch die Frauen, fleht sie an, dies nicht zu tun.

Sie zittern ja selbst vor Kälte und fühlen sich verloren genug, und nun fassen sie nur noch einen Gedanken: nicht kentern! In manchen Booten geschieht etwas Unglaubliches: Seemannslieder werden angestimmt, ja Hochrufe ausgestoßen, um das Geschrei der Sterbenden zu übertönen und wohl auch die Stimme des Gewissens.

So sind, bei 467 freien Plätzen in den Booten, fast alle von den vielen hundert, die noch leben, zum Sterben verdammt – manche schon nach fünf Minuten tödlich unterkühlt; die letzten kämpfen eine Stunde lang. Sie strampeln und wimmern zwischen Toten: Viele haben ja den Sturz vom senkrecht aufgestellten Heck nicht überlebt, andere sind erschlagen worden vom fallenden Schornstein oder von herabstürzenden Menschen und Fässern, wieder andere schon erfroren.

So werden die Schreie langsam weniger und leiser. Einen Überlebenden im fernen Boot erinnern sie an das Zirpen von Grillen in einer Sommernacht.

Nur zwei der achtzehn Boote machen eine Ausnahme und bemühen sich um die Erfrierenden. Boot 4, mit Mrs. Astor an Bord, rudert, nach einigem Streit zwischen den Frauen, zur Unglücksstelle zurück und fischt sechs oder sieben Heizer und Stewards auf. Zwei von ihnen delirieren und sterben im Boot; einer ist so betrunken, daß ein paar Frauen den Torkelnden niederwerfen und sich auf ihn setzen.

In Boot 14 rudert der Fünfte Offizier Lowe mit vier Freiwilligen – drei Matrosen und einem Passagier – an die röchelnde Masse Mensch heran, nachdem er alle anderen Insassen in andere Boote hat umsteigen lassen, Platz ist ja genug. Aber etwa 150 Meter vor den Erfrierenden macht Lowe halt und wartet fast eine Stunde lang. Warum, um Gottes willen? wollen die Senatoren wissen. „Es wäre nicht klug gewesen, vorher hinzurudern, dann wären wir alle untergegangen", sagt Lowe.

Nur wenn sich einer aus der Masse freikämpft, rudert Boot 14 auf ihn zu, und die fünf ziehen ihn an Bord. Mehrfach irren sie sich: Sie bergen einen Toten. Vier Lebende retten sie, einer stirbt im Boot.

Und dann ist da noch ein Notboot von der „Titanic", offenbar bei der Talfahrt des Schiffs vom Deck gerissen, kieloben treibt es im Meer. Auf dem Kiel steht ein Dutzend Männer und hat ihn schon unter Wasser gedrückt. Colonel Gracie kann sich noch hinaufwuchten, feindselig empfangen, und als letzter ein Heizer, obwohl einer der Stehenden ihm ein Ruder auf den Kopf geschlagen hat.

Dann rudern die vierzehn stehend davon und stoßen jeden weg, der noch heranschwimmt. „Sie wollen doch sicher nicht die quälenden Einzelheiten hören?" fragt Gracie die Senatoren. Sie wollen es nicht. Und kein Überlebender wird angeklagt: Die meisten zivilisierten Staaten erkennen an, daß die Gesetze nicht gemacht sein können für den, der um sein Leben kämpft; von einem „entschuldigenden Notstand" wird da gesprochen.

Die „Titanic" ist um 2.30 Uhr, zehn Minuten nachdem sie unsichtbar geworden war, auf dem Grund des Atlantik aufgeschlagen, 3810 Meter unter dem Meeresspiegel. Der Bug hat sich 15 Meter tief in den Schlamm gebohrt, der Rumpf ist zweimal gebrochen; das abgetrennte Hinterschiff liegt 600 Meter davon entfernt, 76 Meter lang und um 180 Grad gedreht. Rund um das Wrack sind vier der mächtigen Dampfkessel, drei Tresore, dazu Badewannen, Koffer, Töpfe, Teller, Flaschen, Türklinken ausgestreut. Wo die etwa fünfhundert Leichen beim Aufschlag lagen, erfahren wir nie: Tiefseebakterien haben fast alle organische Substanz zerstört.

Um 4.00 Uhr endlich, genau zwei Stunden nach dem Verschwinden der „Titanic", trifft die „Carpathia" bei den Rettungsbooten ein; um 8.30 Uhr wird das letzte Boot an Bord gehievt. Bis zu sieben Stunden lang mußten die Schiffbrüchigen ausharren bei klirrendem Frost, und die Mehrzahl jener Männer, die sich aus dem Wasser noch in die Boote hatten retten können, ist an Erschöpfung oder Unterkühlung gestorben.

Um 8.30 Uhr ist auch die „Californian" da, das Schiff ohne Strom, das die Notraketen ignoriert hat. Sein Kapitän berichtet später: „Ich sah wenig an dieser Stelle – ein paar Bretter, Deckstühle und Kisten. Es sah mehr so aus, als wäre ein alter Fischdampfer untergegangen."

Die tausend Toten sieht er nicht. Eine Strömung hat sie abgetrieben, Treibeis schließt sie ein. Erst nach Tagen werden sie gesichtet: eine stumme Armee, viele den Kopf auf die Schulter gelehnt.

Um die Erde beginnt noch an jenem 16. April ein Schockwelle zu laufen wie keine zuvor in der Geschichte und kaum eine danach. 1500 Tote, und wie grauenvoll gestorben! Und zur Tragödie der Menschen die gräßlichste Blamage, die der Technik je widerfahren ist. Welches Versprechen wurde da gebrochen, wieviel Fortschrittsgläubigkeit zerstört! Am 2. April zum erstenmal aus dem Werfthafen geschleppt, vom meerbeherrschenden britischen Weltreich auf die Reise geschickt, am 10. April in Southampton zur Jungfernfahrt ausgelaufen, am 14. April von einem bißchen Eis gestreift – so hat die „Titanic" dreizehn Tage lang gelebt und ist binnen 160 Minuten reglos, hilflos, jämmerlich gestorben.

„Das blinde Vertrauen in die Technik hat einen schrecklichen Schock erlitten", schrieb noch im April 1912 Joseph Conrad, weltberühmter Schriftsteller und Kapitän auf allen Meeren. Dabei sei die Katastrophe vorhersehbar gewesen: „Man baut ein 46 000-Tonnen-Hotel aus dünnen Stahlplatten, um die Gunst von tausend reichen Leuten zu gewinnen; man dekoriert es im Stil der Pharaonen und von Louis Quinze, um diesen albernen Individuen zu gefallen, die mehr Geld in der Tasche haben, als sie ausgeben können, und unter dem Beifall zweier Kontinente schleudert man diese Masse mit 21 Knoten übers Meer – und dann passiert's!"

Natürlich werden die Überlebenden vernommen und herumgereicht; etliche von ihnen treten Vortragsreisen an und schreiben Bücher. Einige berichten noch nach Jahrzehnten, das Todesgeschrei der Erfrierenden suche sie heim bis in den Schlaf.

Für die Hinterbliebenen der umgekommenen Besatzungsmitglieder gehen englische Pfadfinder sammeln; die überlebenden Stewards, Heizer und Matrosen suchen umgehend einen neuen Arbeitsplatz auf See, denn mit der Minute des Untergangs ist ihr Arbeitsvertrag gegenstandslos geworden – so sieht es die Reederei und stellt die Zahlung ein.

Drei Wochen nach dem Verschwinden der „Titanic" ordnet das britische Handelsministerium an, daß auf jedem Passagierdampfer für jeden an Bord ein Platz im Rettungsboot vorzusehen ist; internationale Gremien beschließen, daß auf jedem Schiff zu jeder Stunde ein Funker erreichbar sein muß; noch 1912 wird eilends die „Olympic" umgerüstet, das etwas kleinere Schwesterschiff der „Titanic" – nämlich mit Schotten versehen, die bis nach oben reichen; und noch 1912 erfindet der mecklenburgische Physiker Alexander Behm unter dem Eindruck des Desasters ein Gerät, das Eisberge durch Schall orten kann: das Echolot.

Und dem unseligen Captain Smith wird ein Denkmal gesetzt in seiner Heimatstadt, und Damen der britischen Gesellschaft gründen einen „Women's Titanic Memorial Fund", um auch dem Opfergang der reichen Herren ein Denkmal zu errichten.

Wieviel verzichtende Liebe, heroische Pose, blindwütiges Schicksal, grausiger Tod! Wieviel Hochherzigkeit und Niedertracht, Leichtsinn und Unsinn, Pech und Verzweiflung, Hoffnung und Tragödie! Das ist der Stoff, aus dem die Märchen blühen – Legenden, Anekdoten, Romane und immer wieder mal ein Film, Wallace Hartley hat die Musik geliefert, um den Preis des Lebens, ein Rührstück ohnegleichen.

Und in Reden, Interviews, Essays und Leitartikeln wird bis heute kein Menetekel so häufig beschworen wie das von dem stolzen Schiff und seinem Tod durch Übermut und Ahnungslosigkeit. „Die Königin der Ozeane", wie die Reederei sie nannte, lebt weiter als Hexe auf dem Meeresgrund, und in uns spuken sie beide. Das verbürgt Unsterblichkeit.

Für die „Titanic" gilt noch mehr, was einst Goethe – zynisch zwar, doch Goethe eben – über einen anderen Untergang geschrieben hat, den von Pompeji: „Es ist viel Unheil in der Welt geschehen, aber wenig, das den Nachkommen so viel Freude gemacht hätte."

CURT SCHNEIDER
Drama in der Eiger-Nordwand

*18. Juli 1936. Auf der Kleinen Scheidegg,
hoch in den Schweizer Alpen, drängeln sich Ausflügler um die
beste Sicht. Von Hotelterrassen aus observieren sie mit
Ferngläsern vier junge Bergsteiger, die sich die Eiger-Nordwand
hinaufkämpfen, die größte Herausforderung der
europäischen Alpinistik. Viele Zuschauer zweifeln schon nicht
mehr am Erfolg – da wendet sich das Blatt: Die Helden
müssen kehrtmachen, und vor den Augen der Menge beginnt
ein beispielloser Wettlauf gegen den Tod.*

Es sind 85 Stunden vergangen, seit die vier Männer in die Eiger-Nordwand aufgebrochen sind, die gewaltigste Felsmauer der Alpen. Noch nie hatte jemand diese Wand durchstiegen, sie wollten die ersten sein. Von unten verfolgte eine gaffende Menge sie wie Gladiatoren in der Arena, ein Dutzend Münzteleskope richtete sich auf die Wand, Radioreporter posaunten die Sensation in die Welt hinaus. Oben ging es um den Gipfel, unten wettete man lange, ob sich die vier eine Goldmedaille bei den Olympischen Spielen in Berlin erklettern würden.

Doch seit 29 Stunden ist nun allen klar, daß die vier gescheitert sind. 600 Meter unter dem Gipfel haben sie kehrtgemacht, weil sich einer von ihnen verletzt hatte. Ihn wollten sie hinunterbringen. Doch das Wetter war böse, kam mit Sturm und Schnee, Lawinen drohten sie aus der Wand zu fegen. Die vier Herausforderer wollten nur noch eins: lebendig dem Inferno entrinnen.

Dann, innerhalb einer Stunde, geschieht es: Der erste Kletterer stürzt ab, der zweite erfriert, der dritte wird vom Kletterseil stranguliert. Nur Toni Kurz überlebt. Am Seil zusammengebunden mit zwei Toten, steht er nun auf einer winzigen Felsleiste über dem Abgrund, halb erfroren und völlig erschöpft, kann nicht vor und nicht zurück. Verzweifelt schreit Toni Kurz um Hilfe.

150 Meter unter dem Sims, auf dem Toni ausharrt, schiebt Albert von Allmen, Streckenwärter der Jungfraubahn, den Riegel der Holz-

tür zurück und tritt in die Nordwand. Er ist durch den Tunnel der Jungfraubahn gekommen, der sich nur wenige Meter hinter dem Fels durch den Eiger windet, um in einer weiten Kehre am Jungfraujoch zu enden. Beim Bau dieses Tunnels für die Zahnradbahn hat man einige Stollen durch die Wand getrieben, um durch sie den Aushub zu befördern und in die Tiefe zu kippen. Niemand konnte damals ahnen, welche Rolle einmal das Stollenloch bei Kilometer 3,8 spielen würde.

Albert von Allmen hat vier Liter Tee mitgebracht. Vor einer guten Stunde, als alle noch am Leben waren, hat er zu ihnen hinaufgerufen: „Ich koche euch einen heißen Tee", und gehofft, sie würden bald am Stollenloch sein. Jetzt ist der Tee da, aber die Bergsteiger sind es nicht. Von Allmen weiß nichts von der Katastrophe, die inzwischen eingetreten ist.

Draußen empfängt ihn Schneetreiben, er hört das Donnern von Lawinen, das Poltern fallender Felsen und dazwischen eine Stimme in höchster Not. Die von Toni Kurz. „Wir kommen", schreit von Allmen hinauf, rennt zum Streckentelefon und ruft die Bahnstation Eigergletscher. „Hier von Allmen. In der Wand ist Furchtbares geschehen. Nur einer lebt noch, den müssen wir holen. Sind Bergführer bei euch?"

Es sind Bergführer da, Hans Schlunegger und die Brüder Adolf und Christian Rubi. Ein Sonderzug der Jungfraubahn bringt sie zum Stollenloch, zu von Allmen. Draußen tobt der Sturm, mahlen die Schneewirbel. Über steile Schneefelder queren die Retter mühsam hinüber Richtung Unglücksstelle. Die Kletterer kennen Toni Kurz aus den Tagen, als er auf gutes Wetter für den Einstieg gewartet hatte. Er kommt aus Berchtesgaden, ist erst 23 Jahre alt und Bergführer wie sie.

Toni Kurz hört die Männer rufen. Die Rettung naht, er ist nicht mehr allein! Bis auf 100 Meter sind sie schon an ihn herangekommen. Doch riesige Überhänge versperren den direkten Weg nach oben. Toni Kurz kann auch nicht hinunter. Er hat keine Mauerhaken, um ein Seil einzuhängen, jegliche Ausrüstung ist in die Tiefe gestürzt und verloren, er hat nicht mal ein freies Seil, um sich daran hinabzulassen, denn am Seil hängen seine toten Gefährten. Deshalb schreit Toni Kurz den Bergführern zu: „Ihr müßt von oben kommen, rechts von hier, durch den Riß, da stecken vom Aufstieg noch Haken drin. Und dann, mit dreimal abseilen, seid ihr bei mir!"

Die Bergführer sehen sich die Stelle an, über die sie hinauf sollen, um in die Felsen über Toni Kurz zu gelangen. Unmöglich. Bei guten Verhältnissen ginge es vielleicht, aber jetzt spiegelt der Fels von Eis, deckt alle Haken, Griffe, Tritte zu. „Dort können wir nicht hinauf." Toni Kurz verzweifelt: „Aber von unten geht es nicht!"

Sturm und Lawinen lösen lockere Steine aus der Wand. Gleich neben Hans Schlunegger schlägt ein Felsbrocken auf und zerplatzt. Jeden Moment kann eine Lawine die Führer in den Abgrund reißen. Es ist lebensgefährlich, länger in der entfesselten Wand zu bleiben! Hinauf kommen sie heute ohnehin nicht mehr – es dämmert ja schon.

So beschließen die Bergführer, zum Stollenloch zurückzukehren. „Kannst du noch eine Nacht aushalten?" rufen sie hinauf. – „Nein", kommt es von oben, dann noch mal: „Nein, nein." Die Helfer kehren trotzdem um. Nichts wie raus hier, bevor es finster wird. Toni Kurz fleht sie an, ihn nicht zu verlassen: „Ich bin doch allein, die anderen sind tot. Ich kann nicht mehr." Die Führer wissen keinen Rat und versuchen schwachen Trost: „Wir holen Hilfe."

Drei Nächte ist Kurz schon in der Wand. Wie soll er eine vierte überleben? Sich gerettet glauben, dann aber aller Hoffnung beraubt zu werden, weil die Retter nach Hause gehen – das ist so grausam wie der Tod.

Da dringt es aus ihm heraus, er schreit, schreit wie ein wildes Tier, den Bergführern fährt es ins Mark, schreit ihren ganzen Rückweg lang, eine halbe Stunde, immer weiter gehen die Bergführer, sie haben keine Wahl, endlich die Tür des Stollenlochs! Schnell hinein und die Tür hinter sich zugezogen, bloß Ruhe!

Niemand weiß, wie lange Toni Kurz noch schreit. Er ist allein.

8. Juli 1936. Mit Großvaters Leiterwagen bricht Anton Kurz zur Eiger-Nordwand auf. Der Großvater läßt es sich nicht nehmen, die schwere Ausrüstung seines Enkels zum Berchtesgadener Bahnhof hinunterzukarren. „Ich mache die Eigerwand", verabschiedet sich Toni Kurz von seinem Nachbarn Georg Renoth. Zusammen sind sie aufgewachsen, gemeinsam sind sie klassische Kletterrouten wie die Watzmann-Ostwand nachgestiegen.

Toni, geboren 1913, war der ältere und führte die Seilschaft. Im Fels war er so geschickt, daß ihm die Klassiker bald nicht mehr genügten, er wollte mehr. 1933 traf er Andreas Hinterstoisser aus Bad Reichenhall. Er wurde Tonis ebenbürtiger Seilpartner. In kurzer Zeit gelangen den beiden zahlreiche Erstbegehungen in den Felswänden rund um Berchtesgaden. Da lag es nahe, Hobby und Beruf zu verbinden.

Ende 1934 meldete sich Kurz zu den Gebirgsjägern in Bad Reichenhall, ein halbes Jahr später folgte ihm Hinterstoisser. 1936 bestand der Gefreite Kurz die Prüfung zum Heeresbergführer. In dieser Zeit muß in den beiden der Plan gereift sein, mit der unbesiegten Eiger-Nordwand die größte Herausforderung anzupacken, die die

Alpen noch boten. Doch der Regimentskommandeur Oberst Konrad gewährte ihnen keine Erlaubnis für die Eiger-Nordwand. Wie sie trotzdem an einen Urlaubsschein kamen, ist ein Rätsel geblieben.

9. Juli. Noch drei Wochen bis zum Beginn der Olympischen Spiele in Berlin. Kurz und Hinterstoisser treffen in Grindelwald am Fuß des Eigers ein. Von hier geht es hinauf zur Kleinen Scheidegg, einem Bergsattel in 2061 Meter Höhe.

Ihr Zelt schlagen sie in den Almwiesen zwischen der Scheidegg und der Wand auf. Direkt über ihnen die Riesenmauer. In einem einzigen Satz springt sie 1800 Meter bis zum Gipfel in 3970 Meter Höhe hinauf – das entspricht sechs Eiffeltürmen übereinander.

Zwei Felspfeiler zur Linken und Rechten begrenzen die Wand in Form eines konkaven Halbrunds mit einer Fläche von fünf Quadratkilometern oder rund 700 nahezu senkrechten Fußballplätzen. Es ist die letzte große Alpenwand, die noch zu haben ist.

Für die Durchsteigung der Nordwand des Matterhorns hatten die Brüder Franz und Toni Schmid aus München 1932 bei den Olympischen Spielen in Los Angeles den Sonderpreis für die größte alpinistische Tat der vergangenen vier Jahre erhalten. Für die Spiele in Berlin ist wieder ein Bergsteiger-Sonderpreis ausgesetzt, und alle Welt glaubt: Gold winkt den Bezwingern der Eiger-Nordwand.

Das wissen auch die Touristen und Journalisten, und so strömen sie auf die Kleine Scheidegg. Denn der Bergsattel ist nicht nur ein idealer Ausgangspunkt für die Nordwand, sondern auch ein alpiner Rummelplatz mit Hotel und Bahnhof: Zwei Zahnradbahnen hieven die Touristen aus Grindelwald, Wengen und Lauterbrunnen herauf. Hier können sie umsteigen und weiterfahren bis zum Jungfraujoch. Im Hotel „Bellevue" auf der Scheidegg richten sich Reporter ein, warten Schaulustige auf den großen Moment des Aufbruchs der Kletterer. Von der Hotelterrasse ist die Nordwand prächtig zu überblicken, die Fernrohre erhaschen jede Bewegung. Nirgendwo sonst läßt sich der Balanceakt zwischen Leben und Tod so bequem bei Kaffee und Kuchen verfolgen.

Kurz und Hinterstoisser sind nicht die einzigen Nordwand-Aspiranten. Nur 100 Meter weiter zelten Edi Rainer und Willy Angerer aus Innsbruck. Man kennt sich flüchtig von früheren Touren her. Mißtrauisch beäugen sich die Rivalen. Jeder fürchtet, daß ihm der andere zuvorkommt. Packt vielleicht schon jemand heimlich die Rucksäcke? Doch das Wetter ist unsicher im Juli 1936, zu unsicher für eine so große Tour. Am 12. Juli schneit es bis zu den Zelten hinab.

17. Juli. Das „Grindelwalder Echo" meldet: „Endlich Schönwetter." Die Bayern Kurz und Hinterstoisser und die Tiroler Rainer und

Angerer wollen einsteigen. Soll man es gemeinsam oder getrennt versuchen? Zwei Zweier-Seilschaften sind schneller, eine Vierer-Seilschaft ist sicherer. Die Partie Kurz und Hinterstoisser packt ihre Rucksäcke: 20 Mauerhaken, zehn Eishaken, Hammer, Karabinerhaken, Seile, Reepschnüre, Pullover, Mütze, Handschuhe, Kocher und als Proviant Schwarzbrot, Speck, Ölsardinen, Tee, Zucker.

18. Juli. Auf der Kleinen Scheidegg trifft ein Telegramm aus Bad Reichenhall ein. Oberst Konrad, der aus der Zeitung von den Plänen seiner beiden Soldaten erfahren hat, erteilt Kurz und Hinterstoisser strikten Befehl, nicht in die Wand einzusteigen. Das Telegramm kommt zu spät, die Zelte stehen leer. An diesem Tag, morgens zwei Uhr, sind die beiden Seilschaften aufgebrochen.

Die Nachricht vom Einstieg geht durchs Land. An die Fernrohre werden Schilder gehängt: „Bergsteiger in der Nordwand". Es ist Samstag, und die besten Zuschauerplätze an den Okularen sind rasch vergeben. Radio Bern schickt einen Reporter auf die Scheidegg, der vom Hoteltelefon aus berichtet.

Die Nachricht versetzt auch Berlin in Aufregung. Zwei Deutsche und zwei Österreicher in der Wand – das paßt der Nazi-Regierung ins Kalkül. Schließlich ist es erst eine Woche her, daß auf Drängen Deutschlands ein Abkommen zwischen Berlin und Wien geschlossen wurde, in dem sich Österreich zur „deutschen Kultur" bekannte (der spätere Anschluß an Deutschland war damit vorbereitet). Eine vereinte Mannschaft aus beiden Ländern am Werk, vielleicht noch zusammengebunden an einem Seil, das hat Symbolkraft!

8 Uhr. Die beiden Seilschaften steigen getrennt, aber auf derselben Route, die Deutschen vorweg. Bisher hat der Fels den vier erfahrenen Kletterern kein Problem bereitet. Zu Hause, am Untersberg, im Wilden Kaiser, haben alle vier schon schwerere Stellen bewältigt. Nur enden die höchsten Berge des Wilden Kaisers schon da, wo die Eiger-Nordwand unten anfängt.

Nun wird es auch hier kritisch. Direkt hinauf? Unmöglich, fugenlose Wandpartien versperren die Route. 40 Meter links lockt einfacheres Gelände. Doch der Weg dahin führt über eine glatte, steile Felsplatte, die mit herkömmlichen Methoden nicht zu überwinden ist.

Doch Seilchef Hinterstoisser findet die Lösung: einen fallenden Seilquergang über die Platte hinweg. Dazu klettert Hinterstoisser zunächst einige Meter gerade nach oben, schlägt einen Mauerhaken in einen Riß im Fels und hängt das Seil ein. Dann schlingt er das Seil um Oberschenkel und gegenüberliegende Schulter. So kann er praktisch im Seil sitzen und sich langsam schräg abwärts über die Platte herablassen. Um das Gleichgewicht zu halten, stemmt er die Füße gegen die Wand, der Rücken lehnt sich weit hinaus über den Abgrund.

Auf der anderen Seite des Quergangs erreicht er wieder kletterbaren Fels, schlägt einen Haken und hängt ein zweites Seil ein, das sogenannte Quergangsseil, an dem sich Kurz und anschließend Rainer und Angerer wie an einem Balkongeländer herüberhangeln. Das ist elegant, verrät den Könner. Das Seil, das über die Platte hängt, ziehen sie nach der Querung ein.

Ein Fehler: „Das Tor zurück war zugeschlagen", schrieb später der Eiger-Chronist Heinrich Harrer. Einen fallenden Seilquergang kann man nicht zurückklettern, weil man am tiefsten Punkt beginnen und schräg nach oben queren müßte. Warum zogen sie dann das Seil ein? Hatten sie nicht genügend Seile dabei, erkannten sie die Gefahr nicht, die ihnen bei einem Rückzug aus der Wand drohen würde? Doch keiner der vier denkt in diesem Moment an Umkehr, keiner kann die Verzweiflung voraussehen, mit der sie drei Tage später versuchen werden, diesen Quergang zurückzuklettern. Es ist noch früh, das Wetter gut, die Schlüsselstelle mit einem Bravourstück gemeistert – hinauf! Noch 77 Stunden bis zur Katastrophe, noch 97 Stunden für Toni Kurz.

10 Uhr. Das erste Eisfeld in der Wand, so steil wie das Dach eines Kirchturms. Mit dem Eispickel hackt die Partie Hinterstoisser-Kurz kleine Stufen ins Eis, für jeden Schritt eine. Moderne Steigeisen, die den Anstieg ohne Stufenschlagen erlauben, sind 1936 noch unbekannt. Rainer und Angerer hinter ihnen benutzen die Stufen der beiden Deutschen. Eine Felsbarriere trennt das erste vom viel größeren zweiten Eisfeld. Das Tempo der vier verlangsamt sich merklich.

15 Uhr. Hinterstoisser erreicht als erster das nächste Eisfeld und quert es schräg nach rechts oben bis zu den Felsen am Eisrand. Rainer und Angerer fallen zurück, was die Zuschauer unten an den Teleskopen sofort bemerken. Müßte es ihnen nicht leichtfallen, mit den beiden Deutschen Schritt zu halten? Schließlich brauchen sie doch bloß die fertigen Trittleitern im Eis zu benutzen!

Die Österreicher machen eine lange Pause. Schließlich lassen Hinterstoisser und Kurz ein Seil herunter und helfen Angerer hinauf, Rainer folgt dann rasch aus eigener Kraft. Die Zuschauer mutmaßen, daß Angerer verletzt ist. Was ist geschehen?

Im steilen Fels müssen sich die Kletterer nicht nur davor schützen, vom Berg zu fallen, sondern auch davor, daß der Berg auf sie fällt. Was von unten für die Ewigkeit gefügt zu sein scheint, ist in Wirklichkeit oft ein Steinbruch, der unablässig in Bewegung ist.

Der stete Wechsel zwischen Frost in der Nacht und Tauwetter am Tag macht den Fels brüchig. Steine und Brocken, groß wie Fäuste, Tische oder Autos, lösen sich, vom Eis gesprengt und in der senkrechten Wand durch nichts gebremst, sirren und jaulen wie Artilleriegranaten viele hundert Meter durch die Luft, krachen auf Vorsprünge, zerplatzen in tausend Stücke, setzen ihren rasanten Fall als Vielfachsprengkopf fort, reißen unterwegs weitere Steine, Schnee, Eisschollen mit, bis die Lawine endlich in den Geröllhalden am Wandfuß zur Ruhe kommt.

Steinschlaghelme – die ohnehin nur begrenzten Schutz bieten – gibt es 1936 noch nicht. Man behilft sich mit Filzhüten à la Luis Trenker, stopft vielleicht noch ein paar Taschentücher darunter. Ein Stein hat Angerer am Kopf getroffen. Rainer verbindet ihm die Wunde.

20.30 Uhr. Die vier richten sich am Rand des zweiten Eisfelds zum Biwak. Überhängende Felsen schützen sie vor Steinschlag. Schön kann so ein Biwak in der Wand sein, wenn im Tal die Lichter an- und am Himmel die Sterne aufgehen, doch gemütlich darf man es sich nicht vorstellen: Die Eiger-Nordwand bietet keine geräumigen Schlafplätze, an denen man die Beine ausstrecken könnte. Allenfalls gibt es winzige Vorsprünge, mehr einem Fensterbrett ähnlich, und darunter gähnt die Tiefe. Nur sitzen kann man hier, die Beine baumeln über dem Nichts. Obendrein sind die Sitzleisten häufig abschüssig – wer einschläft, droht dem Abgrund entgegenzurutschen. So werden Mauerhaken in den Fels geschlagen, und man bindet sich an wie eine Ziege an den Pflock.

Der Proviant geht herum. Ein Kanten Brot, Speck, vielleicht ein paar Sardinen, das ist die Ration. Hoffentlich funktioniert der Kocher, um aus Schnee Teewasser zu schmelzen. Wie leicht aber ist so ein Kocher durch eine unachtsame Bewegung in die Tiefe befördert. Wie leicht kippt der Topf, kullert über die Kante in den Abgrund, oder das Wasser verbrüht die Haut!

Lange dauert es, bis die vier sich, vom Seil geschnürt, alle Kleidung angezogen haben, die ihre Rucksäcke bieten: Die Nacht wird kalt. Zum Schluß der Biwaksack, eine Art Gummihaut, über Körper und Kopf. Er hält Wind und Regen ab. Eng drückt man sich aneinander, das hilft gegen die Kälte.

Unten im Hotel Bellevue glaubt man an den Gipfelsieg bis morgen abend. Sind die vier nicht an einem Tag bis in über 3000 Meter Höhe vorgestoßen? Liegt nicht schon die halbe Wand unter ihnen?

Die Schweizer Bergführer wiegen die Köpfe. So weit seien auch schon andere gekommen, wenngleich nicht so schnell. Über den

Kletterern gibt es noch mehrere Eisfelder und die 600 Meter hohe Gipfelwand – Neuland, das noch kein Mensch betreten hat.

Droben im Felsennest, auf schmaler Kanzel in senkrechter Wand, kriecht die Kälte langsam in die Knochen. Wenn man sich nur bewegen könnte! Unter dem Gummi des Biwaksacks bildet sich Kondenswasser, rinnt ins Gesicht, in den Kragen, raubt die letzte Wärme. Die Wollkleider saugen sich voll mit Wasser. Schlaf mag kaum gelingen, höchstens ein kurzes Einnicken. Quälend langsam vergehen die Stunden. Was sie wohl weiter oben erwartet? Von dort ist bisher niemand lebend zurückgekommen.

Sonntag, 19. Juli. Elend lange dauern im Morgengrauen die notwendigen menschlichen Verrichtungen an einem solchen Platz, stets unter den neugierigen Blicken der Beobachter im Tal. Muskeln und Knochen sind steif vor Kälte. Die Nacht hat Kraft gekostet. Dem verletzten Angerer scheint es besserzugehen. In 72 Stunden wird ihn Toni Kurz tot vom Seil schneiden.

6.45 Uhr. Andreas Hinterstoisser beginnt die Tagesarbeit. Er hackt sich weiter hinauf über das zweite Eisfeld. Nach einer Seillänge, etwa 30 Metern, treibt er einen Eishaken ein und sichert Kurz herüber. Dann geht Hinterstoisser wieder los, nun von Kurz gesichert. Ist Hinterstoisser die Seillänge ausgegangen, folgt der nächste Eishaken. Jetzt kann Kurz seinen Haken herausdrehen und nachkommen.

Auf diese Weise geht immer nur einer von beiden, und nur Hinterstoisser wird dabei warm, er macht die Schwerstarbeit auf dem glitschigen Kirchturmdach. Seillänge um Seillänge geht das so, Stunde um Stunde verrinnt. Rainer und Angerer folgen nur langsam. Kurz und Hinterstoisser könnten schon viel weiter sein, aber sie warten auf die Österreicher, die Seilschaften bleiben zusammen.

Das Wetter wird schlechter, der Himmel zieht sich zu. Trotzdem herrscht auf der Kleinen Scheidegg Auftrieb wie selten zuvor. Schade nur, daß der Eiger schon seit 7.30 Uhr im Nebel steckt. Die mit Spannung erwartete Sonntagsvorstellung spielt sich hinter geschlossenem Vorhang ab. Er wird heute nicht mehr aufgehen.

In der Leitstelle der Bergwacht, im Südbau des Münchner Hauptbahnhofs, stellt Ludwig Gramminger eine Rettungsmannschaft zusammen. Gramminger, 30, ist seit fünf Jahren hauptamtlicher Bergretter. Falls die vier Eiger-Kletterer Hilfe brauchen sollten, kann er schneller reagieren, wenn eine Mannschaft aus Dienst VI bereit ist.

Die VI steht für den sechsten Grad, den damals höchsten Schwierigkeitsgrad im Felsklettern. Dienst VI versammelt viele der besten

Bergsteiger der dreißiger Jahre. Eine nach der anderen haben sie die letzten unerstiegenen Nordwände der Alpen bezwungen: Franz und Toni Schmid die Nordwand des Matterhorns (wofür sie 1932 die Olympische Goldmedaille erhalten hatten), Rudolf Peters und Martin Meier die Nordwand der Grandes Jorasses im Montblanc-Gebiet. Ludwig Vörg und Anderl Heckmair schließlich lauern selber auf die Eiger-Nordwand (die sie 1938 mit Fritz Kasparek und Heinrich Harrer dann auch schaffen werden).

Heckmair ist heute über 90 und noch immer Bergführer in Oberstdorf. Er faßt die Gesinnung seiner Kameraden vom Dienst VI zusammen: „Mei, damals war's halt so, daß meistens am Sonntag irgendeiner abgestürzt ist. Am Montag war die Bergung, am Donnerstag das Begräbnis. Und nach dem Begräbnis haben wir uns fürs nächste Wochenende eine zünftige Tour ausgemacht." Verwegene Burschen sind es, die beste Truppe, die in jenen Tagen im gesamten Alpenraum für Rettungseinsätze zur Verfügung steht.

Die zweite Nacht in der Wand. Den ganzen Sonntag haben die vier nur 200 Meter Höhe gewonnen. Wieder ein Biwak auf schmalem Gesims. 100 Meter über ihnen muß ein Toter im Schnee stecken. Im Vorjahr sind dort oben zwei Münchner Kletterer erfroren, Karl Mehringer und Max Sedlmayr. Wochen nach ihrem Verschwinden entdeckte man vom Flugzeug aus eine erstarrte Gestalt, halb unter Schnee begraben. Der andere ist verschollen.

Die Stelle heißt seither Todesbiwak. Unter den Münchner Kletterern gibt es eine stillschweigende Abmachung mit der Bergwacht: Keiner steigt durch die Nordwand, ehe nicht die Leiche des Kameraden geborgen ist. Kurz und Hinterstoisser müßten sie über 1200 Meter Wand abseilen oder den Toten in die Tiefe stürzen, dann kann man ihn unten aufsammeln. Wenig pietätvoll, aber zweckmäßig.

Montag, 20. Juli. Der Nebel hat sich verzogen. Um sieben Uhr brechen die vier in Richtung Todesbiwak auf, langsam zwar, aber es geht voran. Die Österreicher haben Schwierigkeiten zu folgen.

8 Uhr. Hinterstoisser erreicht als erster das Todesbiwak. Keine Spur von dem Toten. Eine Lawine muß die Leiche in den Abgrund gerissen haben.

10 Uhr. Alle vier stehen auf dem Todesbiwak zusammen, in 3300 Meter Höhe, noch zwei Eiffeltürme bis zum Gipfel. Die Zuschauer auf der Kleinen Scheidegg sehen sie beratschlagen. Angerers Verletzung bremst das Tempo so sehr, daß an ein gemeinsames Erreichen

des Gipfels nicht mehr zu denken ist. Kurz und Hinterstoisser könnten weitersteigen. Aber wie würde dann Rainer den Verletzten hinunterbringen? Zu viert ist es zu schaffen. Sie sind keine Hasardeure, das Schicksal von Sedlmayr und Mehringer wollen sie vermeiden. Schweren Herzens beschließen sie: Wir kehren um.

Hätten es Kurz und Hinterstoisser allein geschafft? Nein, wenn man an die zwei schon durchstandenen Biwaks denkt, die primitive Ausrüstung, die unbekannte Route.

Ja, wenn man an ihren durch keine Verletzung behinderten Elan denkt, an die Umsicht, mit der sie jetzt den gemeinsamen Abstieg vorbereiten. Diese zwei haben noch die Kraft für den Gipfel! Doch würden sie weiterklettern, hätte der Verletzte weniger Chancen, lebend aus der Wand zu kommen. Sie beginnen den Abstieg. Noch 29 Stunden bis zur Katastrophe, noch 49 Stunden für Toni Kurz.

12 Uhr. Zurück am Biwakplatz von heute morgen. Nebel kommt auf, erneut fällt der Vorhang. Punkt 12 Uhr wird in Olympia auf dem Peloponnes das Feuer entzündet für den Fackellauf nach Berlin.

17 Uhr. Der Nebel reißt wieder auf. Die vier kommen am unteren Rand des zweiten Eisfeldes an. Sie sind Hinterstoissers mühsam geschlagene Trittleiter wieder hinuntergeklettert. Immer wieder müssen die drei Gesunden Angerer zu Hilfe kommen. Aus der Ferne sehen sie dicke Wolkenbatzen auf sich zurollen. Das Wetter schlägt um.

20.30 Uhr. Am oberen Rand des ersten Eisfeldes beziehen sie ihr drittes Biwak. Noch 900 Meter oder drei Eiffeltürme bis zum Wandfuß. In der Nacht regnet es auf der Kleinen Scheidegg in Strömen. Die Temperatur sinkt rapide.

Im Hotel „Bellevue" sitzen die Gäste nach dem Diner am Kaminfeuer bei Zigarren und Konfekt. Oben in der Wand wird der Eisregen zu Schnee. Keiner hat mehr einen trockenen Faden am Leib. Die Kleider gefrieren, werden starr wie Ritterrüstungen. Die Kälte beißt in die Glieder, jeder Windstoß dringt ins Mark. Sturm kommt auf. Die Wetterstation Jungfraujoch mißt Böen von über hundert Kilometern pro Stunde. Diese Nacht bricht sie. Jetzt geht es nur noch ums nackte Leben.

Dienstag, 21. Juli. Das große Grauen in der Wand. Doch das „Grindelwalder Echo" beruhigt seine Leser: Die vier würden voraussichtlich gegen Abend auf der Kleinen Scheidegg eintreffen, „insofern nicht noch irgendein Vorkommnis sich ereignet".

6.30 Uhr. Albert von Allmen beginnt wie jeden Morgen seinen Kontrollgang durch den Tunnel der Jungfraubahn.

7 Uhr. Noch acht Stunden bis zur Katastrophe, noch 28 Stunden für Toni Kurz. Vom Stollenloch ruft von Allmen hinaus in die Wand, will den vieren den Weg zum sicheren Tunnel weisen. Keine Antwort.

Die Temperatur fällt weiter, auf der Scheidegg beginnt es zu schneien. Man glaubt Hilferufe aus der Wand zu hören. Es sind die Rufe von Allmens.

Die vier steigen über das letzte Eisfeld ab. Sie erreichen den Quergang, den Hinterstoisser vor drei Tagen so bravourös gemeistert hat. Aber das Seil ist abgezogen, der Rückweg versperrt. Hinterstoisser versucht trotzdem hinüberzuklettern. Der Eisregen der Nacht hat die Felsen überzogen. Die Griffe und Tritte sind verkrustet, in der dünnen Eisschicht greifen die Steigeisen nicht. Der Schnee wirbelt in Kaskaden herab, alles zerfließt. Mit der Faust zertrümmert Hinterstoisser das Eis, um darunter nach einem Halt zu wühlen. Vergebens.

12 Uhr. Verzweifelt fassen sie den einzig möglichen Entschluß: gerade hinunter abseilen, über lotrechte Felsen und Überhänge. Angerer kann sich kaum bewegen, Meter für Meter lassen die anderen ihn hinab. Noch drei Stunden bis zur Katastrophe, noch 23 Stunden für Toni Kurz.

14.30 Uhr. Von Allmen sieht wieder nach den vier Kletterern. 150 Meter über ihm stehen sie auf einem Felskopf. Von Allmen ruft nach oben, diesmal hören sie ihn. Hier, mitten in der höchsten Öde, im Donner der Lawinen und Poltern der Steine, plötzlich eine menschliche Stimme, das weckt neuen Mut, das muß die Rettung sein!

„Wir steigen direkt ab. Alles wohlauf!" jodeln sie herunter. Von Allmen steckt eine Schneeschaufel als Wegweiser in den Schnee. „Ihr müßt nach dieser Schaufel gehen, dann seid ihr gerettet." Und: „Ich koche euch einen heißen Tee." Von Allmen eilt durch den Tunnel 500 Meter hinauf zur Station Eigerwand. Dort gibt es eine kleine Teeküche.

15 Uhr. Die Katastrophe. Wie sie sich abspielt, wird man nie genau wissen. Vielleicht so: Andreas Hinterstoisser seilt sich gerade ab. Da erfaßt ihn eine Lawine mit solcher Wucht, daß der Haken oben ausbricht. Hinterstoisser stürzt 200 Meter tief. Seine Leiche wird erst ein Jahr später gefunden.

Dieselbe Lawine schleudert Willy Angerer ins Seil, er verfängt sich, eine Seilschlinge würgt ihn, er kann sich nicht befreien und wird stranguliert.

Am selben Seil wie Angerer hängt Edi Rainer, zwischen den beiden läuft das Seil durch einen Haken. Der Ruck von Angerers Sturz reißt Rainer zum Haken. Das Gewicht des toten Angerer zerrt an Rainer, preßt ihn an den Haken und schnürt ihm die Luft ab. Bewegungsunfähig und kaum in der Lage zu atmen, erstarrt Rainer rasch zu Eis. Nur Toni Kurz bleibt verschont.

Drei sind tot, einer lebt. Noch 20 Stunden.

16 Uhr. Von Allmen hat den Tee zum Stollenloch hinuntergetragen. Er hört die Hilferufe von Toni Kurz und schlägt Alarm.

Bei Ludwig Gramminger von der Bergwacht in München trifft die Nachricht am späten Nachmittag ein: „Hilferufe aus der Eiger-Nordwand." Er trommelt seine Mannschaft zusammen und organisiert beim Innenministerium ein Flugzeug. Das startet erst tags darauf um sieben Uhr früh. Warum nicht schon früher, sobald es hell war? Irgendeine Beamtenseele im Innenministerium konnte offenbar nur in geregelten Arbeitszeiten denken. Start also um sieben Uhr. Die Nacht vergeht mit dem Zusammenstellen des Rettungsmaterials.

Im Hotel an der Station Eigergletscher sitzen abends die Bergführer Schlunegger und die Brüder Rubi zusammen. Es quält sie, daß sie dem Toni im ersten Anlauf heute nachmittag nicht hatten helfen können. Sie haben noch seine Hilfeschreie im Ohr, als sie bei einbrechender Dunkelheit zum Stollenloch zurückmußten. „Ich kann nicht mehr." Noch ein vierter Bergführer stößt zu den drei Rettern im Hotel, Arnold Glatthard aus Meiringen. Sie beratschlagen, wie sie Toni Kurz morgen aus der Wand holen können, lebendig oder tot.

Glatthard glaubt nicht, daß Kurz den nächsten Morgen erleben wird. Die Nacht dort oben gefriert jeden zu Eis. Es schneit weiter. Die vier kennen die Bekanntmachung des Grindelwalder Führerobmanns Gottfried Bohren vom 3. Juli. Er stellt darin seine Bergführer von der Verpflichtung zur Hilfeleistung in der Eiger-Nordwand frei, da er sie nicht „in die Gefahren jener Akrobatik" hineintreiben will, „in die sich andere mutwillig begeben".

Glatthard hat Toni Kurz auf der Kleinen Scheidegg als ruhigen, bescheidenen Menschen kennengelernt. Jetzt hängt er da oben, ein Berufskollege, einer von ihnen. Natürlich werden sie es morgen wieder versuchen! Sie nehmen ein dünnes 60-Meter-Seil mit. Ihr Plan: Wenn sie nicht zu Toni Kurz hinaufkönnen, muß er zu ihnen herunterkommen. Und zwar soll Toni eine Schnur herunterlassen, wie sie Kletterer dabeihaben, um zum Beispiel schwere Rucksäcke nachzuhieven. Mit dieser Schnur wird er dann ein richtiges Seil zu sich heraufziehen, und an diesem Seil könnte er sich zu seinen Rettern hinablassen.

Ganz einfach klingt das in der warmen Stube. Als sie nach zehn ins Bett gehen, ahnen sie nicht, daß ihnen eine der dramatischsten Rettungsaktionen in der Geschichte des Alpinismus bevorsteht, und keine hat man je wieder so hautnah miterlebt.

Noch 13 Stunden.

Toni Kurz ist allein. Gefangen auf seiner winzigen Felsleiste, gebunden an zwei tote Kameraden. Die Retter haben ihn verlassen. Nicht mal am Stollenloch ist einer zurückgeblieben, keine Stimme gibt es, die ihm Mut macht in seiner schwersten Nacht. Niemand.

Auf seiner Leiste kann er nur stehen, nicht sitzen, geschweige sich bewegen. Über ihm senkrechter Fels, unter ihm senkrechter Fels. Zu essen hat er schon längst nichts mehr. Der Sturm heult in den Felsen, schüttelt und peitscht ihn. Der Anorak, der Pullover, die Hose sind steif gefroren. Der letzte Rest Körperwärme verströmt in der naßkalten Unterwäsche. Dies ist die tiefste Trostlosigkeit, die ein Mensch durchleben kann.

Kurz weiß nicht, was die Führer unten im Hotel beschließen. Schon einmal haben sie ihn verlassen, vielleicht kommen sie überhaupt nicht wieder. Auch er kennt die Bekanntmachung von Führerobmann Bohren – aber was macht Dienst VI? Natürlich, die Münchner Bergwacht! Seine Regimentskameraden aus Bad Reichenhall, Rudolf Peters und Hans Hintermeier, sie sind bei Dienst VI. Sie werden kommen und ihn rausholen. Falls es ihnen Oberst Konrad erlaubt, der doch den Eiger verboten hat. Und falls sie schnell kommen. Dienst VI ist die letzte Hoffnung von Toni Kurz.

Unendlich langsam schleichen die Minuten. Was mag in seinem Kopf vorgehen? Er wird nicht die ganze Nacht über seine verzweifelte Lage nachdenken, das hält kein Mensch aus. Wahrscheinlich denkt Toni Kurz an daheim. Vor dem Haus seiner Großeltern, wo er aufgewachsen ist, saß er häufig auf der Bank und spielte Ziehharmonika.

Vielleicht denkt Toni Kurz an seine Kindheit. Als ihm seine Tante aus Amerika ein paar Dollar geschickt hatte, rannte er damit gleich zum Wagner, der ihm dafür Skier machen mußte, schwarzlackierte mit hellen Streifen. „Sensationsski" hat er noch in den Lack geritzt. Damit war Toni der Star im „Skiklub Mitterbach", einer skibegeisterten Schar von Buben. Am Hügel hinter der Pension Kurz fuhren sie Abfahrtsrennen, ein alter Wecker war ihre Stoppuhr.

Du darfst nicht einschlafen! Wie leicht wäre es, in einen süßen Schlaf hinüberzudämmern, ins Seil zu rutschen, erlöst zu sein! Ist Erfrieren nicht ein schöner Tod? Du schläfst friedlich ein und wachst nie mehr auf. Vorbei der Kampf gegen Kälte, Hunger, Erschöpfung, der so unendlich viel Kraft kostet. Kraft, die Tonis ausgezehrter Körper kaum noch aufbringt. Einfach loslassen, und alle Qual ist vorüber.

Auch Guillaumet wollte einschlafen. In den winterlichen Anden war Henri Guillaumet 1930 mit seinem Flugzeug abgestürzt. Fünf Tage lang kämpfte er sich ins Leben zurück. Antoine de Saint-Exupéry hat die Geschichte seines Fliegerkameraden aufgeschrieben.

„Was ich geschafft habe," sagt Guillaumet nach der Rettung, „das hätte kein Tier geschafft."

Einmal, nach zwei Tagen Marsch durch den Schnee, bricht er erschöpft zusammen. Es geht ihm wie einem Boxer nach dem K.o.-Schlag, der den Ringrichter wie aus einer fernen Welt bis zehn zählen hört, aber nicht mehr reagiert, weil es ihm egal ist, daß er gemeint ist.

„Es reicht ja, die Augen zufallen zu lassen, um Frieden fürs Leben zu schließen, um die Felsen, das Eis und den Schnee aus der Welt zu schaffen." Guillaumet wird allmählich „aus einem bis an die Grenze des Möglichen leidenden Tier zum empfindungslosen Stein".

Der letzte Gedanke gilt seiner Frau. Die Lebensversicherung wird sie vor Not schützen. Da durchfährt es ihn: Ein Vermißter wird erst nach vier Jahren für tot erklärt! Bleibt er jetzt liegen, deckt ihn der Schnee zu, nie würde man ihn finden. Vier Jahre lang sähe seine Frau keinen Pfennig von der Versicherung.

Er erinnert sich noch, daß 50 Meter entfernt ein Felsblock aus dem Schnee ragt. Dort könnte man seine Leiche im Sommer finden. Er rappelt sich auf, um sich quer über den Fels zu legen – und: „Einmal auf den Beinen, gehst du noch zwei Nächte und drei Tage."

Ob Toni Kurz an sein Mädchen denkt? Luise Briller heißt die junge Frau, die Tochter des Schulmeisters von Königssee. Sie hat schwarze Haare wie der Toni. Am Wochenende treffen sie sich oft, um zu gemeinsamen Klettertouren aufzubrechen. Jetzt hat ihr vermutlich schon jemand vom Tod der drei anderen berichtet. Sie wird um ihn zittern, mit ihm leiden in seiner bangen Nacht. Er darf nicht sterben.

„Wenn meine Frau glaubt, daß ich lebe, dann glaubt sie, daß ich marschiere" – Guillaumet sagte es. Und der italienische Extrem-Bergsteiger Walter Bonatti, der vier Seilgefährten in einem fürchterlichen Unwetter am Montblanc verlor: „Ich habe nur überlebt, weil ich mich mehr als die andern gewehrt habe zu sterben."

Und Toni Kurz wehrt sich. „Keinem Tod das Leben schenken" – diesen Satz hat er an den Anfang seines Bergfahrtenbuchs geschrieben. Den Fäustling der linken Hand hat er verloren. Die Kälte beißt in die Finger, betäubt die Hand, frißt sich weiter. In dieser Nacht erfriert sein linker Arm.

Mittwoch, 22. Juli, 4.30 Uhr. Noch sieben Stunden. Der Sonderzug der Jungfraubahn bringt die vier Schweizer Bergführer zum Stollenloch. Ihre Rucksäcke sind vollgestopft mit Rettungsmaterial. Wer nimmt das lange 60-Meter-Seil? Hans Schlunegger klemmt es unter den Rucksack, wie es Bergführer tun, wenn sie ein Seil nur kurz tragen müssen.

Die Männer entriegeln die Stollentür. Die Wand ist in Aufruhr. Sie rufen hinauf. „Ich war erschrocken, als er Antwort gab", erinnert sich später Arnold Glatthard.

So rasch sie können, queren die Führer hinüber. Doch da: eine unachtsame Bewegung, das lange Seil rutscht Hans Schlunegger unter dem Rucksack heraus, holpert über den Schnee, verschwindet im Abgrund. Sie haben noch andere Seile dabei, wenn auch nur kürzere.

5.15 Uhr. Nach waghalsigen Manövern sind die Männer bis auf 40 Meter unterhalb von Toni Kurz herangekommen. Die Höhe eines Dorfkirchturms trennt sie noch von ihm. Doch ein riesiger Überhang wölbt sich dazwischen. Die Führer können Kurz deswegen auch nicht sehen, aber sie können ihn hören. Stoßweise kommt seine Stimme herunter. Wortfetzen, immer wieder unterbrochen vom Heulen des Sturms und vom Krachen der berstenden Steine.

„Laß eine Schnur herunter, Toni", rufen die Führer. Aber das Seilmaterial ist mit Hinterstoisser abgestürzt. Die Führer sind ratlos, ihr Plan droht zu scheitern. Toni Kurz hat zwar ein Seil, nur hängen zwei Tote daran, und obendrein ist es bloß 30 Meter lang, es reicht nicht bis zu ihnen hinunter. Bleibt noch eine Möglichkeit, die allerletzte.

Langsam, in knappen Worten, damit er es oben versteht, machen sie ihm klar, was zu tun ist: „Toni, steig ein paar Meter hinunter. Schlag den Toten unter dir ab. Dann klettere hinauf, schlag das Seil oben ab. Dann hast du ein freies Seil. Das Seil mußt du aufdrehen. Binde die Litzen zu einer langen Schnur zusammen. Diese Schnur läßt du zu uns herunter." – „Ja, ich will's versuchen."

40 Meter weiter oben und doch eine ganze Welt entfernt, klettert Toni Kurz zu dem toten Willy Angerer hinab. Mit dem Eispickel trennt er das Seil durch. Angerers Leiche ist jetzt vom Seil gelöst, aber sie fällt nicht – sie ist am Fels festgefroren. Unendlich mühsam, mit nur einem Arm, klettert Toni Kurz wieder hinauf, schlägt das Seil oben ab und beginnt es aufzudrehen. Plötzlich stürzt an den Führern ein Körper vorbei, schlägt weiter unten auf, poltert die Wand hinunter. „Toni?" – Toni antwortet. Es war der Körper von Angerer.

7 Uhr. Drei Stunden nach Tagesanbruch startet in München die Ju 52 der Lufthansa mit acht Mann der Bergwacht nach Bern.

Toni Kurz kämpft mit dem Seil. Schwer ist das Aufdrehen sogar mit warmen Händen am Küchentisch, Glatthard hat es selbst einmal probiert. Das Seil von Toni Kurz aber hat sich längst voll Wasser gesaugt und ist bocksteif gefroren, gleicht mehr einem Kabel. Sein erfrorener linker Arm steht wie ein totes Stück Holz vom Körper ab. Schneerutsche wischen über ihn hinweg. Mit den Zähnen hält er das Seil, die Hand entwindet ihm die Litzen, Zentimeter um Zentimeter, drei Stunden lang.

9 Uhr. Die Lufthansa-Maschine landet in Bern. „Nach kurzer zollamtlicher Erledigung", heißt es in der Basler „National-Zeitung", bringt ein Bus die Rettungsmannschaft nach Grindelwald.

Endlich ist das Seil aufgedreht, sind die Litzen zur Schnur verknüpft. „Laß sie herunter!" Die Führer sehen oben am Überhang das Ende der Schnur auftauchen, tiefer kommt sie, jetzt reicht sie weit herunter, aber der Sturm verweht das Ende, unerreichbar für die Führer.

„Häng einen Karabiner an die Schnur!" Toni Kurz zieht die Schnur wieder hoch, beschwert das Ende mit einem Karabinerhaken und läßt die Schnur wieder ab. Weit wölbt sich der Überhang hinaus, der Karabiner hängt deshalb zwei Meter von der Wand weg.

Mit einem Eispickel angeln sich die Retter die Schnur – den Lebensfaden von Toni Kurz! Sie binden ein Seil daran. Ein Ende behalten sie in der Hand. „Aufziehen!" Nie wird Arnold Glatthard vergessen, wie das Seil langsam nach oben geht. Schwer ist die Last für Toni Kurz. Doch das Seil ist nicht lang genug. Jetzt rächt es sich, daß die Führer ihr 60 Meter langes Seil verloren haben.

„Halt, Toni, wir binden noch eins dran!" Das Ende des ersten Seils knüpfen sie mit einem Verbindungsknoten an das zweite. Nun erst ist es lang genug. Mit äußerster Anstrengung zieht Toni Kurz die Last zu sich. Er hat ein Seil, ein richtiges Seil, das ist sein Lebensstrang! Jetzt muß es gelingen!

Er knotet sein Ende in den Haken, knüpft sich eine Schlinge, in der er sitzen kann, hängt einen Karabiner ein, schlingt das Seil durch den Karabiner und über die Schulter um den Rücken herum. Dadurch hat er genügend Seilreibung, um sich langsam hinabzulassen.

11 Uhr. Noch 30 Minuten für Toni Kurz. In Grindelwald steigen die acht Mann aus München in den Sonderzug der Jungfraubahn. Gemächlich schraubt sich das Bähnlein die steilen Hänge hinauf.

Düstere Wolken verhängen die Wand. Wären die Männer von Dienst VI jetzt schon oben, könnten sie mit einer neuen Technik am Seil zu Toni Kurz aufsteigen: Der sogenannte Prusik-Knoten erlaubt es, sich mit Hilfe von zwei Reepschnüren an einem senkrecht hängenden Seil hinaufzuschieben. Dienst VI hat das häufig geübt. In der Schweiz ist die neue Technik 1936 noch so gut wie unbekannt.

Endlich: Toni Kurz macht sich auf, zu den Lebenden zurückzukehren. Am Seil läßt er sich die Mauern seines Kerkers hinab. Noch können ihn die Führer nicht sehen. Grauenhaft muß es sein, an solch einem Überhang abzuseilen.

Da ist er! Zuerst tauchen seine Füße außen am Überhang auf, dann die Beine, der Körper, der Kopf. Eiszapfen hängen an den Steigeisen. Langsam und ruckartig kommt er daher, kein schulmäßiges Abseilen, egal, irgendwie hält er das Seil um den Körper geschlungen.

Wie freuen sich die Führer, ihn schon so nah zu sehen! Sie haben ihr Bestes gegeben, ihr eigenes Leben riskiert, um ein anderes Leben zu retten, nur noch ein paar Meter, was ist das schon in dieser riesigen Wand! Das oberste Stück des Dorfkirchturms hat er geschafft. Unter dem Überhang hängt das Seil frei in der Luft. Toni pendelt im Nichts, ein Spielball der Sturmböen. Meter für Meter schnurrt das Seil durch den Karabiner an seinem Körper.

Zwischen seinen Beinen hindurch sieht Toni Kurz die Führer, die Menschen, nur noch 30 Meter, sie sind nicht mehr unerreichbar fern, immer näher kommt er ihnen, er hört ihre Zurufe, sie machen ihm Mut, gut Toni, weiter so, 20 Meter, dort unten warten keine Toten, keine im Eis erstarrten Augen des Strangulierten glotzen ihn an, da wartet das Leben, die Wärme, der Tee, 15 Meter, du schaffst es Toni, die entsetzliche Anspannung fällt von ihm ab, die Qualen der vergangenen Nacht, niemand läßt ihn mehr allein, noch zwölf Meter, noch zehn, acht, fünf. „Du bist gerettet, Toni!" ruft Arnold Glatthard.

Da stößt der Karabiner an den Verbindungsknoten der beiden Seile. Die Fahrt stockt. Der Knoten paßt nicht durch die Öse. Verzweifelt zerrt Toni an dem Knoten, will ihn durch den Karabiner pressen. Er müßte ihn entlasten, damit der Knoten durchrutschen kann.

„Toni, zieh dich etwas am Seil hoch!"

Sein linker Arm steht steif vom Körper ab. Er versucht sich mit dem rechten Arm hinaufzuziehen, ein paar Zentimeter wenigstens, versucht es mit den Zähnen. Keinem Tod das Leben schenken! Der zermarterte Körper aber hat nicht mehr die Kraft, sein ganzes Gewicht mit nur einem Arm nach oben zu ziehen. „Es geht ja nicht", stammelt er.

Arnold Glatthard arbeitet sich noch ein paar Schritte höher. Vier Meter. Drei Meter. Fast auf gleicher Höhe steht er jetzt mit Toni Kurz. Der aber hängt ein Stück draußen vor der Wand, wegen des Überhangs. Glatthard kann mit der Spitze seines Eispickels fast Tonis

Schuhe berühren. Näher kommt er nicht. Drei Meter in dieser Wand, zwischen ihnen nichts als Luft! Glatthard hat das Ende des Seils in der Hand. Er rüttelt daran, der Knoten muß doch irgendwie durchgehen. Zwecklos.

Glatthard bindet ein Messer ans Seil. „Zieh das Messer zu dir, Toni, und schneide das Seil über dem Knoten ab!" Toni wird zwar ein paar Meter tief in den Schnee fallen, aber die Führer haben ihn ja sicher am Seil, der Knoten im Karabiner wird halten.

Toni Kurz versucht, das Messer heranzuholen. Er schafft es nicht. „Versuch es noch mal, Toni, versuch es!" Vier Tage und vier Nächte hat er der Wand, dem Eis, dem Tod getrotzt. Glaubte sich schon gerettet, als er den Streckenwärter das erste Mal rufen hörte, sah seine Kameraden sterben, glaubte sich ein zweites Mal gerettet, als er gestern die Führer kommen sah, besiegte die Grauen der Nacht und des Alleingelassenwerdens, glaubte sich gerade ein drittes Mal und diesmal endgültig der Wand entronnen. Ganze drei Meter und ein Knoten. Ein letztes Mal zieht er am Seil, dann fällt sein Arm herunter. Alle Kraft ist versiegt, das Leben verlöscht. „Ich kann nicht mehr", murmelt er und kippt nach vorn ins Seil. Toni Kurz ist tot.

Als die Bergführer zum Stollenloch zurückkommen, sind dort gerade die acht Mann aus München eingetroffen. Zwei Stunden zu spät. Jetzt bleibt ihnen nur die Bergung des Toten. Gramminger und seine Leute steigen hinauf, können die Leiche aber nicht zu sich heranziehen, zu weit pendelt sie draußen vor der Wand. Schmelzwasser rinnt am Seil herab und gefriert wieder. Als sie am nächsten Tag wiederkommen, hüllt ein Eispanzer die Leiche wie ein Glassarg ein. Mit einem Messer an der Spitze einer langen Stange schneiden sie schließlich das Seil durch, an dem Toni Kurz hängt. Ein dumpfer Schlag, das Eis splittert, dann ist Toni Kurz in der Tiefe verschwunden.

Tagelang sucht die Bergungsmannschaft vergebens die Leiche. Die Bergwacht reist ab. Zurück bleiben Rudolf Peters und Hans Hintermeier von den Gebirgsjägern aus Bad Reichenhall. Oberst Konrad hat sie zur Suche nach Kurz und Hinterstoisser abkommandiert. Und so stimmt es denn doch, was Toni Kurz in seiner letzten Nacht Hoffnung gegeben haben mag: Seine Regimentskameraden werden kommen und ihn herausholen.

Sie suchen im Geröll, sie suchen in den Felsen und Klüften, sie suchen in den Schneefeldern und Lawinenrinnen, einen ganzen Monat lang. Am 24. August 1936 finden sie ihn. 30 Meter tief liegt Toni Kurz zerschmettert in einer Eiskluft. Um den Körper noch ein Stück des Seils, an dem er ins Leben zurückkehren wollte, ein Karabiner daran.

CAY RADEMACHER

Fanal am Himmel

Er ist das größte Luftgefährt aller Zeiten: lang wie ein Ocean-Liner, hoch wie ein 14stöckiges Haus. Der Zeppelin »Hindenburg«, 1936 gebaut, verkehrt zwischen Europa und Amerika und befördert dabei nicht nur Fracht und Passagiere, sondern fährt auch zum Ruhm der deutschen Industrie – und des Dritten Reichs. Längst ist die Atlantiküberquerung zur Routine geworden, als die Besatzung des Luftschiffs eines Abends bei der Landung im amerikanischen Lakehurst ein kleines »Plop« hört.

Donnerstag, 6. Mai 1937, Lakehurst Naval Air Station, New Jersey. Es sieht nicht so aus, als wäre heute ein Glückstag für Bill Deekes. Gemeinsam mit rund zwei Dutzend anderen Journalisten steht er hinter einem Absperrzaun am Rand des Landefeldes in Lakehurst, 80 Kilometer südlich von New York. Inmitten eines niedrigen Kiefern- und Eichenwaldes erhebt sich hier, auf einer kärglich wachsenden Wiese, ein riesiger Hangar in Form eines umgedrehten plumpen Schiffsrumpfes. Daneben ein paar Baracken und ein rund 25 Meter hoher Ankermast aus Stahl. Ein Gewitter ist vor einer Stunde durchgezogen, auf dem Boden glänzen große Pfützen im spärlichen Sonnenlicht. Im Westen türmen sich Wolken zur nächsten grauschwarzen Front auf. Für Bill Deekes ist es ein Routinejob: Aufnahmen für die Wochenschau zu machen von der Ankunft des Zeppelins „Hindenburg".

Im vergangenen Jahr hat das größte je von Menschenhand geschaffene Flugobjekt den Liniendienst zwischen Europa und Nordamerika aufgenommen, der erste transatlantische Passagierflugverkehr in die USA überhaupt. Doch jetzt ist aus dieser Sensation längst Routine geworden. Zehnmal ist das Luftschiff seitdem in den USA gewesen und siebenmal auf der Verbindung Deutschland–Brasilien gefahren: rund 300 000 Kilometer und 2800 Passagiere in über einem Jahr.

Bill Deekes und seine Kollegen sind denn auch nur hier, weil es die erste Fahrt in der neuen Saison ist. Doch der Zeppelin hat Verspätung:

50 Stunden benötigte er nur auf seiner schnellsten Fahrt 1936 von Frankfurt nach Lakehurst; diesmal ist er schon fast 77 Stunden am Himmel.

Die Fotografen fluchen. Es ist inzwischen fast 19 Uhr, langsam wird es dunkel. Manche wollen schon gehen. Deekes ärgert sich besonders: An seiner Kamera ist der Motor ausgefallen, er muß mit der Hand kurbeln wie zu Zeiten des Stummfilms.

Ein paar Dutzend Meter neben ihm sitzt Herbert Morrison in einem kleinen Flugzeughangar, den er in ein provisorisches Rundfunkstudio verwandelt hat. Mit seinem Techniker bereitet sich der junge Reporter von „WLS Chicago" auf die Aufnahme seines Berichts vor, der später von seiner Radiostation gesendet werden soll.

„Da ist es!" ruft jemand. Deekes setzt die Kamera an, das stundenlange Warten in Regen und Wind ist endlich vorbei. „Hier kommt es, Ladies and Gentlemen", beginnt Morrison seine Reportage mit der routinierten Aufgeregtheit des erfahrenen Radioplauderers, „und was für ein Anblick es ist, überwältigend, einfach ein unglaubliches Bild!"

Langsam nähert sich der „Hindenburg" (für Luftschiffer sind die meisten Zeppeline männlich) dem Ankermast: 245 Meter lang und 41 Meter breit, eine fliegende Zigarre von der Länge eines Ocean-Liners und der Höhe eines 14stöckigen Hauses. Dumpf hört man das Brummen der vier gewaltigen Dieselmotoren. Der Zeppelin wird langsamer, schwebt über dem Platz, die ersten Ankerleinen fallen zu Boden. Deekes hat trotz seiner Kurbelei mit der Hand keine Schwierigkeiten, das Luftschiff gut im Bild zu halten.

Doch plötzlich scheint der „Hindenburg" mitten in seinem Sucher zu explodieren...

Drei Tage zuvor, Montag, 3. Mai 1937, Flughafen Frankfurt. Feuerzeuge und Streichhölzer sind tabu, als sich am frühen Abend 36 Passagiere bereitmachen, das Luftschiff „Hindenburg" zu betreten. Wer die strengen Gepäck- und Papierkontrollen passiert, muß dem Steward alle Gegenstände aushändigen, die Feuer oder Funken verursachen könnten. Der Gigant wird von 200 000 Kubikmeter Wasserstoff getragen – einem Gas, das zusammen mit Luft hochbrennbares Knallgas ergibt. Da möchte die „Deutsche Zeppelin-Reederei" (DZR) lieber kein Risiko eingehen.

Als Propaganda-Instrumente sind die silbernen Zigarren unübertroffen. Drei Millionen Reichsmark hat Goebbels bewilligt, damit die Firma Zeppelin in Friedrichshafen am Bodensee ihr Wunderding fertigstellen konnte. Dafür hat der „Hindenburg" in seinem ersten Jahr neben den Atlantiküberquerungen auch einige PR-Touren für das Regime absolviert, zu den Olympischen Spielen beispielsweise und zum Reichsparteitag. Rund 300 Quadratmeter ist jede der Leitwerksflächen groß – auf kaum ein anderes technisches Produkt kann ein Hakenkreuz so wirkungsvoll plaziert werden.

Die Firma Zeppelin zahlt einen hohen Preis für diese ideologische Vereinnahmung. Die Geschäftsleitung, jahrelang gewohnt, daß ihre Fahrzeuge weltweit Enthusiasmus hervorrufen, spürt, daß das Unbehagen des Auslands über Hitlers Politik auch auf die Luftschiffe übertragen wird. Schon in der Bauphase verzichtete das Unternehmen von sich aus darauf, den „Hindenburg", wie ursprünglich geplant, mit Helium zu füllen, da die USA – die das Monopol auf das unbrennbare Edelgas besitzen – die Lieferung verweigert hätten.

Außerdem häufen sich diffuse Informationen oder Drohungen. „Bitte weisen Sie die Zeppelin-Gesellschaft in Frankfurt am Main darauf hin, daß man dort vor jeder Fahrt des Zeppelins ‚Hindenburg' sämtliche Postsendungen öffnen und überprüfen soll. Der Zeppelin wird während der Fahrt in ein anderes Land von einer Zeitbombe zerstört werden", warnt beispielsweise eine Frau namens Kathie Rauch aus Milwaukee die deutsche Botschaft in Washington am 8. April 1937. Woher Miss Rauch ihre Befürchtungen hat, kann sie jedoch nicht befriedigend erklären.

An diesem nieseligen Abend auf dem Frankfurter Luftschiffhafen aber macht sich kaum jemand Sorgen. Eine Kapelle spielt zum Abschied „Muß i denn" und das „Horst-Wessel-Lied". Die meisten Passagiere sind deutsche oder amerikanische Geschäftsleute, viele mit Familie. Erst für die Rückfahrt nach Deutschland ist der 72 Reisende fassende „Hindenburg" wieder ausgebucht. 1000 Reichsmark kostet die einfache Fahrt – halb soviel wie ein Kleinwagen.

Nachdem sie alle Kontrollen passiert haben, betreten die Reisenden über eine Aluminiumtreppe die beiden im Innern der Fahrgondel übereinanderliegenden Passagierdecks. Es erwartet sie der „Luxus eines Ozeanliners", wie die Reederei in einem Prospekt wirbt, allerdings in High-Tech-Leichtbau. 34 Doppelkabinen und ein Viererabteil, manche mit Pfirsichholzboden und Plexiglasfenstern, nehmen die Passagiere auf. Alle Kabinen haben fließend warmes und kaltes Wasser mit wegklappbaren Kunststoff-Waschbecken. Außerdem gibt es die erste fliegende Dusche in der Geschichte des Reisens.

Zwei je 14 Meter lange Promenaden bieten über eine Galerie schräggestellter großer Fenster einen beeindruckenden Blick nach draußen. Speisesaal, Salon, Lese- und Schreibraum und sogar ein doppelt isolierter, durch eine Überdruckschleuse gesicherter Rauchsalon stehen zur Verfügung. Viele der Wandgemälde – sie zeigen zum Beispiel die Südamerikafahrten des Luftschiffs „Graf Zeppelin" – sind von Otto Arpke, einem Künstler, den die Nazis um seine Professur gebracht haben.

Burtis Dolan, ein wohlhabender Parfüm-Importeur aus Chicago, ist aufgeregt. Er ist auf einer vier Monate langen Einkaufsreise in Europa gewesen. Seiner Frau hat er wegen des Risikos versprechen müssen, niemals zu fliegen. Aber mit dem Schiff würde er es nicht mehr rechtzeitig zum Muttertag zurück schaffen, also hat er heimlich die Passage auf dem „Hindenburg" gebucht.

Einer der wenigen, die sich an diesem Abend Sorgen machen, ist Joseph Spah. Der Deutsche, der mit seiner Familie in Long Island bei New York lebt, ist auf dieser Fahrt der einzige, der so etwas wie Glamour und Exzentrik verbreitet, wenn auch eher zweitklassiger Art: Der durchtrainierte, charmante Mann tritt unter dem Künstlernamen „Ben Dova" als Vaudeville-Artist auf, als Akrobat, der halsbrecherische Kunststücke in Varietés aufführt. Um seine Kinder zu überraschen, hat er in Europa eine Schäferhündin gekauft, die weiter hinten im Zeppelin in einem eigenen Hundekorb reist. Spah weiß nicht, ob sich das Tier an diesem engen, ungeheizten Platz wohl fühlen wird.

Als der Abend dämmert, ist der „Hindenburg" von der mehr als hundertköpfigen Bodenmannschaft aus dem Hangar ins Freie bugsiert worden. Riesige Scheinwerfer tauchen ihn in gleißendes Licht. Noch halten ihn Taue am Boden. Um 20.16 Uhr beugt sich Kapitän Max Pruss weit aus einem Fenster der kleinen Führergondel und ruft: „Leinen los!"

Einige Mann stehen unter der Gondel, packen die dort umlaufende Haltestange und stemmen sie hoch, als wären sie Gewichtheber – die sich jedoch nicht allzuviel aufgeladen haben. Es ist ein irreal anmutendes Bild, als dieser wolkenkratzergroße, 220 Tonnen schwere Koloß von ein paar Menschen weggedrückt wird und lautlos nach oben steigt. Erst in rund 50 Meter Höhe springen die Dieselmotoren an. Sanft schwebt der „Hindenburg" nach Westen.

Für die Passagiere sind die Maschinen nur als achteraus liegendes Brummen zu vernehmen. Gegen 21.30 Uhr versammeln sie sich aufgeregt an den Promenadenfenstern. Köln liegt unter ihnen, der „Hindenburg" geht niedriger, um einen Postsack abzuwerfen.

Rund zweieinhalb Stunden später erreicht der Zeppelin über der niederländischen Küste das Meer. „Gewitterfront – Im Süd Gewitter auf verschiedenen Kursen ausgewichen", verzeichnet das Fahrtenbuch.

Zwar leistet jede der 16-Zylinder-Daimlermaschinen 1050 PS, doch ist der Luftwiderstand der Hülle so groß, daß der „Hindenburg" bei Windstille und der üblichen Reisehöhe von 220 Metern nur eine Marschgeschwindigkeit von 125 Kilometern pro Stunde erreicht. Über dem Nordatlantik ist es aber selten windstill – also besteht die Kunst des Luftschiffers darin, Schlechtwetterfronten und Gegenwinden möglichst auszuweichen und sich statt dessen von einem in Fahrtrichtung wehenden Luftstrom einfangen zu lassen, einem „Schiebewind".

Kapitän Pruss hat Pech. Vom 4. Mai, 7.30 Uhr morgens, an verzeichnet das Fahrtenbuch fast nur noch Westwinde – also Gegenwinde, manche mit einer Geschwindigkeit von knapp 50 km/h. Schon bald liegt der Zeppelin um Stunden hinter dem Zeitplan.

Doch nicht nur aus diesem Grund befindet sich Pruss in einer alles andere als angenehmen Situation.

Die DZR hat aus der Not eine Tugend gemacht: Weil nur wenige Passagiere mitfahren, sind dem „Hindenburg" zu Ausbildungszwecken mehr Besatzungsmitglieder als notwendig zugeteilt worden. So fahren mit Pruss drei kaum weniger erfahrene Kollegen: der Erste Offizier Albert Sammt, der Zweite Offizier Heinrich Bauer und der als „Beobachter" geführte Anton Wittemann – allesamt zertifizierte Luftschiffkapitäne.

Noch delikater ist die Position eines vierten Zeppelin-Experten, des pensionierten Kapitäns Ernst Lehmann. Der ist eine lebende Legende, fuhr schon im Ersten Weltkrieg Zeppeline gegen England, diente in den zwanziger Jahren lange unter Hugo Eckener, dem charismatischen Leiter des Zeppelin-Konzerns, kommandierte den „Hindenburg" auf den meisten Fahrten des Vorjahres und war dabei der Vorgesetzte von Pruss.

Lehmann, ein draufgängerischer, von den Luftschiffen fanatisch begeisterter Mann, liebt es, sich in die Bugspitze eines Zeppelins zurückzuziehen, wo man, wie ein amerikanischer Journalist geschrieben hat, so sanft „wie in den Armen eines Engels" schwebt. Dort pflegt er auf seiner Ziehharmonika zu spielen.

Offiziell ist Lehmann aus dem aktiven Kapitänsdienst ausgeschieden. Die Nationalsozialisten haben ihn zum Direktor der DZR bestellt. Auf dieser Fahrt fungiert auch er als „Beobachter". Er ist stiller als sonst, bedrückter, vielleicht auch aggressiver – sein einziger Sohn ist kurz zuvor an einer Lungenentzündung gestorben.

Der Druck auf Pruss ist entsprechend groß: Sein berühmter Vorgesetzter und ehemaliger Ausbilder sowie drei fast ranggleiche Kapitäne sind beinahe ständig auf der Brücke und beobachten jede seiner Anweisungen.

In „Gondel 4" ist von den unausgesprochenen Rivalitäten auf der Brücke wenig zu spüren. Hier röhrt der „Motor Backbord vorn", und hierhin muß der Maschinist Eugen Bentele in halsbrecherischer Artistik während voller Fahrt an dünnen Leitern vom Rumpf in die Gondel klettern. Bentele, 28 Jahre alt und einer von drei Maschinisten, die im Schichtdienst Wache haben, hat Luftschiffererfahrung: Er ist zuvor schon auf dem älteren „Graf Zeppelin" gefahren.

In der zugigen fischförmigen Gondel vor dem sechs Meter breiten Propeller herrscht ein Höllenlärm. Der Daimler Benz LOF 6 Diesel (88 Liter Hubraum) verlangt konstante Überwachung. 500 Kilogramm Diesel und zwei Liter Schmieröl schluckt jeder der vier 16-Zylinder-Motoren. Pro Stunde.

Weiter vorn absolviert Heinrich Kubis lustlos seinen Dienst. Der Chefsteward hat auf den Vorjahresfahrten Prominente wie Max Schmeling betreut oder einen exzentrischen US-Millionär, der für seinen Europatrip nicht nur die Familie, sondern auch mehrere Diener und sein Privatflugzeug mit dem „Hindenburg" über den Atlantik brachte. Verglichen damit sind die Passagiere auf dieser Fahrt ein Haufen Langweiler.

Manche schreiben den ganzen Tag Briefe und Postkarten, die sie in den bordeigenen Briefkasten werfen; zweimal am Tag wird der geleert. Die Post wird in einem Verschlag gelagert, mit den bei Sammlern begehrten Zeppelin-Briefmarken und -Sonderstempeln versehen und am Zielort zur weiteren Beförderung der „normalen" Post übergeben.

Einige Passagiere sitzen in der bis drei Uhr nachts geöffneten Bar, wo ihnen der Steward einen „Geeisten Cocktail LZ 129" oder einen „Maybach 12" mixt. Die Bar ist zugleich eine raffiniert getarnte Luftschleuse – der einzige Zugang zum unter Überdruck (damit kein Knallgas eindringen kann) stehenden Rauchsalon, wo sich die Frauen und Männer ihre Zigaretten oder Zigarren mit einem Spezialfeuerzeug anzünden, das aussieht wie ein Auto-Zigarettenanzünder.

Zu jedem Frühstück gibt es frischgebackene Brötchen aus dem bordeigenen Ofen, mittags und abends opulente Menüs, zum Beispiel „Mastente, bayerische Art, mit Blaukraut" oder „Wildbretkotelett Beauval mit Berny-Kartoffeln". Die Küche liegt ein Deck tiefer und ist ausgerüstet mit Elektroherd, Grill, Backofen und Eismaschine; die Speisen kommen per Mini-Aufzug zur Anrichte neben dem Speisesaal. 220 Kilogramm Fleisch, 110 Kilogramm Butter und 800 Eier verspeisen Passagiere und Besatzung des „Hindenburg" durchschnittlich auf einer Atlantikfahrt.

Die Weinkarte wird von deutschen und französischen Spitzenlagen geziert. Der Mann am Höhensteuer hat den strengen Befehl, den Zeppelin stets nur in flachem Winkel an- und absteigen zu lassen, damit die Weinflaschen auf den Tischen nicht umfallen können. Gegessen wird auf gold-blau verziertem, eigens für das Luftschiff entworfenem „Hindenburg"-Porzellan.

Auf den ersten Fahrten im Jahre 1936 stand im Salon sogar ein knapp 180 Kilogramm schwerer Blüthner-Flügel, eine Spezialanfertigung aus Aluminium, überzogen mit gelbem Schweinsleder. Später wird auf diese trotz konsequenten Leichtbaus immer noch gewichtige Extravaganz allerdings verzichtet.

Nachts verwandelt sich das Luftschiff für seine Passagiere in eine Mischung aus Luxus-D-Zug und Hotel. Die in der Mehrzahl fensterlosen Kabinen sind eng, aber funktional eingerichtet und, im Gegensatz zu älteren Zeppelinen, beheizbar. Wer sich duschen möchte, muß etwas Geduld aufbringen, denn der Wasserdruck ist nicht allzu hoch, es tröpfelt eher, als daß es braust. Dafür braucht man abends wie in ordentlichen Hotels nur seine Schuhe vor die Kabinentür zu stellen, um sie am nächsten Morgen von dienstbaren Geistern blankgeputzt zurückzubekommen.

Wer jedoch neben einem Schnarcher logiert, hat ein schlechtes Los gezogen. Die Zwischenwände der Kabinen bestehen, zwecks Gewichtsersparnis, nur aus Schaumstoff, der zwischen Aluminiumhaltern gespannt ist.

Joseph Spah ist trotz des Luxus an Bord unruhig, obwohl sein Hund die Fahrt bis jetzt problemlos mitmacht. Alle paar Stunden verlangt er, durch den Rumpf nach hinten gehen und nachsehen zu können. Reisende dürfen sich eigentlich nur in Begleitung eines Besatzungsmitglieds außerhalb der Passagierdecks in das Gewirr aus Aluminiumträgern, straff gespannten Drahtseilen und den 16 sanft wabernden, hausgroßen Wasserstoffgassäcken begeben. Doch Spah ist so penetrant, daß es der Steward irgendwann aufgibt, ihn auf jedem Gang zu begleiten: Der Akrobat darf von nun an unkontrolliert im Herzen des „Hindenburg" herumklettern.

Zwei Kinder sorgen für eine Schrecksekunde bei den Stewards. Der Geschäftsmann Hermann Doehner ist mit seiner Frau Mathilde, der 16jährigen Tochter Irene und den beiden Söhnen Walter, acht, und Werner, sechs, unterwegs. Als die beiden Jungen mit einem Auto spielen, dessen aufziehbarer Motor Funken sprüht, springt Kubis hinzu und konfisziert das Spielzeug, als wäre es eine Bombe. Nicht auszudenken, wenn das größte Luftgefährt aller Zeiten durch ein Modellauto vom Himmel geholt werden würde!

Donnerstag, 6. Mai 1937, an Bord von LZ 129 „Hindenburg". Es ist Christi Himmelfahrt, das Luftschiff befindet sich bereits über dem nordamerikanischen Kontinent. Die Passagiere versammeln sich im Speisesaal zu ihrem letzten Frühstück an Bord, manche sind noch im Schlafrock. Alle sind aufgeregt, ungeduldig. Im grauen Nebeldunst ist unter ihnen schemenhaft die Küste von Maine zu erkennen, als der neueste Wetterbericht durchkommt: „Tief Zentrum Montreal 1008, leichte Verschiebung ostwärts und geringe Ausdehnung letzte 12 Stunden." Es ist Lehmann, der diese Nachricht zuerst erhält, nicht Kapitän Pruss.

10.30 Uhr: Der Zeppelin passiert Boston. Der Nebel hebt sich, so daß Besatzung und Passagiere des „Hindenburg" einen guten Blick auf die Stadt haben, doch es ist noch immer regnerisch und böig. Pruss geht auf 150 Meter herunter. Wegen der starken Gegenwinde macht sein Luftschiff nur rund 65 km/h.

14.00 Uhr: Der Zeppelin schwebt über der Skyline von New York. Schiffshörner und Fabriksirenen röhren zu ihm hinauf. Die Stadt ist luftschiffverrückt, noch immer.

14.57 Uhr: Charles Rosendahl, Commander der Basis in Lakehurst, empfängt einen Funkspruch des Luftschiffs: „Rückgabe der Wäsche nicht nötig, werden so bald wie möglich wieder abreisen." Pruss will Rosendahl klarmachen, daß der „Hindenburg", um wenigstens einen Teil der zwölfstündigen Verspätung aufzuholen, nur so lange festmachen wird, wie es dauert, die Passagiere aus- und neue einsteigen zu lassen und die notwendigsten Vorräte aufzufüllen. Wäsche zum Wechseln gehört nicht dazu.

16.00 Uhr: Lakehurst kommt in Sicht – und eine neue, bedrohliche Gewitterfront. „Böen jetzt 25 Knoten", läßt Rosendahl durchgeben. Pruss entschließt sich, abzuwarten, bis das Schlechtwetter durchgezogen und eine Landung weniger risikoreich ist. Der Steward bekommt den Befehl, den Passagieren belegte Brötchen zu schmieren. Die meisten Reisenden stehen schon mit Hut und Mantel an den Fenstern der Promenade und müssen jetzt mit ansehen, wie die Basis achteraus wieder kleiner wird.

Joseph Spah verschwindet im Innern der Hülle, um ein letztes Mal nach dem Hund zu sehen, wie er sagt. Niemand begleitet ihn.

Eugen Bentele und die Mechaniker in den anderen drei Gondeln bekommen per Maschinentelegraph von der Brücke den Befehl, die Drehzahl der Motoren zu drosseln. Es ist eng in Gondel 4, weil sich Benteles zwei Kameraden aus den beiden anderen Schichten ebenfalls hineingequetscht haben, damit sie während der Landung den komplizierten LOF 6 schneller bedienen können.

Das Luftschiff kreuzt über den fast menschenleeren Stränden der Küste von New Jersey, über Asbury Park und Atlantic City.

17.00 Uhr: Commander Rosendahl wird zunehmend unruhig. Er hat, wie üblich, zusätzlich zu den 92 Soldaten der Basis 139 zivile Helfer eingestellt, für jeweils einen Dollar pro Stunde. Je länger der „Hindenburg" braucht, desto teurer wird die Bodencrew.

18.12 Uhr: „Wetterverhältnisse lassen Landung jetzt möglich erscheinen", läßt Rosendahl melden. „Position Forked River", antwortet der „Hindenburg", ein Standort knapp 22 Kilometer südlich. Auf der Brücke sind jetzt alle Kapitäne versammelt. Pruss zögert noch.

19.00 Uhr: Der nächste Funkspruch aus Lakehurst. Rosendahl drängt jetzt, weil sich im Westen das nächste Unwetter zusammenbraut, es aber momentan ruhig ist: „Wetterverhältnisse eindeutig verbessert, empfehle schnellstmögliche Landung."

Pruss mißtraut der Lage. Die Wolkenhöhe liegt zwischen 600 und 900 Meter, die Temperatur beträgt 16 Grad Celsius, bei 98 Prozent Luftfeuchtigkeit und einem leichten Bodenwind aus östlichen Richtungen. Doch jetzt macht auch Lehmann Druck. Er ist ein Draufgänger, der im vergangenen Jahr den „Hindenburg" bei der Jungfernfahrt trotz ungünstiger Winde aus der Halle bringen ließ und prompt beschädigte; nun empfiehlt er Pruss in Gegenwart der anderen Kapitäne energisch die Landung. Pruss gibt zögernd nach.

19.08 Uhr: Der „Hindenburg" kommt über Lakehurst in Sicht, dreht dann um 90 Grad auf Westkurs, volle Fahrt voraus. Wenn Pruss zwischen den beiden Unwetterfronten landen will, muß er sich beeilen. 15 Sekunden lang läßt er aus den Gaszellen 4 bis 14 Wasserstoff ab, damit der Zeppelin sinkt.

Im Funkraum leuchtet eine rote Warnlampe auf: „Funken verboten!" Damit soll verhindert werden, daß die in die Tiefe baumelnde Drahtantenne wie ein Zünder wirkt, während das Luftschiff Traggas abläßt. Zwei Minuten später aber ist der „Hindenburg" wieder auf Sendung – eine Routinemeldung an die Basis in Lakehurst. Es wird der letzte Funkspruch des Giganten sein.

19.11 Uhr: Der „Hindenburg" fährt in rund 180 Meter Höhe über den Landeplatz und setzt dann zu einer großen Kurve an, um gegen den Wind niedergehen zu können. Scharfer Schwenk um 180 Grad auf Ostkurs bei „Maschinen volle Kraft voraus!" Zugleich läßt Pruss auf dringende Empfehlung von Lehmann aus den Zellen 11 bis 16 wiederum Wasserstoff ab, zweimal 15 Sekunden und dann noch einmal fünf Sekunden lang. Es ist ein mit rauher Hand geführtes Manöver, das den Zeppelin herumreißen und zugleich weiter absacken lassen soll.

19.12 Uhr: Bentele und die Maschinisten in den anderen drei Gondeln bekommen das Kommando: „Motoren langsam voraus!" Das Luftschiff verliert an Fahrt.

19.14 Uhr: Pruss sieht, daß die Bodencrew ihre Position leicht verändert, ein Zeichen, daß sich der Wind von Ost auf Südost gedreht hat – und Indiz für ein drohendes Nachgewitter. Um wieder genau gegen den Wind zu kommen, muß der „Hindenburg" noch einen kleinen Schwenk fahren. Pruss läßt die beiden Backbordmotoren auf „Langsam zurück!" schalten. Der Zeppelin ist jetzt noch ungefähr 120 Meter über dem Boden.

19.18 Uhr: Vor jeder Landung sollte ein Luftschiff exakt „ausgewogen" sein, das heißt, in niedriger Höhe waagerecht über dem Boden schweben, ohne tiefer zu sinken oder aufzusteigen. Pruss stellt fest, daß sein Luftschiff ungewöhnlich hecklastig ist, der hintere Teil des Zeppelins wegzusacken scheint. Also läßt er achtern zunächst 300 Kilogramm Wasserballast aus großen Tanks ab, dann noch einmal 300, dann 500 Kilo. Der künstliche Regenschwall durchnäßt einige Männer der Bodencrew, doch stabilisiert sich die Position des „Hindenburg" immer noch nicht. Pruss kommandiert zum Gewichtsausgleich sechs Mann Besatzung in die Bugspitze zu den bereits dort wartenden sechs Mann.

Gleichzeitig läßt er die Maschinen eine Minute lang auf „Volle Kraft zurück!" laufen, bevor sie auf Leerlauf geschaltet werden. Der silberne Gigant schwebt jetzt fast bewegungslos in rund 60 Meter Höhe.

19.21 Uhr: Die Männer im Bug lassen die Landeseile ab, fünf Zentimeter dicke Taue aus Hanf, die sich in der feuchten Luft schnell naßsaugen. Der „Hindenburg" ist noch ungefähr 300 Meter vom großen Ankermast entfernt. Den Männern der Bodencrew gelingt es nicht, den Zeppelin mit Muskelkraft näher zum Boden zu ziehen, sie müssen die beiden großen Motorwinden benutzen. Während sie noch mit den Seilen und Winden hantieren, treibt eine leichte Bö das Luftschiff

Richtung West ab, bis es an der straff gespannten Backbord-Ankerleine ruckt wie ein Fisch am Haken.

Die Passagiere stehen links und rechts an der Promenade und winken. Joseph Spah filmt mit seiner kleinen Amateurkamera, obwohl das Licht schwächer wird. Es nieselt wieder.

Einem der Schaulustigen am Boden fällt auf, daß die Außenhülle des „Hindenburg" im hinteren Bereich flattert wie ein Segel im Wind – so als striche Luft daran vorbei. Oder Gas.

19.25 Uhr: Die Bodencrew hat den Zeppelin rund 100 Meter näher an den Ankermast herangezogen, als das Inferno beginnt.

Ein paar Zuschauer am Boden glauben für einen Augenblick einen kleinen Pilz aus Feuer auf der Oberseite des „Hindenburg" in Höhe der Gaszellen 4 und 5 zu sehen, hinten, kurz vor dem Leitwerk.

Sekunden später steht der halbe Zeppelin in Flammen, lodert wie ein riesiger, in Brand geratener Papierlampion am Himmel. Eine über 50 Meter hohe Flammenwand schießt nach oben.

Die Männer im Heck des Luftschiffes, die gerade das dritte, achtere Ankerseil hinunterlassen, hören ein „Plop", als hätte jemand einen Gasherd angezündet – manche glauben auch ein kurzes Glühen zu sehen.

Im nächsten Augenblick drückt sich ihnen eine 1000 Grad heiße Feuerwalze entgegen.

In Panik fliehen sie, stürzen sich ins hintere Leitwerk, so weit weg von der Hitze wie möglich. Überall an Bord hängen kleine Handfeuerlöscher, doch die wirken angesichts der Flammen wie ein makabrer Scherz. Die ersten Aluminiumträger schmelzen.

Eugen Bentele in der Motorgondel 4 spürt einen leichten Stoß und denkt, daß irgendwo im Skelett des Luftschiffes ein Spanndraht gerissen sein müsse. Dann sieht er, daß der regennasse Boden 60 Meter unter ihm in weitem Umkreis plötzlich rötlich aufglüht. Er dreht den Kopf nach oben – da ist die Flammenwand bereits über Gondel 4.

Auch auf der Brücke, rund 200 Meter vom ersten Brandherd entfernt, spüren die fünf Kapitäne den Stoß und merken, daß irgend etwas nicht stimmt. Bauer sieht, daß der Hangar auf einmal hell erleuchtet ist. Wittemann vermutet, daß ein Ankerseil gerissen ist.

„Nein", sagt Pruss nur. Dann schreit Sammt, der sich weit aus dem Fenster gelehnt hat: „Das Schiff brennt!"

Bauer ruft: „Soll ich Wasser ablassen?", stürzt zu den Hebeln und läßt Ballastwasser frei. Die anderen sehen sich nur an. Für einen winzigen Moment der Hilflosigkeit ist es still auf der Brücke – dann rauscht der „Hindenburg" mit dem Heck steil in die Tiefe.

Seit 15 Sekunden erst wütet das wasserstoffgespeiste Feuer in der hinteren Hälfte des Zeppelins, 15 quälende Sekunden, in denen das todgeweihte Luftschiff bewegungslos in rund 60 Meter Höhe am Himmel schwebt. Dann erst kommt es zur ersten Knallgasexplosion, die vorn auf der Brücke gespürt wird und die dem Giganten einen solchen Schlag versetzt, daß mehrere Ballastwasserfässer aus ihren Verankerungen gerissen und in die Tiefe geschleudert werden. Unter ohrenbetäubendem Dröhnen frißt sich das Feuer weiter voran, während das Heck nun mit dem Schwung einer abwärts fallenden Schaukel tiefer sackt.

Der scharfe Stoß und das anschließende Wegkippen nach achtern stürzen die Mannschaft und die bis dahin ahnungslosen Passagiere ins Chaos. Die meisten werden von den Beinen gerissen und gegen die Wände der nun schief stehenden Promenaden geschleudert. Manche bleiben schockiert und teilnahmslos liegen, andere rappeln sich mühsam wieder auf – und sind plötzlich von Qualm, Hitze und Flammen umgeben, die sich von hinten und oben in die Passagierdecks hineinfressen. Angsterfüllt stürzen sie zu den Fenstern.

Joseph Spah benutzt seine Kamera als Hammer, schlägt eine Scheibe ein und schwingt sich über Bord – doch noch immer schwebt der „Hindenburg" mindestens 30 Meter über dem Boden. Ein Mann neben ihm kann sich nicht mehr halten, krallt sich kurz an Spahs Revers und stürzt dann in die Tiefe. Der Akrobat hält fest, wartet, bis der Boden noch rund zwölf Meter entfernt ist, und läßt sich dann fallen.

Insgesamt 32 Sekunden lang hängt der „Hindenburg" nach dem Ausbruch der ersten Flamme am Himmel, bevor er mit dem Leitwerk zuerst in einer gewaltigen Eruption aus Flammen und Rauch aufschlägt.

Der Aufprall reißt die Menschen, die noch nicht vom Feuer erreicht worden sind, wieder von den Füßen. Jetzt entzünden sich auch mehrere tausend Liter Dieselöl und brennen mit schwerem, schwarzem Qualm.

Wer auf der Backbordseite gewesen ist, hat Glück gehabt, denn von dort weht der Wind, drückt Hitze und Rauch auf die andere Seite. Eugen Bentele findet sich halb bewußtlos auf dem Boden wieder, beim Aufprall hinausgeschleudert aus Gondel 4. Er läuft davon, den beiden anderen Mechanikern hinterher, die ebenfalls überleben.

Für die Passagiere ist es, als befänden sie sich in einem glühenden Ofen. Überall Flammen, brennende Wandverkleidungen, vor dem gelbroten Widerschein des Feuers schwarze, verbogene Aluminiumträger des Luftschiffskeletts. Noch immer röhrt der Brand so laut wie ein D-Zug im Tunnel. Joseph Spah verletzt sich bei seinem Sprung den Fuß, doch es gelingt ihm davonzuhumpeln, ehe der Zeppelin auf ihn herunterkrachen kann. Sein Hund verbrennt.

Mathilde Doehner hat ihre beiden Söhne unmittelbar vor dem Aufprall aus den geborstenen Fenstern geschleudert, dann springt sie selbst hinterher. Männer der Bodencrew, die sich nahe an das Inferno herangewagt haben, retten die drei. Auch die Tochter Irene wird geborgen, erliegt aber kurz darauf ihren schweren Verletzungen. Hermann Doehner stirbt im brennenden Zeppelin, ebenso Burtis Dolan, der Parfümeinkäufer, der seiner Frau versprochen hatte, niemals zu fliegen.

Auf der Brücke bietet sich für einen Augenblick ein groteskes Bild, als sich die Kapitäne mit den Rudergängern und dem Funker an den Fenstern drängen, während ringsherum Flammen lodern. Orientierungslos springen sie los – und haben Glück. Fast alle, die hier Dienst tun, finden den Weg ins Freie.

„Pruss, sind Sie das?" ruft Sammt einem Mann mit verbranntem Haar zu, der vor den Flammen davontaumelt.

„Ja", antwortet der Kapitän des „Hindenburg" und dann, mit Blick auf die rußige, angesengte Uniform seines Ersten Offiziers: „Mein Gott, wie Sie aussehen!"

„Aber Sie sehen auch nicht viel besser aus", gibt Sammt trocken zurück. Tatsächlich schwebt Pruss wochenlang zwischen Leben und Tod, kommt aber schließlich davon.

Kapitän Lehmann wird ebenfalls gerettet, die Uniform ist ihm am Rücken vom Körper gebrannt. Er hat schwere Verletzungen, doch scheinen sie zunächst weniger schlimm zu sein als die manch anderer Davongekommener. Dennoch stirbt er wenige Stunden später im Hospital.

Angesichts dieses Infernos erscheint es wie ein Wunder, daß zwei Drittel der Menschen an Bord entkommen können: 13 Passagiere und 22 Mann Besatzung sterben in den Sekunden des Feuers oder kurz darauf an ihren Verletzungen, die anderen 62 überleben. Auch ein Mann der Bodencrew wird von dem herabstürzenden Zeppelin erschlagen.

Für die Journalisten wird es die Story ihres Lebens. Herbert Morrison unterbricht kurz seine Radioreportage, starrt fassungslos nach draußen und spricht dann mit sich überschlagender Stimme weiter – tränenerstickt, dramatisch, vermischt mit hastigen Anweisungen an seinen Techniker:

„Es geht in Flammen auf ... hier, Charlie, hier ... versperr mir nicht die Sicht, bitte ... o nein, das ist grauenhaft ... o nein, geh mir aus dem Weg, bitte ... es brennt, wird von Flammen umtost und stürzt auf den Ankermast und all diese Leute ... das ist eine der schlimmsten Katastrophen der Welt ... oh, es ist noch vier- oder fünfhundert Fuß im Himmel ... es ist ein schrecklicher Absturz, Ladies and Gentlemen ... oh, diese Menschheit und all diese Passagiere!"

Die Kameramänner halten drauf. Bill Deekes kurbelt wie wild, die anderen nehmen Fotos auf, die unzählige Male veröffentlicht werden. Der Absturz wird zum bestdokumentierten Unglück in der Geschichte der Fliegerei. Morrisons Reportage ist zwar nicht im strengen Sinne „live", denn er spricht auf eine Schallplatte, die erst Stunden danach im Sender abgespielt wird, doch der Eindruck ist so ungeheuer, daß später Tausende von Amerikanern schwören werden, den Brand des „Hindenburg" tatsächlich am Radio mitverfolgt zu haben.

Inmitten des Durcheinanders um den in schwarzen Qualm gehüllten Rest des Zeppelins, von geschockten Männern der Bodencrew, die Verletzte und Tote wegtragen, orientierungslos herumlaufenden Überlebenden, aufgeregten Kameramännern, Sirenenlärm und heulenden Ambulanz- und Feuerwehrwagen, geht der mit leichten Verbrennungen und vier Rippenbrüchen davongekommene Mechaniker Eugen Bentele zur Funkstation von Lakehurst. Er kennt den dort diensttuenden Soldaten und überredet ihn, ein Telegramm an seine Frau abzusenden: „Bin unverletzt – Moggele."

Freitag, 28. Mai 1937, Lakehurst Naval Air Station, New Jersey. 22 Tage nach dem Unglück reisen die sieben Mitglieder der deutschen Untersuchungskommission ab. Zwei Wochen lang haben die von dem Zeppelin-Pionier Hugo Eckener angeführten Männer gemeinsam mit amerikanischen Experten im ausgeglühten Wrack nach Spuren gesucht. Sie haben alle verfügbaren Zeugen vernommen, ebenso die Überlebenden und alle Fotos eingehend analysiert.

Unglücklicherweise sind zwar Dutzende von Bildern gemacht worden, doch haben sämtliche Fotografen ein wenig zu spät abgedrückt: Es gibt kein einziges Dokument, das den Ausbruch zeigt – die erste, kleine Flamme. Auch Deekes' Filmrolle zeigt im entscheidenden Moment nur den Bug des Zeppelins.

Die Arbeit der Experten wird auch dadurch erschwert, daß in den ersten Stunden nach dem Absturz Souvenirjäger das Wrack plündern, ehe Soldaten es sichern. Joseph Spahs Filmkamera wird unbeschädigt gefunden. Ebenso, wenn auch durch die Hitze arg verformt, das funkensprühende Spielzeugauto der Doehners.

„Sabotage, Attentat!" Das ist es, was die Öffentlichkeit und die meisten Besatzungsmitglieder des „Hindenburg" in den ersten Tagen vermuten. Hat das Luftschiff nicht Dutzende Atlantikfahrten zuvor problemlos gemeistert? Hat nicht die amtliche Prüfstelle für Luftfahrzeuge im Reichsluftfahrtministerium noch unmittelbar vor Beginn der Saison 1937 den Zeppelin eingehend untersucht und dabei keinerlei Schwachstellen gefunden?

Und bietet das Dritte Reich nicht genügend Gründe für einen Schlag gegen eines seiner prominentesten Symbole?

Gerüchte machen die Runde: Rache für das Bombardement von Guernica? Für die Diskriminierung der Juden? Oder auch: Haben die „Pan American Airways", die mit ihren Flugbooten einen eigenen Atlantikdienst planen, den Konkurrenten eliminieren wollen?

FBI und deutsche Polizei nehmen sich die Lebensläufe jedes Besatzungsmitglieds und Passagiers vor – und finden nichts Verdächtiges.

Joseph Spah gerät vorübergehend ins Visier der Fahnder: ein Deutscher, der in Amerika lebt, dazu mit etwas zweifelhaftem Beruf – und der Gelegenheit, sich ständig unbeaufsichtigt im Innern des Luftschiffes zu bewegen. Doch so sehr die Polizei auch bohrt, sie findet weder Motiv noch Indiz für Spahs mögliche Täterschaft.

Jahrzehnte später machen die amerikanischen Autoren Adolph August Hoehling und Michael Mooney einen beim Unglück verbrannten Mann aus der Besatzung als Täter aus. Der war noch nicht lange dabei, sei ein Einzelgänger gewesen und habe eine politisch linksgerichtete Freundin gehabt, die ihn zum Attentat überredet habe – eine höchst unseriöse Indizienkette.

Für den Ersten Offizier Albert Sammt dagegen waren die Attentäter wütende Geflügelfarmer aus der Umgebung von Lakehurst, die, um ihr eierlegendes Federvieh fürchtend, auf den Zeppelin geschossen hätten. Doch von den Hunderten von Zuschauern am Boden hat niemand etwas bemerkt, das auch nur entfernt in diese Richtung deuten würde.

Trotzdem wollen die deutschen Experten Sabotage oder ein Attentat nicht endgültig ausschließen. „Die Möglichkeit einer gewaltsamen Zerstörung des Luftschiffes muß aber, da eine andere Entstehungsursache ebensowenig bewiesen werden kann, zugegeben werden", heißt es gewunden im Abschlußbericht.

Dabei haben die Männer einen ganz anderen, für die Firma und Nazideutschland peinlichen Verdacht: daß ein Fehler in der Konstruktion des Zeppelins zur Katastrophe geführt hat.

Klar ist, daß zum Auslösen der Explosion zwei Voraussetzungen notwendig waren: Es muß sich die Luft im Innern des Luftschiffs mit mindestens vier Prozent Wasserstoff angereichert haben – sonst explodiert das Gas nicht. Und auch dieses Gemisch explodiert nicht von allein, es muß entzündet werden.

Es muß also Gas ausgetreten sein. Für einen Gasverlust fanden Eckener und seine Kollegen ein gewichtiges Indiz: die Hecklastigkeit des „Hindenburg".

Berücksichtigt man die Menge des Wasserballasts, die Pruss hat ablassen müssen, um die Hecklastigkeit des Luftschiffes vor der Landung auszugleichen, dann dürften – so hat Eckener errechnet – in den letzten Minuten vor dem Stopp in Lakehurst aus einer der hinteren Zellen mindestens 1000 Kubikmeter Wasserstoff entströmt sein. Entwichen aus einer Gaszelle, die, so vermutet Eckener, von einem gerissenen Spanndraht aufgeschlitzt worden sein könnte.

Bentele dagegen vermutet, daß der Gasverlust durch ein undichtes Ventil eingetreten ist. Dieses Problem sei während einer Südamerikafahrt 1936 schon einmal vorgekommen. Und habe nicht Pruss vor der Landung mehrfach Gas abgelassen? Vielleicht sei danach ein Ventil offengeblieben?

Beweisen läßt sich nichts. Drähte und Ventile sind im Glutofen des „Hindenburg" zerschmolzen. Doch sollte wirklich Gas aus einer aufgeschlitzten Zelle oder einem nicht sauber schließenden Ventil ausgeströmt sein, hätte es sich in beiden Fällen in der Hülle zu einer gefährlichen Konzentration anreichern können, sobald der Zeppelin stillstand und der Fahrtwind das Innere nicht mehr entlüftete.

Zwischen dem Stopp des „Hindenburg" und dem Aufscheinen der ersten Flamme lagen vier Minuten: Zeit genug für das Entstehen einer explosiven Mischung.

Bleibt die Frage, wie dieses Gasgemisch entzündet worden ist. Die Antwort darauf lag sozusagen in der Luft: Im Normalfall kommt es im luftelektrischen Feld zu einem Potentialgefälle von rund 100 Volt pro Meter Höhenunterschied. Als der „Hindenburg" um 19.21 Uhr die Ankerseile warf, stand er rund 60 Meter hoch, die Potentialdifferenz zwischen Luftschiff und Erdboden betrug also mindestens 6000 Volt – vielleicht aber auch, aufgrund der gewittrigen Atmosphäre, zehn- bis zwanzigmal mehr.

Allerdings: Die feuchten Hanfseile und das Aluminiumskelett sind gute elektrische Leiter. Es hätte also nach dem Bodenkontakt schnell zum Spannungsausgleich zwischen diesen Teilen des Luftschiffes und der Erde kommen müssen. Doch der neue Schutzlack der Hülle war niemals auf seine elektrische Leitfähigkeit erprobt worden.

Als die Experten, zurück in Deutschland, im Labor die Bedingungen des 6. Mai simulieren, müssen sie zu ihrer Verbitterung feststellen, daß der mit dem neuen Lack getränkte Stoff kein guter elektrischer Leiter ist. Resultat: Zwischen den geerdeten Aluminiumträgern und der Hülle baut sich innerhalb von wenigen Minuten eine große Potentialdifferenz auf – die sich schließlich in einem Funken entlädt. Einem Funken, so kräftig, daß er ein Wasserstoff-Luft-Gemisch entzünden kann...

Die Experimente des deutschen Untersuchungsteams sind in der Nachkriegszeit von Experten ebenso wie von Amateurforschern mehrfach wiederholt worden – immer mit dem gleichen Resultat: Eine Zündung ist möglich. Zwei ehemalige Nasa-Mitarbeiter glauben nach umfangreichen Tests gar, daß die Hülle zuerst in Flammen aufging, bevor sich das Gas entzündete. Deshalb gehen heute die meisten Sachverständigen davon aus, daß der „Hindenburg" letztlich tatsächlich ein Opfer seines neuen silbrig scheinenden Außenlacks geworden ist.

Hermann Göring, Reichsluftfahrtminister und im Ersten Weltkrieg Jagdflieger, hat die „Gasblasen" noch nie gemocht, kann aber nach dem Desaster von Lakehurst das Zeppelin-Programm nicht einfach stoppen – denn das würde ja so aussehen, als gäbe Deutschland auf.

Mit grimmigem Trotz wird „Graf Zeppelin (II)" fertiggestellt, das Schwesterschiff des „Hindenburg". Die US-Regierung sagt die Lieferung des unbrennbaren Heliums zu, doch als der neue Gigant 1938 bereit ist, zieht Washington seine Zusage zurück – Nazideutschland ist inzwischen unheimlich geworden.

So steigt „Graf Zeppelin (II)" schließlich doch mit einer Wasserstoff-Tragefüllung zu insgesamt 30 Propaganda- und „Demonstrationsfahrten" auf. Einige dieser Missionen sind in Wahrheit geheime Militärunternehmen, zum Beispiel eine Fahrt an die englische Ostküste, bei der das mit Antennen gespickte Luftschiff Radarstellungen der Briten aufspüren soll. Bei einem anderen Trip entlang der tschechischen Grenze, einer bewußten Provozierung der Regierung in Prag, wird das Luftschiff von vier Messerschmitt-Jagdflugzeugen eskortiert. Die silbernen Zigarren sind keine friedlichen Vehikel mehr, sondern wieder, wie einst in ihrer Anfangszeit, Kriegsgeräte.

Doch auch diese Spionagefahrten retten die Luftschiffe nicht mehr vor dem Untergang. Für die nationalsozialistische Regierung, die den permanent defizitären Luftschiffbauer DZR subventioniert, sind Zeppeline als Propaganda-Instrument wertlos geworden. Im Frühjahr 1940 läßt Göring den alten und den neuen „Graf Zeppelin" demontieren – von einer Luftwaffenabteilung, weil sich die Zeppelinbesatzung geweigert hat. Die Metallskelette werden als „kriegswichtiges Material" eingeschmolzen, die beiden riesigen Hangars in Frankfurt am 6. Mai 1940 gesprengt: genau drei Jahre nach der Katastrophe von Lakehurst.

Doch die Erinnerung an den gewaltigen „Hindenburg" und dessen spektakuläres Ende läßt sich nicht so leicht zu den Akten legen. Es ist eine der großen, symbolträchtigen Technikkatastrophen dieses Jahrhunderts, vergleichbar nur mit dem Untergang der „Titanic" 1912 und der Explosion der US-Raumfähre „Challenger" im Jahre 1986. Das Unglück erzeugt einen dämonischen Reiz, weil wir viel, aber nicht alles darüber wissen. Es bleiben Rätsel.

Einer der Männer im Heck des „Hindenburg" glaubte die Flamme nicht – wie laut Untersuchungsbericht – am Rand der Gaszelle 4 zwischen Hülle und Aluminiumträger aufglühen gesehen zu haben, sondern in deren Mitte. Dort freilich gab es keine Quelle für eine Potentialdifferenz – wohl aber einen schmalen Wartungsgang: für das Versteck eines Brandsatzes der ideale Ort. Und als Polizisten und Soldaten Stunden nach der Katastrophe das rauchschwarze Wrack des Zeppelins durchsuchten, fanden sie eine Luger-Pistole, aus der ein Schuß abgefeuert worden war.

Wem sie gehört hat und wann und auf wen sie abgefeuert worden ist – auch die Antwort auf diese Fragen verbrannte mit dem „Hindenburg".

CAY RADEMACHER

Crash im 79. Stock

*An einem Morgen im Juli 1945 kam es in
New York City zu einem der wohl bizarrsten Unfälle in der
Geschichte der Stadt: Im Nebel verlor der Pilot einer
Militärmaschine über Manhattan die Orientierung und irrte mit
seinem Bomber in nur 60 Meter Höhe durch die Wolken-
kratzerschluchten an der Fifth Avenue. Überall in den Büros, den
Geschäften, den Läden schauten die Menschen wie erstarrt
nach oben. Schließlich kam es zu einer gewaltigen
Explosion, und einer der Augenzeugen schrie entsetzt auf:
»Oh my God, he hit the Empire State!«*

Bedford Army Air Base, Massachusetts, 8.55 Uhr. Der Morgen des 28. Juli 1945 ist ungemütlich und kalt. Eine geschlossene Wolkendecke läßt die Sonne nicht durchkommen, gelegentlich nieselt es. Der Krieg in Europa ist seit über zwei Monaten beendet, und auch der Fall Japans scheint nur noch eine Frage von Tagen – obwohl hier auf der Army Base niemand etwas von der Atombombe ahnt. Die Zeit der großen Katastrophen ist, so hoffen die Offiziere, vorbei.

Vor Lieutenant Colonel William F. Smith Jr. liegt die letzte Etappe auf einem Routineflug. Seine zweimotorige B-25 Mitchell gehört zur 457. Bombergruppe, stationiert in South Dakota. Smith fliegt sie in mehreren Stationen quer durch die USA. Bedford ist der letzte Halt vor dem Endziel Newark in New Jersey.

Smith, ein erfahrener und hochdekorierter Pilot, kommt aus Alabama und hat 1942 die Elite-Militärakademie in West Point abgeschlossen. Danach flog er rund hundert Kampfeinsätze über Deutschland, davon 34 als Pilot einer „Fliegenden Festung". Nach 18 Monaten in Europa ist der 27jährige, der so aussieht, wie sich Hollywood einen wagemutigen Kampfpiloten vorstellt, im Juni 1945 in die USA zurückgekehrt.

Neben dem Piloten besteigen an diesem nebligen Morgen zwei weitere Männer die B-25: Sergeant Christopher S. Domitrovich, auch er ein hochdekorierter Flieger, und Albert G. Perna, Flugzeugmechaniker bei der Navy in Bedford. Perna ist als Passagier an Bord, weil er über Newark nach New York City reisen will. Er muß seinen Eltern beistehen, die den Tod seines Bruders betrauern, der vor Okinawa auf dem Zerstörer „Luce" gefallen ist.

Es ist genau fünf Minuten vor neun, als die B-25 zu ihrer letzten Etappe abhebt. Der Wetterdienst hat für die gesamte Ostküste der Vereinigten Staaten anhaltenden Nebel und eine tiefhängende Wolkendecke vorhergesagt.

Empire State Building, Manhattan, New York City, 9.40 Uhr. Dieser Büroturm ist eine Stadt für sich, eine Metropole in der Vertikalen: 102 Stockwerke, 381 Meter hoch, mit einer Nutzfläche von gut 200 000 Quadratmetern. Allein die Stahlträger wiegen 55 000 Tonnen – damit hätte man auch zwei Schienenstränge von New York nach Baltimore legen können. Der Wolkenkratzer wurde am 1. Mai 1931 eröffnet und ist 1945 noch immer das höchste Gebäude der Welt.

In seinen ersten Jahren erhielt es von den New Yorkern den Spitznamen „Empty State Building", weil die teuren Büroflächen in den Zeiten der großen Depression kaum zu vermieten gewesen waren. Erst während des Zweiten Weltkriegs hat sich daran etwas geändert. NBC Radio sitzt hier mit seiner Zentrale, die meisten Büroflächen sind vermietet – unter anderem an Organisationen, die erst durch die Kriegsanstrengungen Amerikas geschaffen worden sind.

Doch am Morgen des 28. Juli macht das Haus seinem alten Spitznamen noch einmal alle Ehre. Samstags wird in New York auch im Krieg – gegen Japan wird noch gekämpft – gar nicht oder nur mit verminderter Belegschaft gearbeitet. Und die Aussichtsplattformen im 86. und 102. Stockwerk, auf denen sich an guten Wochenenden bis zu 10 000 Menschen täglich drängen, sind jetzt kaum besucht.

Der obere Teil des Wolkenkratzers ragt in die tiefhängende Nebel- und Wolkendecke hinein. An der Spitze hat man bei klarem Wetter einen Ausblick von bis zu 130 Kilometern, doch heute ist die Sicht auf wenige Meter geschrumpft. Halten sich an einem normalen Werktag durchschnittlich bis zu 15 000 Menschen gleichzeitig im Empire State Building auf, so sind es am Morgen des 28. Juli höchstens 1500 Personen.

Flughafen La Guardia, Queens, New York City, 9.45 Uhr. An diesem Morgen hat Victor Barden Dienst als Chief Operator im Tower des Flughafens. Über Funk meldet sich Colonel William F. Smith bei ihm: Er befinde sich 15 Meilen südlich und erbitte Hinweise über die Wetterbedingungen am Flughafen in Newark. Barden ist überrascht, denn Newark liegt knapp 15 Meilen südwestlich von La Guardia. Smith hätte mit seiner Maschine schon ungefähr am Zielort sein müssen.

Die Crew im Tower rät dem Piloten, sich direkt an Newark zu wenden. Doch kaum zwei Minuten später sehen die Männer im Kontrollturm von La Guardia die B-25 südöstlich am Himmel auftauchen. Barden vermutet, daß Smith landen will, und gibt ihm die üblichen Angaben durch: Runway, Windstärke, Windrichtung. Doch der Pilot funkt zurück, er wolle unbedingt nach Newark.

Die Fluglotsen wenden sich daraufhin an ihre Kollegen von der übergeordneten Airways Traffic Control. Denen ist der Flug gar nicht gemeldet worden, denn die B-25 fliegt nach Sichtflugregeln: unterhalb der überwachten Luftstraßen. Airways Traffic Control gibt durch, daß die Wolkenhöhe in Newark zur Zeit bei nur 180 Metern liege, und rät Smith dringend, in La Guardia zu landen.

Weil die B-25 eine Militärmaschine ist, muß die Fluglcitung auf dem zivilen Flughafen erst Instruktionen von der Army Advisory Flight Control einholen, um eine offizielle Landefreigabe zu erlangen. Die B-25 muß so lange südöstlich New Yorks Warteschleifen fliegen.

Zu Bardens Überraschung erklärt die Army Advisory Flight Control, die Wetterangaben ihrer zivilen Kollegen seien fehlerhaft: In Newark herrsche kein so schlechtes Wetter, die Wolkendecke liege bei 1000 Fuß, gut 300 Metern, die Sicht betrage zweieinviertel Meilen, über drei Kilometer.

Der Tower meldet sich daraufhin wieder bei Smith und gibt ihm die Angaben der Army Advisory Flight Control weiter. Der Pilot möge wegen der unterschiedlichen Wetterberichte selber entscheiden, ob er landen oder lieber nach Newark weiterfliegen wolle. Smith besteht auf Weiterflug.

La Guardia liegt direkt am East River im Stadtbezirk Queens. Fliegt Smith jetzt eine kleine Schleife Richtung Osten, kann er über Brooklyn und Staten Island nach Newark kommen – die meiste Zeit über Wasser. Er kann aber auch einige Flugsekunden einsparen, wenn er die direkte Route nach Newark nimmt. Dafür müßte er quer über Manhattan fliegen.

Barden erteilt der B-25 schließlich zögernd die Freigabe für Newark, nicht aber ohne Smith vorher anzuweisen, bei schlechter Sicht umzukehren und doch in La Guardia zu landen. Der Tower gibt dem Piloten eine letzte Nebelwarnung mit: „Wir können von hier aus nicht mehr die Spitze des Empire State Building sehen."

Manhattan, New York City, 9.48 Uhr. Stanley Lomax ist Sportreporter der Radiostation WOR. Er sitzt in seinem Wagen, als er plötzlich direkt über sich Motorenlärm hört. Dann sieht er eine B-25 im Tiefflug über die Häuserschluchten rasen: „Steig, du Narr, steig!" schreit er dem Piloten zu. Wie er reagieren Hunderte von Menschen auf den Bomber, der da plötzlich aus dem Nebel auftaucht und sich offensichtlich zwischen den Wolkenkratzern verirrt hat.

Eigentlich geben die Civil Air Regulations klare Regeln für das Überfliegen geschlossener Ortschaften vor. Eine Mindesthöhe von 1000 Fuß muß eingehalten werden. Zusätzlich aber gilt die Vorschrift, über einer Stadt so hoch zu fliegen, daß Piloten auch bei plötzlichem Motorausfall noch im Gleitflug über freies Land oder Wasser kommen können.

Für Manhattan Island ist deshalb eine Mindestflughöhe von 2000 Fuß festgesetzt worden. Diese Regeln haben allerdings einen Haken: Sie gelten offiziell für Zivilmaschinen. Militärpiloten wird nur „empfohlen", sich daran zu halten.

Später wird es Hunderte von Zeugenaussagen geben, die einander teilweise deutlich widersprechen. Dennoch lassen sich die letzten Sekunden des Fluges der B-25 zumindest grob rekonstruieren.

Die meisten Zeugen sehen das Flugzeug erstmals, als es, vom East River kommend, nördlich der 42. Straße aus dem Nebel auftaucht. Smith fliegt schon da unter 1000 Fuß und in einer 15-Grad-Kurve in die Stadt hinein.

Der Bomber ist im Nebel zwischen den Wolkenkratzerschluchten Manhattans wie eine Fliege in einer steinernen Falle gefangen. Smith, der seine Kampfeinsätze in Europa bravourös bestanden hat, scheint ausgerechnet hier, mitten über New York, verloren zu sein.

Die Maschine fliegt Südwestkurs mit einer Geschwindigkeit von 200 bis 250 Meilen in der Stunde. Nur durch ein Manöver im letzten Augenblick kann Smith eine Kollision mit dem Grand Central Office Building verhindern. Die B-25 irrt weiter und zerschellt beinahe an einem Wolkenkratzer an der Fifth Avenue.

In seinen letzten Flugsekunden zieht der Bomber eine Schneise des Schreckens durch die Stadt. Überall in den Büros, in den Geschäften, in den Läden, auf den Straßen schauen die Menschen wie erstarrt nach oben. Manche reißen reflexartig die Arme über den Kopf, um sich zu schützen.

Jemand, der alles ganz genau verfolgen kann, ist Eddie Greenberg. Er arbeitet im 17. Stockwerk eines Hochhauses an der 39. Straße. Er sieht den Bomber, vielleicht 60 Meter über sich. Dann hört er eine mächtige Explosion und schreit: „Oh my God, he hit the Empire State!"

Empire State Building, 9.49 Uhr. Ob William F. Smith noch die Zeit hat, zu erkennen, was da plötzlich direkt vor ihm aus dem dichten Nebel auftaucht, läßt sich nie mehr feststellen. Um genau elf Minuten vor zehn prallt seine rund elf Tonnen schwere B-25 an diesem Morgen mit mindestens 200 Meilen Geschwindigkeit zwischen dem 78. und 79. Stockwerk auf das Empire State Building.

Die Maschine kracht in die nördliche Fassade, in Höhe der Aufzugschächte, 280 Meter oberhalb der 34. Straße, und reißt dort ein etwa fünfeinhalb mal sechs Meter großes Loch. Die beiden Tragflächen werden bei dem Aufprall zerfetzt und schlagen in der Nachbarschaft des Wolkenkratzers ein.

Der Rumpf – besser gesagt: der Teil, der nach dem Aufprall davon übrig ist – fegt wie ein großes Geschoß 25 Meter quer durch die Etage und durchschlägt auch noch die gegenüberliegende südliche Fassade. Trümmer, Glas und einer der beiden Motoren stürzen auf die 33. Straße hinunter. Der Einschlag des Bombers ist so mächtig, daß einer der riesigen Stahlträger im 79. Stock um fast einen halben Meter eingedrückt wird.

Dem Aufprall folgt eine Explosion. Rund 3000 Liter Flugbenzin ergießen sich danach brennend in die Büros der 79. Etage und hoch über die Nordfassade des Wolkenkratzers bis hinauf zur Aussichtsplattform im 86. Stockwerk. Die gigantische Konstruktion des Empire State Building schwankt durch den Aufprall zweimal hin und her. Ihre Spitze leuchtet wie eine gigantische Fackel mit roter Lohe durch den Nebel, dann verschwindet das obere Drittel des Wolkenkratzers in Nebel und dichtem, schwarzem Rauch.

Das brennende Flugbenzin rast wie eine Höllenflut weiter durch den 78. Stock, dann die Treppenhäuser hinunter bis in die 75. Etage. Alles Brennbare in seinem Weg steht sofort in Flammen.

William F. Smith, sein Kopilot Christopher S. Domitrovich und Albert G. Perna haben keine Chance. Wenn sie nicht direkt durch den Aufprall getötet worden sind, dann starben sie im Flammeninferno. Zwei von ihnen – wahrscheinlich Smith und Domitrovich – werden durch den Aufprall der B-25 aus dem Flugzeug hinausgeschleudert. Ihre Leichen finden Rettungsteams später im 79. Stock.

In dieser Etage sitzen an diesem Samstag Mitarbeiter der National Catholic Welfare Conference (NCWC), einer von der katholischen Kirche getragenen Organisation, die humanitäre Hilfe für die vom Weltkrieg verwüsteten Länder Europas organisiert. Anders als viele hundert Menschen in Manhattan haben die Männer und Frauen von dem Bomber nichts bemerkt. Bis er wie eine Ausgeburt der Hölle von draußen hereinbricht.

Ihre Räume stehen sofort in Flammen; sie werden dort oder auf der Flucht zu den Treppenhäusern vom Feuer eingeholt. Drei Frauen entkommen in ein unzerstörtes kleines Büro auf der Südseite des Hochhauses. Dort schlagen sie in ihrer Not die Fensterscheiben ein, um mehr Luft zu bekommen – dann erreicht der Brand auch diesen Ort.

Paul Dearing ereilt ein anderer Tod. Die zerschmetterte Leiche des Publicity Directors der NCWC wird später auf einem schmalen Gesims in Höhe des 72. Stockwerks gefunden. Bis zu dieser Etage ist das Empire State Building breiter als im oberen Drittel. Dieser Gebäudevorsprung bewahrt Dearing zwar vor einem 300 Meter tiefen Fall, doch schon dieser sieben Stockwerke tiefe Sturz ist tödlich.

Ist er von der Explosion aus dem Fenster geschleudert worden? Oder, von den Flammen eingeschlossen, in Panik hinausgesprungen? Kein Spezialist wird später diese Fragen beantworten können. Dieser Tod aber bewahrt Dearings Körper davor, bis zur Unkenntlichkeit zu verbrennen. Er wird hinterher das erste Oper sein, das die Polizei eindeutig identifizieren kann.

Als sich die 37 Jahre alte Catherine O'Connor von dem Schock des Einschlags erholt hat, ist bereits der größte Teil ihres NCWC-Büros in Flammen aufgegangen. Sie sieht sich um und entdeckt einen Kollegen: Joseph Fountain. Die Kleidung des 47jährigen brennt lichterloh, doch er hält sich noch auf den Beinen.

„Come on, Joe, come on, Joe!" schreit sie ihm zu. Joseph Fountain kämpft sich aus den Flammen und erreicht mit Catherine O'Connor und zwei weiteren Frauen ein kleines Büro an der Südseite. Der dichte Qualm macht ein weiteres Fortkommen unmöglich, vor allem für den schwerverletzten Mann. Die vier beten.

Auch alle anderen Menschen, die sich um 9.49 Uhr zwischen dem 75. und 102. Stockwerk aufhalten, befinden sich in Lebensgefahr. Doch sie haben mehr Zeit als die Männer und Frauen der NCWC, auf die Katastrophe zu reagieren – auch wenn viele nicht einmal wissen, was geschehen ist.

Ein Mann, der über 25 Jahre in China verbracht hat, glaubt an ein verheerendes Erdbeben, wie er es schon im Fernen Osten erlebte.

Andere denken an einen japanischen Kamikaze-Flieger oder an einen Zusammenbruch des gigantischen Wolkenkratzers.

Dramatische Szenen spielen sich auch an den Fahrstühlen ab. Der zweite Motor der B-25 und Teile des Fahrwerks knallen in den Aufzugschacht Nr. 7, reißen die unbesetzte Kabine aus ihrer Aufhängung und stürzen mit dem Lift den 300 Meter tiefen Schacht bis in das unterste Kellergeschoß hinunter. Das 20jährige Liftgirl Betty Lou Oliver hat seinen Lift auf der Südseite des Empire State Building gerade auf dem 75. Stockwerk angehalten und die Tür geöffnet, als brennendes Flugbenzin von oben durch die Aufzugschächte in die Kabine schwappt. Zugleich schleudert die Wucht der Explosion die junge Frau aus der Kabine hinaus auf den Flur.

Dort wird sie – verbrannt, blutend, hysterisch und kaum ansprechbar – von Barbara Brown und Penny Skepko gefunden, zwei Angestellten der Air Cargo Transport Corporation. Die beiden Frauen bringen die Verletzte in ihr Büro und leisten Erste Hilfe. Dann machen sie sich auf, Betty Lou Oliver hinunterzubringen, um die Verletzte ins Krankenhaus zu fahren.

Sie gehen zu dem ebenfalls schwer beschädigten Aufzug Nr. 6, in dem eine andere junge Frau Dienst hat, die zwar durchgeschüttelt worden, aber sonst unverletzt geblieben ist. Barbara Brown und Penny Skepko wollen gerade in den Lift einsteigen, als sie ihren Chef Roy Penzell kommen sehen. Der weist sie an, nicht mit hinunterzufahren und die verletzte Betty Lou Oliver in der Obhut ihrer Kollegin von Aufzug 6 zu belassen.

Die beiden Frauen gehorchen und gehen zurück in ihre Büros. Penzell bleibt auf dem Flur und sieht, wie sich die Tür der Aufzugskabine schließt. Plötzlich hört er einen lauten Knall – und der Lift stürzt in die Tiefe.

Die beschädigten Seile von Aufzug 6 sind gerissen, die beiden jungen Frauen fallen 275 Meter tief ins unterste Kellergeschoß. Der massige Gummipuffer, am Ende jedes Schachtes angebracht, durchschlägt den Kabinenboden. Herabstürzende Metallseile zerschmettern das Dach.

Penzell und seine beiden Angestellten retten sich später über eine Treppe nach unten.

Um 9.49 Uhr sind fünf Aufzugskabinen zwischen dem 66. und dem 102. Stockwerk unterwegs, fast alle ohne Passagiere. Die Kabinen, die nach dem Crash nicht gleich in die Tiefe stürzen, bleiben in den langen Schächten stecken; auf manche regnet brennendes Flugbenzin herab.

Abe Gluck, ein 36 Jahre alter Liftboy, steht während des Crashs mit dem Ticketkontrolleur Sam Watkinson vor seiner Kabine im 80. Stockwerk. Die beiden Männer hören die Explosion. Gluck glaubt an einen Blitzeinschlag oder eine Explosion im Maschinenraum. Zum weiteren Nachdenken bleibt ihnen keine Zeit. Eine Flammenwalze rast auf die beiden zu, und die Männer fliehen den Flur hinunter.

Der 69jährige Watkinson ist langsamer als Gluck, bleibt zurück und wird von den Flammen eingeholt. Gluck hört ihn schreien, kehrt um und zieht den alten Mann aus dem Feuer. Die beiden schleppen sich in ein leeres Büro. Hier bricht Watkinson zusammen. Sein Freund zieht ihn zu einem Fenster, doch dichte Rauchschwaden füllen bald den Raum.

Gluck irrt hinaus in den Qualm, bis er den Eingang zu einem Treppenhaus findet. Er eilt zurück und trägt den bewußtlosen Watkinson einige Stockwerke tiefer zu einer Etage, in der noch Aufzüge funktionieren. Er nimmt den Lift ins 5. Stockwerk, wo sie von Ärzten gefunden werden. Erst jetzt bemerkt er „etwas Feuchtes an meinen Beinen" – sein eigenes Blut.

Auf der schmalen Aussichtsplattform im 102. Stockwerk steht kurz vor dem Unglück Lieutenant Allen Aiman. Er starrt in die graue Nebelwand, als er plötzlich unter sich die B-25 auf das Gebäude zurasen sieht. Er ist viel zu verblüfft, um erschrocken sein zu können. Doch einen Augenblick später überzeugen ihn die Explosion und das Zittern, das durch das gigantische Bauwerk läuft, daß er sich nicht getäuscht hat. Er bringt sich gemeinsam mit seiner Frau unbehelligt in Sicherheit.

Im verglasten Teil der Aussichtsplattform im 86. Stock kommt es zu einer absurden Situation. Brennendes Flugbenzin ist bis hierher hochgespritzt. Und Metallteile der B-25 sind aus dem 79. Stock bis auf die offene Galerie der Plattform geschleudert worden. Schnell dringen Qualm, Flammen und eine große Staubwolke aus den Aufzugschächten ins Innere der Etage. Um Luft hereinzulassen, müssen die drei Wärter die Zugänge zur Galerie draußen aufbrechen, die wegen des schlechten Wetters verschlossen sind – doch in der Aufregung kann niemand die Schlüssel finden.

Dennoch kommt es zu keiner Panik – wohl auch, weil aus den Lautsprechern noch immer sanfte Musik dringt. Als der Manager Frank W. Powell die Besucher zusammenruft und über Treppen hinunter in Sicherheit führt, tut er das zu den Klängen eines langsamen Walzers.

In den Büros der Caterpillar Tractor Company im 80. Stock läuft keine Musik. Arthur E. Palmer und D. J. Norden sind bei der Arbeit, als die Katastrophe über sie hereinbricht. Palmer sitzt an seinem Schreibtisch, als das Flugzeug, das er weder gesehen noch gehört hat, nur wenige Meter unter ihm im Wolkenkratzer einschlägt. Er wird mit seinem Tisch ein Stück hochgeschleudert, dann sieht er Flammen außen am Fenster.

„Das ist eine Bombe der Japaner", denkt er, doch dann riecht er Flugbenzin und glaubt an einen Absturz. Er rennt zum Fenster und sieht hinaus, kann aber wegen der Flammen und des Rauchs nichts erkennen. In diesem Augenblick stürzt eines der Liftgirls in sein Büro. Das Mädchen hat Verbrennungen an Armen und Beinen und will sich in panischer Angst aus dem Fenster stürzen. Die beiden Männer können es aufhalten und beruhigen.

Dann geht Palmer auf den Flur, doch dichter Qualm dringt aus den Aufzugschächten und treibt ihn zurück. Die drei sitzen in einer Falle. Um sich Luft zu verschaffen, öffnen sie ein Fenster. Sie finden einen kleinen Hammer und durchbrechen die Wand zur benachbarten Bürosuite. Als das Loch groß genug ist, kriecht zuerst Norden hindurch, dann schieben die beiden Männer das verletzte Mädchen durch die Öffnung, zuletzt folgt Palmer. Aus diesen Büros erreichen sie ein noch nicht blockiertes Treppenhaus. Sie schleppen sich rund dreißig Stockwerke hinab, bis sie auf ein erstes Rettungsteam stoßen.

Empire State Building, 9.52 Uhr. Hunderte von Menschen sind Zeugen der Katastrophe, und so dauert es nur Sekunden, bis die Telefonleitungen zu Polizei und Feuerwehr heißlaufen. Der erste Feueralarm wird um 9.52 Uhr gegeben – von einem Feuerwehrmann.

Fire Lieutenant William Murphy sieht zwar den Bomber nicht, als er durch die Straßen schlendert, aber er hört die Explosion und bemerkt den Qualm. Er eilt zum Feuermelder an der Ecke Fifth Avenue und 30. Straße. Wenige Sekunden später trifft ein weiterer Feueralarm in der Zentrale ein – aus dem Empire State Building selbst.

William Sharp ist Bauarbeiter und hat gerade im 73. Stockwerk zu tun, als die B-25 in den Wolkenkratzer kracht. Die Wucht von Aufprall und Explosion schleudert ihn gegen eine Wand. Sharp rappelt sich langsam wieder hoch, greift sich eine Schaufel und schlägt den Feuermelder an der Wand ein.

Ein Assistant Manager der Raytheon Manufacturing Company im 53. Stock des Lincoln Building hat dagegen Probleme, seinen Alarm an den Mann zu bringen. Während seine Kollegen nach dem Crash noch aus dem Fenster starren, rennt er zum Telefon und informiert die Flugsicherheit vom La Guardia Airport. Der Mann in der Telefonzentrale hält die Mitteilung, soeben sei ein Flugzeug auf das Empire State Building geprallt, für einen makabren Scherz. Erst nach mehrmaliger Beteuerung schenkt er der Nachricht Glauben. Der Manager von Raytheon informiert auch den Tower vom Mitchell-Field-Flughafen und das militärische Hauptquartier der Eastern Sea Frontier. In allen Fällen ist er der erste, der diese Stellen vom Unglück informiert.

41 Wagen von 23 Feuerwachen rasen zum Empire State Building, wo sie gegen zehn Uhr eintreffen. Fire Commissioner Patrick Walsh und seine Männer haben das höchste Feuer zu löschen, das jemals in einem Gebäude ausgebrochen ist. Den bisherigen, nun um mehr als 40 Stockwerke überbotenen Rekord hielt das Sherry-Netherlands-Hotel in Manhattan, dessen obere Stockwerke 1927 in Brand gerieten.

Die meisten seiner Leute schickt Walsh zu den Flammen hinauf, die in 280 Meter Höhe die Etagen verwüsten. Andere weist er an, ins unterste Kellergeschoß zu gehen. Dort liegen die Trümmer der Aufzugskabinen 6 und 7 und Flugzeugteile. An manchen Stellen lodern kleine, von verspritztem Flugbenzin genährte Brände.

Die Arbeit der Feuerwehr ist einfacher als zunächst befürchtet. Bis zum 60. Stock fahren die Männer mit dem Aufzug hoch. Dann sind es noch 18 Etagen, die sich die Feuerwehrleute, beladen mit schwerer Lösch- und Atemschutzausrüstung, durch die verqualmten Treppenhäuser hochkämpfen müssen, um zum Feuer zu gelangen.

Aber selbst in diesen arg ramponierten Stockwerken funktioniert die Hauptwasserleitung noch; kein wichtiges Rohr des 100 Kilometer langen Leitungssystems im Hochhaus ist zerstört worden. Die Männer können ihr großes Löschgerät anschließen und den Brand von Anfang an massiv bekämpfen. Schlimmer als die Flammen ist der dichte Qualm. Einige Männer brechen trotz ihrer Atemschutzgeräte mit Rauchvergiftungen zusammen und müssen versorgt werden.

Ärzte und Sanitäter des Bellevue Hospital kümmern sich um die Verletzten. Auch Geistliche beteiligen sich an den Rettungsarbeiten. Einige eilen aus Kirchen herbei, andere gehören zu den Überlebenden der NCWC, die nach ihrer Flucht nun mit Feuerwehr und Sanitätern zurückkehren. Sie spenden den Toten, mit denen sie noch vor wenigen Minuten gesprochen haben, das Sterbesakrament.

Auf ihrem gefährlichen Weg zur Einschlagstelle stoßen die Rettungsteams nach und nach auf die Opfer der Katastrophe. Es sind verkohlte Leichen, die einige der Männer an die Opfer des gerade beendeten Krieges in Europa erinnern.

Doch manchmal kommt es auch zum Happy-End. Der 26jährige Harold J. Smith sitzt zum Zeitpunkt des Unglücks in seinem Büro im 62. Stock. Er rennt zum Fenster, sieht nach oben und entdeckt über sich drei Frauen, die sich weit aus dem Fenster lehnen und verzweifelt winken, weil sie von Rauch und Flammen eingeschlossen sind. Er stürzt ins Treppenhaus, wo er auf einen Feuerwehrtrupp trifft. Er führt die Männer in das Stockwerk, in dem er die Frauen vermutet. Er hat sich nicht verrechnet: Die Feuerwehr kann drei Frauen und einen Mann vor dem Ersticken retten. Es sind Catherine O'Connor, zwei Kolleginnen und der schwerverletzte Joseph Fountain von der NCWC.

Während sich die Rettungsteams durch die Trümmer kämpfen, versorgen auf den unteren Etagen und auf den Straßen 25 Ärzte, 24 Schwestern, 13 Sanitäter und rund 15 Rotkreuzhelfer die Menschen, die aus dem Wolkenkratzer strömen. 15 Ambulanzwagen sind zur Unglücksstelle gerast und pendeln danach zwischen dem Büroturm und den Krankenhäusern der Stadt. Über 400 Polizisten sind im Einsatz.

In einer Lobby des Wolkenkratzers haben die Helfer ein Nothospital eingerichtet. Einige der Opfer leiden unter Rauchvergiftungen und Verbrennungen, andere unter Brüchen, Schnittwunden oder anderen Verletzungen; viele müssen wegen Schocks behandelt werden. Oder sie sind völlig ausgepumpt, weil sie sich oder andere aus höchster Gefahr gerettet haben oder weil sie 70, 80 oder noch mehr Stockwerke hinuntergelaufen sind. Genau 1860 Treppenstufen sind es vom 102. Stockwerk bis zur Straße, mehr als dreimal soviel wie vom Turm des Kölner Doms hinab.

Viele Mitglieder der Rettungsteams und auch manche ins Freie taumelnde Opfer sind für eine andere Hilfe dankbar, die das New Yorker Rote Kreuz in staunenswerter Schnelligkeit erbringt. Nur wenige Minuten nach dem ersten Alarm erreichen zwei Küchenwagen aus der nahe liegenden New Yorker Zentrale den Wolkenkratzer, mit 230 Litern frisch aufgebrühten Kaffees und unzähligen Doughnuts.

New Yorks Bürgermeister Fiorello La Guardia ist gerade vor dem Rathaus angelangt, als er in seinem Wagen über Funk von dem Feuerwehralarm erfährt. Er läßt alle Termine absagen und weist den Fahrer an, ihn sofort zur Unglücksstelle zu bringen. Kurz darauf kann man den Bürgermeister sehen, wie er vom 60. Stock an die Treppen hinaufsteigt, über die Kaskaden schmutzigen Löschwassers in die Tiefe rauschen.

Er kommt so früh im 79. Stock an, daß er die Löscharbeiten mitverfolgen kann. Obwohl es dort oben „heiß wie in einem Backofen" ist, wie er sich später erinnert, bleibt er 90 Minuten. Als der Bürgermeister die ersten Details erfährt, schüttelt er wütend die Faust. „Ich habe ihnen immer wieder gesagt, nicht über die Stadt zu fliegen!" ruft La Guardia so laut, daß sich die Feuerwehrleute nach ihm umdrehen. Für ihn ist klar, daß die Verantwortung für dieses Unglück bei dem Militärpiloten liegt.

Von der erstaunlichsten Rettungsaktion dieses Tages aber erfährt der Bürgermeister erst später – woraufhin er den Helden auszeichnet und sich stolz mit ihm zusammen von der Presse fotografieren läßt.

Donald Malony ist erst 17 Jahre alt. Er kommt aus Detroit und dient seit neun Monaten bei der Coast Guard in Connecticut als Sanitäter. Er hat frei an diesem Samstag und steht direkt vor dem Empire State Building, als das Unglück geschieht.

Malony springt in das nächstgelegene Gebäude, um sich vor den herabfallenden Trümmern zu schützen. Dann rennt er in den Drugstore im Parterre des Empire State Building. „Gib mir Morphium, Spritzen, Nadeln und Erste-Hilfe-Sets!" ruft er dem Verkäufer zu. Er trägt an diesem Tag die Uniform der Coast Guard, ein aufgenähtes Rotes Kreuz weist ihn als Sanitäter aus. Deshalb gibt ihm der Angestellte im Drugstore sofort den größten Erste-Hilfe-Satz, den er finden kann.

Und deshalb nehmen ihn auch die Feuerwehrmänner mit, die gerade hereinstürzen, um sich im Keller an die brennenden abgestürzten Aufzugskabinen heranzuwagen. Sie schlagen ein Loch in die Aufzugskabine 6, die aus der 75. Etage hinuntergeknallt ist. Malony kriecht als erster hindurch, weil er den schmächtigsten Körper hat. Niemand erwartet ernsthaft, noch Überlebende zu finden.

Doch Betty Lou Oliver und ihre Kollegin leben noch, schwer verletzt zwar, doch sie sind bei Bewußtsein. Techniker vermuten später, daß die automatischen Sicherheitsvorkehrungen im Schacht den Fall der Kabine so weit verlangsamt haben, daß die beiden jungen Frauen durch den Aufprall nicht zerschmettert wurden.

Malony leistet Erste Hilfe, danach eilt er nach oben, findet drei Verletzte im 70. Stock und trägt sie nacheinander zu anderen Rettungsteams in Stockwerken darunter. Anschließend hilft er bei den Rettungsaktionen in der 79. Etage.

Am berühmtesten aber wird sein erster Einsatz. Denn als er in den Fahrstuhl kriecht, ruft Betty Lou Oliver aus: „Thank God, the Navy's here! I'll be okay now."

Nach 40 Minuten kann der Fire Commissioner die meisten seiner Männer nach Hause schicken. Die Brände sind niedergekämpft, langsam verzieht sich der Rauch aus den mit Löschwasser überfluteten Etagen. Einige der Feuerwehrleute müssen noch die Überlebenden in den steckengebliebenen Aufzügen befreien, was eine weitere halbe Stunde dauert. Andere machen sich in den verwüsteten Etagen an die Aufräumarbeiten und versuchen, die Leichen zu identifizieren.

Noch herrscht Unklarheit, wie viele Menschen sich zum Zeitpunkt des Unglücks im 78. und 79. Stock befunden haben, wie viele entkommen konnten – und wie viele nicht. Manche Opfer sind so verstümmelt, daß sich nicht einmal mehr ihr Geschlecht erkennen läßt. Ein Mann findet Reste eines Propellers, die sich in eine Wand hineingebohrt haben, und ein Stück Stoff mit der Aufschrift: „Do not remove from plane No. 0588".

Times Building, New York City, 10.00 Uhr. David H. Joseph ist City Editor der „New York Times". Er ist für die gesamte New Yorker Berichterstattung des Weltblattes verantwortlich und sitzt bereits an der Arbeit, als die ungeheure Explosion Manhattan erschüttert. Er muß nicht lange warten, um herauszufinden, was geschehen ist. Die Mitarbeiter der Telefonzentrale im 11. Stock auf der Südseite des Times Building haben den besten Blick auf den getroffenen Büroturm. Sie rennen hinunter und informieren Joseph.

Der wirft sofort die gesamte Struktur der Zeitung um. Die Sonntagsausgabe soll zwar von der japanischen Front berichten und von der Ratifizierung der Uno-Charta durch den US-Senat, doch diesem Unglück in Manhattan gibt Joseph den größten Raum.

Frank S. Adams ist einer der besten Reporter – und hat seinen freien Tag. Joseph ruft ihn zu Hause in Queens an und beauftragt ihn, die „lead-all story" zu schreiben, den längsten Artikel über die Katastrophe.

Auch Adams' Kollegen bekommen zu tun. Ein Reporter soll Menschen interviewen, die zum Zeitpunkt des Unglücks im Empire State Building waren; ein anderer Augenzeugen in Manhattan befragen, die von den letzten Sekunden des Fluges erzählen können. Wieder andere Mitarbeiter – insgesamt setzt die Zeitung 25 Reporter ein – eilen zu den Zentralen von Feuerwehr und Polizei, in die Krankenhäuser und zum Roten Kreuz, zum Rathaus und auf den La-Guardia-Flughafen.

Die „New York Times" druckt Stories über die ersten Radiomeldungen ebenso wie Portraits des Piloten Smith und seiner zwei Mitflieger. Kleinere Artikel widmen sich spektakulären Einzelschicksalen, etwa Betty Lou Olivers Sturz und ihrer Rettung durch Malony.

Der Funkverkehr von Lieutenant Colonel Smith mit dem La-Guardia-Flughafen und die fatale Flugfreigabe sind eine Story wert, dazu kommt ein Hintergrundbericht über die Sicherheitsregeln für Flugzeuge. Ein Reporter befragt Erzbischof Francis J. Spellman, dessen Gebet für die Opfer im Wortlaut abgedruckt wird. Schließlich folgt eine Liste aller Verletzten und der Toten, die bis in die Nacht auf Sonntag identifiziert werden können.

Neben den Texten sollen vor allem Fotos dem Leser einen drastischen Eindruck von der Katastrophe geben. Ernie Sisto, Bildberichterstatter bei der „New York Times", vergißt sein schmerzendes Magengeschwür und schleppt seine schwere Speed-Graphic-Kamera in den 81. Stock. Er blickt von dieser etwas erhöhten Position auf das Loch des Einschlags, dann schraubt er ein Weitwinkelobjektiv vor die Kamera.

Es gelingt ihm, einige Feuerwehrleute zu einem waghalsigen Manöver zu überreden: Er setzt sich auf eine Fensterbank, die Feuerwehrmänner halten ihn an den Fußknöcheln fest – und Sisto lehnt sich weit hinaus in die Tiefe. Aus dieser spektakulären Position macht er etliche Aufnahmen. Eines der Fotos ziert am nächsten Tag dreispaltig die Titelseite unterhalb der Schlagzeile.

Wer ein Radio eingeschaltet hat, muß nicht bis zur Sonntagsausgabe der Zeitungen warten, um sich über den Crash zu informieren. Manche Stationen sind beinahe live dabei. Edwin P. Kenny, ein Techniker des Senders WOR, steht gerade auf dem Dach des 25 Stockwerke hohen Gebäudes, um Wettermeßgeräte abzulesen, als er die B-25 am Empire State Building zerschellen sieht.

Er rast hinunter in die Aufnahmestudios und berichtet dem Ansager von dem Unglück. Der unterbricht sofort das Programm und bringt die erste Meldung – fast zeitgleich mit den ersten Telefonanrufen um 9.49 Uhr.

Manhattan, 29. Juli 1945, der Tag danach. Die New Yorker starren auf das schwarzverkohlte Loch in der Nordfassade des höchsten Gebäudes der Welt. Viele staunen, daß der ungeheure Aufprall keine bedeutenden Schäden in der Statik des Wolkenkratzers angerichtet hat. Sie staunen auch, daß der Brand recht leicht bekämpft werden konnte und daß relativ wenige Opfer zu beklagen sind. Nicht auszudenken, was geschehen wäre, wenn Lieutenant Colonel Smith an einem Montag gestartet wäre.

Dennoch bleibt das Unglück entsetzlich genug: 14 Tote, 25 Verletzte und Sachschaden in Höhe von einer Million Dollar – eine hohe Summe im Vergleich zu den Baukosten von 25 Millionen Dollar im Jahre 1931. Die Army übernimmt alle Kosten.

Viele Verletzte können nach kurzer Behandlung wieder entlassen werden, die meisten sind schon am Samstagnachmittag wieder zu Hause. Betty Lou Oliver aber liegt mit schweren Verbrennungen und mehreren Knochenbrüchen 18 Wochen lang im Bellevue Hospital.

Feuerwehrleute, Reporter, Techniker, Ingenieure, Vertreter von Stadt und Army haben schon Samstag mittag begonnen, die am schwersten beschädigten Teile des Wolkenkratzers zu untersuchen. Noch Stunden später stürzten Glasstücke auf die abgesperrten Straßen. Doch schon bald kann Hugh A. Drum, Präsident der Eigentümer- und Betreibergesellschaft des Empire State Building, vor der Presse feststellen, daß der Bau keine ernsten strukturellen Schäden erlitten habe.

Erzbischof Francis J. Spellman liest am Sonntag in der St. Patrick's Cathedral an der Fifth Avenue vor 1000 Gläubigen die erste Totenmesse. Bereits in der Nacht hat er zu dem Unglück gesagt: „Die klaffende Wunde in dem Gebäude ist ein karges Symbol für die Ruinen in den Herzen derer, die ihrer Liebsten beraubt wurden und die in vielen Fällen nicht einmal in der Lage sind, ihre geliebten Angehörigen zu identifizieren."

An diesem Sonntag sind alle Aufzüge des Empire State Building bis zum 67. Stock wieder in Betrieb. Zwischen der 67. und der 80. Etage fahren immerhin fünf Kabinen. Die Aussichtsplattformen im 86. und 102. Stockwerk bleiben vorerst geschlossen. Die Löcher in der Nord- und Südfassade des Bauwerks werden provisorisch mit Planen und Brettern verkleidet. Die Reparaturen dauern zwölf Monate, dann steht der Wolkenkratzer wieder so da, als wäre nie etwas geschehen.

Nie wird endgültig geklärt, wie es zu dem Unglück gekommen ist. „Wenn der Pilot dort geblieben wäre, wo er hingehörte, dann hätten wir keine Probleme", erklärt Bürgermeister La Guardia am 29. Juli vor der Presse. Die Army setzt eine Kommission ein, die keine eindeutigen Ergebnisse vorlegt – aber der Tower-Besatzung von La Guardia vorwirft, der B-25 die Freigabe für den Flug über Manhattan nicht verweigert zu haben.

Erwiesen ist, daß Smith von Anfang an nicht auf der Mindesthöhe von 2000 Fuß flog, als er Manhattan erreichte. Aber weshalb tauchte er dort plötzlich im Tiefflug aus dem Nebel auf?

War es der Leichtsinn eines im Kriege übermütig gewordenen Piloten, der seinen beiden Mitfliegern am Ende eines langen Überlandflugs etwas bieten wollte? Der ihnen vielleicht „einmal New York zeigen" wollte und in den Steinschluchten in eine unentrinnbare Falle geriet? Hatte er Probleme mit den Instrumenten? Glaubte er sich auf der vorgeschriebenen Höhe und erkannte seinen Irrtum erst, als plötzlich die ersten Wolkenkratzer vor ihm lagen?

Andere Augenzeugen glauben, die B-25 habe Motorprobleme gehabt. Dagegen spricht, daß der Bomber mit mindestens 200 Meilen pro Stunde in das Empire State Building gerast ist. Ein Zeuge sagt gar aus, daß er die Maschine mit ausgefahrenem Fahrwerk gesehen habe, „als wollte der Pilot so die Geschwindigkeit abbremsen". Wieder andere meinen, Smith habe Probleme mit Steuer- und Höhenruder gehabt.

Das könnte durchaus die Ursache für den Crash gewesen sein. Doch alle Zeugen haben die B-25 nur wenige Sekunden lang unter schlechten Wetterverhältnissen gesehen. Niemand hatte Zeit, den Todesflug eingehend zu beobachten.

New York wäre nicht New York, würden nicht auch bei diesem Unglück sofort einige Leute ein Geschäft wittern. Edward Blod und zwei weitere Hobby-Astronomen richten normalerweise nachts ihre Teleskope vom Dach eines Hochhauses an der 42. Straße auf den Sternenhimmel. Am Morgen des 29. Juli aber bauen sie ihre Geräte mit dem ersten Sonnenlicht um. Gegen Geld kann jeder Neugierige durchs Teleskop einen Blick auf die zerschmetterte Fassade hoch oben am Empire State Building werfen.

Die Schaulustigen stehen in langen Schlangen vor der neuen Attraktion an.

CAY RADEMACHER

Die letzte Fahrt der »Thresher«

*Am Morgen des 10. April 1963 startete
die »Thresher«, das modernste Atom-U-Boot der U.S. Navy,
zu ihrem ersten Tieftauchversuch vor der Ostküste der
USA. Immer weiter ließ der Kommandant sein Boot in die Tiefen
des Atlantiks absinken, bis plötzlich der Funkkontakt abriß.
Wochenlang suchte eine Armada nach den 129 Mann der
Besatzung – vergebens. Erst sehr viel später stellte sich heraus,
was sich an Bord von SSN-593 abgespielt hatte.*

Es ist 8 Uhr morgens am Dienstag, dem 9. April 1963. Der Himmel ist klar, es ist fast windstill, die Sonne zaubert unzählige Reflexionen auf die Wellen des Atlantischen Ozeans. Als das Atom-U-Boot langsam aus dem Hafen der Navy-Werft von Portsmouth, US-Bundesstaat New Hampshire, gleitet, sieht es aus wie ein träge an der Wasseroberfläche schwimmender riesiger Raubfisch. Der mattschwarze Rumpf liegt so tief im Wasser, daß die wahre Länge des Schiffes schwer zu schätzen ist. Der schmale Turm erreicht gerade die Deckshöhe der an den Kais vertäuten kleineren Überwasserschiffe.

Das Schiff hat die offizielle Typennumerierung SSN-593 und heißt „Thresher" – nach der amerikanischen Bezeichnung für eine aggressive Hai-Art: ein passender Name für das modernste und gefährlichste Angriffs-U-Boot auf den Weltmeeren.

Kommandant ist Lieutenant Commander John Wesley Harvey. Dies ist seine erste Fahrt als Kapitän. Der 35jährige hat 1950 die Elite-Akademie der Navy in Annapolis absolviert – als Achtbester von 696 Kadetten. Er war drei Jahre lang Offizier auf der „Nautilus", Amerikas erstem Atom-U-Boot, und hat dabei die legendäre Fahrt unter dem Eis des Nordpols mitgemacht. Vor drei Monaten ist er zum Kommandanten der „Thresher" ernannt worden. Doch bis jetzt hat er

„sein" Schiff nur im Hafen kennenlernen können, denn es war, nach ersten Testfahrten, zu einer routinemäßigen neunmonatigen Überprüfungsphase in Portsmouth angedockt. Jetzt ist es endlich soweit, daß sich die „Thresher" wieder in die Tiefen des Ozeans wagen soll.

Die von dem Atomreaktor gespeisten Dampfdruckturbinen werden hochgefahren. Deren gleichmäßiges, tiefes Brummen ist überall im Schiff zu hören und zu spüren. Der Steuermannsmaat bläst die Bootspfeife. Die achtern an Drähten befestigte Flagge wird eingeholt, dafür eine kleinere am hinteren Ende des Turmes gesetzt. Harvey befiehlt: „Rig ship for diving!"

Im normalen Einsatz muß das Atom-U-Boot monatelang getaucht durch den Nordatlantik schleichen können. Verglichen damit ist dieses Unternehmen eine Kaffeefahrt, aber eine sehr wichtige: Zwei Tage lang soll die „Thresher" vor der amerikanischen Ostküste Tauchfahrten machen. Es gilt, das Schiff nach den Arbeiten auf der Werft gründlich zu testen. Das U-Boot fährt deshalb unbewaffnet hinaus. Ihre „Subrocs" – mit Atomsprengköpfen bestückte Zwitter aus Rakete und Torpedo, mit denen bis zu 50 Kilometer entfernte Schiffe angegriffen werden können – sind an Land geblieben. Dafür drängeln sich mehr Männer an Bord als normalerweise: drei Offiziere der Navy-Werft von Portsmouth, ein Stabsoffizier sowie 17 Zivilisten, darunter Techniker und Ingenieure der Werft. Insgesamt 129 Mann.

Drei Schlepper verabschieden das Atom-U-Boot mit tutenden Nebelhörnern; drei Kinder, deren Väter an Bord sind, drücken auf die Hupen der elterlichen Autos. Weil es eine kurze Fahrt werden soll, schenken nur wenige der „Thresher" besondere Aufmerksamkeit. Die Männer haben versprochen, rechtzeitig zur großen Party in der Werft zurück zu sein. Am 11. April jährt sich zum 63. Male der Tag, an dem die U.S. Navy ihr erstes U-Boot übernommen hat.

Die „Thresher" ist nicht das erste Atom-U-Boot der USA, aber das erste, das die bis heute gebräuchliche extreme Stromlinienform hat. Sie ist das Leitschiff einer neuen Klasse, von der insgesamt 14 U-Boote gebaut werden. Die Kosten sind geheim. Schätzungen belaufen sich auf 45 bis 55 Millionen Dollar pro U-Boot, nach damaligem Wechselkurs ungefähr 180 Millionen Mark.

Der 84,9 Meter lange Rumpf ist aus widerstandsfähigem HY-80-Stahl gefertigt und hat die gerundete Form eines Wals. Ein kleiner Turm ragt aus seinem vorderen Drittel. Am schmal zulaufenden Heck sitzen Höhen- und Seitenruder, am Turm sind zusätzlich kleine, wie Flügel aussehende Stabilisierungsruder angebracht. Wenn Matrosen über Wasser auf Deck zu tun haben, müssen sie Schuhe mit speziellen

Haftsohlen tragen, damit sie auf dem glatten, gerundeten Rumpf nicht abrutschen. Alles an diesem Schiff ist auf eine optimale Unterwasserfahrt ausgelegt.

Als die „Thresher" am 9. April zunächst aufgetaucht fährt, drückt sie eine weiß schäumende Bugwelle vor sich her und ist vergleichsweise langsam und unbeholfen. Unter Wasser jedoch wird sie agil wie ein Fisch. Sie kann auf engstem Raum wenden, abrupte Kursänderungen ausführen, schneller als ein Fahrstuhl in die Tiefe sinken oder so rasch auftauchen, daß der Rumpf wie ein springender Wal die Wasseroberfläche durchbricht. Überall sind im Inneren Haltegriffe angebracht, damit sich die Männer bei solchen Manövern festhalten können. Dieser 4300 Tonnen verdrängende Koloß ist unter Wasser beweglicher als ein kleines Flugzeug in der Luft.

In der schnörkellosen Sprache der Navy ist die „Thresher" ein „Hunter-Killer-Submarine". Ihre Aufgabe: das Aufspüren und Vernichten feindlicher U-Boote. Ihr Bug besteht komplett aus einer autogroßen AN/BQQ-2-Sonaranlage, mit deren Hilfe sie Unterwassergeräusche anderer Schiffe fast metergenau lokalisieren kann. Die Sonaranlage läßt keinen Platz mehr für Torpedorohre, so daß diese – je zwei auf einer Seite – in Höhe des Turmes im Rumpf sitzen, im Winkel von rund zehn Grad aus der Schiffsachse ragend.

Herzstück der „Thresher" ist ein S5W2-Atomreaktor, eine verhältnismäßig kleine wassergekühlte Anlage – das Atom-U-Boot-Standardmodell der Navy. Er bringt umgerechnet rund 15 000 PS Leistung und speist nicht nur die Antriebsturbinen mit Dampf, sondern versorgt auch die Luft- und Wasseraufbereitung mit Energie. Die „Thresher" kann mit einer einzigen Uranladung theoretisch eine knapp 200 000 Kilometer lange Tauchfahrt unternehmen, also fünfmal nonstop um die Erde fahren – bei einer Unterwassergeschwindigkeit von bis zu 55 Kilometern pro Stunde.

Kein Außenstehender weiß genau, wie tief die „Thresher" tauchen kann, denn das hält die Navy geheim. Doch ist sie wohl für mindestens 330 Meter Tiefe konzipiert – ungefähr das Dreifache dessen, was den meisten U-Booten des Zweiten Weltkrieges zugemutet werden konnte. Die am 9. April beginnende Fahrt soll mit einem Abtauchen auf die „maximale Testtauchtiefe" enden.

Das U-Boot wird von der „Skylark" begleitet, einem kleinen Spezialschiff, das die Testfahrt überwachen sowie das Wassergebiet über der „Thresher" von anderen Schiffen freihalten soll. Die „Skylark", geführt von Lieutenant Commander Stanley Hecker, ist nicht viel mehr als ein kleiner, marinegrau gestrichener Kutter. Sie dient auch als Rettungsschiff, denn bei Routine- und Testfahrten in tückischen atlantischen Gewässern hat die Navy schon einige U-Boote verloren.

Zum Beispiel die S-51, die am 25. September 1925 vor der Küste Rhode Islands bei einer Überwasserfahrt ein Dampfer rammte und versenkte. Nur drei Mann überlebten. Zwei Jahre später kollidierte ihr Schwesterschiff, die S-4, vor Provincetown mit einem Zerstörer der Küstenwacht. Sechs Männer schlossen sich im Torpedoraum des sinkenden Bootes ein, dem Rest der Besatzung – 34 Mann – gelang es, die am weitesten achtern gelegene Abteilung zu erreichen. Das Boot lag in weniger als 40 Meter Wassertiefe, doch wegen schlechten Wetters und mangelhafter Ausrüstung gelang es der Navy nicht, es zu heben. Taucher ließen sich hinab und konnten sich eine Zeitlang per Klopfzeichen mit den Eingeschlossenen verständigen – bis diese jämmerlich erstickten.

Besonders dramatisch war die Unglücksfahrt der „Squalus", die am 23. Mai 1939 während einer Testfahrt infolge eines technischen Defekts nur wenige Meilen vor Portsmouth unterging. 26 Männer ertranken, 33 weitere konnten sich in einen wasserdicht abschließbaren Teil des Rumpfes retten. Der Navy gelang es diesmal, innerhalb weniger Stunden eine Tauchkapsel an das Wrack zu bringen und die Männer zu bergen.

Schließlich ging noch im Juni 1941, kurz vor dem Eintritt der USA in den Zweiten Weltkrieg, die 0-9 durch einen Unfall vor Portsmouth verloren. Insgesamt starben 133 Männer bei diesen Katastrophen. Alle Unglücksfälle spielten sich in weniger als 150 Meter Wassertiefe ab.

Für solche Fälle trägt die „Skylark" eine McCann-Rettungstauchkapsel an Bord, das gleiche Modell jener Kapsel, deren Einsatz den 33 Männern der „Squalus" das Leben gerettet hat. Diese kann allerdings nur bis zu einer Tiefe von rund 260 Metern eingesetzt werden, reicht also weder bis zur maximalen Tauchtiefe der „Thresher" hinab noch gar bis zum Meeresboden an der Stelle, wo das Atom-U-Boot seine Tieftauchtests durchführen will: Dort ist die See über 2500 Meter tief.

Während der Tauchfahrten verständigen sich „Thresher" und „Skylark" mit dem sogenannten „Unterwasser-Telefon", mittels elektrisch erzeugter Schallwellen. Das Mikrofon für diese Anlage ist mitten im Kommandoraum der „Thresher" installiert. Es ist die einzige Möglichkeit, permanent Kontakt zu halten. Allerdings ist diese Art der Kommunikation unzuverlässig und undeutlich: Viele Meldungen erreichten das andere Schiff nur verstümmelt oder gar nicht.

Die „Skylark" begleitet die „Thresher" hinaus auf südöstlichem Kurs. Während der gut vierstündigen Überwasserfahrt kalibrieren die Männer an Bord Radar und Sonar, testen die Seiten- und Tiefenruder und prüfen Reaktor und Dampfturbinen. Gegen 12.30 Uhr – die „Thresher" und ihr Begleitschiff befinden sich jetzt etwa 50 Kilometer südöstlich von Portsmouth – erschallt der Befehl „Dive, dive!" Der Bordingenieur meldet: „Klar zum Tauchen!" Die Bordsirene heult zweimal kurz auf.

In der Kommandozentrale sitzen die *planesmen*, die jetzt mit Steuerknüppeln die Tiefenruder langsam und gleichmäßig auf abwärts stellen. Neben ihren Plätzen befindet sich der „Weihnachtsbaum", eine mit Lämpchen gespickte Kontrolltafel. Jedes informiert über ein Ventil, eine Luke, eine Torpedorohrabdeckung und weitere Öffnungen im Rumpf: rot, wenn das entsprechende Teil geöffnet; grün, wenn es geschlossen ist. Jetzt sind alle Lichter grün.

Fauchend und rumpelnd entweicht die Luft aus den großen Ballasttanks. Das U-Boot wird binnen weniger Augenblicke vom Meer verschluckt. Es verschwindet in den relativ flachen Küstengewässern. In ungefähr zehn Meter Tiefe checkt die Besatzung alle Systeme. Das Schiff wird vor allem auf Wasserdichtigkeit untersucht, Antrieb und Steuerung werden erneut geprüft. Mehrere Fahrten mit voller Kraft gehören zum Programm. Gegen 21.00 Uhr beendet Kommandant Harvey diese Tests – er ist rundum zufrieden. Atom-U-Boot und Begleitschiff gehen erneut auf Kurs Südost. Ihr Ziel: Der Rand des Kontinentalsockels – dort, wo der Meeresboden so tief abfällt, daß die „Thresher" in extremere Tauchtiefen vorstoßen kann.

Am Mittwoch, dem 10. April, gibt die „Skylark" um 7.45 Uhr ihre Position mit 41 Grad 46 Minuten Nord, 65 Grad 3 Minuten West durch. Die „Thresher" befindet sich gut 3100 Meter weiter südöstlich, ungefähr 350 Kilometer vor Portsmouth. Die See ist ruhig, mit leichtem Nordwind; die Sicht beträgt 16 Kilometer; weit und breit ist kein anderes Schiff auszumachen.

Um 7.47 Uhr beginnt die „Thresher" mit dem Abstieg auf die maximale Tauchtiefe. Harvey meldet dem Begleitschiff, daß er sechs Stunden unter Wasser bleiben möchte. Die „Skylark" hält per Unterwasser-Telefon Kontakt. Sie verfügt über eine Sonaranlage mit einer Reichweite von gut 3400 Metern, doch gelingt es damit nicht, die „Thresher" zu orten. Die „Skylark" ist nun eine Art blinder Wächter, dessen Informationen über das Geschehen in der Tiefe ausschließlich auf dem wenig zuverlässigen Unterwasser-Telefon beruhen.

Die „Thresher" gleitet mit dem Neigungswinkel eines landenden Zeppelins langsam in die Tiefe. Bei dieser Testfahrt geht es – anders als etwa beim Alarmtauchen – nicht nonstop hinunter, sondern in vorsichtigen Schritten, zunächst auf 200 Fuß, gut 60 Meter. Ein kurzer Check, dann sinkt die „Thresher" erneut tiefer. Alle 100 Fuß fängt Kapitän Harvey das U-Boot ab und bringt es in die Horizontale. Mit jedem Meter Wassertiefe nimmt der Druck pro Quadratmeter Fläche um eine Tonne zu – in 300 Meter Tiefe würden 300 Tonnen auf jeden Quadratmeter des walförmigen Rumpfes pressen.

Kein U-Boot ist vollständig dicht. Nach jedem 100-Fuß-Schritt suchen die Männer deshalb ihre Abteilungen ab und geben Meldungen zur Kommandozentrale durch. Sie tragen Kopfmikrofone wie Piloten und Fluglotsen, um ihre Beobachtungen sofort weitergeben zu können. Winzige Lecks treten auf, vor allem an den Buchsen, an Ventilen, Torpedorohren und Luken – überall dort, wo die glatte Außenhaut durchbrochen wird. Meist werden nur wenige Tropfen hereingepreßt – das U-Boot „weint" an dieser Stelle, sagen die Matrosen.

Als eine Tiefe von 300 Fuß, gut 90 Metern, erreicht ist, sammelt Harvey die Informationen aus allen Abteilungen. Er entscheidet, daß keine davon bedrohlich ist, und läßt die „Thresher" weiter abtauchen. Die Männer merken, daß sie große Tiefen erreichen: Sie hören, wie ihr Boot von dem immensen Druck zusammengepreßt wird. Überall in dem langen Zylinder knackt der Stahl unter der Belastung.

Ein U-Boot sinkt, weil Wasser in Ballasttanks hineingelassen wird; es steigt wieder auf, wenn es mit Preßluft hinausgedrückt wird. Doch je tiefer es sinkt, desto schwieriger wird es, Wasser gegen den gewaltigen Außendruck aus den Tanks hinauszupressen, um wieder auftauchen zu können. Änderungen der Tauchtiefe werden deshalb in größeren Tiefen normalerweise nicht mehr hauptsächlich vom trägen System der Ballasttanks übernommen, sondern von den großen Tiefenrudern.

Die „Thresher" wird jetzt ähnlich wie ein Flugzeug gesteuert: Die *planesmen* sitzen in Schalensitzen und halten Steuerruder in der Hand, die denen von Jets gleichen. Auf Harveys Kommando hin verstellen sie die Anstellwinkel der Ruder. Doch wie ein Flugzeug braucht auch die „Thresher" eine gewisse – durch die Schraube erzeugte – Eigengeschwindigkeit. Wird ein Flugzeug zu langsam, zum Beispiel durch Pilotenfehler oder Motorausfall, reißt der Luftstrom an den Flügeln ab, und es stürzt ab. Auch die „Thresher" hat bei gefluteten Ballasttanks eine bestimmte *stalling speed*. Würde diese Geschwindigkeit unterschritten werden, nützten ihr alle Tiefenruder nichts mehr: Das Atom-U-Boot würde unkontrollierbar in die Tiefe sacken.

Um 7.52 Uhr meldet sich die Besatzung der „Thresher" und gibt ihre Tauchtiefe mit 400 Fuß (122 Meter) an. Es gebe keine Schwierigkeiten, die eigentlichen Tieftauchversuche könnten beginnen. Um 8.00 Uhr teilt die „Thresher" ihren derzeitigen Kurs mit. „Skylark" meldet „verstanden" und gibt ihrerseits die eigene Position bekannt. An Bord des Begleitschiffes verzichtet Kapitän Hecker allerdings darauf, den Kurs des Atom-U-Bootes zu „plotten", das heißt, in eine Seekarte einzutragen.

Um 8.09 Uhr meldet die „Thresher", daß sie die Hälfte ihrer maximalen Tauchtiefe erreicht habe. In der nächsten knappen halben Stunde unterzieht Harvey sein Schiff einer umfangreichen Prüfung. Die „Skylark" wird darüber und über weitere Kursänderungen auf dem laufenden gehalten. Um 8.35 Uhr informiert die „Thresher", daß sie nunmehr den Abstieg zur maximalen Tauchtiefe beginne.

Weitere Routinemeldungen folgen, allerdings wird die Qualität der Verbindung schlechter. Um 9.02 Uhr bittet die „Skylark" um eine aktuelle Kursangabe – eine Frage, die beim Atom-U-Boot nur verstümmelt ankommt, denn dort antwortet man: „Bitte wiederholen." Um 9.09 Uhr erreicht die „Thresher" ihre maximale Testtauchtiefe von etwa 330 Metern. Eine Minute später sendet sie eine Kursänderung zur „Skylark" hoch. Bis zu diesem Zeitpunkt gibt es von seiten der „Thresher" nicht das geringste Anzeichen dafür, daß irgend etwas unnormal verläuft.

Um 9.12 Uhr kommt es zu einer Überprüfung der schlechter gewordenen Kommunikationsverbindung, einem sogenannten „Gertrude check". Es ist die letzte Routinemeldung.

Um 9.13 Uhr erreicht eine rätselhafte und alarmierende Nachricht die „Skylark": „Experiencing minor difficulties. Have positive up angle. Am attempting to blow. Will keep you informed."

Was sind die „minor difficulties", die „geringfügigen Schwierigkeiten"? „Positive up angle" bedeutet, daß Kommandant Harvey die Tiefenruder angestellt hat, also in höhere Wasserschichten gelangen will. Der nächste Satz ist der alarmierendste: „Versuche anzublasen."

Harvey will offensichtlich Preßluft in die Tanks der „Thresher" pumpen, ohne daß er das Atom-U-Boot zuvor in Tiefen mit weniger starkem Wasserdruck hochgesteuert hat. Das ist eine Verzweiflungsmaßnahme – die ihm nicht gelingt, sonst hätte er nicht „versuche" gemeldet, sondern „habe angeblasen." Der letzte Satz schließlich ist ein leeres Vermächtnis.

Auf der „Skylark" hat bis jetzt Lieutenant James D. Watson das Unterwasser-Telefon bedient. Als jene Meldung eintrifft, drängt sich Kapitän Hecker an das Mikrofon und ruft viermal hintereinander: „Are you in control?" Außerdem gibt er die Position seines Schiffes durch, fragt nach der „Thresher" und meldet, daß die Wasseroberfläche ruhig sei, das Atom-U-Boot also problemlos auftauchen könne.

Keine Antwort.

Die Männer im Funkraum haben den Eindruck, Preßluftgeräusche zu hören. Um 9.16 Uhr empfangen sie eine verstümmelte Nachricht. Sie glauben, die Worte „test depth" – Testtauchtiefe – verstanden zu haben; Watson meint zudem, das voraufgegangene Wort sei „exceeding" gewesen – „überschreiten".

Um 9.17 Uhr kommt eine letzte Meldung durch, praktisch unverständlich. „Nine hundred North" glauben die Männer herauszuhören – eine Positionsangabe. Danach ist die „Thresher" stumm.

Um 9.18 Uhr empfängt Lieutenant Watson Geräusche. Später wird er aussagen, daß sie sich anhörten, als bräche ein Schiff auseinander. Doch andererseits ist die Kommunikationsverbindung in den letzten 20 Minuten schlecht gewesen. Die zuletzt empfangenen rätselhaften Meldungen bedeuten vielleicht nur, daß der Unterwasser-Telefon-Verkehr gestört ist. Kapitän Hecker läßt ab 9.20 Uhr jede Minute eine Meldung in die Tiefe senden.

Die „Skylark" dümpelt auf der rauher werdenden See, Wolken verhängen jetzt den Himmel. Kein Sprechkontakt, keine Sonar-Ortung von der „Thresher", nichts, das an die Wasseroberfläche käme. Der Atlantik hat Amerikas modernstes Atom-U-Boot verschluckt. Mit jeder Minute werden die Männer an Bord der „Skylark" nervöser.

Um 9.40 Uhr fragt Lieutenant Watson, ob man nicht besser das Verschwinden der „Thresher" der Navy melden solle, doch Kapitän Hecker hält das für „zu früh". Um 10.40 Uhr läßt Hecker in zehnminütigen Abständen Handgranaten über Bord werfen. Der Explosionslärm dringt bis in die Tiefsee – ein verzweifeltes Signal, eine Aufforderung an die „Thresher", sofort und unter allen Bedingungen aufzutauchen. Nichts geschieht.

Erst um 10.45 Uhr entschließt sich Hecker zu einem Funkspruch an die Marinebasis in New London, den Heimathafen der „Thresher". Es ist diese Meldung mit der Nummer 101604Z, mit der die Navy erstmals von ihrer größten Katastrophe in Friedenszeiten unterrichtet wird. Hecker meldet, daß sich das Atom-U-Boot wahrscheinlich seiner Testtauchtiefe „genähert" habe und er seit 9.17 Uhr keinen Kontakt mehr habe.

Die alarmierende Information der „Thresher" von 9.13 Uhr („Experiencing minor difficulties") wird nicht erwähnt. Zu allem Überfluß hat die „Skylark" Schwierigkeiten mit der eigenen Funkanlage. Sie kann New London zunächst nicht erreichen und muß die Frequenz wechseln. Meldung Nummer 101604Z geht erst um 12.45 Uhr in der Marinebasis ein.

Der Oberkommandierende der im Atlantik stationierten U-Boote hält sich zu dieser Zeit in Annapolis auf. Er erfährt vom mysteriösen Verschwinden der „Thresher" erst, als er zu seinem Hauptquartier in Norfolk, Virginia, zurückkehrt. Da ist es bereits 14.35 Uhr. Jetzt machen sich Flugzeuge und das Schiff „Recovery" auf den Weg, um der „Skylark" bei der Suche zu helfen.

Admiral George V. Anderson, als Chief of Naval Operations ranghöchster Navy-Offizier, bekommt um 15.35 einen Anruf in seinem Büro im Pentagon. Anderson sorgt dafür, daß innerhalb der nächsten halben Stunde alle wichtigen Militärs und Politiker informiert werden – einschließlich John F. Kennedy. Der Präsident erhält die Nachricht vom Verschwinden des modernsten Atom-U-Bootes der USA also erst über sechs Stunden nach dem Unglück.

Die Suchaktion weitet sich aus. Bis zum Einbruch der Dämmerung sind fünf Zerstörer, eine Fregatte und zwei U-Boote zusätzlich zu den bereits vorhandenen Einheiten im Suchgebiet. Der stellvertretende Oberbefehlshaber der atlantischen U-Boot-Flotte läßt sich abends per Hubschrauber auf eines der Suchschiffe bringen. Hier befragt er Lieutenant Watson und sieht sich das Logbuch an, in das alle Gespräche mit dem Unterwasser-Telefon eingetragen sind. Er erlebt eine böse Überraschung, denn bis jetzt hat niemand auf der „Skylark" von den letzten Meldungen der „Thresher" berichtet. So dauert es fast einen ganzen Tag, bis Politikern und Militärs überhaupt bewußt wird, daß sich ein Desaster ereignet haben könnte. Die besorgniserregenden Indizien häufen sich.

Die „Seawolf", eines der beiden an der Suche beteiligten Atom-U-Boote, fängt rätselhafte elektronische Strahlungen und Unterwassergeräusche auf, die, wie es im Untersuchungsbericht später heißt, „nichts ähnelten, das von menschlichen Wesen hätte erzeugt werden können".

Deutlicher ist eine Spur, die von der „Recovery" gegen 17.30 Uhr entdeckt wird: ein Ölfilm ungefähr sieben Meilen südlich der Position, die das Begleitschiff „Skylark" um 9.17 Uhr innehatte. Außerdem werden einige kartongroße Stücke aus Kork und Plastik aus den Wellen gefischt. Mit Kork ist das Innere des Rumpfes der „Thresher" ausgekleidet, als Isolationsschicht gegen die Kälte der See. Ein Polyethylen-Fetzen sieht aus wie ein Teil einer Kunststoffplatte, wie sie auf amerikanischen Atom-U-Booten als Schutzschilde gegen Radioaktivität montiert werden.

Admiral Anderson entschließt sich, die Angehörigen der „Thresher"-Besatzung zu informieren. Sieben Offiziere, die meisten Kapitäne anderer U-Boote, versammeln sich in Portsmouth und rufen die Familien an. Ihre Nachricht ist kurz: „USS ‚Thresher' ist überfällig. Wir sind dabei, dies zu untersuchen, und werden Ihnen berichten, sobald wir Informationen haben."

Später werden die Namen der 129 Vermißten im Untersuchungsbericht der Navy in einer nüchternen Liste aufgeführt: Name, Vorname, Rang, Personalnummer, Funktion, drei Seiten lang.

Sie verrät nicht, daß Klier, Billy M., EN1 (SS)-P2, 467 68 55, USN, USS „Thresher", so stolz ist auf seinen kleinen Sohn Billy, daß er ihn in einen Kinder-Matrosenanzug gesteckt und sich so mit ihm hat fotografieren lassen. Daß Dawn, die Tochter von Wiggins, Charles L., FTG1-P2, 418 64 79, USN, USS „Thresher", von jetzt an vergebens auf ihren Vater warten wird. Und daß Irene Harvey ihren beiden Söhnen erklären muß, wieso ihr Vater, der sich geehrt fühlte, das modernste Atom-U-Boot der Welt zu kommandieren, von diesem Schiff in den Tod gerissen worden ist. „Der Herr wird sich seiner annehmen", sagt Harveys Mutter zu Reportern.

Einige Frauen fahren zur Werft hinaus. Dort werden sie von Geistlichen der Navy betreut. Journalisten eilen nach Portsmouth, fotografieren weinende Frauen und machen sich auf die Suche nach besonders tragischen Schicksalen – wie beispielsweise dem des Maschinisten Donald J. McCord, der nach der Testfahrt der „Thresher" auf ein anderes U-Boot hatte versetzt werden sollen.

Die „Thresher" hat vor Beginn der Testfahrt den ausdrücklichen Befehl bekommen, sich unter allen Umständen am 10. April um 21.00 Uhr zu melden. Als sie auch da stumm bleibt, ist die letzte schwache Hoffnung auf ein glückliches Ende dahin. Gegen 23.30 Uhr ändern die sieben Unglücksboten ihre telefonische Nachricht: „Wir haben nichts mehr von der ‚Thresher' gehört. Wir haben sehr wenig Hoffnung, daß es Überlebende geben könnte. Offizielle Bekanntmachungen werden vielleicht später aus Washington kommen."

Am frühen Morgen des 11. April finden die Suchschiffe einen weiteren Ölfilm und andere Gegenstände, darunter einen orangefarbenen und einen gelben Gummihandschuh – Handschuhe, wie sie die Männer in der Reaktorabteilung der „Thresher" benutzten.

Um 10.30 Uhr tritt Admiral Anderson vor die Presse und verkündet offiziell den Verlust des Atom-U-Bootes. Ein Journalist fragt ihn, ob in der Tiefe möglicherweise noch Überlebende eingeschlossen sein könnten. Andersons resignierte Antwort: „Meiner Meinung nach nein."

Die 129 Männer werden von der Navy nicht mehr als „vermißt" geführt, sondern für tot erklärt – was den Hinterbliebenen zumindest sofortige Versorgungsansprüche sichert. Präsident Kennedy drückt in einer Botschaft sein Mitgefühl aus. Am Freitag, dem 12. April, wird auf dem Portsmouth Navy Yard in einer kurzen Zeremonie die Flagge auf Halbmast gesenkt. Die Werft, sonst ein hektischer Ort, wird für wenige Minuten totenstill. Die Soldaten stehen stramm, die zivilen Arbeiter haben ihre Schutzhelme abgenommen.

Der Verlust der „Thresher" bricht mehrere traurige Rekorde. Es ist nicht nur die größte Marinekatastrophe der U.S. Navy in Friedenszeiten, sondern auch der bis dahin opferreichste U-Boot-Unfall überhaupt. Und es ist das erste Mal, daß ein atomgetriebenes Schiff gesunken ist. Das, mehr noch als alles andere, zwingt die Navy dazu, fieberhaft die Antwort auf zwei Fragen zu suchen: Warum ist die „Thresher" gesunken? Und wo genau liegt sie auf dem Meeresgrund?

Noch am 11. April setzt die Navy einen Untersuchungsausschuß ein. Vorsitzender wird Rear Admiral Barnard L. Austin, der Präsident des Naval War College in Newport. Die Männer des Ausschusses treffen sich in New London, dem Heimathafen der „Thresher". Ihre Aufgabe: möglichst schnell herauszufinden, weshalb das Atom-U-Boot gesunken ist. Sie haben dazu alle Vollmachten. So können sie etwa Besatzungsmitglieder der „Skylark" oder Techniker der Werft als Zeugen befragen, Logbücher einsehen und die streng geheimen Konstruktionspläne studieren.

Trotzdem erscheint diese Art von Detektivarbeit vielen Laien kaum erfolgversprechend. Niemand hat das Unglück überlebt, niemand hat es gesehen. Die wenigen Ohrenzeugen – die Männer im Funkraum der „Skylark" – haben nur verstümmelte Botschaften vernommen, die sie zudem nach 9.13 Uhr nicht ins Logbuch eingetragen haben, sondern erst auf Befragen des Ausschusses zu Protokoll geben, zu einer Zeit also, als sie bereits wissen, daß das Atom-U-Boot gesunken ist.

Für eine genaue Chronologie der Ereignisse sind einige Daten von „Oceanographic Systems Atlantic" zu verwenden, einem von der Navy permanent im Atlantik installierten System von Sonar-Meßinstrumenten. Manche dieser Aufzeichnungen werden nach dem Bekanntwerden des Unglücks ausgewertet. Danach sind aus der fraglichen Meeresgegend zweimal Geräusche aufgefangen worden, die vom Anblasen der Tanks der „Thresher" stammen könnten, und zwar von 9.09 bis 9.11 Uhr und noch einmal, für eine halbe Minute, von 9.13 Uhr 30 Sekunden bis 9.14 Uhr.

Außerdem ist um 9.18 Uhr ein energiereicher Vorfall registriert, begleitet von Lärm aus Tönen niedriger Frequenzen. Möglicherweise war das die Implosion der „Thresher", als Wassermassen mit einem Druck von mehreren hundert Tonnen pro Quadratmeter den armdicken Stahl des Bootskörpers zusammendrückten.

Die 129 Männer und ihr 180 Millionen Mark teures Schiff haben nur kärgliche Spuren hinterlassen, wenn überhaupt: Die Ölfilme und die wenigen Trümmerstücke können zwar von der „Thresher" stammen, ebensogut aber im Meer schwimmender Allerweltsmüll sein.

Und doch brauchen die Männer um Konteradmiral Austin nur wenige Stunden, um das Problem einzugrenzen. Ein Fremdverschulden – feindlicher Angriff, Kollision mit einem anderen Schiff, Sabotage – ist rasch auszuschließen. Menschliches Versagen ist möglich, aber sehr unwahrscheinlich.

Um die „Thresher" in eine Notlage zu bringen, hätte Kommandant Harvey, der immerhin schon neun Jahre auf Atom-U-Booten gefahren ist, in den kritischen Tauchtiefen schon vor 9.12 Uhr eine ganze Serie von Fehlentscheidungen fällen müssen. Und ebenso unwahrscheinlich ist, daß solchen Fehlentscheidungen, die im Verlauf einiger Minuten hätten getroffen werden müssen, niemand an Bord – etwa die Spezialisten der Werft und der Zulieferfirmen – widersprochen hätte und daß sie allesamt in den Meldungen zur „Skylark" unerwähnt geblieben wären.

Viel wahrscheinlicher ist ein plötzlicher technischer Defekt, der die „Thresher" innerhalb weniger Augenblicke außer Kontrolle geraten ließ. Ein solcher Defekt kann nur auf zweierlei Art entstanden sein: als Resultat einer groben Schlamperei während der neunmonatigen Werftarbeiten oder als Resultat eines entscheidenden Konstruktionsfehlers. Konteradmiral Austin und seine Kollegen forschen in beide Richtungen – und sie entdecken haarsträubende Fehler in einer Menge, die ausgereicht hätte, eine ganze Flotte auf Grund zu schicken.

Die „Thresher" war am 15. Januar 1958 von der Navy bei der Werft in Portsmouth geordert und am 3. August 1961 offiziell von ihr übernommen worden. Jedes neue Schiff muß Testfahrten absolvieren, doch da es sich bei diesem Atom-U-Boot um einen völlig neuen Schiffstyp handelte, war die Erprobung besonders lang und gründlich. Von Sommer 1961 bis Sommer 1962 unternahm die „Thresher" längere Fahrten im Atlantik – und zwar wiederholt auch solche, die sie bis auf ihre maximale Testtauchtiefe hinabführten.

Zum Abschluß wurde auf eine Art geprüft, die ziemlich brutal erscheint, aber zur Standardprozedur der Navy gehört: Die *shakedown availability* des Bootes wurde getestet. Dazu tauchte das Atom-U-Boot vor der Küste von Key West in Florida im Atlantik, während andere Marineschiffe Wasserbomben warfen. Diese waren so eingestellt, daß sie das Boot nicht versenkten, wohl aber gehörig durchschüttelten. Eine Art Sparringskampf von High-Tech-Kriegsmaschinen.

Nachdem sie solchen extremen Belastungen ausgesetzt gewesen war, lief die „Thresher" die Navy-Werft in Portsmouth an, wo sie am 11. Juli 1962 eintraf. Aufgabe der Werft: das komplizierte Unterwassergefährt auf alle aufgetretenen Schwachstellen hin zu untersuchen und diese zu beseitigen.

Am 16. Juli begannen die Arbeiten, die auf sechs Monate angesetzt waren. Tatsächlich wurden es neun, weil immer neue Defekte entdeckt wurden: mangelhafte Dichtungen, Verbindungsstücke und Ventile im Rohrleitungssystem, durch die Erschütterungen der Testfahrten unsicher gewordene elektrische Verbindungen und ähnliches.

Konteradmiral Austin und seine Kollegen entdecken Skandalöses bei der Untersuchung der eigentlich unspektakulären Werftzeit. Die Experten müssen zur Kenntnis nehmen, daß einige Arbeiter die von der Navy gesetzten Qualitätsstandards nicht als unbedingt zu erfüllende Pflicht, sondern eher als ein mehr oder weniger zu erreichendes Ideal ansahen. Oder deutlicher: Es wurde geschlampt. Das ging so weit, daß wichtige Bauteile verkehrt herum installiert worden waren. Bei einem Test stellte die Besatzung der „Thresher" fest, daß ihr Periskop hochfuhr, wenn der Schalter auf „Runterfahren" stand, und umgekehrt.

Als die „Thresher" am 9. April 1963 ausläuft, glauben ihr Kommandant und die Verantwortlichen der Werft, daß alle Fehler eliminiert worden sind. Doch wer kann wirklich ausschließen, daß in einem System aus Tausenden von Einzelteilen nicht doch irgendwo ein verkehrt eingebauter Schalter oder ein umgedreht montiertes Ventil übersehen worden ist?

Im übrigen ist es nicht einfach, den korrekten Einbau aller Einzelteile nachzuprüfen. Denn für Amerikas modernstes Atom-U-Boot gibt es nicht einmal das, was jedem gewöhnlichen Staubsauger beiliegt: ein aktuelles ausführliches Handbuch.

Zwar gehört zu jedem Schiff der Navy ein „Ship Information Book" (S. I. B.), in dem alle relevanten Daten, alle Konstruktionsmerkmale und die Anwendung aller Systeme aufgeführt sein sollen – eine Art Bedienungsanleitung. Die Werft in Portsmouth aber hatte, als sie die „Thresher" baute, das Zusammenstellen des S. I. B. einer zivilen Firma übertragen. Und die sparte sich eine Menge Arbeit, indem sie einfach das S. I. B. einer älteren Klasse von Atom-U-Booten kopierte – mit ganz anderen technischen Merkmalen.

Bei der Navy ist das Bureau of Ships für die technische Abnahme aller Schiffe zuständig und damit auch für diese „Bedienungsanleitung". Das vorgelegte S. I. B. wurde vom Bureau abgelehnt. Daraufhin ist hastig ein provisorisches Handbuch zusammengestellt worden, und das begleitet die „Thresher" während ihrer Testfahrten 1961/62 und ihrer Werftzeit. Als das U-Boot am 9. April 1963 zu seiner letzten Fahrt ausläuft, liegt immer noch keine vollständige Dokumentation vor.

Schließlich entdeckt der Untersuchungsausschuß, daß in Portsmouth zwei lebenswichtige Systeme der „Thresher" nicht unter den erforderlichen extrem sauberen Umständen zusammengebaut und geprüft worden sind. Preßluft und Wasser sind durch lange Rohrleitungen geführt worden. Diese mußten im Innern so sauber wie möglich sein, denn schon kleinste Schmutzpartikel können empfindliche Ventile blockieren. Doch auf der Navy-Werft gab es keinen einzigen Raum, in dem man wirklich hätte staubfrei arbeiten können. Es ist zwar nicht sehr wahrscheinlich, aber dennoch möglich, daß ein übersehener Metallsplitter, die Faser eines Putzlappens oder ein Dreckkrümel das 85 Meter lange Atom-U-Boot versenkt hat.

Doch diese Schlampereien während der Wartungsarbeiten sind noch relativ harmlos verglichen mit den konstruktionsbedingten Schwachpunkten. Zwar waren die Instrumente und elektrischen Bauteile der „Thresher" gegen Wasser geschützt – viele allerdings nur, wenn es von oben kam. In einem U-Boot kann Wasser aber von allen Seiten eindringen. In 300 Meter Tiefe drückt es mit der Gewalt eines Geschosses durch Lecks und zerstört alles, was nicht besonders gepanzert ist. Außerdem reicht ein daumennagelgroßes Loch, um eine wohnzimmergroße Abteilung im Rumpf innerhalb von fünf Sekunden zu fluten.

Selbst ein viel kleineres Leck, das nur „weint" oder einen Sprühnebel hineinläßt, könnte die empfindliche Elektronik der „Thresher" überraschend lahmgelegt haben. Zudem sind viele wichtige Bedienungsinstrumente in der „Thresher" zwar doppelt vorhanden, aber nahe beieinander angeordnet. Ein plötzliches Unglück könnte so auf einen Schlag wichtige Komponenten und gleichzeitig deren Ersatzsysteme zerstört haben.

Kapitän Harveys desperate Meldung „Versuche anzublasen" bringt den Untersuchungsausschuß auf eine weitere Spur: Das Preßluftsystem der „Thresher" war unzureichend. Das Atom-U-Boot war nicht nur im normalen Einsatz, sondern auch im Notfall dazu gezwungen, aus großen Tiefen zuerst mit Hilfe der Tiefenruder in höhere Wasserschichten aufzusteigen, ehe Preßluft in die Tanks gepumpt werden konnte.

Die Navy hatte schon vor Jahren Mindestwerte für den Druck im Luftsystem von U-Booten aufgestellt. So wollte man sicherstellen, daß ein U-Boot selbst auf maximaler Tauchtiefe im Notfall die Ballasttanks rasch freiblasen kann. Die „Thresher" konnte viel tiefer tauchen als ihre Vorgänger – doch hatte niemand bei der Navy daran gedacht, dem höheren Wasserdruck entsprechend auch einen höheren Preßluftdruck und ein leistungsfähigeres Rohrleitungssystem zu fordern. Die „Thresher" hatte deshalb mit ihrem Preßluftsystem in maximaler Testtauchtiefe deutlich schlechtere Werte als ältere U-Boote.

Und es gab weitere Schwächen in diesem System: Zwei Preßluft-Kreisläufe durchzogen den Rumpf, doch beide waren im normalen Betrieb miteinander verbunden. Fiel in einem der beiden – etwa durch eine undichte Leitung – der Druck ab, geschah das auch in dem anderen. Möglicherweise hatte die Crew der „Thresher" einen intakten nicht von einem defekten Kreislauf trennen können. Dazu hätte sie einige Ventile schließen müssen. Und vielleicht ist gerade das durch zurückgelassenen Dreck im System unmöglich gemacht worden, oder die dafür notwendigen Instrumente waren wegen Wassereinbruchs oder Feuers unerreichbar. Oder aber die Korrektur gelang nicht, weil das Preßluftsystem nicht beheizbar war. Denn der Untersuchungsausschuß findet auch noch heraus, daß sich vor allem an Ventilen, Rohrverengungen oder Knickstellen so viel Eis hätte bilden können, daß Leitungen verstopften oder Ventile blockierten.

Den erheblichsten Schwachpunkt entdeckt der Untersuchungsausschuß aber an anderer Stelle. Er entstammt dem Bauprinzip der Atom-U-Boote und kann sich in extremen Tiefen als tödliche Falle erweisen, aus der es kein Entrinnen mehr gibt.

In konventionellen, mit Diesel- und Elektromotoren angetriebenen U-Booten wird deutlich zwischen „draußen" und „drinnen" unterschieden. „Draußen", das ist das umgebende Meer mit seinem ungeheuren Wasserdruck „Drinnen" ist das U-Boot mit fast allen seinen Komponenten. Hier hat man Luft zum Atmen, und hier herrscht erträglicher Druck.

Im „Drinnen" von Atom-U-Booten, also innerhalb des Rumpfes, befindet sich aber ein vielhundert Meter langes kompliziertes Rohrsystem, in dem der gleiche gefährliche Wasserdruck herrscht wie außerhalb des Bootes. Gibt es in diesen Rohren ein Leck, das sich nicht sofort stopfen läßt, geht das U-Boot genauso schnell unter, als wäre der Rumpf selbst beschädigt.

Der Atomreaktor an Bord ist direkt und zugleich indirekt die Ursache für dieses komplizierte und risikoreiche System. Direkt, weil er mit Seewasser gekühlt wird – ähnlich wie konventionelle Kernkraftwerke, die ihr Kühlwasser aus Flüssen beziehen. Die „Thresher" benutzt dafür Meerwasser, das in das Schiff hereingepumpt, um den Reaktor herumgeführt und wieder hinausgepumpt wird.

Indirekt bedingt der Reaktor weitere Rohrleitungen, weil Meerwasser entsalzt oder in Wasser- und Sauerstoff gespalten werden muß: Denn zwar kann ein Reaktor monatelang unter Wasser arbeiten, ohne – außer seiner Uranladung – größere Ressourcen zu verbrauchen, nicht aber der Mensch. Atom-U-Boote müssen deshalb aus dem Meerwasser Sauerstoff und Süßwasser für die Besatzung gewinnen.

Bei diesen Rohrsystemen gibt es zahlreiche Knie- und Verbindungsstücke und Ventile. Vielfach werden die einzelnen Teile zusammengeschweißt. Wenn diese Arbeit mit der nötigen Sorgfalt erledigt wird, gelten die Schweißstellen als sehr dauerhaft. Außerdem sind sie, etwa mit Röntgengeräten, verhältnismäßig einfach auf Schwachstellen zu untersuchen.

Doch an vielen Stellen wurden die Rohrleitungen der „Thresher" gelötet und nicht geschweißt – weil sie nur schwer zugänglich waren. Beim Löten aber werden zwei Teile aus demselben Metall anders als beim Schweißen durch ein weiteres Metall miteinander verbunden. Lötstellen gelten deshalb als weniger belastbar und schwerer zu überprüfen.

Der Untersuchungsausschuß konzentriert sich bald auf die Lötstellen im wasserführenden Rohrsystem der „Thresher". Schon früher gab es damit auf amerikanischen U-Booten Probleme. Am zuverlässigsten sind Lötstellen mit Ultraschall zu testen. Diese Methode stand beim Bau der „Thresher" 1960/61 in Portsmouth noch nicht zur Verfügung, wohl aber im Frühjahr 1962, als das U-Boot im Rahmen seiner Testfahrten für fünf Wochen in der Werft der General Dynamics Corporation in Groton, Connecticut, lag.

Dort wurden 115 Lötstellen mit Ultraschall untersucht – acht davon wiesen Fehler auf, eine Rate von 6,96 Prozent. Zwei Verbindungsstücke ersetzte man, bei den übrigen sechs entschied die Navy, daß sie zwar nicht perfekt zusammengefügt seien, ihre Fehler aber im tolerierbaren Rahmen lägen. Nach den „Shakedown"-Tests untersuchten Techniker in Portsmouth die „Thresher" erneut, ebenfalls mit Ultraschall. Von Juli bis November 1962 wurden insgesamt 13,8 Prozent der Lötverbindungen ausgetauscht. Auf weitere Untersuchungen – etwa einen stichprobenartigen Ausbau der im Ultraschall unverdächtig erscheinenden Verbindungen – wurde verzichtet, weil die Techniker diese Lötstellen für sehr zuverlässig hielten.

Doch waren schon im Jahre 1962 die Atom-U-Boote „Sculpin" und „Skipjack", die unmittelbaren Vorgänger der „Thresher"-Klasse, gründlich getestet worden. Jeweils über 300 Lötverbindungen wurden geprüft – und in beiden Fällen über 22 Prozent als unzuverlässig eingestuft. Das ist eine um fast zehn Prozent höhere Defektrate als bei der „Thresher". Dabei hatte sich in den zwei Jahren seit den Tests an der ebenfalls in Portsmouth gebauten „Skipjack" an der Löt- und Test-Technik nichts geändert. Was niemanden bei den Arbeiten an der „Thresher" nachdenklich gemacht hat.

Wenn im Rohrsystem in großen Tiefen ein Leck entsteht – zum Beispiel an einer gerissenen Lötverbindung –, dann hat das für ein Atom-U-Boot fatale Konsequenzen. Es treten nicht nur ungeheure Mengen Wasser ins Boot, es erfolgt auch eine automatische Notabschaltung des Reaktors, damit es nicht wegen der defekten Rohrverbindung zur Überhitzung und damit zur Kernschmelze kommt. Das heißt: In eben jenem Augenblick, in dem ein Atom-U-Boot alles, was es an Energie hat, braucht, um Wasser hinauszupumpen, Schotten zu schließen, Tiefenruder zu steuern, Fahrt aufzunehmen, bricht die Energieversorgung zusammen. Die tödliche Falle schnappt zu.

Am 20. Juni 1963 gibt der Untersuchungsausschuß einen kurzen Bericht an die Öffentlichkeit. Er ist ziemlich allgemein gehalten, denn die meisten Erkenntnisse gelten als geheim. Ihren vollständigen Bericht haben die Männer um Rear Admiral Austin der Navy bereits am 7. Juni vorgelegt.

Natürlich kann niemand wissen, was genau an Bord der „Thresher" geschehen ist. Doch aufgrund der herausgefundenen Fakten ist es dem Ausschuß möglich, mehrere in sich stimmige Computersimulationen des Unglücks zu erstellen. Für die wahrscheinlichste hält er diese Version: Die „Thresher" befindet sich am Morgen des 10. April in maximaler Testtauchtiefe, also mindestens 330 Meter unterhalb der Wasseroberfläche. Sie gleitet mit rund 15 Kilometern pro Stunde dahin und vollführt soeben eine Kursänderung – das Seitenruder auf 20 Grad rechts, das Tiefenruder auf 5 Grad abwärts eingestellt.

Um 9.09 Uhr tritt ein vielleicht fingernagelgroßes Leck auf, entweder im Rumpf oder im Rohrsystem. Noch in derselben Minute vermindert sich deutlich die Leistung der Pumpen, die das Kühlwasser für den Reaktor umwälzen. Kommandant Harvey befiehlt das Anblasen der Tanks und eine Kursänderung nach oben: volle Kraft voraus bei Tiefenrudern auf 15 Grad aufwärts.

Um 9.11 Uhr endet das Anblasen abrupt. Entweder weil es in ungenügend gesicherten elektrischen Teilen durch Wasser zum Kurzschluß kommt und damit das Preßluftsystem vorübergehend lahmgelegt wird oder weil Vereisungen aufgetreten sind. Um 9.12 Uhr 30 Sekunden schaltet sich der Reaktor ab – weil der Kühlkreislauf unterbrochen ist oder wegen eines Kurzschlusses. Der elektrische Notantrieb, der in solchen Fällen einspringen soll, braucht schon bei einem unbeschädigten U-Boot 10 bis 50 Sekunden, bis er aktiviert ist. Mindestens so lange fällt der Antrieb aus, die Geschwindigkeit des Schiffes vermindert sich stark – *stalling speed* tritt ein.

Um 9.13 Uhr sendet die „Thresher" ihre letzte klare Meldung nach oben: „Experiencing minor difficulties." Gleichzeitig versucht die Crew noch einmal verzweifelt, die Ballasttanks anzublasen. 30 Sekunden später hören die Preßluftgeräusche wieder auf. Alle lebenswichtigen Systeme der „Thresher" sind zusammengebrochen.

Im Bericht heißt es lapidar: „Collapse at 0918.1R." – Implosion der „Thresher" um 9.18 Uhr 6 Sekunden.

Der Ausschuß offeriert noch zwei weitere, in wenigen Details davon abweichende Versionen, die ihm weniger wahrscheinlich, aber ebenfalls möglich erscheinen. In einem Punkt allerdings gleichen sich alle Varianten: Zwischen dem Ende des zweiten Anblasens, also der letzten Notmaßnahme, und dem Kollaps liegen vier Minuten. Niemand wird je erfahren, was in diesen vier Minuten an Bord der „Thresher" geschah. Die Zeitspanne aber ist groß genug, daß allen klar geworden sein muß, daß ihr U-Boot sie in den Tod reißen wird.

Als der Untersuchungsausschuß seinen grausigen Befund wenigen ausgewählten Militärs und Politikern in nüchterner Sprache vorstellt, ist das Wrack der „Thresher" noch immer nicht gefunden. Die Navy hat zwar eine beispiellose Suchaktion gestartet, doch sie ist auf ein solches Unternehmen technisch kaum vorbereitet und muß improvisieren. Zum Beispiel kann sie mit Hilfe von Sonaranlagen zwar ein Höhenprofil des Meeresbodens am Unglücksort erstellen und entdeckt dabei ein halbes Dutzend ungewöhnlicher Erhebungen. Doch jede von ihnen könnte der Rumpf der „Thresher" sein – vorausgesetzt, daß dieser nicht vom ungeheuren Wasserdruck während des Niedersinkens zerrissen worden ist. Man kann die so georteten Erhebungen aber nur ungefähr lokalisieren, da alle bei der Suche eingesetzten Schiffe ihre eigene Position nur auf etwa 250 Meter genau bestimmen können.

Andere Suchschiffe senken an Kabeln automatische Kameras in die Tiefe, die etwa zehn Meter über dem Meeresboden Bilder aufnehmen – und zwar „blind", denn sie sind vom Schiff aus nicht zu bedienen. Außerdem reißen Unterwasserströmungen die Kameras hin und her. Ein Navy-Mann vergleicht die Aufgabe der Suchschiffe mit „einem Mann im Ballon, eineinhalb Meilen über der Erde, unsicher über seine eigene Position, der versucht, während eines Gewittersturmes eine Angelleine in einen Swimmingpool zu werfen". Die Kamera muß erst wieder hochgezogen und der Film entwickelt werden, damit man Resultate sieht. Eine Unmenge von Bildern zeigt denn auch nur den schlammigen Meeresboden.

Doch auf einigen sind kleine Trümmerstücke zu erkennen: perforierte Metallreste, ein Handlauf, wie er auf Schiffen als Geländer verwendet wird, Stoff- und Papierfetzen, eine Preßluftflasche, deren fast vier Meter langer Stahlzylinder sich gut eineinhalb Meter tief in den harten Schlamm des Meeresbodens gegraben hat. Die schwere Flasche muß, vermuten die an der Suche beteiligten Spezialisten, aus der auseinanderbrechenden „Thresher" gefallen und dann fast zwei Kilometer mit zunehmender Geschwindigkeit niedergegangen sein. Die Experten halten eine Sinkgeschwindigkeit von 160 Kilometern pro Stunde für wahrscheinlich – wenn es denn eine zwei Tonnen schwere Preßluftflasche aus der „Thresher" ist: Eine eindeutige Identifikation ist nicht möglich.

Ein Suchschiff bringt mit einem automatischen Tiefsee-Probensammler einige Dichtungsringe aus Gummi nach oben, von Größe und Typ her genau solche, wie sie auf der „Thresher" benutzt wurden – aber auf vielen anderen Schiffen auch.

Mehr Klarheit bringt am Ende erst die „Trieste", ein kleines Forschungs-U-Boot, das 1960 im Marianengraben vor den Philippinen 10 916 Meter zur tiefsten Stelle der Ozeane hinabgetaucht ist. Es ist das einzige Unterwasserfahrzeug der Navy, das bis zur vermuteten Ruhestätte der „Thresher" gelangen kann. Allerdings ist es nur 1,8 Kilometer pro Stunde schnell und kann nur bis knapp über sechs Stunden getaucht fahren. Von dieser Zeit geht fast die Hälfte fürs Ab- und Auftauchen drauf.

Die „Trieste" muß mit Fußgängergeschwindigkeit drei bis sieben Meter über einem gewellten Meeresboden schweben. Ihre Suchscheinwerfer – die einzige Lichtquelle in dieser Tiefe, in die das Sonnenlicht nicht hindringt – werfen nur dünne Lichtkegel in die Schwärze. Die zuerst zwei, später drei Männer der Besatzung blicken durch eine Plexiglasscheibe, die gut 30 Zentimeter dick ist, damit sie dem ungeheuren Wasserdruck widersteht, und deren Durchmesser kaum größer ist als eine Herdplatte.

Sofort nach dem Unglück ist die „Trieste" per Spezialschiff durch den Panamakanal von der pazifischen zur atlantischen US-Küste gebracht worden. Zwei Tauchgänge ergeben nicht das geringste. Am 27. Juni 1963 sinken Donald L. Keach und Kenneth V. Mackenzie zum drittenmal auf den Meeresboden. Nach dreistündiger Suche fürchten sie schon, daß auch dieser Einsatz vergeblich sei. Die Kraft der Bordbatterien läßt nach, das Licht der Suchscheinwerfer wird schwächer.

Keach meldet per Funk dem oben wartenden Begleitschiff, daß er auftauchen wolle. Doch noch bevor von dort die Antwort kommt, sieht er einen gelben Flecken auf dem Meeresgrund.

Mackenzie prüft sofort die Anzeigen von Manometer und Geigerzähler. „Nichts", sagt er. Doch Keach funkt nach oben, daß er jetzt noch weitere 15 Minuten bleiben will, bringt die „Trieste" vorsichtig an die ominöse Stelle heran – und entdeckt einen Gummiüberschuh, wie er auf Atom-U-Booten im Reaktorbereich getragen wird.

Er kann sein Boot bis auf einen Meter heranmanövrieren. Doch er hat bei diesem Tauchgang keine Ausrüstung dabei, mit der man einen Gegenstand im Meer bewegen oder gar aufnehmen kann. Es ist ihm nur möglich, einige Fotos aufzunehmen. Der Überschuh liegt halb zusammengefaltet auf dem Meeresgrund, nur ein Teil der auf der Sohle aufgedruckten Inschrift ist zu erkennen. „Sieh dir das an", ruft Keach, „S...S...N..."

„5", ergänzt Mackenzie. Die anderen Ziffern sind nicht zu erkennen. „SSN-593" ist die Typennumerierung der „Thresher".

Bei späteren Tauchgängen finden Keach und seine Kollegen erneut weit über den reliefartigen Boden verstreute Wrackteile – etwa eine rund fünf Meter lange Stahlplatte, die aus der Sonaranlage im Bug der „Thresher" stammen muß, oder eine aus ihren Verankerungen herausgerissene massive Luke. Sie können jedoch keine Leichen entdecken und nichts, was einem auch nur halbwegs intakten U-Boot-Rumpf entspricht.

Am 28. August 1963 steuert Keach die „Trieste" schließlich mitten in ein unterseeisches Trümmerfeld. Verbogene Metall- und Kunststoffteile unterschiedlicher Größen machen die Suche gefährlich – Keach muß aufpassen, nicht irgendwo hängenzubleiben oder sein Tauchboot zu beschädigen. Seltsame Fische und andere Tiefseetiere haben sich bereits eingenistet; rote Flecken weisen darauf hin, daß manche Teile Rost angesetzt haben.

Diesmal ist die „Trieste" mit einem Greifarm ausgestattet. Mit dem gelingt es, ein ungefähr eineinhalb Meter langes, grotesk zerquetschtes Kupferrohr, noch verbunden mit einem Beschlag und Fetzen von grobem Stoff, aufzunehmen und nach oben zu bringen. Auf diesem Rohrstück steht „593 Boat": die Typenbezeichnung der „Thresher" – so, wie sie in viele ihrer Einzelteile eingestanzt worden ist.

Damit ist das untergegangene U-Boot wiedergefunden – zumindest ein kläglicher Rest davon. Am 6. September 1963 verkündet der Marineminister das Ende der Suche. Allerdings wird gut ein Jahr später eine verbesserte Version der „Trieste" noch einmal das Trümmerfeld aufsuchen. Von ihr aus gemachte Fotos zeigen ein abgerissenes oberes Seitenruder, das einst am Heck der „Thresher" gesessen hat.

Das Unglück hat gravierende Umbauten der bestehenden und Konstruktionsänderungen der geplanten amerikanischen Atom-U-Boote zur Folge, vor allem in den Preßluft- und Wasserleitungssystemen. Dazu wird die Qualitätskontrolle in den Werften verschärft. Die Navy startet außerdem erste größere Programme über die technischen Möglichkeiten einer Suche und Bergung in der Tiefsee.

Die Atom-U-Boote der Thresher-Klasse, die nach dem Unfall des Leitschiffes auf den Namen des nachfolgenden Schiffes in Permit-Klasse umgetauft worden ist, gelten heute als veraltet und sind ausgemustert. Der Kalte Krieg ist vorüber, viele der sowjetischen Atom-U-Boote, die einst die „Thresher" jagen sollte, verrotten inzwischen in ihren Heimathäfen.

Und doch bleibt die „Thresher" eine potentielle Gefahr. Ihr Atomreaktor liegt noch immer unentdeckt auf dem Meeresboden. Die „Trieste" hat keine Spur von ihm gefunden. Schon bei der ersten Suchaktion am 11. April 1963 hat die Navy die Radioaktivität im

Wasser gemessen. Die Werte waren normal. Hohe Offiziere beeilen sich zu versichern, daß vom Reaktor keine Gefahr ausgehen könne. Das Tiefseewasser kühle den Reaktorkern und verhindere so eine Kernschmelze, der strahlende Teil befinde sich in einem extrem widerstandsfähigen und rostfreien Behälter.

Die Navy untersucht seither in einigen Abständen die Gewässer 350 Kilometer vor Boston auf Radioaktivität, zuletzt im August 1983 und September 1986. Dabei wurden keine ungewöhnlichen Werte festgestellt. Aber wer kann das für alle Zeiten garantieren? Der künstliche Raubfisch „Thresher" bleibt bedrohlich – ganz anders, als sich das seine Konstrukteure einst vorgestellt hatten, dafür womöglich jahrhundertelang.

Außer den wenigen Trümmern, die von den beiden Mini-U-Booten gefunden worden sind, ist nichts von der „Thresher" mehr aufgetaucht. Nicht das geringste auch von ihren 129 Opfern. Im übrigen zeugt von deren Todesfahrt nur eine Serie geisterhafter Fotos vom Grund des Meeres. Eines zeigt ein aufgeschlagenes Buch, dessen Titel nicht zu erkennen ist. Ein Roman aus der kleinen Bordbücherei? Das Tagebuch eines Besatzungsmitglieds? Oder gar das Ship Information Book, jene provisorische, fehlerhafte „Bedienungsanleitung"?

Niemand wird es je wissen.

CAY RADEMACHER

Irrflug im All

*»Houston, wir haben ein Problem.« Apollo 13 raste
mit 3500 km/h in Richtung Mond, als am Abend des 13. April
1970 plötzlich ein Tank explodierte und sich der Astronaut
John Swigert mit diesen Worten bei seiner Bodenstation meldete.
Die Versorgung mit Wasser, Strom und Sauerstoff brach
zusammen. Das Raumschiff begann um seine Achse zu taumeln.
Niemand wußte, was geschehen war. Nur soviel wurde
klar: Auf dem Mond konnte die Crew nicht landen.
Und niemand konnte voraussagen, ob das Raumschiff je
zur Erde zurückkehren würde.*

Montag, der 13. April 1970, kurz nach 21 Uhr Central Standard Time (CST) oder vier Uhr Mitteleuropäischer Zeit. Apollo 13 war 330 000 Kilometer von der Erde entfernt. Das Raumschiff, das Amerikas dritte Crew zum Mond bringen sollte, raste mit 3540 Kilometern pro Stunde auf sein Ziel zu. Die Astronauten James Lovell, Fred Haise und John Swigert waren seit 55 Stunden und 55 Minuten im All.

Bis jetzt war es ein Bilderbuchflug gewesen – und für die Weltöffentlichkeit herzlich uninteressant. Noch wenige Monate zuvor hatte der Flug von Apollo 11, der die ersten Menschen zum Mond brachte, eine Million Zuschauer nach Cape Kennedy und rund eine Milliarde vor die Fernsehschirme gelockt. Jetzt waren nur 70 000 Schaulustige zum Start nach Florida gekommen, unter ihnen Bundeskanzler Willy Brandt. Das deutsche Publikum schaltete nicht auf die Sondersendung im ZDF, sondern auf den Durbridge-Krimi „Wie ein Blitz" in der ARD. „Zu perfekt – die Leute beginnen sich zu langweilen", beschwerte sich „Il Giorno" in Mailand. „Wir langweilen uns zu Tode", funkte die Bodenstation zu Apollo 13.

Die drei Astronauten hatten gerade eine TV-Livesendung zur Erde beendet. Sie hatten herumgeblödelt und mit einem in der Schwerelosigkeit durch die Kabine schwebenden Kassettenrecorder „Weltraummusik" vorgespielt: den Song „Aquarius" aus dem Musical

„Hair" und die Titelmelodie des Science-fiction-Spektakels „2001 – Odyssee im Weltraum". Doch kaum jemand sah zu: Alle drei großen amerikanischen Fernsehstationen hatten auf eine Liveübertragung verzichtet – zu uninteressant.

Nach der Sendung gab Swigert per Funk technische Daten an die Mission Control in Houston, Texas, durch. Dort meldete ein System zu geringen Druck in einem Sauerstofftank. Mission Control wies die Besatzung an, Ventilatoren und Heizelemente in diesem Tank zu aktivieren, um den Druck wieder zu erhöhen. Reine Routine.

Während Swigert mit der Bodenkontrolle sprach, verstaute Lovell die Fernsehkamera. Haise machte sich in dem Verbindungstunnel zwischen Kommandokapsel und Mondlandefähre zu schaffen. Ungefähr 16 Sekunden nachdem die Astronauten die Ventilatoren im Tank angestellt hatten, verlor Mission Control plötzlich für zwei Sekunden den Kontakt zum Raumschiff, ehe die Systeme automatisch von der Haupt- auf kleinere Hilfsantennen umschalteten.

Dann meldete sich Swigert wieder: „Okay, Houston. Hey, we've got a problem here." Dies war die größte Untertreibung in der Geschichte der Raumfahrt.

Die Astronauten hatten eine Explosion gehört, und sie spürten, wie ihr Raumschiff zitterte. Lovell und Haise nahmen eilig ihre Plätze neben Swigert ein. „Sag das noch mal", kam die Stimme des „Capcom" aus dem Lautsprecher. Der Capsule communicator war verantwortlich für den Funkverkehr zwischen Houston und Apollo.

Diesmal meldete sich Kommandant Lovell: „Houston, wir hatten ein Problem. Wir hatten ein *main B bus undervolt*."

„Roger, *main B undervolt*", antwortete Houston. „Okay, wartet ab, 13, wir sehen nach."

Das Problem war alles andere als ein kleiner Defekt. „Main B bus undervolt" bedeutete einen starken Spannungsabfall in einer der Brennstoffzellen. Rote und gelbe Warnlampen leuchteten im Raumschiff auf, Sirenen kreischten in den Kopfhörern. In rasender Eile checkten die Astronauten und die Männer von Mission Control ihre Instrumente. Noch hoffte jeder, daß nur die sensiblen Alarmeinrichtungen eine Fehlfunktion hatten.

Doch dann meldete sich Haise in Houston: „Wir hatten einen ziemlich lauten Knall hier zusammen mit dem Spannungsabfall und dem Alarm." Lovell schob eine Metallplatte zurück, um durch die zentimeterdicken Fensterscheiben ins All zu sehen. Im Sonnenlicht leuchtete etwas auf. „Sieht aus, als ob wir etwas nach draußen blasen würden... Es ist irgendein Gas."

In Mission Control war die Routine vorbei. Normalerweise herrschte in den beiden rund 66 Zentimeter breiten Tanks, in denen das Raumschiff seinen Vorrat an flüssigem Sauerstoff transportierte, ein Innendruck von 930 psi (pounds per square inch). Die Anzeige eines Tanks war auf 1008 psi hochgegangen – und dann auf Null gefallen. Tanks mit flüssigem Sauerstoff und Wasserstoff versorgten die Kapsel mit Atemluft für die Astronauten wie auch mit Wasser und Energie.

Ein Controller meldete: „Ich mag es nicht sagen, aber ich fürchte, wir haben einen Tank verloren." Einer der beiden lebenswichtigen Sauerstoffbehälter von Apollo 13 war explodiert. Und das ausströmende Gas, das Lovell sah, kam aus dem zweiten Tank...

„Ich glaube, daß diese Nation noch vor Ablauf des Jahrzehnts einen Menschen zum Mond und sicher zur Erde zurückbringen sollte." Damit hatte alles begonnen. Präsident John F. Kennedy hatte dieses Ziel am 25. Mai 1961 verkündet, wenige Tage nach Amerikas erstem erfolgreichen bemannten Raumflug. Staat, Wissenschaft und Industrie unternahmen danach die größte koordinierte Aktion aller Zeiten.

Das Unternehmen gelang: Am 20. Juli 1969 hatte Neil Armstrong, der Kommandant von Apollo 11, als erster Mensch den Mond betreten. Es war der Gipfelpunkt einer beispiellosen Erfolgsserie. Einen einzigen schweren Unfall hatte es gegeben – am Boden: 1967 waren drei Astronauten bei Tests mit der ersten Apollo-Kapsel verbrannt.

Apollo 7 startete als erste ins All; dann folgten Apollo 8, 9 und 10 auf Vorbereitungsflügen. Den triumphalen Flug von Armstrong und seiner Crew wiederholte nur wenige Monate später Apollo 12.

Sechs Apollo-Flüge, davon zwei Mondlandungen, und alle so gut wie fehlerfrei. Doch die Nasa hatte mehr vor: Apollo 20 sollte dieses Projekt beenden – und dann war als nächstes Ziel der Mars anvisiert.

Das Fahrzeug, das die Männer zum Mond bringen sollte, war das mächtigste Gefährt, das jemals gebaut worden war. Es bestand aus:
- einer über 3000 Tonnen schweren dreistufigen Rakete, der „Saturn V", die die Crew in eine Erdumlaufbahn und von dort in Richtung Mond bringen sollte,
- dem Versorgungsmodul mit einem Raketenmotor für alle Kursmanöver und sämtlichen Vorräten an Luft, Wasser, Lebensmitteln und Energie,
- der Kommandokapsel,
- der Mondlandefähre.

Die Fähre, ein spinnenbeiniges Gefährt, das nur zwei Männern Platz bot (der dritte blieb oben in der Kommandokapsel auf einer

Mondumlaufbahn), war durch einen Tunnel mit der Kommandokapsel verbunden. Sie hatte alles Lebensnotwendige für zwei Tage an Bord, zudem zwei kleine Raketentriebwerke für den Ab- und Aufstieg. Die Fähre sollte im Notfall auch als eine Art „Rettungsboot" dienen; daß sie dafür tauglich war, hatten Tests gezeigt.

Bei Apollo 11 und 12 war die Fähre nach erfolgreicher Mission auf dem Mond zum Raumschiff zurückgekehrt und vor dem Rückflug zur Erde abgestoßen worden. Kommandokapsel und Service-Modul flogen als Einheit allein zurück. In der Erdumlaufbahn wurde dann auch die Versorgungseinheit abgetrennt. Nur die winzige Kommandokapsel fiel schließlich, an drei Fallschirmen hängend, zur Erde. Eine 111 Meter hohe und zehn Meter breite Rakete hatte die Astronauten hochgebracht. Mit einer mannshohen Kapsel kamen sie zurück.

Tausende von Spezialisten in Hunderten von Firmen, staatlichen Stellen und Universitäten hatten an dem Apollo-Programm mitgewirkt. Jedes Raumfahrzeug barg die kompliziertesten Computer und ausgefeiltesten Navigationssysteme – und die geballte Energie einer kleinen Atombombe. Alle wichtigen Systeme waren zwei- oder dreifach ausgelegt. Es gab unzählige Tests und Gegentests.

Und dennoch: Ein Apollo-Raumschiff bestand aus neun Millionen meist speziell angefertigter Einzelteile. Niemand konnte sicher sein, daß es im Innern dieses riesigen Turms aus Aluminium und Stahl nicht doch zwei Komponenten gab, die nicht zueinander paßten.

Im Juni 1969 kam Apollo 13 nach Cape Kennedy. Am 15. Dezember wurde es auf Startrampe A aufgestellt. Die Crew taufte die Mondlandefähre „Aquarius". Versorgungsmodul und Kommandokapsel wurden „Odyssey" benannt – ein ominöser Name, denn zu diesem Zeitpunkt war Apollo 13 schon ein für die Irrfahrt prädestiniertes Gefährt, nur ahnte es keiner.

In den folgenden Wochen wurden alle Komponenten dem „Confidence Test" und dem „Countdown Demonstration Test" unterzogen, einer Art Leerlauf mit komplettem Countdown. Danach galt Apollo 13 als startklar. Und genau da begannen die Probleme.

Ende März arbeitete ein Team der Herstellerfirma North American Rockwell an den bereits gefüllten LOX-Tanks, den Tanks für „Liquid Oxygen", flüssigen Sauerstoff. Einer der beiden Tanks war schon in Apollo 10 ein-, aber wegen Modifikationen wieder ausgebaut worden. Im Verlauf dieser Arbeiten war er fünf Zentimeter tief aus einer Halterung gefallen. Der Behälter wurde getestet, für unbeschädigt befunden und in „Odyssey" eingebaut. Die aus Nickelstahl gefertigten Tanks mußten extrem belastbar sein, denn während des Starts traten an der Außenhaut Temperaturen von über 100 Grad Celsius auf, während im Innern minus 273 Grad herrschten.

Als die Männer die Tanks wieder leeren wollten, gelang dies nur bei einem Behälter. Der andere gab lediglich acht Prozent seines flüssigen Sauerstoffs ab. Drei Tage später wurde es erneut versucht – wieder erfolglos. Da entschieden sich die Männer vom Kennedy Space Center für einen *boil off*: Die im Tank eingebauten Heizelemente wurden eingeschaltet, kurz darauf auch die Ventilatoren. So sollte der flüssige Sauerstoff gasförmig gemacht und aus dem Tank hinausgedrückt werden.

Das Vorhaben gelang – allerdings dauerte es ungewöhnlich lange, nämlich acht Stunden. Wahrscheinlich funktionierte ein Einfüllstutzen nicht korrekt, möglicherweise war er durch den kleinen Sturz zwei Jahre zuvor doch beschädigt worden. Dieser Defekt war unangenehm, hatte aber keine direkten Auswirkungen auf den Flug. Betanken ließ sich der Behälter problemlos, und nur darauf kam es an. Ein Ausbau würde Zeit und Geld kosten und das Risiko bergen, daß bei den komplizierten Arbeiten andere Komponenten des Raumschiffes beschädigt würden. Die Nasa entschied, den Tank nicht zu wechseln.

Damit war Apollo 13 verloren.

Denn keinem der Techniker war aufgefallen, daß ein Pfennigartikel versagt hatte. Die Firma North American hatte den Tank gebaut, die Beech Aircraft Corporation aber einen Teil der darin installierten Elektronik. Dazu gehörten auch zwei Sicherheitsschalter am Heizelement, die dafür sorgten, daß die Temperatur im LOX-Tank nie über plus 27 Grad Celsius stieg. Diese Schalter waren nach den 1962 aufgestellten Spezifikationen von North American auf 28 Volt ausgelegt. 1965 änderte North American seine Vorgaben: An die Heizelemente wurden jetzt 65 Volt gelegt. Doch Beech Aircraft versäumte, die Schalter entsprechend zu verändern. Und in allen späteren Tests wurde dieser Punkt übersehen.

Beim *boil off* am Boden stieg nun die Temperatur im Tank ständig an. Bei 27 Grad hätten die Schalter eigentlich öffnen sollen. Doch die Thermostat-Elemente reagierten nicht, denn sie waren von den 65 Volt Spannung längst zerstört. Die Temperatur im Tank stieg immer weiter – bis auf 538 Grad Celsius, wie Experten später schätzten. Die Temperatur sollte auf einer der Kontrolltafeln angezeigt werden. Doch deren Anzeige reichte nur bis 80 Grad Fahrenheit, 27 Grad Celsius. Kein Techniker bemerkte deshalb, daß es im Innern des

Tanks viel heißer geworden war. Die Hitze zerstörte Teile der Teflonschicht, die das Stromkabel für die Ventilatoren isolierte. Blanke Kabel ragten nun in einen Tank, der bald wieder mit flüssigem Sauerstoff gefüllt werden sollte – einem hochexplosiven Gas.

Die Crew trainierte derweil im Simulator. James A. Lovell war der Kommandant von Apollo 13. Der 42jährige ehemalige Testpilot hatte schon als Teenager selbstgebaute Raketen in den Himmel geschickt. Er war 1965 mit Gemini 7, 1966 mit Gemini 12 und 1968 mit Apollo 8 im Weltraum gewesen, insgesamt 572 Stunden und 10 Minuten – bis zu diesem Zeitpunkt länger als jeder andere Mensch. Lovell war verheiratet und hatte vier Kinder. Apollo 13 sollte sein letzter Raumflug werden, auch seiner Frau zuliebe. Die war beunruhigt, seit sie einen Thriller gesehen hatte über drei Astronauten, die im All Schiffbruch erleiden.

Fred W. Haise war der Steuermann von „Aquarius". Der 36jährige Flugzeugingenieur und Nasa-Testpilot gehörte zu dem Team, das die Mondfähre entwickelt hatte. Auch er war verheiratet und hatte drei Kinder – bislang, denn seine Frau war im siebten Monat schwanger. Haise war Neuling im All.

Dritter im Team, als Pilot von „Odyssey", sollte Thomas Mattingly werden. Doch Anfang April kam die Crew trotz ihrer teilweisen Quarantäne in den Wochen vor dem Start in Kontakt mit Kinderkrankheiten: Lovells Sohn hatte Röteln. Die Astronauten wurden untersucht. Nur Mattingly hatte keine Antikörper im Blut. Es bestand die Möglichkeit, daß er während des Raumfluges erkrankte. In einem solchen Fall verlangten die Nasa-Vorschriften einen Wechsel des kompletten Teams. Für die drei Astronauten, die seit zwei Jahren als Einheit trainierten, müßte eine *backup crew* einspringen. Doch bei Apollo 13 konnte die Ersatzmannschaft nicht übernehmen – einer der Männer hatte Masern.

Die Nasa hätte den Flug um einen Monat verschieben können. Doch es war extrem schwierig, eine bereits aufgebaute Rakete so lange störungsfrei auf der Startrampe zu lassen. Außerdem würde die Verzögerung rund 800 000 Dollar kosten. Die Nasa entschloß sich, ihre eigenen Vorschriften zu ignorieren.

Ein Mann aus der *backup crew* sollte das Team ergänzen: John L. Swigert. Der 38jährige hielt Universitätsdiplome in Maschinenbau, Weltraumtechnik und Betriebswirtschaft und war der Paradiesvogel unter den Astronauten: ein unverheirateter Testpilot, von dem es hieß, er locke Frauen in sein Apartment mit dem Versprechen, ihnen dort „Mondsteine" zu zeigen. Auch er war ein Neuling im All, doch er brachte zweierlei mit, das für den Flug von Apollo 13 mitentscheidend werden sollte: Er hatte als Pilot zwei schwere Unfälle physisch und psychisch unbeschadet überstanden. Und er war Mitverfasser des Kapitels über Notfallmaßnahmen im „Instruction Manual", der Bedienungsanleitung für die Kommandokapsel.

Noch einmal ging die Crew alle Situationen des Fluges im Simulator durch. Das Problem bestand nicht darin, Swigert „anzulernen", denn er war ebenso trainiert wie die zwei anderen. Er mußte sich vielmehr schnell in einer Gruppe zurechtfinden, die seit zwei Jahren eine Einheit bildete. Nach zwölf Stunden intensiver Tests waren alle Verantwortlichen überzeugt: Der neue Mann paßte ins Team. Nur 72 Stunden vor dem Start wurde Swigert zum Piloten von „Odyssey" ernannt. Apollo 13 konnte starten.

Der Countdown begann 28 Stunden vor dem Start. Alle Systeme wurden ein letztes Mal geprüft, die Batterien aufgeladen, Tanks gefüllt. Vier Stunden und 17 Minuten vor dem Start wurde die Crew geweckt und noch einmal untersucht. Dann gab es ein letztes Frühstück. Bei „T minus zwei Stunden, 40 Minuten" gingen die Männer ins Raumschiff. 15 Minuten vor dem Start wurden die externen Versorgungsleitungen gekappt. Alle Systeme von Apollo 13 arbeiteten jetzt mit Bordstrom. Sechs Minuten vor dem Lift-off gab es einen letzten Check aller Systeme, bei fünf Minuten wurde der Metallarm abgetrennt, der das Raumschiff an der Rampe hielt. Bei „T minus drei Minuten, sieben Sekunden" startete das Computerprogramm, das die Raketenmotoren zünden würde. Genau 8,9 Sekunden vor dem Start begann die Zündung, zwei Sekunden vor dem Start hieß es: „All engines running!"

Die Rakete mit Apollo 13 hob am 11. April 1970 um 14.13 Uhr Ortszeit in Florida (gleich 13.13 Uhr CST bei Mission Control in Houston) ab. Der 36 Stockwerke hohe und einschließlich Treibstoff über 3000 Tonnen schwere Gigant zitterte. Riesige Flammenzungen brachen an seiner Basis hervor, dann stieg er langsam in den Himmel. Nach wenigen Augenblicken hatte die Rakete den 140 Meter hohen Startturm unter sich gelassen. Die fünf Triebwerke der ersten Stufe, die fast 13 000 Liter Kerosin pro Sekunde verbrauchten, arbeiteten 145 Sekunden lang. Fünf Sekunden später befand sich Apollo 13 schon in 65 Kilometer Höhe und war 9800 km/h schnell.

Die erste Stufe wurde abgetrennt und stürzte ins Meer, die zweite zündete. Sie sollte sechs Minuten lang brennen, doch das mittlere Triebwerk erlosch 132 Sekunden zu früh; die vier anderen Triebwerke wurden deshalb von der blitzschnell arbeitenden Automatik 34 Sekunden länger angelassen, um den Schubverlust auszugleichen. Als die zweite Stufe abfiel, war das Raumschiff bereits 22 300 km/h schnell und in einer Höhe von 185 Kilometern.

Die dritte, nur noch mit einem Triebwerk ausgestattete Raketenstufe hatte zwei Aufgaben: Zuerst feuerte sie zwei Minuten und 34 Sekunden lang, um Apollo 13 in eine Erdumlaufbahn zu schießen. Das Raumschiff erreichte diese erste Etappe auf seinem Weg zum Mond nach knapp zwölf Minuten. Es war, abgesehen von der leichten Unregelmäßigkeit in der zweiten Stufe, ein Bilderbuchstart gewesen. Nach zwei Erdumkreisungen zündete die dritte Stufe erneut und brachte Apollo 13 auf den Weg zum Mond. Um 17.14 Uhr CST trennten sich „Aquarius" und „Odyssey" von der dritten Stufe.

Diese machte sich, anders als bei allen vorangegangenen Apollo-Unternehmen, allein auf den Weg zum Mond. Sie sollte dort aufschlagen und ein künstliches Beben auslösen, das von Apollo 12 aufgestellte Seismometer registrieren konnten. Das Raumschiff war jetzt ungefähr 38 800 km/h schnell.

Für die nächsten zweieinhalb Tage war Apollo 13 der „langweilige" Raumflug, für den sich kaum jemand interessierte. Erst die Explosion am 13. April um exakt 21.07 Uhr CST änderte dies dramatisch.

Fernsehstationen aus aller Welt schickten ihre Teams nach Houston und Cape Kennedy. Die Welt nahm Anteil. Gottesdienstbesucher beteten für die glückliche Rückkehr der Astronauten. Baseballspiele wurden durch Gedenkminuten unterbrochen. Ein Dutzend Staaten, darunter die Sowjetunion, boten Hilfe an, ebenso Privatpersonen aus aller Welt. Aus Hamburg rief jemand an und schlug vor, die Astronauten sollten einen Weltraumspaziergang unternehmen, um nachzuschen, was geschehen sei. Amateurastronomen konnten Apollo 13 mit ihren Teleskopen verfolgen. Denn das Raumschiff, normalerweise zu klein, um von der Erde aus gesehen zu werden, war nun von einer Wolke aus Gas und Trümmerteilen umgeben, die das Sonnenlicht reflektierte.

Im Houston Spacecraft Center saß zum Zeitpunkt des Unglücks das *white team* unter der Führung des 36jährigen Nasa-Flugdirektors Eugene Kranz. Die 15 Controller hatten sich auf das Ende ihrer zehnstündigen Schicht gefreut, als Swigerts Funkspruch alle Routine beendete. Diese Männer mußten die ersten lebenswichtigen Entscheidungen treffen. Herzstück der Bodenstation war der Mission Operations Control Room (MOCR). Hier saßen Spezialisten vor Monitoren und überwachten die Daten, die per Telemetrie von Apollo 13 an den Rechner des MOCR gesendet wurden.

Den Controllern war schnell klar, daß einer der beiden LOX-Tanks explodiert war. Ebenfalls ausgefallen waren zwei der drei neben den Sauerstofftanks liegenden Treibstoffzellen. In diesen Zellen wurde aus flüssigem Sauerstoff und Wasserstoff mit Hilfe eines Platin-Katalysators Energie für das Raumschiff gewonnen. Houston wies die Astronauten an, ihren Strom aus der dritten – noch arbeitenden – Zelle und aus den Bordbatterien zu beziehen.

Kurz darauf wurde klar, daß auch der zweite Sauerstofftank leck war. Das Gas, das Lovell gesehen hatte, kam aus diesem Tank. Kranz entschloß sich zu einer Notmaßnahme. Er wies die Astronauten an, die Ventile zwischen diesem Behälter und den zwei beschädigten Treibstoffzellen zu schließen. Doch der Druck im LOX-Tank fiel weiter. Darauf beschloß Kranz, auch das Ventil zur noch unbeschädigten dritten Treibstoffzelle schließen zu lassen.

„Habe ich richtig gehört?" fragte Haise aus der Kapsel, denn diese Anweisung klang wie eine Kapitulation. War das Ventil erst einmal geschlossen, konnte es weder vom Raumschiff noch von der Bodenstation wieder geöffnet werden – Apollo 13 hatte damit seine sämtlichen Energiezellen verloren. Doch auch dieser verzweifelte Versuch war ein Fehlschlag.

Das Raumschiff wirkte wie ein harpunierter Wal, der langsam ausblutete. Alle drei Treibstoffzellen waren tot, einer der beiden Sauerstofftanks war zerstört, der andere verlor unaufhaltsam seinen kostbaren Inhalt. „Sieht so aus, als wäre der Druck im O_2-Tank nur noch bei knapp über 200", meldete Lovell.

„Wir bestätigen das", antwortete Houston, „es geht langsam auf Null zu, und wir fangen an, über die Landefähre als Rettungsboot nachzudenken."

„Ja, das tun wir auch", sagte Swigert.

Um 22.50 Uhr CST, nach knapp 58 Stunden im All, war die Mission von Apollo 13 gescheitert. Offiziell teilte die Nasa am 14. April um 23.13 Uhr CST mit, daß Apollo 13 nicht auf dem Mond landen werde.

18 Minuten vor dem totalen Zusammenbruch aller Systeme von „Odyssey" wechselten Lovell und Haise hinüber zu „Aquarius" und erweckten die Mondlandefähre zum Leben, zum *lifeboat mode*. Ab jetzt begann eine Serie von Manövern, die sie nie im Simulator geübt hatten. Zwar hatten sie sich immer wieder auf Notfälle einstellen müssen, doch der Totalausfall beider Sauerstofftanks und aller drei

Brennstoffzellen galt als zu unrealistisch und hoffnungslos, als daß er hätte simuliert werden müssen.

Zuerst schalteten die zwei Männer den Strom ein (die Fähre verfügte über eigene Batterien). Dann übertrugen sie die Daten aus dem Navigationssystem der Kommandokapsel auf das der Fähre, damit sie nicht orientierungslos durchs All schwebten. Danach aktivierten sie die Sauerstoffversorgung. Sie arbeiteten konzentriert und schnell. Nie zuvor war eine Mondlandeeinheit so schnell in Bereitschaft versetzt worden.

Swigert saß unterdessen in der Kapsel und schaltete alle Systeme ab. Damit er dort noch atmen konnte, hatten Lovell und Haise eilig einen rund drei Meter langen Schlauch aus Haises Mondanzug ausgebaut und an das Sauerstoffsystem der Fähre angeschlossen. Diese Leitung versorgte „Odyssey" mit Luft. Mit den letzten Reserven des sterbenden Versorgungsmoduls lud Swigert die Batterien in der Kommandokapsel auf und füllte deren kleine Sauerstofftanks: lebenswichtige Reserven für später, für die Manöver beim Eintritt in die Erdatmosphäre – falls sie je wieder in die Erdatmosphäre eintreten würden.

Dann befand sich „Odyssey" im „Zero-Zero"-Zustand. Alle Systeme waren ausgeschaltet.

Unterdessen hatte in Houston die Schicht gewechselt. Das *black team* unter dem 33jährigen Flight Director Glynn Lunney hatte die Kontrollen übernommen. Ruhig, ohne sichtbare Aufregung, funkte Lunney die lebensrettenden technischen Anweisungen nach oben: wann welche Schalter und Ventile zu schließen seien und mit welchen Schritten „Aquarius" in ein Rettungsboot verwandelt werden sollte. Rund um den Kontrollraum in Houston formierte sich die größte Rettungsaktion in der Geschichte der Menschheit. Fast 10 000 Menschen bemühten sich um das Leben der drei Astronauten – eingerechnet die 8000 Seeleute der 6. US-Flotte, die im Südpazifik auf die Wasserlandung der Kommandokapsel wartete.

Zu den Helfern gehörten auch Mitarbeiter des Instrumentation Laboratory am renommierten Massachusetts Institute of Technology (MIT). Sie hatten die Navigationseinrichtungen entworfen und die Computerprogramme geschrieben, die den Kurs von Apollo 13 steuerten. Eine Stunde nach dem Alarm hatten sich mehr als 30 Spezialisten in Cambridge eingefunden.

Ein paar hundert Kilometer weiter südwestlich lag die Entwicklungszentrale von Grumman Aircraft – jener Firma, die das Mondlandegerät entworfen und gebaut hatte. In einem Kontrollraum waren Ingenieure direkt mit Houston verbunden, um auftretende Probleme zu besprechen. Ihr Boss war Joseph Marino – und der war am späten Abend heimgegangen, weil der glatte Flug von Apollo 13 nichts Dramatisches erwarten ließ. Einer seiner Mitarbeiter rief ihn an und sagte: „We've got a real one." Marino hastete zurück. Andere Grumman-Ingenieure wurden aus den Betten geklingelt und mit firmeneigenen Jets nach Houston geflogen.

Dort hatten sich inzwischen etliche Nasa-Offizielle und Astronauten eingefunden. Einige Raumfahrer standen für Notfälle immer in Bereitschaft. Sie hatten vor allem zwei Aufgaben: Sie sollten vom Kontrollraum aus mit ihren Kollegen im All mögliche Probleme durchsprechen und im Simulator alle nur denkbaren Schwierigkeiten und Problemlösungen durchspielen.

Auch Alan Shepard fand sich im Kontrollzentrum ein; er hatte in seinem Nasa-Büro den Funkverkehr im Hintergrund mitlaufen lassen. Shepard war 1961 als erster Amerikaner ins All geflogen und hatte noch mehr Grund als die anderen, sich für Apollo 13 einzusetzen: Er war als Kommandant für Apollo 14 vorgesehen. Sollte Apollo 13 scheitern, stünden alle weiteren Missionen in Frage. Shepard kämpfte um das Leben der drei Kollegen – und um seinen eigenen Mondflug.

Charles Conrad, der Kommandant von Apollo 12, fuhr auf seinem roten Motorrad zu Lovells Familie in Houstons „Astronautenvorort" El Lago und nahm dort an einem Gottesdienst teil. Neil Armstrong von Apollo 11 kümmerte sich um Mary Haise und erklärte ihr die Rettungsmaßnahmen. Andere Astronauten verbrachten die nächsten Tage fast pausenlos im Simulator von Houston. Hier standen in einem gekachelten, fensterlosen Raum genaue Nachbildungen von „Odyssey" und „Aquarius". Die Piloten spielten zahlreiche Rettungsvarianten durch, denn an Apollo 13 war so viel zerstört, daß ständig improvisiert werden mußte.

Es gab keine Regeln, keine Erfahrungswerte – und keine Sicherheit, daß die Vorschläge überhaupt realisierbar waren. Im Simulator saßen ausschließlich Astronauten, die sich nicht zuvor mit den Technikern Rettungsmaßnahmen ausgedacht hatten: Für die Männer im „Sim" sollten alle Vorschläge so neu sein wie für die Männer im All. Nur so ließ sich abschätzen, ob die Besatzung von Apollo 13 sie würde umsetzen können.

Die Verwandlung der „Aquarius" von einer Mondlandefähre in ein Rettungsboot hatte das Leben der Astronauten vorerst gerettet. Doch daß sie je wieder zur Erde zurückkehren könnten, war keineswegs gesichert. Niemand wußte, was genau geschehen war; weder Controller noch Astronauten hatten Zeit für Ursachenforschung.

Fieberhaft wurden die Vorräte an Sauerstoff, Wasser und Strom berechnet. Anfangs schien es, als hätten die Astronauten nur noch Sauerstoff für 38 Stunden (dabei hätte allein die Berechnung eines Rückflugkurses rund 70 Stunden gedauert). Doch als die Daten vollständig ausgewertet waren, gab Houston Entwarnung: 29 Kilo Sauerstoff und alle sechs vollgeladenen Batterien der Mondfähre standen zur Verfügung. Die Sauerstoff- und Energiereserven waren ausreichend, nur das Wasser würde knapp werden.

Nun mußte Apollo 13, noch immer unterwegs zum Mond, den Kurs ändern. Ein *deep-space abort*, eine Umkehr mitten im Flug, war ausgeschlossen. Zwar wäre das Triebwerk der Kommandokapsel dazu stark genug gewesen, doch niemand wußte, ob es nicht auch beschädigt war. Es zu zünden hätte überdies erfordert, die kostbaren Stromreserven voll einzusetzen – eine Alles-oder-nichts-Entscheidung.

Houston entschloß sich, Apollo 13 weiter in Richtung Mond fliegen zu lassen. Noch befand sich das Raumschiff auf einem „hybriden" Kurs: Es würde zwar um den Mond herumfliegen und durch dessen Gravitation wieder in Richtung Erde geschleudert werden – aber nur ungefähr: Ohne Korrektur würde Apollo 13 die Erde um rund 64 000 Kilometer verfehlen und in eine parabelförmige Umlaufbahn schwenken. Die Astronauten wären für alle Zeiten im All gestrandet.

Für die drei Männer war dies das schlimmste Szenario. Lovell erinnerte sich später: „Wir wollten zur Erde zurück – wenn es irgendwie ging, lebend. Doch wir wollten auf jeden Fall zur Erde zurück."

Das Raumschiff mußte auf eine *free-return trajectory* gebracht werden – eine Bahn, die so um den Mond herumführte, daß Apollo 13 danach punktgenau auf die Erde zusteuerte. Für Kursänderungen stand dem Wrack zu diesem Zeitpunkt aber nur das Triebwerk der Mondfähre zur Verfügung, das für Manöver dieser Art nicht gebaut war. Es sollte lediglich dem Abstieg der Fähre zur Oberfläche des Erdtrabanten dienen und war nur halb so stark wie das von „Odyssey". Niemand konnte sagen, wie lange es zuverlässig arbeiten würde.

In den ersten Stunden nach der Explosion wußten die Controller nicht einmal, wie oft sie das Mondfähren-Triebwerk zünden müßten. Während Apollo 13 durchs All raste, erfolgten die Berechnungen dazu in den bis zu 30 Meter langen Computerterminals in Houston, beim Goddard Space Flight Center und beim MIT. Im Simulator wurden verschiedene Möglichkeiten durchgespielt. Die Nasa-Techniker, die das Wort „Improvisation" nicht mochten, nannten dies *real time mission planning*.

Schließlich begann Mission Control in Houston mit den Vorbereitungen zur Zündung. Computer übernahmen den genauen Ablauf der Aktion. Von den Astronauten stand Haise in diesem Moment unter der größten Spannung: Er hatte an der Entwicklung der Mondfähre mitgearbeitet und war der Pilot von „Aquarius"; kaum einer kannte das System so gut wie er. Und Haise wußte, daß dieses Triebwerk nicht für kurze Zündungen gebaut war. Am 14. April um 2.43 Uhr CST, rund fünfeinhalb Stunden nach der Explosion, wurde das Triebwerk von „Aquarius" für 30,7 Sekunden aktiviert.

Es arbeitete fehlerfrei.

Das Raumschiff war jetzt 354000 Kilometer von der Erde entfernt auf der *free-return trajectory*. Statt in 100 Kilometer Höhe über die Mondoberfläche zu rasen, wie auf dem ursprünglichen Kurs, flogen sie jetzt in 220 Kilometer Entfernung. Den Astronauten war die Erleichterung anzuhören. Ihre Chancen heimzukommen waren gewaltig gestiegen.

In Houston ging die Rechnerei fieberhaft weiter. Zwar würde Apollo 13 auf dem neuen Kurs die Erde treffen – aber irgendwo im Indischen Ozean, wo kein Rettungsschiff stationiert war. Zudem würde der Flug noch immer 74 Stunden dauern: möglicherweise zu lange für das Wrack. Mehrere Varianten wurden diskutiert.

Würde Apollo 13 genau hinter dem Mond das große Triebwerk von „Odyssey" zünden, wäre es in nur 38 Stunden zurück auf der Erde, der Landepunkt wäre im Atlantik vor der brasilianischen Küste. Aber wie schon beim *deep-space abort* entschied sich Houston wegen des zweifelhaften Zustandes des „Odyssey"-Triebwerks dagegen.

Würden die Astronauten dagegen das Wrack der Versorgungseinheit absprengen, wäre das Restgefährt aus Mondfähre und Kommandokapsel um rund 23,5 Tonnen leichter – leicht genug, um durch eine lange Zündung des schwachen Triebwerks von „Aquarius" in knapp 40 Stunden zurückzukommen, Zielgebiet Südatlantik. Doch dieses Manöver würde den gesamten Treibstoffvorrat verbrauchen. Apollo 13 hätte danach keine Chance auf weitere Kurskorrekturen.

Und es gab noch ein Problem: Der Schild auf der Unterseite der Kommandokapsel, der beim Eintritt in die Erdatmosphäre vor der hohen Reibungshitze schützen sollte, wäre schon eineinhalb Tage vor der Landung den UV-Strahlen und starken Temperaturschwankungen des Weltraums ausgesetzt. War der Schild aber beschädigt, würden die Astronauten während des Wiedereintritts in ihrer Kapsel gekocht werden. Hohe Risiken – zu hoch, wie die Nasa beschloß.

Sie entschied sich für einen Kompromiß zwischen den Risiken eines zu langen Raumfluges und einer zu starken Belastung der Triebwerke. „Aquarius" sollte seine Triebwerke erst nach der Mondumrundung zünden. Dies würde die verbleibende Flugzeit auf rund 63 Stunden verkürzen und das Raumschiff im Südpazifik niedergehen lassen, ungefähr 900 Kilometer südöstlich von Samoa. Das war zwar weit entfernt von allen vorgesehenen Zielgebieten, doch Rear Admiral Donald C. Davis, Kommandant der Task Force 130 im Pazifik, versicherte, seine Einheiten könnten rechtzeitig dort sein.

Die Astronauten lehnten sich nach fünfeinhalb Stunden ununterbrochener Notmaßnahmen zu einer ersten Pause zurück. Sie waren müde und erschöpft. „Okay, Houston", sagte Lovell, „die Zündung war erfolgreich. Jetzt sollten wir darüber reden, was wir noch abschalten können."

„Roger", antwortete der Capcom, „wir sehen sofort nach. Ihr seid die ersten, denen wir es sagen werden."

Einige Spezialisten von Mission Control machten sich an die Arbeit, gedrängt von James Lovell. Dem Kommandanten dauerte es zu lange. Nach einer halben Stunde meldete er sich wieder. „Ich will euch ja nicht hetzen, aber ihr solltet wirklich über die nächste Zündung nachdenken. Ich muß mir Wach- und Schlafzeiten ausdenken und das irgendwie mit den nächsten Manövern koordinieren."

Er teilte die Wachen so ein, daß meist zwei Astronauten in „Aquarius" den Flug überwachten, während der dritte in die Kommandokapsel zurückkroch, um dort ein paar Stunden zu schlafen. Die Lage war für Swigert am schwierigsten, denn er war als Pilot der Kommandokapsel ausgebildet und wußte wenig über die Mondlandefähre. Er ließ sich von Mission Control alle Manöver genau erklären und war in den Stunden, in denen er allein in „Aquarius" Wache hielt, ängstlich darauf bedacht, keine unbekannten Schalter umzulegen.

Am Abend des 14. April flog Apollo 13 um die Rückseite des Mondes. Haise und Swigert vergaßen kurz ihre Lage. Wie staunende Kinder hingen sie am Fenster und starrten auf die Oberfläche des Erdtrabanten. Sie flogen höher als alle anderen Apollo-Missionen und konnten so große Regionen überblicken. Sie griffen sich die Kameras und fotografierten wie besessen.

Lovell war mit den Vorbereitungen für die nächste Zündung beschäftigt und sah den beiden konsterniert zu.

„Wenn wir das nächste Manöver nicht korrekt durchführen, werdet ihr eure Bilder vielleicht nie entwickeln lassen können", sagte er.

„Wait a minute", antworteten Haise und Swigert, „du bist ja auch schon mal hier oben gewesen." Lovell hatte mit Apollo 8 den Mond umkreist – und einen Berg nach seiner Frau Marilyn benannt.

Als Apollo 13 hinter dem Mond hervorkam, stand die nächste Zündung bevor. Es war die längste und vielleicht wichtigste der ganzen Mission. Die Vorbereitungen dazu erinnerten aber eher an die christliche Seefahrt als an ein High-Tech-Unternehmen.

Die Männer mußten die genaue Position und Ausrichtung des Raumschiffes kennen. Normalerweise war dies für die Navigationsanlage kein Problem; ihr dienten Sterne als Fixpunkte. Doch Apollo 13 war von einer Wolke aus gefrorenem Sauerstoff und Trümmerteilen umgeben – und die reflektierte so viel Licht, daß eine genaue Ausrichtung auf die Sterne nicht möglich war. Schließlich peilte Lovell zwei Himmelskörper an, die er selbst durch die Trümmerwolke noch gut fixieren konnte: Sonne und Erde.

Zur zeitlichen Orientierung benutzten die Astronauten mechanische Armbanduhren, wie sie für 300 Dollar bei jedem Juwelier zu haben waren. Das Modell „Speedmaster" war 1965 von der Nasa nach umfangreichen Tests als offizielle Weltraumuhr ausgewählt worden – eines der wenigen Geräte im Raumfahrtprogramm, die keine Spezialanfertigung waren. Diese Uhr diente den Astronauten nun zur Bestimmung der Zeit. Und was noch wichtiger war: Mit der Stoppfunktion würden sie die Brenndauer des gezündeten Triebwerks kontrollieren können.

Kurze Zeit später traf die dritte, drei Tage zuvor nach dem Ende der Startphase abgesprengte Stufe der Saturn V mit der Gewalt von rund zehn Tonnen TNT auf die Mondoberfläche. Die von Apollo 12 aufgestellten Seismometer registrierten starke Beben. „Sieht so aus, als hätte euer Booster gerade den Mond getroffen und ihn ein bißchen durchgeschüttelt", meldete Mission Control. „Schön, daß wenigstens etwas auf diesem Flug funktioniert", gab Lovell zurück.

Rechtzeitig zur zweiten Zündung der Triebwerke für den Rückflug saßen Lovell und Haise auf ihren Plätzen in der Mondfähre. Swigert hockte hinter ihnen auf der Abdeckung des Aufstiegs-Triebwerks. Das war gegen alle Vorschriften, aber es gab in der engen Fähre keinen anderen Platz. Mission Control und Lovell begannen mit der Vorbereitung. Der Kommandant mußte das Triebwerk manuell steuern: Wegen der unsicheren Energieversorgung des Raumschiffes wollte Houston bei dieser langen Zündung nicht auf die Automatik vertrauen. Apollo 13 war 10 054 Kilometer vom Mond entfernt und flog mit einer Geschwindigkeit von 4 996 Kilometern pro Stunde.

Um 20.40 Uhr CST wurde das Triebwerk von „Aquarius" zum zweitenmal gezündet. Es arbeitete vier Minuten und 24 Sekunden. Der Schub und die Gravitation des Mondes beschleunigten das Raumschiff auf 5472 km/h. Knapp 24 Stunden nach der Explosion schien es zum erstenmal, als hätte Apollo 13 das Schlimmste hinter sich. Doch am Morgen des 15. April zeigte sich eine neue tödliche Gefahr.

Die Luft in der Mondfähre reicherte sich langsam mit Kohlendioxid an. „Aquarius" verfügte über Lithiumhydroxid-Filter, doch die waren nur für zwei Personen ausgelegt. In „Odyssey" gab es mehr als genug dieser chemischen Filter, für deren Betrieb kein Bordstrom nötig war. Doch konnte man sie nicht einfach in das System von „Aquarius" einsetzen, denn die Filter von „Odyssey" waren eckig, der Filtereinsatz von „Aquarius" hingegen war rund. Normalerweise sorgten kleine Ventilatoren für einen Luftaustausch zwischen beiden Bereichen – doch die waren nun abgestellt, um Strom zu sparen.

Eine Gruppe in Mission Control machte sich fieberhaft daran, eine Behelfslösung zu konstruieren. 36 Stunden nachdem die Astronauten „Aquarius" aktiviert hatten, ging ein gelbes Warnlicht an: Der Kohlendioxidgehalt hatte einen kritischen Wert erreicht. Sollte er weiter ansteigen, bedeutete dies für die Astronauten in spätestens acht Stunden Ohnmacht, dann Tod durch Ersticken. Da präsentierte Mission Control der Apollo-Crew eine wilde Konstruktion aus Schläuchen von Raumanzügen, Kanistern, Plastik, Klebestreifen und dem Pappumschlag eines Bordbuches.

Houston gab eine detaillierte Bauanleitung an Swigert und Lovell durch. Die Konstruktion saugte die verbrauchte Luft aus der Mondfähre an, leitete sie in die Filter der Kommandokapsel und pumpte sie wieder zurück. Lovell kam sich vor, als baute er ein Modellflugzeug zusammen. In Houston sprach man von „Toaster", um die Form zu beschreiben. Zum Abdichten stopften die Astronauten einen Socken an den Filteransatz. Die skurrile Konstruktion, in weniger als acht Stunden entworfen und eingebaut, funktionierte. Der Kohlendioxidanteil sank auf einen normalen Wert.

Die nächsten 50 Stunden wurden für die Astronauten zermürbend. „Aquarius" war kaum geräumiger als eine Telefonzelle. An der sonnenzugewandten Außenseite stieg die Temperatur auf plus 120 Grad Celsius, auf der abgewandten Seite herrschten minus 130 Grad. Korrekturdüsen versetzten Apollo 13 in einen langsamen Dreh um die Längsachse. Heizung und Ventilatoren waren abgestellt. Im Innern sank die Temperatur auf elf Grad in „Aquarius" und drei Grad in „Odyssey". Schwitzwasser bildete sich an den Wänden und auf den Instrumententafeln. Die Luft war kalt, abgestanden und feucht. Die drei Männer froren erbärmlich. Ihre teflonbeschichteten Coveralls wurden klamm. Swigert zog zwei Paar Unterhosen an, Haise wickelte sich in seinen Schlafsack, Lovell versuchte es mit Plastikmülltüten. Nichts half. Apollo-Astronauten trugen während ihrer Flüge nur Socken, keine festen Schuhe. Nun holte sich Swigert nasse Füße – ohne Aussicht, sie wieder trocknen zu können. Lovell und Haise legten die schweren Stiefel für den Mondspaziergang an. Sie zogen aber nicht auch den Rest des unförmigen Raumanzuges über; dazu war es in dem Raumschiff zu eng. Außerdem befürchtete Lovell, daß sie sich bei dieser relativ komplizierten Prozedur so anstrengen würden, daß sie ins Schwitzen gerieten – und der Kommandant hatte Angst, daß sie sich dabei eine Lungenentzündung holen könnten.

Die Astronauten hatten die abgeschaltete Kommandokapsel in den ersten Stunden ihr „Schlafzimmer" genannt, doch bald war es nur noch der „Eisschrank". „Schneit es bei euch schon?" wollte Mission Control wissen. „Wir sind kalt wie Frösche in einem gefrorenen Tümpel", antwortete Lovell. Haise litt unter der Kälte am stärksten. Er schlief in seinen Ruhezeiten im Tunnel, mit dem Kopf in der Mondlandefähre. Damit er in der Schwerelosigkeit nicht herumschwebte, wand er den Riemen seines Schlafsacks um den Lukengriff. Er holte sich eine Blasenentzündung und bekam Fieber. Während der letzten Flugphase mußte er längere Zeit in „Odyssey" arbeiten. Als er in die verhältnismäßig warme „Aquarius" zurückkehrte, dauerte es vier Stunden, ehe er aufhörte zu zittern.

Die Männer litten trotz des muffig-feuchten und dunklen Innenraumes an Wassermangel. Pro Tag durfte jeder nur noch 0,17 Liter Wasser trinken. Es gab auch keine warmen Mahlzeiten mehr. Swigert tastete sich mit einer Taschenlampe durch „Odyssey" und löste aus dem einzigen noch zugänglichen Wassertank Fruchtsaftpulver in 35 Bechern auf – das mußte reichen.

Das meiste Wasser verbrauchten die Instrumente, die ständig gekühlt werden mußten. Haise berechnete, daß sie trotz aller Einsparungen fünf Stunden vor dem Wiedereintritt in die Erdatmosphäre keine Kühlung mehr haben würden – obwohl die Männer sogar das Wasser aus ihren Raumanzügen in das Kühlsystem umgefüllt hatten.

Würden die Anlagen, vor allem das lebenswichtige Navigationssystem, so lange ohne Kühlung durchhalten? Oder würden sie genau im kritischen Augenblick des Wiedereintritts wegen Überhitzung versagen?

Für die Weltpresse, die den Funkverkehr zwischen Houston und Apollo 13 abhörte, waren die Astronauten kühle, selbstbeherrschte Männer mit gelegentlichen Anflügen trockenen Humors. Doch Mission Control wußte es besser. Die drei waren hungrig, durstig, durchgefroren und müde. Man konnte es an der Art hören, wie sie mit der Bodenstation sprachen: fahrig und etwas unkonzentriert. Einige der in Houston sitzenden Astronauten machten sich Sorgen um den emotionalen Zustand der Crew. Schließlich gelang es, Lovell, Haise und Swigert zu überreden, sich ein paar Stunden Schlaf zu gönnen.

Ein anderes Problem trug auch nicht dazu bei, die Stimmung der Astronauten zu heben: Wohin mit dem Urin? Normalerweise wurde er durch ein kleines Ventil ins All hinausgepumpt. Jetzt aber war zu befürchten, daß schon dieser winzige Druck Apollo 13 wieder taumeln lassen würde. Also suchten die drei alle verfügbaren Beutel zusammen und stopften sie danach in den Ecken fest, damit sie nicht frei herumschwebten.

Den nächsten Tag verbrachten die Astronauten damit, sich Anweisungen für die Landung durchgeben zu lassen. Die Leistungsfähigkeit der drei Männer ließ weiter nach; ihnen unterliefen Fehler aus Konzentrationsmangel. In der Nacht auf den 17. April entschloß sich Houston, das „Aquarius"-Triebwerk noch einmal für eine letzte Kurskorrektur zünden zu lassen. Bei den Vorbereitungen dazu startete Lovell irrtümlich Programm 40 für das Haupttriebwerk der Fähre. Er sollte aber nur die kleinen Steuerdüsen aktivieren: Programm 41. Mission Control bemerkte den Fehler und korrigierte ihn.

Danach holte das Team die Kommandokapsel und das Versorgungsmodul wieder aus ihrem „Zero-Zero"-Zustand. Denn nur mit der hitzegeschützten Kapsel war ein Wiedereintritt in die Erdatmosphäre möglich. Dazu mußten die drei Komponenten des Raumschiffs (Fähre, Kapsel, Versorgungseinheit) voneinander getrennt werden – aber in anderer Reihenfolge als eigentlich vorgesehen. Das Astronautenteam am Boden hatte in stundenlangen Übungen im Simulator das neue Manöver durchgespielt. Alles hing davon ab, daß die erschöpften Männer präzise arbeiteten. Um 2.30 Uhr CST öffneten die Astronauten deshalb auf Anweisung aus Houston ihren Medizinschrank und nahmen je zwei Tabletten Dexedrin – ein Aufputschmittel.

Fünf Stunden später begannen die Vorbereitungen für den Wiedereintritt. Bei allen bisherigen Mondmissionen war die Einheit aus

Kommandokapsel und Versorgungsmodul allein vom Mond zurückgeflogen, während die Landefähre in einer Umlaufbahn um den Erdtrabanten zurückblieb. Vor dem Wiedereintritt brauchte sich dann nur die kleine Kapsel von der Versorgungseinheit zu lösen. Diesmal aber kamen die Astronauten in der Mondfähre zurück.

Swigert war der erste, der von „Aquarius" in die Kommandokapsel zurückkroch. Zum erstenmal seit Tagen spürte er die schneidende Kälte nicht mehr, denn als Pilot von „Odyssey" war er wieder in seinem Element. Zuerst besah er sich die Instrumententafeln. Überall war Schwitzwasser. Halb erwartete er, nach Umlegen der Schalter eine Kaskade von Kurzschlüssen, Zischen und Blitzen über sich ergehen lassen zu müssen. Doch zu seiner Erleichterung funktionierte alles einwandfrei. „Odyssey" erwachte aus ihrem Tiefschlaf.

Dann machten sich die drei daran, ihr Raumschiff in dessen Bestandteile zu zerlegen. Um 7.14 Uhr CST zündeten Lovell und Swigert kleine Explosivkörper und Steuerdüsen, die das Versorgungsmodul von der Kommandokapsel absprengten. Zum erstenmal konnten die Astronauten einen Blick auf den beschädigten Teil von Apollo 13 werfen.

„Eine ganze Seite des Raumschiffs fehlt", sagte Lovell.

Houston: „Stimmt das?"

Apollo: „Genau bei ... sieh dir das an! Genau neben der Antenne, die ganze Verkleidung ist weggeblasen, fast bis zum Triebwerk."

Houston: „Wir notieren das."

Apollo: „Sieht aus, als wär' das SPS-Ventil auch weg."

Houston: „Ihr könnt das SPS-Triebwerk sehen?"

Apollo: „Sieht aus wie ein großer brauner Streifen. Es ist wirklich ein Schrotthaufen."

Kurz bevor Apollo 13 die äußersten Schichten der Erdatmosphäre erreichte, zwängten sich die drei in die Kommandokapsel. Sie verschlossen den Tunnel, pumpten ihn voll Luft und sprengten die Mondfähre ab. „Auf Wiedersehen, ‚Aquarius', und wir danken dir!" kam es von Mission Control hoch. „Sie war ein gutes Schiff", sagte Lovell. Die Fähre, die zum Rettungsboot geworden war, verschwand um 10.43 Uhr CST Richtung Erde und verglühte kurz darauf.

Der Einfluß der Erdanziehung wurde stärker – und plötzlich saßen die Astronauten in einer Dusche: Von oben löste sich Schwitzwasser und regnete herab. Sorge bereitete auch „Snap 27", ein kleiner Atomreaktor mit fast vier Kilo Plutonium an Bord. Er hatte auf dem Mond arbeiten sollen, um Strom für Experimente zu liefern. Kurz vor dem Wiedereintritt in die Atmosphäre wurde er abgetrennt, fiel nordöstlich von Neuseeland in den Pazifik – und liegt dort noch heute in knapp 4000 Meter Tiefe.

Ironischerweise war die Landung dieses haarsträubendsten Fluges die perfekteste aller Apollo-Missionen. Am 17. April um 11.07 Uhr CST landete die Kapsel nur 750 Meter vom errechneten Zielpunkt entfernt im Pazifik, rund 980 Kilometer südöstlich von Samoa. Der Flugzeugträger „Iwo Jima" war nur sechseinhalb Kilometer entfernt. Taucher sprangen von Hubschraubern ab und bargen die Astronauten innerhalb von zehn Minuten.

Der Nasa-Untersuchungsausschuß legte noch im selben Jahr seinen Bericht vor. Danach war es im LOX-Tank wegen der blanken Drähte zu einem Kurzschluß gekommen, als Swigert nach der TV-Livesendung die Ventilatoren und Heizelemente im Tank aktivierte. Wahrscheinlich fingen einige Isolierungen Feuer, dann flog der Tank in die Luft. Der Explosionsdruck beschädigte auch die Brennstoffzellen und den anderen LOX-Tank. Die Gas- und Trümmerwolke störte vorübergehend die Hauptantenne, weshalb automatisch auf die Hilfsantennen umgeschaltet wurde.

„Ich fürchte, das war für lange Zeit das letzte Mondunternehmen", hatte Lovell während des Fluges nach Houston gefunkt. Tatsächlich aber sollten alle folgenden Mond-Missionen, von Apollo 14 bis 17, ein voller Erfolg werden.

Und doch wurde die Nasa 1970 bis ins Mark getroffen: Präsident Nixon versetzte ihr mit einem harten Sparprogramm einen finanziellen und technologischen Schlag, von dem sie sich nie mehr erholt hat. Viele hochfliegende Pläne wurden aufgegeben. Dabei zeigt die Mission von Apollo 13, so paradox es klingen mag, die Vorteile der bemannten Raumfahrt. Wäre mit einer Robotersonde geschehen, was „Odyssey" zustieß, sie wäre verloren gewesen. Oder wie Lovell später sagte: „Unsere Mission war ein Fehlschlag – aber ein erfolgreicher."

Und natürlich hat die Beinahe-Katastrophe einen alten Aberglauben gestärkt. Das Raumschiff hieß Apollo 13; die Startzeit bei Mission Control in Houston war 13.13 Uhr. Und die Explosion traf das Raumschiff am 13. April. Bei diesen Vorzeichen nutzte wahrscheinlich auch die fünf mal fünf Zentimeter kleine Mikrobibel nichts, die Lovell eingeschmuggelt hatte, um sie auf dem Mond zurückzulassen.

Oder vielleicht doch: Hätte sich die Explosion später ereignet, etwa während des Abstiegs zum Mond oder während des Rückfluges, wäre Apollo 13 verloren gewesen. Die drei Astronauten wären einen Tod gestorben, den nie zuvor ein Mensch erlitten hat.

CAY RADEMACHER

Als die Rote Sonne verlosch

So viele Untertanen wie er zählte kein Herrscher der Neuzeit. Mao Zedong, der Bauernsohn aus der Provinz, befreite und versklavte sein Land mit einer Selbstherrlichkeit, die an Shi Huangdi, Chinas legendären Ersten Kaiser, erinnert. Die »Rote Sonne«, wie seine Anhänger ihren Abgott ehrfürchtig nannten, sollte nie untergehen. Doch Mao war seit langem ein körperliches Wrack, regierte den maroden kommunistischen Staat vom Krankenbett aus. Bis zum bitteren Ende im September 1976. Die Krise des sterbenden Herrschers wurde dabei zur Staatskrise. Denn hinter den Kulissen tobte ein unerbittlicher Machtkampf um sein Erbe.

Zhongnanhai ist ein geheimnisvolles Viertel am Westrand der Verbotenen Stadt in Beijing. Früher war es der kaiserliche Garten, ein großer, harmonischer Park mit zwei Seen – dem Mittleren, Zhong Hai, und dem Südlichen, Nan Hai. Kiefern und Zypressen spenden Schatten, und an den Seeufern liegen prachtvolle, pagodenähnliche Häuser aus der Zeit Kaiser Qianlongs (1735–1799) – mit grauen Dachziegeln, schattigen Innenhöfen und vom Kaiser eigenhändig mit Schriftzeichen versehenen Toren. Ihre Namen: „Garten der übergroßen Wohltätigkeit", „Lotosbrunnen-Saal" oder „Halle der vollkommenen Harmonie". Dazwischen moderne Bauten: Wohnhäuser für Diener, Magazine, Büros, diskret plazierte Kasernen, zwei Badeanstalten.

Eine hohe zinnoberrote Mauer schirmt das Geviert von allen neugierigen Blicken ab. An den Toren stehen Wachposten der Eliteeinheit 8431, und selbst in den Straßen der Nachbarschaft patrouillieren noch schwerbewaffnete Sicherheitskräfte.

Hier lebt der mächtigste Mann der Welt, Herrscher über fast eine Milliarde Menschen und Idol für Millionen in aller Welt: Mao Zedong. Doch der 83jährige Mann achtet jetzt, im Spätsommer 1976, schon lange nicht mehr auf die Schönheit und Harmonie von Zhongnanhai. Hilflos liegt er in „Haus 202", einem massiven, modernen Bau neben dem Hallenbad, unfähig, sich noch aus eigener Kraft zu ernähren und deutlich zu sprechen.

Mittwoch, 8. September 1976. Zhongnanhai, Beijing.
Es war einer der üblichen drückend heißen Sommertage Beijings. Erst jetzt, kurz vor Mitternacht, kühlt es etwas ab.

Der Leibarzt Dr. Li Zhisui wird zu Mao gerufen. Die diensthabenden Ärzte haben dem Vorsitzenden „Shengmai San" injiziert, ein kreislaufstärkendes Mittel auf Ginseng-Basis, aber sie können den Puls und den Blutdruck des Patienten nicht mehr dauerhaft stabilisieren.

Das Surren des Beatmungsgeräts erfüllt den Raum. Maos Gesicht ist hinter einer etwas verrutschten Sauerstoffmaske kaum zu erkennen. Neben den Ärzten und Krankenschwestern wachen hohe Parteifunktionäre am Bett. Einer nimmt Dr. Li beiseite und flüstert: „Können Sie noch irgend etwas tun?"

Nach langem Schweigen rafft sich der Leibarzt zu einem schwachen „Wir haben getan, was wir konnten" auf. Das Wort „Tod" will er um keinen Preis aussprechen, obwohl ihm klar ist, daß Mao Zedong nur noch wenige Minuten zu leben hat.

Was danach geschehen wird, mit den Ärzten, den hohen Funktionären, der Partei, ja mit dem ganzen Riesenreich, ist in diesem Augenblick völlig ungewiß – und das, obwohl seit Beginn des Jahres der Schatten des Todes über Chinas KP schwebt: Genau acht Monate zuvor hat ein anderer Sterbender Chinas historisches „Wendejahr" eingeläutet.

Donnerstag, 8. Januar 1976. Krankenhaus 305, Beijing.
In einer karg eingerichteten dämmerigen Suite liegt seit zwei Jahren ein alter, feingliedriger Mann. Durch das dichte schwarze Haar laufen graue Schleier, der Körper ist ausgemergelt. Der lange Kampf des Kranken gegen Blasen-, Darm- und Lungenkrebs ist beendet: Zhou Enlai, Chinas Ministerpräsident seit 26 Jahren, stirbt.

Zhou hat dem Idealbild des kultivierten Chinesen so sehr entsprochen, daß ihn der Westen als dogmatischen Kommunisten kaum wahrgenommen hat. Er galt als sprachgewandt, charmant, geistreich, war im Westen ausgebildet und von westlichem Denken geprägt. Selbst sein Name schien passend, denn „Enlai" bedeutet „Von ihm möge Wohl ausgehen".

Obwohl Zhou den Gang der Dinge schon lange nicht mehr beeinflussen kann, ist er der erklärte Liebling des chinesischen Volkes geblieben. Er war es, der Maos radikal-utopische Ideen auf ein praktikables Maß zurechtgestutzt und gewissenhaft Tag für Tag ein erstaunliches Arbeitspensum geleistet hat – der Mann der Mäßigung. Wird mit seinem Ende Chinas Kommunismus noch extremer werden?

Donnerstag, 15. Januar. Babaoshan, Prominentenfriedhof, Beijing.

Den Menschen, die zu Hunderttausenden Spalier stehen, als der große Leichenwagen den Chang'an-Boulevard zum Heldenfriedhof hinunterrollt, ist echte Trauer anzumerken. Sie verstärkt sich, als Zhous letzter Wille bekannt wird: Seine Asche soll nicht in einem prunkvollen Mausoleum beigesetzt, sondern über alle Provinzen Chinas verteilt werden.

In modernen Diktaturen sind Staatsbegräbnisse so etwas wie Seismographen der Macht. Bleibt alles beim alten, oder kündigen sich politische Erdbeben an? Da ist es wichtig, wer den Sarg des Verblichenen tragen oder die Organisation des Begräbnisses übernehmen darf. Da ist es wichtig, wer die Trauerrede hält. Zhou Enlai wird an diesem Tag von seinem eifrigsten, talentiertesten und mächtigsten Schützling gewürdigt: Deng Xiaoping.

Der kleine, fast 72 Jahre alte Mann war 1956 Generalsekretär der KP geworden; zuständig für die Personalangelegenheiten der damals 28 Millionen Mitglieder umfassenden Partei und somit ein mächtiger Mann.

Zu mächtig, wie Mao bald fand. Mit Hilfe der „Großen Proletarischen Kulturrevolution", die drei Jahre währte und Millionen von Schülern und Studenten für einen radikalen Kommunismus fanatisierte, wollte Mao die Macht der Parteibürokratie brechen und Chinas KP wieder ganz auf seine Person einschwören. Endlose Demonstrationen, willkürliche Verhaftungen, Schauprozesse, Verleumdungen, Zerstörungen prägten die Jahre nach 1966; Millionen Chinesen verloren in diesem beispiellosen ideologischen „Bürgerkrieg" ihr Leben.

Deng wird bereits zu Beginn der Kulturrevolution entmachtet und aufs Land verbannt, doch er schafft es mit Geduld und Beziehungen, in den Kreis der Mächtigen zurückzukehren. 1973 werden er und viele seiner Mitstreiter rehabilitiert – auf Drängen Zhou Enlais. 1976 sitzen die Hälfte bis drei Viertel der verjagten Parteikader wieder auf ihren Posten, während ihre Widersacher, die „Roten Garden", längst aufs Land geschickt worden sind – eine als Belohnung getarnte Verbannungsmaßnahme. Trotz einer beispiellosen Terrorkampagne hat Mao die Partei also nicht nach seinen Vorstellungen umformen können.

Als Deng Xiaoping am 15. Januar 1976 die offizielle Trauerrede auf Zhou Enlai hält, gilt er den meisten Chinesen und ausländischen Beobachtern als designierter Nachfolger Maos. Manche interpretieren sein sehr persönlich formuliertes Lob des Toten gar als einen versteckten Angriff auf den „Großen Steuermann".

Doch Mao Zedong ist noch nicht am Ende. Nur eine Woche nach der Trauerfeier für Zhou Enlai wird klar, daß „Chinas neuer Mann", wie Deng in Korrespondentenberichten genannt wird, abermals entmachtet worden ist.

Mittwoch, 21. Januar. Große Halle des Volkes, Beijing.

Das Politbüro trifft sich in einem Sitzungssaal, die Atmosphäre ist gespannt, mißtrauisch, aggressiv. Wen soll man zu Zhou Enlais Nachfolger bestimmen? Dieser Mann wird auch die besten Chancen haben, Mao im Parteivorsitz zu folgen und damit auf Jahre hinaus die Kontrolle über das Riesenreich zu gewinnen. Wer heute unterliegt, dessen politische Karriere ist zu Ende – wenn ihm nicht Schlimmeres droht!

Die Parteilinken um Maos Ehefrau Jiang Qing, alle während der Kulturrevolution an die Macht gekommen, wehren sich erbittert gegen Dengs Ansprüche. Ihr Kandidat ist Wang Hongwen, der sich Jiang früh angeschlossen hat und ihr eine rasche Parteikarriere verdankt. „Rakete" nennen ihn seine Gegner abfällig.

Da greift Mao persönlich ein. Er übermittelt eine Botschaft, die einem Befehl gleichkommt: Sein Kandidat ist Hua Guofeng. Den stämmigen Provinzler, der sich bis zum Stellvertreter Zhou Enlais emporarbeitete, hat niemand auf der Rechnung. Er ist Mitte Fünfzig und gehört zu den 38ern, zu jener Generation, die durch den Widerstand gegen die japanischen Invasoren geprägt ist und sich damals der revolutionären Bewegung anschloß. Huas Glück ist es, daß er als junger Parteisekretär jene Präfektur verwaltete, in der Maos Geburtsort Shaoshan liegt.

Während der Kulturrevolution hat er Maos Geburtshaus zu einem Wallfahrtsort für die Roten Garden ausgebaut und eine Fabrik errichten lassen, die jährlich 30 Millionen Mao-Buttons produzierte. 1973 kommt Hua ins Politbüro, zwei Jahre später wird er Vize-Premier und Minister für Öffentliche Sicherheit – und damit der Mann, der die Polizei kontrolliert.

Die Welt ist verblüfft. Die Korrespondenten in Beijing können ihren Heimatredaktionen nicht einmal das Alter des neuen Führers nennen; viele geben in ihren Berichten fälschlicherweise Hunan, die

Provinz, in der Huas Karriere begann, als seine Heimat an (tatsächlich ist es Shanxi). Die meisten sehen in ihm einen Kompromißkandidaten – einen, der für die Reformer um Deng ebenso akzeptabel ist wie für die radikale Linke.

Was aber will der Vorsitzende?

Samstag, 31. Januar. Zhongnanhai, Beijing.

Alarm für Korps 8341. Feuer und Schüsse vor dem Haus des Vorsitzenden Mao! Bewaffnete Soldaten stürzen herbei, Aufregung, dann Entwarnung. Das chinesische Neujahrsfest steht bevor, und einige von Maos Dienern wollen ihm eine Freude machen, indem sie ein Feuerwerk zünden – haben aber vergessen, dies den Wachen vorher zu sagen, so daß diese an ein Attentat denken. Nachdem sich alles aufgeklärt hat, ziehen sich die Soldaten und das zahlreich zusammengelaufene Personal zurück. Doch ein böses Gerücht macht die Runde, zunächst in Zhongnanhai, dann auf den Straßen Beijings: Mao habe Zhou Enlai schon lange nicht mehr gemocht und dessen Tod durch ein Freudenfeuerwerk gefeiert. Das Jahr des Drachens beginnt in vergifteter Atmosphäre.

Der „alte Buddha" (Mao über Mao) wohnt nun kaum noch in seiner Villa, sondern im Hallenbad. Das war ursprünglich für alle Spitzenfunktionäre in Zhongnanhai gebaut worden, doch schon Mitte der fünfziger Jahre wagte es keiner von ihnen mehr, die Kreise des begeisterten Schwimmers Mao zu stören. Inzwischen sind Wohn-, Empfangs- und Arbeitsräume angebaut worden, so daß das Hallenbad das eigentliche „Privathaus" des Vorsitzenden ist.

Mao, der 1893 geborene Bauernsohn mit Volksschullehrer-Ausbildung, ist in seinem sorgfältig abgeschirmten Privatleben eine faszinierende Mischung aus Provinzler und Gelehrtem, gewieftem Taktiker und bizarrem Exzentriker. Er hat mehr gemein mit den Herrschern längst untergegangener Kaiserdynastien als mit den farblosen KP-Vorsitzenden der meisten anderen sozialistischen Staaten. 1935, während des Langen Marsches, setzte sich Mao in der chinesischen KP endgültig durch, 1949 proklamierte er vom Tor des Himmlischen Friedens die Volksrepublik China. Kein Mann hat je so lange über so viele Menschen geherrscht wie er.

Ein solcher Politiker muß sich keinem Terminkalender mehr beugen. Mao arbeitet, ißt und schläft, wann es ihm paßt, seine Mitarbeiter sind es gewohnt, mitten in der Nacht zu ihm gerufen zu werden – oder gleich ans andere Ende Chinas, denn Maos Sucht, in spontanen Reisen im Sonderzug kreuz und quer durch das Land zu fahren, versetzt immer wieder seinen Riesen-Troß aus Sekretären, Dienern, medizinischen Betreuern und Sicherheitsbeamten in Aufregung.

Er mag mit reichlich Öl angemachte Speisen (die ihm zu den unmöglichsten Zeiten serviert werden müssen), starken Tee, britische „555"-Zigaretten, von denen er früher 50 am Tag geraucht hat – in einer Zigarettenspitze. Er sieht in einem eigens erbauten Vorführsaal Kung-Fu- und andere Filme aus Taiwan und Hongkong, die offiziell der schärfsten Verdammung der Parteipropaganda unterliegen. Das Arbeitszimmer mit Schreibtisch, Stuhl und Regal dient nur für gestellte Fotos, denn Mao arbeitet am liebsten in seinem riesigen Bett oder vom Rand des Schwimmbeckens aus, wo er unzählige Dokumente liest und mit kurzen Notizen kommentiert, gelegentlich längere Beiträge schreibt oder mit Vertrauten neue Kampagnen entwirft.

Meist hat er dabei nicht viel mehr als einen Frottee-Bademantel an. In den „Mao-Look" – grauer oder brauner Sun-Yat-Sen-Anzug, Arbeitermütze und Leinenschuhe – wirft er sich nur für Paraden, Staatsempfänge oder andere offizielle Verpflichtungen. Seine Leibwächter müssen die Schuhe für ihn einlaufen, bis sie bequem sind.

Unzählig ist die Zahl der „Kulturarbeiterinnen", mit denen Mao sich im Lauf der Jahre „entspannt". Seine Konkubinen sind fast alle junge, ungebildete Mädchen vom Land, die vom Sicherheitsdienst politisch überprüft und ihm dann zugeführt werden. Sie sind Stewardessen im luxuriösen Sonderzug, mit dem Mao durch China reist, oder Begleiterinnen eines Orchesters, die auf den häufig stattfindenden, streng abgeschirmten Konzerten für Spitzenfunktionäre den Großen Vorsitzenden so lange zum Tanz auffordern, bis er sich für eine von ihnen entschieden hat. Selbst in der Großen Halle des Volkes, in der eine Suite für den Vorsitzenden bereitsteht, ist ein Liebeslager für Mao eingerichtet worden.

Anfang der siebziger Jahre scheint Maos Gier gestillt zu sein. Keine neuen Konkubinen mehr, dafür drei Gefährtinnen, die als Dienerinnen, Sekretärinnen und Krankenschwestern für ihn arbeiten und eine immer engere Kontrolle über ihn gewinnen. Eine von ihnen, Zhang Yufeng, die ihm Anfang der sechziger Jahre zum erstenmal begegnet ist, wird zunehmend seine Vertraute, sein Tor zur Welt. Eines Tages will Hua Guofeng den Vorsitzenden sprechen, muß sich dazu aber an Zhang Yufeng wenden – die gerade schläft. Niemand wagt, sie zu wecken. Nach zwei Stunden zieht Hua Guofeng erfolglos wieder ab – der angeblich zweitmächtigste Mann in China.

Doch auch wenn Maos Konkubinen jene intrigante Rolle spielen, die einst im Kaiserreich die Palast-Eunuchen am Hof innehatten – der

Vorsitzende ist alles andere als ein willenloses Werkzeug. Selbst im Bademantel am Pool hat er auf viele Besucher, die ihm zum erstenmal begegnen, eine beeindruckende, manchmal überwältigende Wirkung, etwas Unbestimmbares, das Verehrung und bedingungslose Loyalität entstehen läßt. Viele seiner langjährigen Begleiter – vom Leibarzt bis zum Sicherheitschef Wang Dongxing – hat er ein- oder mehrmals zu schwerer Arbeit in die ländliche Verbannung geschickt. Doch wann immer er sie zurückruft, dienen sie ihm ergeben.

Anders als Stalin, den Mao haßte, ist der chinesische Diktator auch ein Meister der Sprache; er schreibt Gedichte ebenso wie klare, schnörkellose politische Aufsätze. Er spricht im rhythmischen Hunan-Dialekt und liebt anschauliche Bilder: „Papiertiger" ist vielleicht die weltweit populärste seiner Sprachschöpfungen. Er ist ein leidenschaftlicher Leser westlicher und östlicher Literatur, schätzt Philosophie und vor allem Geschichte. Von den chinesischen Kaisern bewundert er die vom Volk wegen ihrer Grausamkeit gefürchteten, aber politisch erfolgreichen am meisten – etwa Kaiser Zhou aus der Shang-Dynastie (11. Jahrhundert v. Chr.), der sein Schwimmbad mit Wein füllen ließ und die Leichen seiner vielen Opfer vorzugsweise verstümmelt der Öffentlichkeit präsentierte, um potentielle Rebellen abzuschrecken, der das Territorium des Reiches aber beträchtlich erweiterte.

Mao bestimmt das kleinste Detail in seiner Umgebung, sogar die Kleidung, die seine Frau Jiang Qing tragen darf. Tragisch wird das für manche Spitzenfunktionäre, die sich einer Operation unterziehen wollen. Eingriffen dieser Art dürfen sich hohe Kader, so will es ein ungeschriebenes Gesetz, nur mit Maos Einwilligung unterziehen – die dieser oft verweigert, weil er der modernen Medizin mißtraut. Zhou Enlai, bei dem Krebs schon 1972 diagnostiziert worden war, mußte zwei Jahre um eine lebensverlängernde Operation ringen, bis seine Frau endlich eine von Maos Konkubinen so weit beeinflußt hatte, daß diese beim Vorsitzenden die Erlaubnis erwirkte.

Doch jetzt ist Mao selbst hoffnungslos krank. Der wache, immer noch machtbewußte und mißtrauische Geist steckt in einem Körper, der auf erschreckende Weise verfällt. Schon früher hatte Mao gesundheitliche Probleme, die sein Leibarzt aber beherrschen konnte – oder resigniert akzeptierte. Seit Jahrzehnten leidet der Große Vorsitzende an Schlafstörungen und ist süchtig nach Schlafmitteln. Gelegentlich hat er sich bei seinen Konkubinen mit Geschlechtskrankheiten angesteckt. Wie viele Bauern putzt er sich nicht die Zähne, sondern spült sich den Mund morgens mit grünem Tee aus und kaut anschließend die Teeblätter. Ein dicker grüner Belag, Parodontose und Vereiterungen sind die Folge.

„Ein Tiger putzt sich auch nie die Zähne, und trotzdem sind sie scharf." So lautet Maos Argument gegen Zahnpasta und Bürste. Retuscheure müssen alle offiziellen Fotos manipulieren, auf denen man seine verfärbten Zähne erkennen könnte. Auch muß eine speziell ausgewählte Apotheke in Beijing immer mehr und immer exotischere Medikamente für einen gewissen Li Desheng bereitstellen. „Li Desheng" ist das Pseudonym, unter dem – aus Sicherheitsgründen – für Mao eingekauft wird.

Vor vier Jahren hat Mao das Rauchen aufgegeben – zu spät für seine zerstörte Lunge. Im linken Flügel haben sich drei Luftblasen gebildet, so daß er nur noch auf der linken Seite liegend, wenn diese Blasen durch sein Körpergewicht zusammengedrückt werden, einigermaßen beschwerdefrei atmen kann. 1974 geht er zum letztenmal schwimmen: Er ist schwach, hat partielle Rachenlähmung, schluckt Wasser und muß von besorgten Leibwächtern nach wenigen Sekunden aus dem Wasser gezogen werden.

Neurologen haben kurz zuvor bei ihm eine „Amyotrophische Lateralsklerose" diagnostiziert, eine Krankheit, die zur Zerstörung der motorischen Nervenzellen im Rückenmark und damit zu fortschreitenden Lähmungen führt. Die Ärzte geben Mao noch zwei Jahre – sagen es ihm aber nicht, denn getreu den Traditionen der chinesischen Heilkunst werden hoffnungslose Aussichten dem Patienten nicht mitgeteilt.

Sonntag, 4. April. Tiananmen-Platz, Beijing.
Es ist der Abend vor dem Qingming-Fest, dem chinesischen Totengedenken. Seit Mitte März schon versammeln sich Studenten Tag für Tag auf dem Platz vor dem großen Granit-Obelisken in der Mitte, der den Helden der kommunistischen Revolution geweiht ist. Auf der Vorderseite ist ein Mao-Spruch eingemeißelt, auf der Rückseite ein Text von Zhou Enlai, jeweils in monumentaler, vergoldeter Wiedergabe ihrer Handschrift.

Die Studenten gedenken Zhou Enlais. Doch ihre Versammlung ist, anders als die endlosen, uniformierten Aufmärsche während der wilden Jahre der Kulturrevolution, spontan und ohne wirkliches Ziel. Jeden Tag kommen mehr Menschen auf den Platz.

Am Abend des 4. April ist die Menge schließlich riesig. Zehn Meter hoch, rund um den Obelisken und von dort bis zum Tor des Himmlischen Friedens, liegen aus Seidenpapier geflochtene Kränze und weiße Chrysanthemen; Plakate, Poster und Fahnen ragen wie Segel über dem Meer der Demonstranten auf. Einige Leute singen oder rezitieren Gedichte. „Zhou Enlai erwache, alarmiere Armee, Polizei und Volk, um die Verfassung zu verteidigen!" steht auf einem Plakat. Tatsächlich werden Armee und Polizei alarmiert – aber anders, als es sich das Volk vorstellt... In der Nacht zum 5. April räumen Polizisten auf Befehl des Politbüros mit 200 Lastwagen sämtliche Trauergebinde ab: Der Tiananmen-Platz ist am frühen Morgen so leer, als hätte es niemals eine Demonstration gegeben. Doch nicht lange.

Denn die nächtliche Provokation erregt die Studenten, die am Morgen des 5. April wieder den Platz betreten. Schnell weitet sich der Protest aus, gegen acht Uhr sind über 100 000 Demonstranten zusammengekommen – die bis dahin größte unorganisierte Veranstaltung in der Geschichte der Volksrepublik China. Arbeiter einer Maschinenfabrik schmieden aus Metallabfällen einen 500 Kilogramm schweren Kranz von sechs Meter Durchmesser und transportieren ihn auf Lastfahrrädern 15 Kilometer quer durch die Stadt bis zum Tiananmen.

Jetzt ist die Stimmung aggressiv: Fünf Polizeifahrzeuge werden in Brand gesteckt; Delegationen marschieren zur Großen Halle des Volkes und anderen Regierungsgebäuden, werden aber abgewiesen. Einigen Wachsoldaten werden die Mützen vom Kopf gestoßen, Steine fliegen.

Gegen 18 Uhr ist das Spektakel vorbei, die meisten Protestler verlassen den Platz. Nur einige Gruppen wollen die ganze Nacht ausharren.

Inzwischen hat ein hoher Funktionär der städtischen KP-Organisation, dem das Volk den bezeichnenden Spitznamen „Ohne Moral" gegeben hat, im Rundfunk die Studenten gewarnt, sich von „schlechten Elementen" nicht zu „konterrevolutionärer Sabotage" hinreißen zu lassen. Ein unheilvolles Omen. Nach Einbruch der Dunkelheit tauchen plötzlich riesige Scheinwerfer den Platz in gleißendes Licht.

Gegen 21 Uhr schlagen 10 000 Mann Miliz, 3000 Polizisten und fünf Bataillone der Spezialeinheit 8341 mit aller Gewalt zu. Die um den Obelisken versammelten Demonstranten werden umzingelt, verprügelt und abgeführt.

In einem Raum der Frontseite der Großen Halle des Volkes steht Maos Frau Jiang Qing und beobachtet die Demonstration auf dem Tiananmen-Platz durch ein Fernglas. Gegen 23 Uhr eilt sie zum Vorsitzenden und berichtet triumphierend von der Niederschlagung der „kleinen Schar Konterrevolutionäre". Anschließend feiert sie den Sieg mit einigen Getreuen, für die sie Reisschnaps, Erdnüsse und

Fleisch auffahren läßt. „Ich werde dafür sorgen, daß Köpfe rollen", erklärt sie und meint nicht nur die Demonstranten.

Am nächsten Tag besetzen 30 000 Milizionäre den Tiananmen, um neue Versammlungen zu verhindern. In der „Volkszeitung" steht ein scharfer Artikel gegen die Demonstranten. Und im Politbüro triumphiert Jiang Qing, weil es ihr endlich gelungen ist, Mao Zedong zu überzeugen, daß Deng für die Ereignisse während des Qingming-Festes verantwortlich sei. Der hatte noch Tage zuvor wütende Attacken von Maos Frau in stoischer Ruhe über sich ergehen lassen, bis er sich irgendwann mit der höhnischen Bemerkung erhob: „Ich bin taub, ich konnte nichts verstehen."

Am 7. April wird Deng offiziell all seiner Parteiämter enthoben. Er fliegt in den Süden, nach Guangdong, wo ihm die regionalen Funktionäre ergeben sind und ihn vor körperlichen Angriffen schützen. „Wenn einer zum zweitenmal niedergeschlagen wird, hat er doch gute Arbeit geleistet", ist sein spöttischer Kommentar.

Nachdem Deng ausgeschaltet ist, scheint Hua noch stärker zu werden. Als Vize-Parteichef wird er offiziell Maos designierter Nachfolger. Doch die „Volkszeitung" und Chinas Fernsehen präsentieren neben ihm noch eine zweite, praktisch ranggleiche Person: Jiang Qing. Die große Stunde von Maos Frau scheint nahe zu sein.

Die schlanke Person mit der strengen Brille und dem verkniffenen Gesichtsausdruck kennen die meisten Chinesen erst seit 1966, obwohl sie schon seit November 1938 Maos (vierte) Ehefrau ist. Lange schien sie zur Bedeutungslosigkeit verdammt zu sein. Die 1913 geborene Jiang Qing (was soviel heißt wie „Grüner Fluß") war in den dreißiger Jahren eine sozial engagierte Theater- und Filmschauspielerin in Shandong und Shanghai, wo sie unter anderem als Lan Ping („Blauer Apfel") auftrat, bevor sie sich den Kommunisten anschloß und Mao kennenlernte.

Das Politbüro sträubte sich gegen die Verbindung mit dem Vorsitzenden – wohl auch, weil der Beruf des Schauspielers in China traditionell nicht hoch angesehen ist –, gab schließlich aber doch seine Zustimmung, als Mao versprach, sie weitgehend aus der Politik herauszuhalten.

Jiang Qing lebte im Luxus. Sie konnte sich in den fünfziger Jahren sogar elegante westliche Kleidung in großer Zahl kaufen, doch sie fühlte sich überflüssig, von ihrem Mann zunehmend isoliert, gedemütigt durch dessen Affären, verspottet von Maos Leibwächtern.

Die Kulturrevolution änderte alles. Maos Kampf gegen die Parteihierarchie brachte seine Frau mit einigen Radikalen zusammen, die aus diffusen ideologischen Motiven wie aus Altersgründen gegen das Partei-Establishment rebellierten: Sie wollten sich der alten, revolutionserfahrenen Garde endlich entledigen.

Maos Frau wird Anführerin dieser Fraktion, die bald die Massenmedien und die Parteiorganisation in Shanghai – der einzigen Stadt, in der ein revolutionäres Industrieproletariat existiert – kontrolliert.

Jiang Qing hofft, daß nach Maos Tod der Weg an die Spitze frei sein wird für sie. Die lange chinesische Geschichte kennt einige Beispiele für starke Kaiserinnen – warum sollte dies nicht auch unter den Kommunisten möglich sein?

Andererseits: Worauf stützt sich ihre Macht, außer auf die Tatsache, daß sie die Ehefrau des Großen Vorsitzenden ist? Mit Maos Tod verschwindet ja nicht nur das letzte Hindernis auf dem Weg nach oben, sondern möglicherweise auch das Fundament, von dem sie zum entscheidenden Sprung ansetzen will. Jiang Qing ist hin und her gerissen zwischen hysterischer Hoffnung und blanker Angst. Maos Ende wird das Schicksal aller hohen Kader beeinflussen, doch niemand spielt das Machtspiel mit so hohem Einsatz wie seine Frau: alles oder nichts.

Mao diktiert in diesen Monaten seiner Vertrauten Zhang Yufeng viele kurze Briefe, weil außer ihr niemand mehr die aus seinem halbgelähmten Mund kommenden Laute verstehen kann. Jiang Qing nutzt diesen Umstand geschickt für eigene Zwecke. Zum Beispiel behauptet sie, Mao habe ihr durch Zhang Yufeng folgende Nachricht zukommen lassen: „Im Kampf der vergangenen zehn Jahre habe ich versucht, den Gipfel der Revolution zu erreichen, aber ich hatte keinen Erfolg. Du aber könntest den Gipfel erreichen. Wenn Du scheiterst, wirst Du in einen bodenlosen Abgrund stürzen. Dein Leib wird zerschmettert. Deine Knochen werden brechen."

Dienstag, 11. Mai. Zhongnanhai, Beijing.
Eine Krankenschwester eilt zu Dr. Li Zhisui, weil der Vorsitzende einen Herzinfarkt erlitten hat. Maos Leibarzt, einige Kollegen und Schwestern stabilisieren den Zustand des Patienten und tun in ihrer Hast etwas, das sie in den zwei Jahren zuvor nicht gewagt hätten: Sie schieben Zhang Yufeng, die sich ihnen in den Weg stellt, einfach beiseite.

Die 32jährige, deren einzige Qualifikation es ist, vor 14 Jahren Stewardess in Maos Sonderzug gewesen zu sein, ist der Alptraum der Ärzte. Seit 1974 hat sie praktisch das Monopol auf Kontakte zum Vorsitzenden, was nicht nur Hua Guofeng und Jiang Qing an den

Rand ihrer Nervenkraft bringt, sondern auch Dr. Li, der für Maos Gesundheit verantwortlich ist.

Er kann seinen prominenten Patienten so gut wie gar nicht mehr untersuchen, weil dieser alle längeren Behandlungen ablehnt. Erst nach tagelangem Drängen kann Dr. Li Mao und seine Konkubine davon überzeugen, daß er wenigstens kleine Blutproben nehmen muß. Schwestern schmuggeln heimlich Maos Urin hinaus, damit die Ärzte ihn analysieren können. Einige Therapievorschläge lehnt Zhang Yufeng schlichtweg ab und setzt gegen die Überzeugung der Ärzte eine Glukose-Infusion durch.

Mao ist eingefallen und schwach. Doch er ist so nervös, daß seine Diener ein zweites großes Bett in sein Hallenbad-Haus stellen und ihn in regelmäßigen Abständen von einem zum anderen schleppen, um seine Unruhe zu dämpfen. Er ernährt sich nur noch von Hühneroder Rinderbrühe, die ihm von einer geduldigen Schwester Tropfen für Tropfen eingeflößt wird. Mit intravenöser Nahrung kann Dr. Li die Situation etwas bessern – aber erst nachdem er Zhang Yufeng von der Ungefährlichkeit der Infusion überzeugt hat: Vor ihren Augen mußte er sie an sich selbst ausprobieren.

Der Herzinfarkt verläuft zwar glimpflich, doch er ist der Anfang vom Ende. Zhang Yufengs Macht über Maos Umgebung wird durch den körperlichen Verfall des Vorsitzenden beschnitten, der unmittelbaren ärztlichen Zugang notwendig macht. Das Politbüro, das bis dahin alle seine Entscheidungen zur Genehmigung vorgelegt hat, beschließt, Mao zu schonen und ihn nur noch in ausgewählten Fällen damit zu behelligen. So verliert der „Große Vorsitzende" langsam die Kontrolle über seine Partei. Die Kontrolle über seinen Körper verliert er am 26. Juni, als ihn erneut ein Herzinfarkt niederstreckt.

Das Zentralkomitee gibt bekannt, Mao werde von nun an keine ausländischen Besucher mehr empfangen. Gründe werden nicht genannt, doch wird diese Mitteilung von vielen Menschen als Ankündigung seines baldigen Todes verstanden.

Jeweils fünf Ärzte und acht Krankenschwestern kümmern sich in Acht-Stunden-Schichten permanent um den Vorsitzenden. Dr. Li bezieht eine Kammer neben Maos Räumen und ist ständig in Bereitschaft. Vom medizinischen Standpunkt aus würden weniger Ärzte genügen, nicht aber vom politischen: Schon als sich Maos Zustand 1972 deutlich verschlechterte, bezeichnete Jiang Qing Dr. Li als Mitglied eines „Spionageringes", der Mao vernichten wolle. Je mehr bekannte Spezialisten am Krankenbett stehen, desto geringer also das Risiko, nach Maos Tod als Sündenbock geopfert zu werden.

Zu den Ärzten und Schwestern kommen noch vier Politiker, die jeweils zu zweit in Zwölf-Stunden-Schichten Wache halten – Hua Guofeng und der Linke Zhang Qunquiao sowie der Hua-Förderer Wang Dongxing und der Kandidat der Linken, Wang Hongwen: der erbitterte Machtkampf am Sterbebett des Vorsitzenden.

Als Dr. Li am 17. Juli vor dem Politbüro über Maos Zustand referiert, kann er nur düstere Fakten präsentieren: eine Lungeninfektion, ein geschwächtes Herz, eingeschränkte Nierenfunktion.

Darauf Jiang Qing: „Offensichtlich sind Sie nicht richtig umerzogen worden. In der bourgeoisen Gesellschaft sind Ärzte die Herren und Schwestern die Dienerinnen. Deshalb rät der Vorsitzende immer, wir sollten nur ein Drittel von dem glauben, was die Ärzte sagen."

Mittwoch, 28. Juli. Tangshan, Provinz Hebei.

Die Erde bebt. Es ist der erste Tag des siebten Monats im chinesischen Kalender, der Tag, an dem sich die bösen Geister rühren. Das Erdbeben erreicht den Wert 8,2 auf der Richterskala: Es ist eines der schlimmsten in der chinesischen Geschichte. Am Abend desselben Tages folgt ein weiterer, mit der Stärke von 7,9 nur unwesentlich schwächerer Schlag.

Häuser und Brücken der Industriestadt Tangshan stürzen ein, Großbrände wüten. Die Behörden sprechen später von 242 000 Toten und 164 000 Schwerverletzten; ausländische Beobachter schätzen die Zahl der Toten auf 600 000 bis 700 000.

Auch in Beijing bebt die Erde, allerdings mit weit weniger schlimmen Folgen. Die Bewohner von Zhongnanhai werden aus dem Schlaf gerüttelt und einige Gebäude leicht beschädigt, unter anderem Mao Zedongs Hallenbad. Ärzte, Schwestern und Leibwächter fahren das Bett mit dem Vorsitzenden – der hellwach ist und genau registriert, was geschieht – durch einen Gang in das daneben liegende, erst 1974 fertiggestellte und als erdbebensicher geltende Haus Nummer 202.

Hua Guofeng nutzt das Beben, um politisch Punkte zu sammeln. Am 1. September lobt er öffentlich – „im Namen Maos" – die wirkungsvollen Hilfsmaßnahmen, die sehr viel besser seien als die nach den großen Naturkatastrophen Anfang der sechziger Jahre. Doch es ist äußerst ungeschickt, aus einem Erdbeben politisches Kapital schlagen zu wollen. Denn Naturkatastrophen gelten in China als Omen für bevorstehende Herrscherwechsel, und die Erwähnung des todkranken Mao im Zusammenhang mit dem Beben muß jeden Chinesen erschrecken ...

Mittwoch, 8. September. Zhongnanhai, kurz vor Mitternacht.

Trotz der späten Stunde ist es hinter dem Paravent, der Maos Bett vom Rest des Zimmers abtrennt, gedrängt voll – denn um zwölf Uhr ist Schichtwechsel. Zehn Ärzte und sechs Schwestern tauschen flüsternd Routinemeldungen aus. Neben ihnen stehen Dr. Li, Hua Guofeng, einige weitere Politbüromitglieder, Leibwächter und Zhang Yufeng.

Die Konkubine lauscht für einen Augenblick den Lauten aus Maos Mund, dann holt sie den Leibarzt ans Bett: „Der Vorsitzende will Sie sprechen!" Dr. Li hält Maos Hand, kann aber trotz aller Bemühungen nicht verstehen, was der Vorsitzende ihm sagen will, und murmelt deshalb nur ein paar beruhigende Belanglosigkeiten – noch immer weiß Mao nicht, an welcher Krankheit er leidet und wie es um ihn steht.

Kurz kommt Unruhe auf, als Jiang Qing hereinstürzt. Alle flüstern nur, doch sie übertönt nun mit lauter, ungeduldiger Stimme das Sirren des Beatmungsgerätes: „Kann mir mal jemand sagen, was los ist?"

Hua Guofeng, der sie hat rufen lassen, weil er ahnt, daß es mit Mao zu Ende geht, beruhigt sie, ohne ihr den Grund für seine Bitte zu erklären oder gar das schreckenerregende Wort „Tod" in den Mund zu nehmen.

Maos einst rundliches Gesicht ist eingefallen und grau, seine Augen sind glanzlos. Doch für einen Augenblick scheint der Vorsitzende zufrieden zu sein, die Wangen röten sich – dann erschlafft sein Körper.

Mao Zedong ist tot. Es ist Donnerstag, der 9. September 1976, zehn Minuten nach Mitternacht.

Keiner der Anwesenden am Totenbett ist wirklich erschüttert. Jiang Qing beschimpft die Ärzte, beruhigt sich aber plötzlich. Die Ärzte haben Angst, daß sie als „Schuldige" verhaftet werden, müssen aber gleichzeitig mit Hochdruck daran arbeiten, daß der noch warme Leichnam konserviert wird. Mitten in der Nacht werden Anatomen und Histologen der Akademie für Medizinische Wissenschaft aus dem Bett geklingelt und nach Zhongnanhai beordert. Gleichzeitig tagt das Politbüro.

Gegen vier Uhr morgens erfährt Dr. Li zu seiner Erleichterung, daß Chinas politische Führer die Ärzte nicht verurteilen werden – hört aber zu seinem Entsetzen, daß sie beschlossen haben, Maos Körper nicht nur für eine Woche, sondern für alle Zeiten zu konservieren. Der Wunsch des Verstorbenen, ihn einzuäschern, wird ignoriert.

Die Ärzte sind ratlos. Niemand von ihnen hat Erfahrung darin, eine Leiche auf Dauer zu erhalten. Eine Expertin wird losgeschickt, in der nächsten Fachbibliothek nach einschlägiger Literatur zu fahnden. Andere Mediziner verhandeln mit den in Haus Nummer 202 versammelten Spitzenfunktionären, bis diese endlich erlauben, die Klimaanlage auf zehn Grad herunterzufahren. Dr. Li weiß, daß es schon bei den drei anderen „für die Ewigkeit" präparierten kommunistischen Heiligen Probleme gegeben hat: Bei Lenin und Stalin in der Sowjetunion sowie bei Ho Tschi-minh in Nordvietnam sind bereits nach kurzer Zeit Nasen und Ohren verwest und mußten durch Wachsmodelle ersetzt werden.

In einer westlichen Zeitschrift lesen die Ärzte, daß die Leiche mit zwölf bis 16 Litern Formaldehyd, einige Stunden nach dem Tod injiziert, zu präparieren sei. Dr. Li will sichergehen und läßt 22 Liter der Chemikalie in Maos Körper pumpen. Gegen zehn Uhr morgens ist die Prozedur beendet – mit gräßlichem Resultat: Maos Gesicht, Hals und Körper sind grotesk aufgequollen, das Formaldehyd perlt wie Schweiß aus den Hautporen. Also massieren die Ärzte mit Tüchern und Wattebällchen die Flüssigkeit in mühseliger Arbeit aus dem Gesicht und stecken den Körper in einen Mao-Anzug, der am Rücken aufgetrennt wird, damit er über den unförmigen Rumpf paßt.

Bei dieser Prozedur platzt die Haut auf Maos rechter Wange auf, doch die Beschädigung wird mit Vaseline und Make-up wegretuschiert. Gegen 15 Uhr sieht der Tote wieder akzeptabel aus, einige Stunden später wird er in einen gläsernen, luftdichten Sarg gelegt und zur Aufbahrung in die Große Halle des Volkes gefahren.

Achtmal ist Mao seit 1930 in der internationalen Presse schon totgesagt worden, doch erst die neunte Meldung, die offiziell am 9. September um 16 Uhr bekanntgegeben wird, stimmt. Eine Woche Staatstrauer wird verkündet. In dieser Woche defilieren etwa 300 000 ausgewählte Bürger am gläsernen Sarg mit der mühsam präparierten Leiche vorbei, doch die große Ergriffenheit – wie nach Zhou Enlais Tod – fehlt. Die Sowjetunion meldet Maos Tod in einer kleinen Meldung auf Seite drei der „Iswestija" und schickt keine Kondolenzbotschaft von Regierung zu Regierung, sondern nur von KP zu KP – was die Chinesen am 14. September brüsk zurückweisen.

Der Höhepunkt der Feierlichkeiten findet am 18. September auf dem Tiananmen-Platz statt. Radio und Fernsehen übertragen live, ungefähr eine halbe Million Menschen sind auf dem Platz versammelt. Es ist brütend heiß. Um 15 Uhr fauchen im ganzen Land für drei Minuten die Fabriksirenen und Schiffshörner, dann herrscht drei Minuten lang Stille. Anschließend hält der Hauptredner Hua Guofeng eine lange Lobrede auf den Toten – mit einigen kaum verhüllten Spitzen sowohl gegen Deng Xiaoping als auch gegen Jiang Qing. Doch Maos Witwe – die ihrem Mann einen Kranz mit der Widmung „Deine Schülerin und Waffenkameradin" hinterherschickt – wird zusammen mit ihren prominenten Anhängern im Fernsehen ausführlich gezeigt. Der Machtkampf um Maos Nachfolge nähert sich seinem Höhepunkt.

Donnerstag, 30. September. Großer Turm, Beijing.
Es ist der Vorabend des Staatsgründungstages am 1. Oktober. Offiziell demonstrieren die Spitzenkader noch einmal Einsicht und Mäßigung. Statt wie sonst dieses Ereignis mit Feuerwerk und Volksfest auf dem Tiananmen-Platz zu begehen, treffen sie sich mit 400 handverlesenen Vertretern des Volkes im großen Turm am Rande des Platzes zu einem stillen Treffen unter dem Motto: „Wir müssen Trauer in Kraft verwandeln." Sechs Tage später kommt es zum Staatsstreich.

Mittwoch, 6. Oktober. Huairen-Halle, Beijing.
Jiang Qing und ihre drei ergebensten Anhänger im Politbüro – Zhang Chunqiao, Yao Wenyuan und die „Rakete" Wang Hongwen – sind von Hua Guofeng für 20 Uhr in die Huairen-Halle bestellt worden. Angeblich findet hier eine Sitzung des Politbüros statt, in der es um Fragen der Veröffentlichung des fünften Bandes von Maos Gesammelten Werken gehe.

Tatsächlich aber ist es eine Falle.

Sofort nach Maos Tod haben die meisten Mitglieder des Politbüros ihren servilen Respekt vor Jiang Qing abgelegt und sich ihr gegenüber mehr oder weniger geringschätzig gezeigt. Die Witwe des Vorsitzenden spürt, daß sie rapide an Einfluß verliert. Die von ihr geforderten Entmachtungen, Verhaftungen und Hinrichtungen sind in der Vergangenheit nur deshalb ausgeführt worden, weil es von Mao autorisierte Organisationen gab, die Jiang Qings Parolen gewissenhaft in die Tat umsetzten. Doch jetzt arbeiten die Roten Garden in der ländlichen Verbannung, und die Polizei wird von Hua Guofeng kontrolliert.

„Die politische Macht kommt aus den Gewehrläufen!" Diesem berühmten Mao-Spruch stimmen alle sonst verfeindeten Spitzenfunktionäre zu. Die Frage ist nur: Aus wessen Gewehrläufen? Oder genauer: Wer kann wen als ersten verhaften?

Jiang Qing und ihre Anhänger hoffen vor allem auf die Volksmiliz, jene paramilitärische Organisation, in der rund 100 Millionen Männer und Frauen eingeschrieben sind – Arbeiter, Bauern, Angestellte, Studenten, die als „Freizeitsoldaten" jederzeit von der KP rekrutiert werden können. Doch ein 100-Millionen-Heer läßt sich in kurzer Zeit weder vernünftig organisieren noch wirkungsvoll bewaffnen.

Hua Guofeng und der Sicherheitschef Wang Dongxing verlassen sich dagegen auf die 3,5 Millionen Soldaten der regulären Armee. Sie weihen den alten, an der Parkinsonschen Krankheit leidenden, aber inner- wie außerhalb der Armee hochverehrten Marschall Ye Yianying in ihre Pläne ein. Der greise Militär, ebenfalls Mitglied des Politbüros, stimmt zu.

An diesem Abend warten Hua Guofeng und der alte Marschall auf ihre Opfer, während sich Wang Dongxing mit ausgewählten Soldaten seines Korps 8341 versteckt hält. Zhang Chunqiao kommt als erster in die Huairen-Halle. Seine Leibwächter und Sekretäre werden unter einem Vorwand von ihm getrennt, dann wird er im Raum des Politbüros blitzschnell verhaftet. Er leistet keinen Widerstand. Wang Hongwen folgt wenige Minuten später, protestiert, als er die Soldaten sieht, wehrt sich kurz verzweifelt – dann ist sein Widerstand gebrochen, physisch und psychisch. Willenlos läßt er sich wegführen.

Doch Jiang Qing und Yao Wenyuan erscheinen nicht. Keiner der Verschwörer weiß, was die zwei in diesem Augenblick machen. Sind sie gewarnt worden? Bereiten sie ihrerseits einen Coup vor? Hua Guofeng wartet angespannt bis gegen 22 Uhr, dann schickt er Soldaten zu den Häusern der beiden. Die Männer umstellen die Gebäude, dringen blitzschnell ein – und stoßen auf keinerlei Gegenwehr.

„Ich habe diesen Tag schon lange vorausgesehen", sagt Jiang Qing, obwohl sie so unvorbereitet ist, daß sie aus dem Bett heraus verhaftet wird. An anderen Orten in Beijing nehmen zu dieser Zeit Spezialeinheiten weitere 30 bis 40 hohe Kader fest, unter ihnen Maos Neffen. Die Nachtaktion, der die gesamte Spitze der radikalen Parteilinken zum Opfer fällt, ist so geheim, daß nicht einmal die anderen Politbüromitglieder an diesem Abend etwas davon erfahren.

Es ist mehr als nur der Höhepunkt eines innerparteilichen Kampfes. Diese geheime, brutale und effiziente Massenverhaftung bestimmt das Schicksal fast einer Milliarde Menschen, ja vielleicht der ganzen Erde. Denn hätte sich Jiang Qings Fraktion durchgesetzt, wäre es zu einer Neuauflage der Kulturrevolution und damit wahrscheinlich zum Bürgerkrieg gekommen – mit unabsehbaren Folgen auch für alle anderen Länder, denn schließlich ist China Atommacht.

Am nächsten Morgen werden die überraschten Mitglieder des Politbüros von Hua Guofeng vor vollendete Tatsachen gestellt, und sie sind klug genug, widerspruchslos zuzustimmen: Jedem von ihnen ist bewußt, daß ihm andernfalls Haft droht. In den folgenden Tagen erfährt auch die Öffentlichkeit schrittweise von dem Coup – je besser Hua Guofeng seine Macht konsolidiert hat, desto mehr läßt er nach außen dringen.

Zunächst gibt die Partei am 8. Oktober in dürren Worten bekannt, daß Hua Guofeng die Verantwortung für die Herausgabe der Gesammelten Werke von Mao übernommen habe. Was sich wie eine Notiz von allenfalls philologischem Interesse liest, bedeutet in Wirklichkeit, daß nun Hua und nicht mehr Jiang Qing das „Auslegungsrecht" auf Maos Schriften besitzt, das heißt, die Worte des gottgleichen Vorsitzenden im politischen Kampf benutzen kann.

Am 9. Oktober bezeichnet eine Wandzeitung in Beijing Hua erstmals als „Vorsitzenden der Militärkommission" und des Zentralkomitees – obwohl dieses noch gar nicht getagt hat und ihn erst ernennen müßte. Am nächsten Tag laufen Gerüchte von Verhaftungen von Spitzenfunktionären um, Zeitungen warnen vage vor „Revisionismus und Schisma". Am 11. Oktober dürfen vom Sicherheitsdienst ausgewählte Dienstboten den Angestellten westlicher Vertretungen inoffizielle Informationen über den Coup geben. In Shanghai erscheinen Wandzeitungen, die Jiang Qing unterstützen; sie werden jedoch bald wieder abgerissen. Polizei und Militär sind stärker präsent als sonst.

Am 13. Oktober sind alle Bilder von Jiang Qing aus den Geschäften Beijings verschwunden, die amtliche chinesische Nachrichtenagentur „Xinhua" gibt deren Foto nicht mehr heraus. Radio Beijing schildert unvermittelt einen obskuren Vorfall aus dem Jahr 1935, als Mao sich mit Hilfe der Armee gegen Abweichler in der Partei durchgesetzt hatte. Am 15. Oktober bereits erscheinen in Beijing und Wuhan Wandzeitungen, in denen Jiang Qing und deren Anhänger bezichtigt werden, einen Mordanschlag gegen Hua Guofeng und einen Putsch geplant zu haben. Eine beispiellose Hetzkampagne beginnt, auch im Fernsehen und in allen großen Zeitungen (wo jetzt überall neue Chefredakteure auf ihren Posten sitzen). Der Name „Viererbande" für Jiang Qing und deren engste Verbündete im Politbüro (den Mao erstmals in einem vertraulichen Brief von 1975 benutzt hatte) taucht nun in der Öffentlichkeit auf.

Die vier Hauptverschwörer – über deren Schicksal auch nach dem Beginn der Kampagne offiziell nichts zu erfahren ist – sitzen derweil in Isolationszellen im Komplex „19. Mai", einer riesigen Bunkeranlage unter Zhongnanhai, dem Tiananmen-Platz und anderen Bereichen im Zentrum Beijings.

Dieser gewaltige geheime Komplex soll Spitzenkader und hohe Militärs im Falle eines Atomkriegs aufnehmen, doch jetzt sitzen dort

Chinas prominenteste politische Gefangene – ironischerweise nur wenige Meter neben Mao Zedong. Die Leiche des Vorsitzenden ist nach einwöchiger Präsentation heimlich in das Lazarett des Bunkers geschafft worden, wo sie monatelang durch die Entnahme innerer Organe und andere Maßnahmen „für die Ewigkeit" präpariert wird.

Montag, 18. Oktober. Shanghai.
Die weltoffene Elf-Millionen-Metropole gilt als Hochburg der „Viererbande". Nur hier gibt es eine starke proletarische Basis für die Partei. Wenn sich irgendwo die Anhänger der „Viererbande" wehren und den von Zhou Enlai befürchteten Bruderkrieg entfesseln werden, dann in Shanghai.

Die Stimmung ist gespannt. Soldaten aus allen Landesteilen sind in die Stadt verlegt worden, von den Geschützen der auf dem Huangpu stationierten Kanonenboote sind die Persennings heruntergenommen worden. Die Partei hat auf Anweisung Beijings Demonstrationen für Hua und gegen die „Viererbande" organisiert. Zwei bis drei Millionen Menschen ziehen durch die Straßen und schreien rhythmisch „Da dao Jiang Qing!" – „Nieder mit Jiang Qing!"

Überall an den Wänden oder den extra dafür aufgestellten Reisstrohmatten hängen Dazibaos, „Große-Zeichen-Zeitungen", auf denen Jiang Qing und deren Anhänger als Schlangen in einer Pfanne schmorend karikiert werden; ihre Namen sind seitenverkehrt geschrieben und rot durchgestrichen – wie mit Blut. Jiang Qing wird Hure und Kaiserin genannt, Wang Hongwen ein arroganter Prasser. Ähnliche Vorwürfe hagelt es gegen viele lokale Funktionäre. Als ein junger Mann im Zentrum der Stadt eine der Schmähschriften herunterreißt, wird er von der Menge zusammengeschlagen.

Schon einen Tag später sind die meisten Behörden und Firmen nicht mehr auf die von der Zentrale in Beijing gestellten Wandzeitungen angewiesen, sondern haben in aller Eile eigene Hetzparolen gepinselt. Doch trotz der aggressiven Stimmungsmache und der andauernden Demonstrationen löst sich die Spannung rasch. Kinder laufen mit, auf der großen Nanjing-Straße haben die Geschäfte plötzlich ein reiches Angebot, das Flaneure und Käufer anzieht. Die Anti-„Viererbande"-Demonstrationen bekommen Volksfestcharakter. Die hohen Kader sind erleichtert, Jiang Qing hat endgültig verloren.

Doch erst vier Jahre später wird der „Viererbande" und sechs von deren prominentesten Anhängern der Prozeß gemacht. Ihnen wird vorgeworfen, 34 800 Menschen während der Kulturrevolution „zu Tode verfolgt" und weitere 729 511 „verunglimpft und verfolgt" zu haben. Die gewichtige, durchaus berechtigte Anklage verhindert allerdings nicht, daß die Veranstaltung zu einem bizarren Schauprozeß wird, in dem sich vor allem Jiang Qing trotz jahrelanger strenger Haft ungebrochen zeigt und ihre Ankläger als „Faschisten" beschimpft.

Maos Witwe wird zum Tode verurteilt, ebenso ein weiteres Mitglied der „Viererbande", alle anderen bekommen hohe Haftstrafen. Die Todesurteile werden später in lebenslängliche Haft umgewandelt. Jiang Qing nimmt sich, einsam und verbittert, 1991 das Leben.

Deng Xiaoping wird nur ein Jahr nach Maos Tod durch die Hilfe eines alten Freundes, des mächtigen Militärgouverneurs von Guangdong, rehabilitiert und kehrt nach Beijing zurück. Hua Guofengs Prestige dagegen verblaßt wie das des großen Vorsitzenden Mao – paradoxerweise nicht zuletzt durch den Schauprozeß gegen die „Viererbande", der nicht nur Jiang Qing und deren Anhänger, sondern den Maoismus insgesamt diskreditiert. Bis 1980 kann Deng seine Konkurrenten aus allen wichtigen Positionen verdrängen, ohne daß es zu Verhaftungen und Kämpfen kommt. Hua Guofeng verliert alle wichtigen Ämter – als Parteivorsitzender, Ministerpräsident und Vorsitzender der Militärkommission –, darf aber seinen Platz im Zentralkomitee behalten.

Für eineinhalb Jahrzehnte wird Deng nun zum Herrscher Chinas, zum eigentlichen Nachfolger Maos. Dabei ist er klug genug, nicht alle wichtigen Ämter auf seine Person zu vereinigen, sondern sie mit Getreuen zu besetzen. Zhao Ziyang wird Premierminister, Hu Yaobang Vorsitzender des Zentralkomitees.

Doch auch Deng Xiaoping hat, wie die meisten Autokraten, nie dafür gesorgt, rechtzeitig einen unumstrittenen Nachfolger aufzubauen. Der Kampf des Jahres 1976 scheint sich seit seinem Tod im Frühjahr 1997 – wenn auch weniger spektakulär – zu wiederholen, weil sich die Clique, die das größte Volk der Welt regiert, mißtrauisch belauert. Solange intern nicht entschieden ist, wer der neue „starke Mann" sein wird, reagiert die KPCh dem eigenen Volk und dem Ausland gegenüber wieder mit einer merkwürdigen Mischung aus Starrheit und aggressiver Unberechenbarkeit. Dengs langes Sterben hat einen neuen Machtkampf hinter den Kulissen der Partei entfacht, von dem im Westen nur Bruchstücke bekanntwerden.

Denn Deng Xiaoping hielt sich während seines Siechtums selbst nicht an das, was er in besseren Jahren in einer solchen Situation riet: „Leute, die den Lokus besetzt halten, ohne zu scheißen, sollten ihn räumen."

WOLF SCHNEIDER

Was hinter den vermauerten Türen geschah

Wer aus dem Konklave plaudert, wird exkommuniziert. Erst recht, wer schon zu Lebzeiten eines Papstes Absprachen über den Nachfolger sucht. Wer Zeitschriften oder Aufnahmegeräte einschmuggelt, wird mit »schwerwiegenden Strafen« belegt. Gemessen an den drakonischen Regeln einer Papstwahl war die Sitzung des Zentralkomitees im Kreml eine öffentliche Veranstaltung. Und doch beginnen knapp 20 Jahre nachdem Johannes Paul II. gewählt worden ist, die Details zu sickern – wie es damals war im Herbst 1978 und wie es nach seinem Ableben sein wird.

Ein Attentat hat er überlebt, sechs Operationen überstanden, eine Hüfte ist aus Metall, und schon mehrfach hat das Fernsehen seine zitternde Linke gezeigt und sein gezeichnetes Gesicht. Wird Johannes Paul II. die furchtbare Bürde seines Amtes niederlegen – oder wird es ihn schrecken, daß unter allen 266 Päpsten nur zwei diesen Schritt getan haben? (Und das ist lange her: 1294 Coelestin V. und 1415 Gregor XII.) Wird das Herz des geplagten Greises aufhören zu schlagen – oder hält ihn, den Zähesten der Zähen, das eherne Pflichtgefühl am Leben und dazu die Vision, die man ihm zuschreibt: daß er zum 2000. Jahrestag von Christi Geburt festlich einziehen möchte in Jerusalem?

So oder so: Längst ist die Debatte über seine Nachfolge entbrannt. Zwar ist es den Kardinälen, die den neuen Papst zu wählen haben, kraft Apostolischer Konstitution ausdrücklich verboten, zu Lebzeiten eines Papstes darüber zu verhandeln; aber nicht jedes Geplauder muß ja eine Verhandlung sein. Man trifft sich hier, zieht dort ein paar Fäden, tauscht doppelbödige Botschaften aus oder verweist süffisant und sorgenvoll auf Kardinäle, die vom Dämon des Ehrgeizes besessen scheinen. Dabei gilt für alle Kandidaten der alte Satz: Wer als Papst ins Konklave geht, kommt als Kardinal heraus.

Wissen können wir aber, *wie* die Kardinäle wählen, wenn sie in der verrammelten Sixtinischen Kapelle versammelt sind: von Vorschriften eingemauert wie kein anderes Wahlgremium, auf Geheimhaltung eingeschworen wie die Zentrale einer Spionageorganisation, in ihrer Entscheidung indessen völlig frei und von niemandem je zur Rechenschaft zu ziehen – frei, den zu küren, dem sie sogleich ihren totalen Gehorsam werden schwören müssen. Doch eben dieses Verfahren, dieses archaische, pedantische, auf alte Männer beschränkte Brimborium hat zu einem Erfolg ohne Beispiel beigetragen: zum Überleben der ältesten Institution auf Erden.

Mehr als die meisten politischen Wahlen bewegt das Konklave noch heute die Gemüter im ganzen Abendland: Denn der Vatikan versteht es, anders als Bonn oder Washington, Überraschungen zu präsentieren, und der Erwählte wird Herr sein über fast eine Milliarde Seelen und der Chef „der am besten zusammengreifenden Organisation in der heutigen Welt". Leopold von Ranke schrieb das 1885, und die Organisation hat sich seitdem noch gestrafft.

Was die Kardinäle bei der nächsten Wahl bewegen wird, ist kein Geheimnis. Antworten müssen sie suchen auf Fragen wie diese: Wollen sie wieder einen Traditionalisten haben oder diesmal einen Reformer? Soll er ein Diplomat sein wie die Kurienkardinäle, des Vatikans Minister, oder ein Seelsorger wie die Erzbischöfe auf allen Kontinenten? Soll er ein Italiener sein, ein anderer Weißer – oder diesmal ein Schwarzer, zum Jubel der Dritten Welt, in der es längst viel mehr Katholiken als in Europa gibt?

Am aufschlußreichsten dafür, was sich im nächsten Konklave abspielen wird, ist ein erstaunlicher Umstand: Ziemlich genau wissen wir heute, was im Oktober 1978 bei der vorigen Papstwahl geschah, allen Schwüren des ewigen Schweigens zum Trotz. Und so haben wir die Chance, ein Lehrstück über redliches Ringen und kräftige Erdenreste von Machtkampf und Intrige zu betrachten, wie es ähnlich wieder auf dem Spielplan stehen wird. Die Papstwahl ist eben *un giallo*, ein „Krimi", wie die Italiener sagen.

28. September 1978: Johannes Paul I., der fröhliche Papst, bei Gläubigen wie Ungläubigen rasch populär geworden, wird am 33. Tag nach seiner Wahl tot im Bett gefunden. Die Welt ist bestürzt, der Vatikan betreibt eine verwirrende Pressepolitik, Gerüchte über einen Giftmord tauchen auf wie zuletzt 1939 beim Tod Pius' XI.; neun Päpste sind vergiftet, erstickt, erstochen oder zu Tode gefoltert worden, der letzte allerdings anno 1048.

Nun muß das Kardinalskollegium zu einem Konklave zusammentreten, zwischen dem 15. und dem 20. Tag nach dem Tod des Papstes. Zur Beisetzung strömen die Kardinäle aus aller Welt zusammen; sie kennen einander (ganz anders, als es beim nächsten Konklave sein wird), erst vor sieben Wochen haben sie Paul VI. beerdigt.

Sogleich entwickelt sich unter den Purpurträgern ein reges Plaudern, Vorfühlen und Minenlegen; Wahlabsprachen sind ja nur zu Lebzeiten des Papstes verboten. Die auffallendste Aktivität entfaltet Giuseppe Siri, der 72jährige Erzbischof von Genua, genannt „der Eiserne": Er ist der Exponent des konservativen Lagers und versucht, alle anderen Traditionalisten unter den Kardinälen um sich zu scharen und noch ein paar mehr. Den gerade verstorbenen Papst soll er als „Einfaltspinsel" bezeichnet haben. Hochfahrend verzichtet Siri auf die Geste der Demut, von der doch bekannt ist, daß sie die Chancen des Kandidaten erhöht. Bewerben darf sich ja keiner, Wahlreden werden nicht gehalten, Wahlprogramme gibt es nicht.

Und schon trifft sich im Französischen Seminar eine Runde von etwa 15 Kardinälen, überwiegend aus Übersee, und verbündet sich gegen Siris Anspruch. Sollte man nicht eher an Giovanni Benelli denken, den gleichermaßen gebildeten wie umgänglichen Erzbischof von Florenz, der als Liberaler gilt?

Die deutschen Kardinäle Joseph Höffner und Joseph Ratzinger sind bei dem Treffen nicht zugegen; Höffner tritt heftig für Siri ein, schon weil Benelli für ihn ein „Linker" ist. Mit dem, sagen manche Kardinäle, drohe der Kirche etwas Ähnliches wie der italienischen Politik mit dem „Historischen Kompromiß", der Aussöhnung zwischen Christlichen Demokraten und Kommunisten.

Von Karol Wojtyla, dem Erzbischof von Krakau, droht dergleichen wahrlich nicht. Längst gehört er zu den bekannteren Kardinälen: Schon auf dem Zweiten Vatikanischen Konzil hat er 1965 als junger Erzbischof mehrfach das Wort ergriffen und beim Konklave im August ein paar Stimmen auf sich gezogen. So erhält er Besuch vom Privatsekretär des Kardinals Benelli, des Favoriten der Progressiven; man tastet sich ab. Wojtyla plaudert auch mit Kardinal Krol, Sohn polnischer Einwanderer und Erzbischof von Philadelphia, und mit John Cody, Erzbischof von Chicago, in dessen Diözese viele Polen leben.

Bald gilt der Mann aus Krakau als Geheimtip bei den zwanglosen Zusammenkünften der Kardinäle untereinander oder mit jenen Bischöfen, Prälaten, Sekretären, die sich als Mittler und Drahtzieher verstehen. Ist Wojtyla nicht auch von vielversprechender Bescheidenheit – sagt man nicht sogar, er fühle sich unbehaglich?

Kardinal Krol wiederum, der Amerikaner mit den polnischen Eltern, unterhält sich mehrfach mit einem der einflußreichsten Kardinäle, Franz König, Erzbischof von Wien. Haben die Skandale der italienischen Politik nicht sogar den Vatikan gestreift? fragen sich die beiden. Könnte nicht ein Mann aus dem Osten der Retter sein? Ist Wojtyla nicht ein vorbildlicher Seelsorger voller Tatendrang, und wäre es nicht spirituell wie politisch höchst erfreulich, den polnischen Katholiken gegen die atheistische Diktatur den Rücken zu stärken?

Rechnungen werden aufgemacht: Unter 111 wahlberechtigten Kardinälen nur noch 56 Europäer; 1963, bei der Wahl Pauls VI., hatten sie noch mehr als zwei Drittel des Plenums gestellt. Die 28 Kurienkardinäle werden wohl auf Siri eingeschworen sein – aber was ist das schon! 75 Stimmen braucht der Erwählte, zwei Drittel von 111 plus eine Stimme nach den Regularien Pauls VI. (Johannes Paul II. hat fürs nächste Konklave die zusätzliche Stimme gestrichen.)

Samstag, 14. Oktober 1978: Die Kardinäle beziehen ihre kargen Zellen neben der Sixtinischen Kapelle oder direkt unter dem Dach. Die Außenfenster sind abgedunkelt und zugenagelt, die Bewohner stöhnen unter der schlechten Luft, einige brechen ihre Fenster auf. Ein eisernes Bettgestell, ein kleiner Schreibtisch, ein Stuhl, eine Waschschüssel mit Krug – sonst nichts. Je zehn der Herren um die 70 teilen sich eine Toilette und ein Bad, bis zu sechzig Meter lang ist ihr Weg dorthin, und oft ist besetzt.

Wohl fühlen sollen sich die Kardinäle nicht, sondern sich mit dem Wählen desto mehr beeilen; so ist das gedacht. (Doch Johannes Paul II. fand die Verhältnisse unwürdig und hat fürs nächste Konklave ein Hotel errichten lassen, das Hospiz Santa Marta – zwar in der Vatikanstadt gelegen, aber doch in solcher Entfernung von der Sixtinischen Kapelle, daß § 43 der neuen Apostolischen Konstitution vorschreibt, die Kardinäle dürften auf ihrem täglichen Weg „von niemandem erreicht werden können".)

Sonntag, 15. Oktober 1978: Die 111 Wahlmänner versammeln sich in der Petersbasilika, zelebrieren die Heilige Messe und ziehen in feierlicher Prozession (Johannes Paul II. hat 1996 fürs nächste Mal hinzugefügt: „unter dem Gesang des ,Veni Creator' den Beistand des Heiligen Geistes erflehend") in die Sixtinische Kapelle ein – aus ihren Mönchszellen in den 21 Meter hohen Saal, auf drei Seiten umringt von 14 Fresken mit biblischen Szenen von Botticelli, Perugino und anderen; vor sich, an der Altarwand, Michelangelos Jüngstes Gericht, 180 Quadratmeter mit aufsteigenden Engeln und fallenden Sündern; über sich im Deckengewölbe Michelangelos 39

Fresken, darunter die Erschaffung Adams, den Gott mit dem Finger belebt.

Die Kardinäle beten gemeinsam und „versprechen, geloben und schwören" jeder einzeln, alles, was mit der Wahl zusammenhängt, auf immer geheimzuhalten und keinerlei Einmischung einer weltlichen Autorität zu dulden.

Und schon geschieht genau das, was niemals hätte geschehen dürfen, ja wovon niemand weiß, wie es geschehen konnte: Ein Zeitungsinterview hat seinen Weg in die Kapelle gefunden. Ist sie nicht bis zu erfolgter Wahl „ein absolut abgeschlossener Ort", wird sie nicht von innen und außen verriegelt, ja von zwei vereidigten Technikern auf „Wanzen" abgeklopft? Sind die Kardinäle nicht mit dem Verbot belegt, „Zeitungen und Zeitschriften ins Konklave oder aus dem Konklave" zu befördern? Da hat sich die alte Erfahrung bestätigt: Kein Schloß, das nicht von einer Intrige zerbrochen werden könnte.

Diese zielt auf den selbsternannten Favoriten der Konservativen, Kardinal Siri, und erledigt ihn prompt. Ein Interview hat er gegeben, das bestreitet er nicht, aber erst nach dem Konklave sollte es veröffentlicht werden, und den Inhalt dementiert er sofort. Der Zeitung zufolge hat er Johannes Paul I. kritisiert und ebenso das Zweite Vatikanische Konzil, das 1965 mit einem Plädoyer für die Religionsfreiheit und für einen verstärkten Dialog mit den Andersgläubigen zu Ende ging. Sich selbst nannte er „einen der am meisten verleumdeten Menschen der Welt". Ein Dementi, nun ja! Jetzt kann Siri nur noch auf die Stimmen der Erzkonservativen zählen, und die reichen nie. Aber auch Benelli büßt Sympathie ein, weil viele ihn für den Drahtzieher der Intrige halten.

Nach dieser Verwirrung beginnt die Wahl. Die Kardinäle, an ihren Pulten sitzend, füllen ihre Stimmzettel aus – auf ausdrückliche Einladung des Heiligen Vaters in § 66 „möglichst in verstellter Schrift". Dann faltet jeder seinen Zettel „bis auf etwa Daumenbreite" und trägt ihn „allen sichtbar mit erhobener Hand" zum Altar.

Dort kniet er nieder, manchem macht das Mühe, verharrt in kurzem Gebet, auch das steht geschrieben, und schwört mit erhobener Stimme: „Ich rufe Jesus Christus, der mein Richter sein wird, zum Zeugen an, daß ich den gewählt habe, von dem ich glaube, daß er nach Gottes Willen gewählt werden sollte." Dann wirft er den Zettel in die Urne.

Ist das 111mal geschehen, kommt die Stunde der drei ausgelosten Wahlhelfer: Ein Kardinal schüttelt die Urne, um die Zettel zu mischen; ein anderer hebt sie einzeln hoch und zählt sie. Sollte ihre Zahl nicht mit der der Kardinäle übereinstimmen, werden alle Zettel sofort verbrannt. Ist die Zahl korrekt, so entfaltet der erste Wahlhelfer den ersten Zettel, liest still den Namen, gibt ihn an den zweiten weiter, der dasselbe tut und ihn dem dritten reicht; der liest sodann den Namen mit lauter Stimme vor und macht einen Strich in der Liste aller 111 Kardinäle, wie sie auch auf den Pulten liegt. Dann wird formell gezählt, das Ergebnis von drei anderen ausgelosten Kardinälen überprüft, und die Zettel werden verbrannt.

Welcher Aufwand – und wo sonst wäre für eine Personenwahl eine Zwei-Drittel-Mehrheit erforderlich? Die ist unter weltlichen Bedingungen nur bei Staatsaktionen nötig wie einer Änderung des Grundgesetzes durch den Bundestag oder wenn der amerikanische Kongreß ein Veto des Präsidenten überstimmen will. Doch die Allmacht dessen, den die Kardinäle wählen, erhebt diesen Wahlakt in der Tat in den Rang einer Verfassungsänderung.

75 Stimmen also müssen es sein von 111. Für Kardinal Siri endet der erste Wahlgang mit dem erwarteten Desaster: Rund 30 Stimmen bekommt er statt der 50, an die er geglaubt hat; sein liberaler Konkurrent Benelli liegt gleichauf, kein anderer Kandidat erhält mehr als fünf Stimmen, Wojtyla ist immerhin dabei.

Im zweiten und dritten Wahlgang legt Benelli zu, Siri fällt ab. Der vierte Wahlgang, der letzte des Sonntags, sieht wiederum keinen auch nur in der Nähe von 75 Stimmen; die Kardinäle haben die ersten 444 Kniefälle hinter sich.

Da ist das Palaver bedrückt beim Abendessen. Einige verweisen in Andeutungen darauf, daß ein Italiener offenbar keine Chance habe. Der Vorsitzende der Spanischen Bischofskonferenz, Kardinal Vicente Tarancón, wird deutlicher: Gott habe sich der Uneinigkeit der Italiener und der Bosheit der Menschen bedient, um die Papstwahl zu erschweren. Andere raunen, der neue Papst sollte mehr ein volksnaher Seelsorger als ein Intellektueller sein, bei guter Gesundheit überdies – war nicht Paul VI. ein zerbrechlicher, leidender Mensch gewesen und Johannes Paul I. rätselhaft gestorben, erst 65 Jahre alt?

Franz König, der Erzbischof von Wien, beginnt nach dem Essen in Zellen und Korridoren für einen Papst aus dem Osten zu werben, aus Polen zum Beispiel. Stefan Wyszynski, der 77jährige Erzbischof von Warschau, ist überrascht: „Mich aus Polen wegholen?" fragt er. „Das würde den Kommunisten gefallen!" Es ist nicht überliefert, ob König deutlich machte, daß er Wyszynski gar nicht meinte.

Dann senkt sich die Nacht auf das stickige Notquartier der alten Herren. Wie sollen sie den Knoten lösen – und wie lange diesen quälenden Umständen unterworfen sein? Erst nach drei Tagen sieht die Wahlordnung einen Ruhetag vor, aber natürlich im verriegelten Konklave! Und dann nochmals sieben Wahlgänge und wieder Pause und Gebet und wieder sieben Wahlgänge, und dann erst dürfen sie – aber nur einstimmig! – beschließen, daß die einfache Mehrheit genügen soll.

Montag, 16. Oktober 1978: Vor dem fünften Wahlgang erhebt sich Kardinal König und plädiert nunmehr in aller Form dafür, durch die Wahl eines Nichtitalieners die Blockade zu beenden; in vielen Briefen, gerade von Italienern, sei er beschworen worden, ihrem moralisch heruntergekommenen Land eine Lektion zu erteilen.

Der Nichtitaliener, fährt König fort, könnte der Erzbischof von Krakau sein, Karol Wojtyla, auch wenn er mit 58 Jahren vielen als zu jung erscheine; er wäre der jüngste Papst seit 1846. Da ist es zu aller Überraschung Kardinal Wyszynski, der dem Kollegium rät: Nein! Bei einem Italiener solltet ihr es lassen!

Fünfter Wahlgang: 20 Stimmen für Wojtyla. Im sechsten viel mehr, doch nicht genug, und zum sechstenmal sehen die Gläubigen und die Neugierigen, die auf dem Petersplatz ausharren, schwarzen Rauch aus dem Schornstein im Eckfenster der Sixtinischen Kapelle steigen – nicht den weißen, der die vollzogene Wahl signalisiert.

Nun wäre es ganz falsch, aus der Zahl der Wahlgänge zu folgern, unter den Kardinälen habe eine beklagenswerte Orientierungslosigkeit geherrscht. Zwei-Drittel-Mehrheiten sind immer schwer zu haben, eben deshalb wurden sie für die großen Entscheidungen eingeführt. Und hat nicht schon der Zwang zur einfachen Mehrheit auch weltlichen Wahlgremien Kopfschmerzen gemacht?

Gustav Heinemann wurde 1969, Roman Herzog 1994 erst im dritten Wahlgang zum Bundespräsidenten gewählt, und die französische Nationalversammlung brauchte 1953 gar 13 Wahlgänge, um sich auf René Coty als Präsidenten der Republik zu einigen. So viele Probleme kann ein Wahlgremium mit der *einfachen* Mehrheit haben.

Siebenter Wahlgang, Montag nachmittag: Wojtyla führt mit deutlichem Vorsprung. Während der sich abzeichnet, blickt der Erzbischof von Krakau immer düsterer. Einige lächeln ihm aufmunternd zu. Und es ist Kardinal Wyszynski, der ihm zuflüstert: „Wenn sie dich wählen, bitte ich dich: Lehne nicht ab."

Zur Zwei-Drittel-Mehrheit hat es ohnehin wieder nicht gereicht, vor allem, weil die meisten der 25 italienischen Kardinäle weiter gegen ihn stimmen. Doch in der Pause vor dem achten Wahlgang, bei Kaffee, Cognac oder Grappa, breitet sich gedämpfte Heiterkeit aus, die Richtung scheint ja klar. Und Kardinal Baggio, der einflußreiche

Präfekt der Bischofskongregation, vollzieht die Wende: Der Erzbischof von Krakau soll es sein! sagt er als erster Italiener offen. So wird im achten Wahlgang Karol Wojtyla gewählt, mit einer klaren Mehrheit, über deren Höhe die Auguren sich freilich nicht einig sind. Für Kardinal Siri stimmen ein paar Getreue bis zuletzt.

Mit hochrotem Kopf hat der Pole die Verlesung der Stimmzettel verfolgt und schließlich seiner eigenen Strichliste sein Schicksal entnommen. Auf die Frage des Kardinalkämmerers, ob er die Wahl annehme, erwidert er: „Es ist Gottes Wille, ich nehme an." Die Kardinäle applaudieren. Dann folgt nach Vorschrift die zweite Frage: „Wie willst du dich nennen?" Mit dieser Antwort hat noch nie ein Kardinal gezögert – woraus man wohl folgern muß, daß keiner ganz ausschließen wollte, daß es ihn treffen könnte. Wojtyla verkündet: „Johannes Paul II.", und alle wissen: Dies ist eine Verneigung vor Johannes Paul I.

Aus dem Schornstein steigt weißer Rauch, „Habemus Papam!" schreit es aus der Menge auf dem Petersplatz, obwohl sie noch nicht weiß, welchen. Den Gewählten führt der Zeremonienmeister in die Sakristei, wo das weiße Papstgewand vorsorglich in drei Größen liegt. Wojtyla, ein Sportler von einsachtzig, streift das große über. Dann nimmt er die Gehorsamsgelübde der Kardinäle entgegen, stehend, gegen die Tradition, und jeden umarmt er, den Primas von Polen am längsten, und alle singen den Choral „Te Deum laudamus", Großer Gott, wir loben Dich.

Und der vor einer Stunde noch ein Kardinal unter vielen war, ist nun Bischof von Rom, Primas von Italien, Patriarch des Abendlands und Statthalter Christi auf Erden, unverzüglich versehen „mit der vollen und höchsten Gewalt über die ganze Kirche", Herr über die Vatikanstadt und die Römische Kurie, Disziplinarvorgesetzter von mehr als 3000 Bischöfen und 164 000 Priestern in aller Welt; Seelenhirte von fast einer Milliarde Katholiken. Er ist absoluter Monarch, Welt-Autorität und nach dem Dogma von 1870 „unfehlbar" in Glaubenssachen – der einzige seriöse Mensch auf Erden also, der es schriftlich hat, daß er sich im Großen niemals irren kann.

Dies alles ist aktenkundig, doch es bleibt die Frage: Woher eigentlich können wir wissen, was sich da im Konklave abgespielt hat über das umständliche Protokoll hinaus? Keiner, der in der Kapelle oder den ihr zugeordneten Räumen weilt, kein Kardinal, kein Techniker, kein Diener und kein Koch, darf jemals über den Ablauf sprechen, alle müssen es beeiden. Bei den Abstimmungen selbst sind die Kardinäle ohnehin unter sich, und sie dürfen nichts – nicht korrespondieren, nicht telefonieren und keine technischen Geräte bei sich führen, nach der Wahl niemandem jemals direkt oder indirekt Auskunft über irgend etwas geben, was am Wahlort geschah, und dies alles beeidet und „mit schwerwiegenden Strafen nach Ermessen des künftigen Papstes" bedroht.

Und nun sind in den letzten Jahren Journalisten aufgestanden, die nach langjährigen Recherchen in dicken Büchern behaupten, sie wüßten, was damals abgelaufen ist: der Vatikan-Experte Giancarlo Zizola, Tad Szulc von der „New York Times", Carl Bernstein von der „Washington Post", der einst Präsident Nixon stürzen half, und Marco Politi, Vatikankorrespondent der „Repubblica". Ihre Glaubwürdigkeit steht gegen den Eid der Kardinäle.

Doch die sind gegen das Laster der Schwatzhaftigkeit, der Wichtigtuerei, der Rachsucht nicht gefeit, auch für sie mag die alte Erfahrung von Journalisten und Geheimdienstlern gelten: Spätestens von fünf Teilnehmern an ist *nichts* mehr geheimzuhalten. Überdies haben alle genannten Autoren sich zwischen 15 und 18 Jahre Zeit gelassen – was einerseits gegen Sensationsgier und für gründliche Recherche spricht und andererseits den Konklavebeteiligten Zeit ließ, ihr Gelöbnis nicht mehr zu laut in sich rumoren zu hören.

Wer wird beim nächstenmal die Fäden ziehen, wer schließlich das Rennen machen? Ganz im dunkeln tappen wir nicht. Die Gerüchte, die durch Rom und die Welt schwirren, müssen ja nicht durchweg falsch sein. Vor allem aber lassen sich seriöse und plausible Vermutungen darüber anstellen, von welchen Gesichtspunkten sich die Kardinäle werden leiten lassen – Erwägungen, die sich aus dem vorigen Konklave, aus der Kenntnis der handelnden Personen, aus der Lage der Kirche in der Welt schlüssig ergeben; solche, die jeder Gläubige akzeptieren kann, und andere, weil auch der Frömmste in den Niederungen des Menschseins verwurzelt ist. Wenn er wählt, ist jeder Kardinal einsam, und mindestens folgende Gedanken werden seiner Entscheidung vorausgegangen sein.

Erwägung 1: Will ich einen Konservativen, einen Traditionalisten, einen Fundamentalisten gar wie Johannes Paul II. – oder wünsche ich mir einen Reformer, einen Liberalen, dem es zuzutrauen wäre, daß er, in kleinen Schritten natürlich, Priestern die Ehe erlaubt, Frauen den Weg ins Priesteramt öffnet, Geburtenkontrolle innerhalb gewisser Grenzen zuläßt und nicht jede Abtreibung als Mord verteufelt?

Und wenn ich mit solcher Öffnung sympathisiere: Kann ich zugleich sicher sein, daß sie das wirksamste Mittel wäre, die Kirche am

Leben zu erhalten – oder hieße es am Ende, sie überflüssig machen, wenn sie mit dem Zeitgeist liebäugelt? Hat nicht Johannes Paul II. eben mit seiner gußeisernen Beharrlichkeit ein zwar zunehmend unfreundliches, aber gewaltiges Echo gefunden?

Mutig war er ja, dieser Pole: Gegen die Mafia hat er öffentlich gepredigt, und das auf Sizilien. Und nur ein hartgesottener Konservativer war er keineswegs: Diplomatische Beziehungen mit Israel hat er endlich aufgenommen und als erster Papst die Synagoge von Rom besucht, in Assisi hat er mit Juden, Muslimen und Buddhisten für den Frieden gebetet, Galilei hat er rehabilitiert, nach dreieinhalb Jahrhunderten.

Soviel Offenheit wäre von Kardinal Ratzinger aus Marktl bei Altötting in Oberbayern nicht zu erwarten. Als Papstmacher ist er gefürchtet – Präfekt der Glaubenskongregation seit 1981, Verfasser einer neunbändigen Katholischen Dogmatik, engster Berater Johannes Pauls II. und nach allgemeiner Meinung weitgehend verantwortlich für das, was viele dessen Altersstarrsinn nennen.

Für welche Richtung also bin ich? Womit wird mich einer, von dem ich meine, daß er sie vertrete, eines Tages überraschen? Kenne ich eine Integrationsfigur? Die Gegenpole sind rasch beschrieben: hier Carlo Maria Martini, Erzbischof von Mailand, weltoffen, weitgereist, sozial engagiert – aber ein Jesuit, und den hatten wir noch nie auf dem Heiligen Stuhl; dort Giacomo Biffi, Erzbischof von Bologna, populär, aber stockkonservativ: Der höchste Wert der Frau sei die Jungfernschaft, hat er gesagt, und Frauen im Priesteramt, das komme ihm vor „wie Pizza und Cola statt Brot und Wein". Es kann ihm eigentlich nicht besser als 1978 dem Kardinal Siri ergehen.

Erwägung 2: Soll es überhaupt wieder ein Italiener sein, nach der langen Erfahrung mit dem schwierigen Polen? Die Italiener sind, anders als während ihrer 455jährigen Alleinherrschaft zwischen Hadrian VI., dem Holländer, und Johannes Paul II., dem Polen, nur noch eine schwache Minderheit. Dürfte es ein Deutscher, ein US-Amerikaner sein? Hände weg – Kandidaten aus mächtigen Ländern machen böses Blut.

Rechnen wir: Von den 153 Kardinälen sind zur Zeit 43 nicht wahlberechtigt, weil sie 80 Jahre und älter sind – Paul VI. hat diese Beschränkung 1975 eingeführt. (Verlust des aktiven Wahlrechts wegen zu hohen Alters! Man versuche sich das bei weltlichen Wahlen vorzustellen.) Die 43 Greise sollen jedoch „durch das beharrliche und inständige Gebet" die Erleuchtung ihrer wählenden Brüder durch den Heiligen Geist erflehen.

Bleiben 110. Nicht weniger als 91 von ihnen hat Johannes Paul II. ernannt. Neben sämtlichen Regularien für die Wahl hat er also sogar das Wahlgremium überwiegend selber bestimmt. Aber eben nicht, damit es ihn wiederwählt – eine Farce, wie weltliche Diktatoren sie zu inszenieren lieben –, sondern damit es über den nächsten Papst entscheidet. Wir sind seine Geschöpfe; das verbürgt die Kontinuität. Aber wen wir dann wirklich wählen, darauf hat er den Einfluß Null; das verbürgt die Flexibilität.

Und weit hat Johannes Paul II. mit seinen Ernennungen die Kirche der Dritten Welt geöffnet. Zwar ist Europa noch immer überrepräsentiert: 50 von 110 Kardinälen, obwohl nur gut ein Viertel aller Katholiken in Europa lebt. 20 Kardinäle aus Lateinamerika, mit mehr als 40 Prozent aller Gläubigen – ein Papst von dort, das wäre keine schlechte Idee: zum Beispiel der kolumbianische Kurienkardinal Alfonso Trujillo López, erst 62 Jahre alt. Oder Lucas Moreira Neves, Erzbischof von São Salvador da Bahia und Präsident der Brasilianischen Bischofskonferenz. Je 13 Prozent der Katholiken leben in Afrika (12 Kardinäle) und Asien (13 Wahlberechtigte). Schließlich kommen noch elf aus Nordamerika und vier aus Australien. Nirgends aber wächst die Kirche schneller als in Afrika – so schnell, daß die Zahl der Priester damit nicht Schritt halten kann.

Kardinal Francis Arinze aus Nigeria hat das 1994 in einem Gespräch mit der „New York Times" doppelt begründet: Die Afrikaner machten Gebrauch von ihrer jungen Freiheit, sich ihre Religion selber zu wählen, statt sie sich von ihren Kolonialherren aufnötigen zu lassen; und der in Afrika verbreitete Animismus, der Glaube an eine allbeseelte Natur mit Geistern und Dämonen, sei dem Katholizismus eng verwandt – er selbst, Arinze, Häuptlingssohn, habe einst dem Animismus angehangen.

Seit 1985 ist Arinze Kurienkardinal und Leiter des Päpstlichen Rats für den Dialog mit den Religionen; Johannes Paul II. soll ihn sich ernstlich als Nachfolger gewünscht haben, und einige Progressive setzen auf ihn. Ein Schwarzer auf dem Heiligen Stuhl – welch ein Signal! Wieviel Aufregung, wieviel Aufbruch! Aber was würden unsere Glaubensbrüder in Irland, in Boston, in Nordrhein-Westfalen dazu sagen?

Gerüchtweise werden sogar zwei weiteren Afrikanern Chancen eingeräumt: Bernardin Gantin aus Benin in Westafrika, Präfekt der vatikanischen Bischofskongregation, und Hyacinthe Thiandoum, Erzbischof von Dakar im Senegal. Doch vielleicht hatte ja die „Süddeutsche Zeitung" recht, als sie 1995 schrieb: „Vermutlich ist der wirkliche Favorit dann kein Schwarzer und kein Weißer, sondern ein Farbloser."

Erwägung 3: Robust soll er sein, den Strapazen des Amtes gewachsen. Also nicht zu alt. Aber unter 60 wie damals der Erzbischof von Krakau ist nur ein einziger, Vinko Puljic, der 51jährige Erzbischof von Sarajevo. Wieder einer aus dem Osten? Auch wird ein Papst nach aller Wahrscheinlichkeit um so länger amtieren, je jünger er ist. Wollen wir das? Haben die mehr als achtzehn Jahre Johannes Pauls II. der Kirche gutgetan?

Erwägung 4: Will ich einen der 29 Kurienkardinäle wie einst Pius XII., weltläufig, mit diplomatischem Geschick – vielleicht aber unfähig, die Herzen zu bewegen? Oder will ich einen Seelsorger, einen wie Johannes XXIII., der die Menschen ansprach und den sie mochten wie einen kraftvollen, warmherzigen Großvater? Wenn indessen einen solchen – wird er die Kraft haben, sich durchzusetzen gegen den Kraken der vatikanischen Bürokratie, gegen diese fast dreitausendköpfige Glaubens-, Finanz- und Personalverwaltung mit den ausgepichten Managern der Kirche an der Spitze?

Johannes Paul I. ist an ihr zerbrochen, das gilt inzwischen als ausgemacht – und nicht etwa vergiftet worden, wie der amerikanische Journalist David A. Yalopp in seinem Buch „In God's Name" 1984 behauptete: vergiftet im Auftrag von Kurienkardinälen, weil er die Korruption in der vatikanischen Finanzverwaltung durchschaut habe und zu radikalen Umbesetzungen entschlossen gewesen sei. Als Indizien nennt Yalopp unter anderem: Die Mitteilungen über den Zeitpunkt des Todes und die Auffindung des Toten waren in der Tat voller Widersprüche, der Vatikan verweigerte eine Autopsie, die Todesursache wurde nie eindeutig geklärt.

Aber das Herz Johannes Pauls I. war ja schwach – und wofür hätten sie Gift gebraucht, seine möglichen Feinde? Was ihn binnen 33 Tagen umbrachte, das war seine schlichte Güte im hoffnungslosen Zweikampf mit den Kurienkardinälen, die ihn verachteten und isolierten. „Jeder spricht hier schlecht vom anderen", hat er laut Giancarlo Zizola kurz vor seinem Tod gesagt; „wenn Jesus noch lebte, würden sie auch über ihn lästern." Und auch der Satz wird ihm zugeschrieben: „Zwei Dinge sind im Vatikan nicht zu haben – Ehrlichkeit und eine gute Tasse Kaffee." Zizola schreibt: Er starb wie ein Ausgestoßener.

Paul VI. war von zäherer Konstitution, aber was hatte er 1963 notiert? „Ich muß sagen, daß ich mich in extremer Einsamkeit befinde. Sie war schon früher groß, heute ist sie allumfassend und erschreckend. Nichts und niemand ist mir nah."

Fragen sind da noch mehr. Welche Figur würde der Neue auf der Weltbühne machen? Hat er Charisma, hat er eine Chance, populär, gar ein Medienstar zu werden? Und natürlich, ganz menschlich, die Frage: Mag ich ihn? Zwar bin ich vom Papst in § 83 ermahnt, mich „nicht von Sympathie oder Antipathie leiten zu lassen" und schon gar nicht von persönlichen Beziehungen. Aber welchem Menschen, und hätte er's zum Kardinal gebracht, soll das ohne Rückstand gelingen? Noch eine Frage: Wie wird's mir selbst unter ihm ergehen? Und nicht zuletzt: Gönn' ich's ihm? Für Kardinal Wyszynski war das ja 1978 offensichtlich ein Problem.

Soweit die mutmaßlichen, die im Grunde unausbleiblichen Erwägungen der meisten Kardinäle. Spätestens am 20. Tag nach dem Tod oder dem Rücktritt des Papstes also werden sie ins Konklave ziehen – vier Paragraphen lang gewarnt davor, päpstliche Gesetze während dessen irgendwie zu verändern oder solche Entscheidungen zu treffen, die allein dem künftigen Papst zustünden. Wählen dürft ihr und sonst nichts! Nur solange man euch einsperrt, seid ihr ein paar Tage lang die Herren: Das ist der brutale Sinn der Regularien.

Aber indem ich, der vorige Papst, euch gängle bis ins winzigste Detail, euch in Eidesformeln einbinde und bei jedem Verstoß mit Exkommunikation bedrohe – und die schlösse den Verlust von Amt und Einkommen ein –, schütze ich euch mit äußerster Konsequenz vor jenen weltlichen Einflüssen, denen die Kirche bis ins 20. Jahrhundert unterworfen war, und zugleich gegen die moderne Forderung, andere als euch 153 Kardinäle zum Wählen zuzulassen: die Bischöfe nicht, ob sie als Beschlußgremium versammelt sind, also zu einem der seltenen, meist mehrjährigen *Konzile*, oder nur zu einer *Synode*, einer beratenden oder regional begrenzten Tagung; und schon gar nicht katholische Laien. Ich garantiere euch die geheimste und insofern wohl die freieste Wahl der Welt.

Dem oft geäußerten Einwand, in der Kardinalsversammlung spiegle sich die Universalität der Kirche nicht, hält die Apostolische Konstitution entgegen: Doch, denn die Kardinäle kämen ja aus allen Kontinenten, und da überdies die Gesamtkirche während des Konklaves im Gebet verharre, „wird die Wahl des neuen Papstes kein vom Volk Gottes isoliertes Geschehen sein, sondern in gewissem Sinn eine Handlung der ganzen Kirche". Er, der Papst, ordne daher an, daß überall „demütig und inständig zum Herrn gebetet werde, damit er die Wähler erleuchte".

Gläubige Laien, die dieser Weisung mit hinlänglicher Demut folgen, wirken also *in gewissem Sinn* an der Papstwahl mit – Bischöfe werden schroffer behandelt. Sollte nämlich der Papst sterben, während ein Konzil oder eine Synode tagt, so haben sich beide auf der Stelle aufzulösen, selbst wenn ein noch so schwerwiegender Grund für die Fortsetzung zu sprechen scheine; und alles, was dort „vermessenerweise" in bezug auf die Papstwahl beschlossen werden sollte, erklärt Johannes Paul II. vorsorglich für ungültig und nichtig, wie schon Paul VI. vor ihm.

Ja, das ist Autorität, und die Art, wie sie sich äußert, macht viele Nichtkatholiken schaudern. Nur ist sie wohl aus der schier unglaublichen Überlebenskraft dieser Institution nicht wegzudenken. Was hat die Katholische Kirche nicht alles überstanden: die Abspaltung der Orthodoxen im frühen Mittelalter, der Anglikaner im 16. Jahrhundert und die Reformation; 38 Gegenpäpste (oder bis zu 40 solcher Amtsanmaßungen, das läßt sich unterschiedlich rechnen), unter den anerkannten Päpsten jedoch bis in die Neuzeit hinein eine Fülle eiskalter Machtpolitiker und übler Intriganten, oft durch *Simonie* ins Amt gelangt.

So heißt die Amts-Erschleichung durch Bestechung oder die Bereicherung durch den Verkauf von Pfarrstellen und ganzen Bistümern – benannt nach Simon, einem Zauberer, der sich taufen ließ und Petrus und Johannes dann Geld bot, wenn sie ihn den Heiligen Geist empfangen ließen (Apostelgeschichte 8, 18). Schon seit 1075 ist die Simonie mit dem Kirchenbann belegt, und 1432 bekräftigte das Konzil von Basel: „Von nun an sollen die Päpste keine Gebühren für kirchliche Ämter fordern oder annehmen", die Kirchenverwaltung solle nicht länger von päpstlichen Launen abhängig sein, und alle Priester, „ob höchsten oder niedrigsten Ranges", sollten sich ihrer Konkubinen entledigen – von nun an!

Es war die Zeit, da viele Kardinäle ihr Tafelsilber oder gleich ihren Bankier zum Konklave mitbrachten und der frischgewählte Papst seine gesamte Sippe unverzüglich mit Bistümern und anderen Pfründen beschenkte. Alexander VI. aus der verruchten Sippe der Borgia, der Wüstling auf dem Heiligen Stuhl, wurde 1492 dadurch Papst, daß er das Gebot des Königs von Frankreich und der Republik Genua – 300 000 Golddukaten für deren Favoriten – durch vier Maultierladungen Silber übertrumpfte. Kardinal Giovanni de'Medici, der spätere Papst Leo X., soll über Alexander VI. gesagt haben: „Jetzt sind wir in den Fängen des wildesten Wolfs, den die Welt je gesehen hat."

Das ist lange her, und niemand behauptet, noch heute könnten in einem Konklave so schreckliche Dinge geschehen oder könnte aus ihm ein solcher Unhold hervorgehen. Doch die Versuchung, geistliche Ämter zu kaufen oder feilzubieten, ist offenbar weiter lebendig – hätte sonst Johannes Paul II., wie sein Vorgänger, in seiner Apostolischen Konstitution ausdrücklich vor diesem „Verbrechen" gewarnt? Sollte jedoch Simonie im Spiel sein, so macht das die Papstwahl *nicht* ungültig, besagt der erstaunliche § 78. Niemand also soll es wagen, die Legitimität und Autorität des Gewählten in Zweifel zu ziehen, und wäre rund um die Wahl ein Verbrechen geschehen.

Von den Schwierigkeiten mit sich selbst genug gebeutelt, mußte die Katholische Kirche zumeist auch gegenüber der weltlichen Macht um ihren Vorrang kämpfen: in unendlichen Fehden und Intrigen mit den Kaisern des Heiligen Römischen Reiches Deutscher Nation; danach mit den Franzosen, die 1798 den Kirchenstaat militärisch besetzten, ihn zur Republik erklärten und Pius VI. nach Frankreich verschleppten, wo er 1799 starb.

Für die Wahl des neuen Papstes bot Franz II., der letzte Kaiser des Heiligen Römischen Reiches, den Kardinälen zwar noch 1799 Asyl in einem Benediktinerkloster im damals österreichischen Venedig – allerdings um den Preis, daß Kardinal Herzan als sein förmlicher Gesandter das Konklave um zwölf Tage unterbrach, um sich per Kurier neue Instruktionen aus Wien zu holen.

Herzan strapazierte damit die „sententia exclusiva", ein Vetorecht, das Österreich, Frankreich und Spanien jahrhundertelang für sich in Anspruch nahmen. Es durfte nur einen Kandidaten treffen, und auch den nur, solange er noch nicht die Zwei-Drittel-Mehrheit erreicht hatte; aber als Herzan einen weiteren Kardinal als „dem Kaiser nicht erwünscht" bezeichnete, hatte es dasselbe Gewicht.

Nach dreieinhalb Monaten einigte sich das Konklave schließlich auf Graf Chiaramonti, der als Pius VII. den Thron bestieg. Der Wiener Hof war indessen wieder nicht zufrieden und versperrte ihm die Markuskirche. Noch 1903 machte Kaiser Franz Joseph von dem Vetorecht Gebrauch, weil er einen Kandidaten für etwas Schimpfliches, nämlich für einen „Demokraten" hielt.

Heute hat kein Staatsmann mehr eine Chance, der Kirche ins Geschäft zu pfuschen. Die Zahl der Katholiken hat sich im 20. Jahrhundert mehr als vervierfacht, zumal durch die Bevölkerungsexplosion in Lateinamerika, und sogar der Anteil der Katholiken an der Weltbevölkerung ist noch leicht gestiegen (auf etwa 17 Prozent). Die Bedrängnis aller Katholiken im kommunistischen Imperium war nur eine weitere Episode in der zweitausendjährigen Geschichte. „Wie viele Divisionen hat der Papst?" soll Stalin spöttisch gefragt haben. Aber das Sowjetimperium ist zerbrochen, und die Kirche lebt.

Hat Johannes Paul II. am Untergang des Kommunismus mitgewirkt? Unabsichtlich ganz bestimmt, weil seine polnischen Landsleute seine Wahl als eine ungeheure Ermutigung verstanden. Aber da soll es auch Kontakte mit dem CIA gegeben haben, und die Journalisten Bernstein und Politi stellen die Behauptung auf, Johannes Paul II. habe mit Ronald Reagan eine „Heilige Allianz" zur Befreiung Polens geschlossen, mit totalem Informationsaustausch bis hin zur Vorführung amerikanischer Satellitenfotos im Vatikan. „Bewiesen ist nichts", schrieb dazu das englische Wochenblatt „Economist" – „aber war eine Allianz denn nötig?" Schließlich hatte Johannes Paul II. in der Botschaft von Fatima 1984 an die Gottesmutter appelliert, die Niederlage des Kommunismus herbeizuführen.

Auch weltliche Politik hat er also mit Vehemenz betrieben, das ist unbestritten – obwohl schon die geistlichen Pflichten dem Papst mehr aufbürden, als man meinen sollte, daß ein Mensch tragen kann. Das höchste Lehr-, Richter- und Priesteramt einer Weltkirche hat er inne, Legislative, Exekutive und Judikative in einem, ohne Stellvertreter für den Stellvertreter Christi auf Erden.

Achtzehn Stunden dauert Johannes Pauls II. Arbeitstag, mindestens war das so bis zur Darmoperation von 1996. Um halb sechs steht er auf, und das Licht auf seinem Schreibtisch ist abends oft das letzte im Apostolischen Palast. Zwei Koffer voller Akten arbeitet er täglich nieder, keiner Audienz entzieht er sich, jeden der 3026 katholischen Bischöfe auf Erden hat er sich jeweils binnen fünf Jahren zum Gespräch bestellt. Noch 1995 reiste er in elf Tagen 33 000 Kilometer durch Asien und zelebrierte in Manila eine Messe mit vier Millionen Gläubigen – vermutlich die größte Menschenansammlung, die es je gegeben hat. So lebt man, wenn man sich, wie Johannes Paul II. schrieb, „im Kampf um die Seelen dieser Welt" befindet.

In der detailversessenen, von Mißtrauen und Mißachtung durchzogenen Apostolischen Konstitution zur Papstwahl gibt es eine Passage, die auch den Ungläubigen nicht unberührt läßt. In § 86 bittet der dann Verstorbene seinen Nachfolger, sich dem Amt „nicht aus Furcht vor dessen Bürde zu entziehen, sondern sich in Demut dem Plan des göttlichen Willens zu fügen. Gott nämlich, der ihm die Bürde auferlegt, stützt ihn auch mit seiner Hand, damit er imstande ist, sie zu tragen; der ihm die schwere Aufgabe überträgt, gibt ihm auch den Beistand, sie zu erfüllen, und verleiht ihm, indem er ihm die Würde zuteil werden läßt, die Kraft, daß er unter der Bürde nicht zusammenbricht".

Vielleicht trägt er sie ja noch lange, der polnische Papst.

CAY RADEMACHER

KAL-Flug 007

Seit fünfeinhalb Stunden fliegt die 747 durch die Nacht über dem Nordpazifik. Der Jumbo der Korean Air Lines mit der Flugnummer 007 ist an diesem 1. September 1983 auf dem Weg von Alaska nach Seoul, der südkoreanischen Hauptstadt. Kapitän Chun Byung-in läßt die Boeing schon seit Stunden vom Autopiloten steuern. Er ahnt nicht, daß er über 600 Kilometer vom Kurs abgekommen ist und sich längst über militärischem Sperrgebiet der UdSSR befindet. Er weiß auch nicht, daß hinter ihm ein schmaler Schatten heranjagt: ein sowjetischer Kampfjet, der den Auftrag bekommen hat, den unbekannten Eindringling vom Himmel zu schießen.

DIE EINZIGEN ZEUGEN

Donnerstag, 1. September 1983, Japanisches Meer. Die „Dai Chidori Maru 58", ein kleines japanisches Fischerboot, stampft, von Hokkaido kommend, Richtung sibirische Küste. In diesen Breiten, Hunderte von Kilometern nördlich von Sapporo und Wladiwostok, ist der kurze subpolare Sommer fast vorüber. Eine dichte Wolkendecke verschluckt das fahle Mondlicht. Es ist kurz nach sechs Uhr morgens, und die Dämmerung hat noch nicht eingesetzt.

Kapitän Shizuka Hayashi und seine sechs Männer haben die Nacht über Netze ausgeworfen, um Tintenfische zu fangen. Sie müssen stets aufmerksam sein – nicht nur weil das nördliche Meer gefährlich ist. Sondern weil sie in einem Seegebiet fischen, das Militärs „hochsensibel" nennen: Die „Dai Chidori Maru 58" kreuzt in der Meerenge zwischen der sibirischen Küste und der großen Insel Sachalin.

Hier hat die Sowjetunion nicht nur verschiedene Straflager eingerichtet, hier liegen auch etliche der wichtigsten militärischen Basen des Riesenreiches: Häfen für Atom-U-Boote, Raketenstellungen, Radaranlagen und Flugplätze. Im Zeitalter der Interkontinentalraketen und der doppelt überschallschnellen Jets ist es von Sibirien aus nur ein kurzer Sprung nach Alaska, Kanada und tief hinein in die USA.

Doch die Amerikaner und Japaner haben ihrerseits einen Halbkreis von Militärbasen um Sibirien gelegt. Die Sowjets reagieren deshalb nervös auf jeden, der sich ihrem Hoheitsgebiet nähert. Große, blau umrandete Warnhinweise auf allen See- und Luftkarten von der sibirischen Küste verkünden, daß bei unbefugtem Eindringen „ohne Vorwarnung geschossen" werden könne.

An diesem Morgen fischt die „Dai Chidori Maru 58" zwar in internationalen Gewässern, doch umgeben von sowjetischem Territorium. Zu beiden Seiten liegen die Küsten Sachalins und Sibiriens, die sich weiter nördlich wie ein enger Flaschenhals nahe kommen.

Das Boot steht auf 46 Grad 36 Minuten Nord und 141 Grad 16 Minuten Ost, es ist gegen 6.20 Uhr morgens, als der Kapitän bemerkt, daß am Himmel über ihm irgend etwas vor sich geht. Er steht am Bug und hört das Aufheulen von Düsentriebwerken. Zunächst kann er nichts erkennen. Die einzige Lichtquelle ist ein Leuchtturm an der Küste Sachalins, dessen heller Strahl alle paar Sekunden aufblitzt.

Plötzlich donnert ein mächtiger Schlag durch die Nacht, es folgt ein gewaltiger orangefarbener Blitz südöstlich der „Dai Chidori Maru 58". Dann noch ein zweiter, dumpfer Schlag und ein weiterer, schwächerer Blitz. Shizuka Hayashi starrt in den Himmel, doch es ist nichts mehr zu sehen. Die beiden gewaltigen Schläge kamen plötzlich, wie ein böser Spuk. Der Kapitän kann auch kein Düsenflugzeug mehr hören. Nur noch die Geräusche von Boot, Wind und Wellen.

Einige Minuten später überflutet ein intensiver Gestank die Fischer, der bald darauf wieder abebbt. Es riecht nach brennendem Öl.

Als es hell geworden ist, entdeckt Hayashi, daß sie nicht mehr allein sind. Mehrere sowjetische Schiffe kreuzen südöstlich von ihnen im Meer. Flugzeuge mit dem roten Stern auf den Tragflächen dröhnen im Tiefflug über die Wellen. Sie scheinen etwas zu suchen...

IRRFLÜGE

20. April 1978, an Bord von KAL-Flug 902, Paris–Anchorage–Seoul. Es ist ein seltsames Gefühl, wenn man als Passagier an Bord eines Jets sitzt, mit schläfriger Aufmerksamkeit aus dem Fenster blinzelt – und dann entdeckt, daß der Pilot sich offenbar verflogen hat, ohne es gemerkt zu haben. So ergeht es Kishio Ohtani, dem 50jährigen Besitzer eines Fotogeschäfts in Tokyo, der mit Korean Air Lines via Seoul nach Japan zurückkehren möchte. Er ist in Paris eingestiegen und

genießt die ersten Stunden eines Langstreckenflugs, der ihn über Grönland und Alaska bis in die südkoreanische Hauptstadt führt.

Seltsam, geht es Ohtani durch den Kopf: Konstant hat die Polarsonne bis jetzt links von der Boeing 707 gestanden, doch nun scheint sie durch die rechte Fensterreihe. Und tatsächlich: KAL-Flug 902 hat – nahe der Insel Ellesmere im kanadischen Polarmeer – plötzlich einen Schwenk von rund 160 Grad gemacht, der den Jet beinahe hätte zurückfliegen lassen. Aber eben nur beinahe.

Die Details des KAL-Flugs 902 sind bis heute nicht ganz klar. Offensichtlich zeigen von diesem Zeitpunkt an einige Navigationsinstrumente der bewährten, aber veralteten Boeing 707 nicht mehr die richtigen Werte an. Kapitän Kim Chang-kyu, ein Veteran der Nordpolarroute mit insgesamt über 13 000 Flugstunden – „Er hätte blind von Paris nach Anchorage fliegen können", sagt ein Kollege über ihn –, vertraut der Instrumentenanzeige. Doch weder ihm noch den beiden anderen Männern im Cockpit, auch sie erfahrene Flieger, fällt auf, daß die Sonne von einer Seite zur anderen „gewandert" ist.

Der Jet mit 13 Besatzungsmitgliedern und 97 Passagieren an Bord schwenkt am hellichten Tag um und rast in rund zehn Kilometer Höhe mit rund 800 km/h in eine neue Richtung: hinein nach Nordrußland, genau über die Kola-Halbinsel.

Hier liegt der Nordatlantikhafen der sowjetischen Atom-U-Boote; weiter südlich befindet sich ein streng geheimes militärisches Raumfahrtzentrum. Rund 900 000 Rotarmisten stehen allein auf dieser unwirtlichen Halbinsel an der Grenze zu Norwegen und Finnland.

Russisches Frühwarnradar kann eine so hoch und ungetarnt fliegende Maschine wie die südkoreanische Boeing schon auf rund 800 Kilometer Entfernung ausmachen – theoretisch. Doch tatsächlich rast das verirrte Flugzeug ungestört durch diesen unsichtbaren Schirm, durchbricht ahnungslos etwa 320 Kilometer vor der Küste die Luftverteidigungszone und erreicht unbehelligt Sowjetterritorium.

Hier erst, als er eine Insel erblickt, deren Umrisse er nicht kennt, fällt dem Piloten auf, daß er sich verflogen hat – noch weiß er aber nicht, wo er ist. Er läßt „7700" senden, ein automatisches Funksignal, das anzeigt, daß er sich in Schwierigkeiten befindet.

Seine Boeing dringt derweil immer tiefer in den Luftraum über Nordrußland ein. Erst rund 18 Minuten nachdem sie die Küstenlinie überflogen haben, sind die 110 Menschen an Bord von KAL-Flug 902 nicht mehr allein am Himmel: Ein halbes Dutzend Abfangjäger des Typs Suchoi Su-15 hat den großen Jet eingeholt. Doch deren Hoheitszeichen – der rote Stern – ist nicht zu erkennen. Viele Passagiere starren neugierig aus den Fenstern und denken, daß sich amerikanische Kampfflieger einen „Spaß erlauben".

Wie man ein Flugzeug abzufangen hat, das unautorisiert in einen überwachten nationalen Luftraum eindringt, ist seit Jahrzehnten im Detail festgelegt: Der Abfangjäger nähert sich dem unbekannten Flugzeug zunächst von hinten, überholt es dann, bis er etwas links voraus fliegt. Dann „wackelt" er mit den Flügeln – eine Geste, die ungefähr bedeutet: „Achtung, ich übernehme das Kommando!"

Antwortet die andere Maschine mit dem gleichen Manöver, fliegt der Abfangjäger voraus und weist den Weg – entweder zurück in nicht gesperrten Luftraum oder zu einem Flugplatz, wo der Eindringling landen soll. Nachts ersetzen unregelmäßig aufblitzende Navigationslichter das Flügelwackeln. Außerdem können die Jäger auch versuchen, die unbekannte Maschine per Funk zu erreichen, oder durch das Ausfahren des eigenen Fahrwerks anzeigen, daß sie landen soll – oder sogar Warnschüsse abgeben.

Doch was in der Theorie so klar ist, erweist sich in der Praxis als äußerst schwierig. Welcher Abfangjäger setzt sich schon vor ein unbekanntes Flugzeug, sozusagen in bequeme Abschußposition, solange dessen Identität nicht hundertprozentig geklärt ist? Aus Vorsicht bleiben die Piloten lieber hinter dem Eindringling – der sie dann aber möglicherweise gar nicht sehen kann.

Auch wagen sich Besatzungen moderner Kampfflugzeuge nur höchst ungern nahe an potentielle Ziele heran, aus Angst vor ihren eigenen Waffen. Abfangjäger sind mit Luft-Luft-Raketen ausgerüstet, die über hochwirksame Sprengköpfe verfügen. Wer zu dicht an sein Opfer heranfliegt, riskiert im schlimmsten Falle, von der Explosion der eigenen Sprengköpfe außer Gefecht gesetzt zu werden.

Doch auf vier oder fünf Kilometer Distanz sind Manöver wie Flügelwackeln oder unregelmäßiges Blinken der Lichter nur noch schwer auszumachen – vor allem, wenn der Eindringling nicht einmal ahnt, daß er eine unwillkommene Eskorte bekommen hat.

Das Hauptproblem aber ist die Zeit. Ein Jet wie die Boeing 707 legt rund 250 Meter pro Sekunde zurück. Wer das Flugzeug also von einem unerwünschten Kurs abbringen will, muß dies möglichst schnell tun, bevor es zu weit gekommen ist. Außerdem sind Abfangjäger zwar sehr schnell, aber auch extreme Kerosinsäufer. Haben sie einen Eindringling gestellt, reicht ihr Treibstoff oft nur noch für 30 Minuten Flug – oder weniger. Sollen sie ein unautorisiertes Flugzeug zu einem Landeplatz geleiten, muß der andere Pilot sofort gehorchen.

Was an diesem 20. April über der Tundra Nordrußlands geschieht, ist nie zweifelsfrei geklärt worden. „Wir haben die Jäger drei oder vier Minuten lang gesehen", sagt der Copilot der Boeing später, „aber sie haben keine Signale gegeben." Kishio Ohtani, dem auch der veränderte Sonnenstand Stunden vor den Piloten aufgefallen ist, will hingegen bemerkt haben, wie die sowjetischen Maschinen zwei Minuten lang mit ihren Tragflächen wackelten, „als wenn sie uns bedrohen wollten". Er ist immerhin so gefaßt, daß er sich eine Kamera greift und eine Su-15 fotografiert: als schmalen, langgestreckten Schatten am klaren Himmel dicht über dem rechten Flügel der Boeing 707.

Wenige Augenblicke später kracht es. Einer der Jäger hat seine beiden Raketen abgefeuert, von denen eine Teile der linken Tragfläche zerfetzt und den Rumpf in Höhe der Sitzreihen 23 und 24 beschädigt, während die andere an ihrem Ziel vorbeirast. Die Boeing bekommt einen Schlag, der Rumpf wird an der Einschlagstelle aufgerissen, ein koreanischer Geschäftsmann und ein japanischer Tourist werden durch umherfliegende Splitter tödlich verwundet, andere Passagiere verletzt. Atemmasken springen aus der Deckenverkleidung.

In den nächsten Minuten beweist Kapitän Kim Chang-kyu, daß er vielleicht ein unaufmerksamer Navigator ist, aber ein hervorragender Pilot. Innerhalb weniger Sekunden reißt er den beschädigten Jet im Sturzflug von rund zehn auf etwa einen Kilometer Höhe hinunter und fängt ihn sicher ab. Die meisten Abfangjäger können nicht folgen.

Einer kommt nach ein paar Minuten wieder heran und setzt sich vor die Boeing. Offensichtlich will er dem Jet den Kurs zum nächsten Flugplatz zeigen, doch ist er viel zu schnell für den beschädigten Riesen. Die Su-15 verschwindet; KAL-Flug 902 rast ohne Eskorte im Tiefflug über die verschneite, einsame russische Landschaft.

Verzweifelt sehen sich die koreanischen Piloten nach einem Notlandeplatz um. Dreimal setzen sie an, um den Jet auf Feldern herunterzubringen, dreimal brechen sie das Manöver ab: Hügel und Hochspannungsleitungen sind im Weg. Eineinhalb Stunden dauert der groteske Irrflug, dann entdecken sie einen großen zugefrorenen See. Pilot Kim Chang-kyu wagt alles und geht hinunter.

Das Eis erzittert, als das rund 100 Tonnen schwere Flugzeug mit über 200 km/h hart aufsetzt und direkt danach mit aller Gewalt abgebremst wird – aber es hält. Das Fahrgestell knickt weg, Eiskristalle und Schnee stieben auf, die Boeing rutscht auf dem Bauch weiter und kommt schließlich wenige Meter vor einem Hügel zum Stehen.

„Wir haben überlebt!" ruft Kapitän Kim über die Bordsprechanlage, und die Passagiere applaudieren. Zwei Stunden lang müssen sie in der Kälte der Tundra aushalten, dann sind die ersten sowjetischen Truppen da.

Die meisten Passagiere und Besatzungsmitglieder werden sofort nach Murmansk gebracht, wo eine amerikanische Passagiermaschine sie abholen darf. Pilot Kim Chang-kyu und sein Navigator werden einige Tage lang festgehalten und bekennen sich schuldig, „die Grenzen der UdSSR verletzt zu haben". Nach dieser juristischen Formalie dürfen auch sie heim. So endet der bis dahin spektakulärste Abschuß eines verirrten Passagierflugzeugs durch Jäger.

Es war nicht der erste. 1952 wurde eine DC-4 der Air France über Ostdeutschland von sowjetischen Jägern angeschossen, konnte aber in Berlin-Tempelhof notlanden. 1955 rasten zwei bulgarische MiG-15 einer Super-Constellation der israelischen Fluggesellschaft El Al entgegen. Das Passagierflugzeug war auf dem Weg von London nach Israel vom Kurs abgekommen und hatte die Grenze zu Bulgarien überflogen. Die MiGs feuerten mit ihren Kanonen, die Maschine zerschellte, alle 58 Menschen an Bord starben. Nach internationalen Protesten entschuldigte sich die Regierung in Sofia und zahlte eine Entschädigung.

1968 verflog sich eine DC-8 der amerikanischen Seaboard World Airlines nördlich der japanischen Insel Hokkaido und geriet vor sowjetische Abfangjäger. Flug 253 A endete unplanmäßig auf einer Militärbasis der Kurileninsel Iturup – erst nach 55 Stunden ließen die sowjetischen Militärs den Jet und die Passagiere wieder frei.

Während eines Sandsturms 1973 in Nordafrika wagte der Pilot einer Boeing 727 der Libyan Arab Airlines den Start und verflog sich prompt über der Sinai-Halbinsel, die von Israel zum Kriegsgebiet erklärt worden war. Die Regierung in Tel Aviv schickte dem Eindringling einige Phantom F4-E entgegen, die ihn mit Warnschüssen zum Landen zwingen wollten. Sie fürchtete ein spektakuläres arabisches Selbstmordattentat durch eine Art Kamikaze, der sich auf eine israelische Stadt stürzen könnte. Wie sich später herausstellte, entdeckte der Pilot die israelischen Phantoms zwar, hielt sie aber für ägyptische Flugzeuge. Ein tödlicher Irrtum. Die Phantom-Piloten schossen die Boeing ab, von den 116 Menschen an Bord überlebten nur acht. Auch hier mußte sich die verantwortliche Regierung offiziell entschuldigen und Entschädigungen in Millionenhöhe zahlen.

Nicht so Moskau: Peinlich genau berechnet die UdSSR die Kosten für Bergung und Verpflegung der 108 Überlebenden des KAL-Fluges 902 und schickt Seoul eine Rechnung über 100 000 Dollar – die das empörte Südkorea aber niemals bezahlt hat.

Der Irrweg von KAL-Flug 902 löst in Moskau und Seoul weitreichende Konsequenzen aus. Die UdSSR vertraut traditionell die Überwachung ihrer 60 000 Kilometer langen Grenze einer speziellen Waffengattung an: den Truppen der Protiwnoj Wozdushnoi Oboronij (PWO) – der Luftverteidigung. Ihnen unterstehen etwa 6000 Radarposten, rund 10 000 SAM-Flugabwehrraketen-Stellungen und mindestens 2250 Abfangjäger. Befehlshaber der PWO ist Marschall Pawel Batizki, ein hochdekorierter Veteran des Zweiten Weltkriegs.

Doch die Befehlswege der PWO sind zu lang, ihre Bürokratie zu sklerotisch. Besonders peinlich für die Spitzenmilitärs: Einige Soldaten vor den Radarschirmen waren sinnlos betrunken, andere gleich gar nicht angetreten – diensthabende Offiziere hatten sich aus Bequemlichkeit die Tasten für ihre Kontrollinstrumente per illegale Fernleitung in die eigene Wohnung ans Bett legen lassen.

Marschall Batizki wird durch einen jüngeren Mann ersetzt, die ganze PWO reorganisiert. Von nun an haben die regionalen Kommandanten die Autorität, Grenzverletzungen sofort – ohne Rücksprache mit Vorgesetzten – zu ahnden.

Doch es scheint, daß man 1978 in Moskau auch noch andere Maßnahmen ergreift, um den Grenztruppen zu zeigen, daß ein so langer Irrflug über sowjetischem Gebiet nie wieder vorkommen darf: Nach Informationen des US-Geheimdienstes wird mindestens einer der für das verspätete Abfangen von KAL-Flug 902 verantwortlichen Kommandanten wegen mangelnder Pflichterfüllung erschossen.

Die Konsequenzen bei Korean Air Lines sind eher technischer Natur. Da die großkreisförmigen Flugrouten über das Nordpolargebiet schwierig zu navigieren sind und zugleich durch eine Vielzahl „hochsensibler" Gebiete führen, fliegen von 1978 an Langstreckenjets nur noch mit der modernsten Technik: dem Trägheitsnavigationssystem INS („Inertial Navigation System"). Das System soll Presseberichten zufolge „beinahe idiotensicher" sein.

EIN LANGWEILIGER FLUG

Dienstag, 30. August 1983. Es ist ärgerlich für einen Politiker, wenn er seinen Flug verpaßt: Terminpläne geraten durcheinander, wichtige Gespräche müssen verschoben werden. Sehr ärgerlich ist es, wenn dieser Flug ein Anschlußflug ist, der Politiker also auf einem Airport strandet. Lawrence McDonald ist sauer.

Der stiernackige, 48 Jahre alte Abgeordnete des Repräsentantenhauses stammt aus Georgia. Er ist zwar Mitglied der Demokraten, doch zugleich auch Vorsitzender der ultrarechten John Birch Society. Für McDonald reduziert sich praktisch jede politische Auseinandersetzung auf den Kampf gegen den Kommunismus. Wenn der Abgeordnete mal von seinem Kreuzzug gegen das rote Böse abläßt, dann empfängt er gern Apartheid-Politiker aus Südafrika oder überredet als Arzt sterbenskranke Krebspatienten, für ihn Waffenscheine auszufüllen: Mit dem so erworbenen Schießgerät will er seine Anhänger gegen die Kommunisten aufrüsten. Trotz seiner skandalträchtigen Politik wird der Vater von fünf Kindern im konservativen Süden regelmäßig gewählt, zuletzt mit der Rekordmarke von 61 Prozent.

Die nächste Station auf McDonalds Kreuzzug gegen Moskau soll Seoul sein. Gemeinsam mit anderen US-Politikern will er dort den 30. Jahrestag des Militärbündnisses zwischen den USA und Südkorea begehen. Eigentlich wollte er um diese Zeit schon dort sein, denn er ist bereits am Sonntag von Atlanta abgeflogen. Doch wegen eines Gewittersturmes konnte seine Maschine nicht rechtzeitig in New York landen, so daß er den Jumbo der Korean Air Lines verpaßte. Am nächsten Tag ging ein Pan-Am-Jet ab, doch der Abgeordnete wollte nicht umbuchen – zu teuer. Er wartete lieber bis heute abend, bis zum nächsten regulären Flug der Korean Air Lines, bis KAL-Flug 007.

Unter dieser Nummer startet in New York fünfmal pro Woche eine Maschine der koreanischen Fluggesellschaft auf die 11 400 Kilometer lange Reise über Anchorage in Alaska nach Seoul. An diesem Abend ist es ein Jumbo-Jet vom Typ Boeing B 747-200 B. Der Riese ist über 70 Meter lang, die Spannweite beträgt knapp 60 Meter, das maximale Startgewicht liegt bei fast 380 Tonnen. Im Scheinwerferlicht des Flugfelds schimmert der weiße Rumpf so hell, als wäre er mit einem speziellen Glanzlack überzogen. In Höhe des strahlenden Fensterbandes verläuft das schmale, rot-blaue Farbband der Korean Air Lines, auf dem über 19 Meter hoch aufragenden Seitenleitwerk prangt das Symbol der Gesellschaft, ein stilisierter Vogel.

Am späten Abend versammeln sich 244 Passagiere in der Wartelounge vor Gate 15, darunter 76 Koreaner und 66 US-Amerikaner sowie Bürger aus 14 anderen Ländern. Der Trip mit Korean Air Lines gilt als eine der preiswertesten Möglichkeiten, in den Fernen Osten zu kommen, und so wollen 130 der 244 Passagiere von Seoul aus weiter zu anderen asiatischen Reisezielen.

Die Airline gehört dem Tarifverbund der IATA (International Air Transport Association) nicht an und bietet manche Tickets zu einem Drittel des Preises der Konkurrenten an. Wer so knapp kalkuliert, der muß alle Tricks ausnutzen, um Kosten zu sparen. Jets von KAL sind mit Sitzen bis zum Maximum vollgestellt, ihre Piloten sind in Fliegerkreisen dafür bekannt, immer eine möglichst kurze Route zu fliegen, um Kerosin zu sparen. Über dem Nordpazifik fliegen sie gern „sorglos", wie ein US-Experte das nennt: hart an der Grenze der UdSSR, wobei sie deren Militärs gelegentlich „aufs äußerste reizen". Doch davon erfahren die Fluggäste natürlich nichts.

Während sich die Passagiere beim Verstauen ihres Handgepäcks von 14 Stewardessen und sechs Stewards helfen lassen, haben Pilot, Copilot und Bordingenieur vorn im Cockpit den letzten Instrumentencheck vor dem Start abgeschlossen. Alles, was das Fliegen sicherer macht, ist in dem Jumbo eingebaut, oft zwei- oder dreifach. Zum Beispiel drei „Litton LTN 72 R-28"-INS-Trägheitsnavigationssysteme, Stückpreis: 100 000 Dollar.

Mit diesen Geräten läßt sich jederzeit die Position des Flugzeuges bestimmen. Aber die drei Systeme können noch mehr: Gekoppelt mit einem der beiden Autopiloten, sind sie in der Lage, einen vorher einprogrammierten Kurs ohne Zutun der Piloten selbständig zu steuern.

Bei der Navigation der Jumbos helfen außerdem noch zwei Kompasse, zwei UKW-Drehfunkfeuer-Empfänger, zwei ADF-Empfänger mit Distanzmessern und zwei „Bendix RDR-IF"-Wetterradargeräte. Mit diesem Radar kann ein Pilot bis zu 360 Kilometer voraus in einem Winkel von 180 Grad Luftraum und Boden abtasten und damit Sturmfronten ebenso frühzeitig erkennen wie die charakteristischen Küstenlinien von Inseln.

Der Funkverkehr läuft hauptsächlich über eines der drei UKW- (VHF-)Geräte; die Boeing B 747 verfügt aber zudem noch über zwei Kurzwellensender und -empfänger. Ein SELCAL („Selective Calling System") erleichtert der Bodenkontrolle, den Jumbo per Funk anzusprechen. Zwei SSR-Transponder können automatisch spezielle codierte Signale senden, mit denen der KAL-Flug 007 auf jedem Radarschirm der Luftüberwachung eindeutig identifiziert werden kann.

Alle Systeme arbeiten beim letzten Check am John-F.-Kennedy-Flughafen einwandfrei.

Es ist kurz vor 23.00 Uhr Ortszeit, als sich der Jumbo von Gate 15 löst und zur Startbahn rollt. Fünf Minuten später verläßt KAL-Flug 007 mit aufheulenden Triebwerken New York Richtung Alaska zum Zwischenstopp in Anchorage. Für die Crew im Cockpit ist der Flug gleichförmige Routine. Kleinigkeiten ärgern sie: Die Spannfeder auf dem klappbaren Kartentisch ist gebrochen. VHF 2, das Funkgerät, mit dem sie vor allem Kontakt zu den Bodenstationen halten, ist „lärmig", viele Funksprüche sind nur schwer zu verstehen.

Etwas ernster wird es, als eine Warnlampe auf dem Central Instrument Warning System (CIWS) aufblinkt und anzeigt, daß das System von Kompaß Nummer 2 einen Defekt haben muß. Der Pilot schaltet auf den anderen Kompaß um; bei der Kurs- und Positionsbestimmung verläßt er sich sowieso lieber auf seine drei INS-Geräte.

Nach sechs Stunden und 25 Minuten Flug setzt der Jumbo in Anchorage auf. Es ist 2.30 Uhr Ortszeit, Mittwoch, der 31. August 1983.

Müde und mit verquollenen Augen trotten einige Passagiere in den Warteraum. Andere plaudern mit den Reisenden eines zweiten Jumbos – KAL-Flug 015 –, der aus Los Angeles gekommen ist und KAL-Flug 007 in rund 14 Minuten Abstand nach Seoul folgen soll. Draußen auf dem Rollfeld fahren Tankwagen längsseits und pumpen über 140 000 Liter Kerosin in den Jumbo.

Als KAL-Flug 007 langsam wieder startklar gemacht wird, sind noch 269 Menschen an Bord, darunter 19 Kinder – vier Menschen weniger als in New York. Robert Sears, Angestellter einer Fluggesellschaft in Alaska, hat mit seiner Frau und zwei Kindern in New York Urlaub gemacht und den günstigen Flug nur bis Anchorage gebucht. Als er mit seiner Familie müde zum Ausgang geht, ahnt er noch nicht, daß sie die letzten sind, die den Jumbo lebend verlassen werden.

START

Luftrouten sind unsichtbare Straßen am Himmel, genau definierte Korridore für Verkehrsflugzeuge. Diese Routen sind international fest vereinbart – und jeweils das Resultat einer Kombination aus Ökonomie, Sicherheit und militärischer Paranoia.

Langstreckenrouten sind die kürzeste Verbindung von Start- und Zielpunkt: Großkreise um den Globus von „A" nach „B", bei denen Flugzeit und Kerosinverbrauch am geringsten sind – im Prinzip.

In der Praxis kollidiert das wirtschaftliche Optimum aber mit den Sicherheitsanforderungen. Oft herrscht am Himmel Stoßverkehr. Vor allem auf den Nordatlantik- und Nordpazifikrouten rasen die Maschinen im Minutentakt heran – aus beiden Richtungen. Deshalb ist es notwendig, mehrere annähernd parallel verlaufende Routen einzurichten und wiederum auf jeder Route Flugzeuge in verschiedenen Höhen zu führen: den sogenannten „Flight Levels".

Standard sind die Flight Levels 310, 330, 350 und 370 – Flugebenen zwischen 31 000 und 37 000 Fuß über dem Meeresspiegel (rund 9450 bis 11 380 Meter). Jeder Pilot ist verpflichtet, seine Maschine nicht nur auf einem genauen Kurs, sondern auch auf einer bestimmten Höhe zu halten. Die Flight Levels liegen in einer Region, in der es im Durchschnitt minus 45 bis minus 55 Grad Celsius kalt ist und der Luftdruck so gering ist, daß Menschen nur in hermetisch geschlossenen Flugkörpern überleben können. Dafür schwebt man hier weit über den meisten Wolken und damit über die gefährlichsten Schlechtwetterfronten hinweg.

Daß viele Flugrouten trotzdem keinen perfekten Zirkelbögen, sondern wilden Zickzacklinien gleichen, liegt in fast allen Ländern an den Militärs. Kein Offizier mag fremde Zivilmaschinen über Kriegshäfen, Airports, Raketenstellungen, Radaranlagen, Testgeländen oder anderen „hochsensiblen" Bereichen dulden. Das hat meist weniger mit der Sorge vor direkten Angriffen von oben zu tun als vielmehr mit der Befürchtung, das zivile Flugzeug könne eigene Manöver unbeabsichtigt stören – oder vielleicht sogar spionieren.

Vor allem die sowjetische Fluggesellschaft Aeroflot ist in den USA dafür berüchtigt, sich ausgerechnet über amerikanischen Militärbasen zu „verfliegen". Im Jahre 1981 wurde eine Aeroflot-Maschine gleich zweimal über der Pease Air Force Basis im Staate New York gesichtet. Eine andere „verflog" sich über Connecticut „zufällig" präzis zu dem Zeitpunkt, als auf der dortigen General-Dynamics-Werft das erste Trident-Atom-U-Boot vom Stapel gelassen wurde.

Die Piloten der Korean Air Lines werden jedoch sorgfältig auf die Einhaltung der Flugrouten trainiert. Andererseits sind sie gehalten, die jeweils kürzeste Strecke zu fliegen. Sie wenden alle möglichen Tricks an, um ein paar Liter Kerosin einzusparen. Ein amerikanischer Pilot nennt einige seiner südkoreanischen Kollegen deshalb „knallharte Typen (...) mit mehr Mut als Gehirn".

Doch die südkoreanischen Crews sind seit dem fatalen Irrtum von KAL-Flug 902 vor fünf Jahren besonders vorsichtig geworden, wenn sie sich der extrem militarisierten sowjetischen Grenze nähern. Sollte man zumindest denken.

Wie jedem Autofahrer in Deutschland eigentlich kryptische Begriffe wie „A 3" oder „B 56" geläufig sind, so verstehen Verkehrspiloten Bezeichnungen wie „NOPAC" oder „R 20". NOPAC („North Pacific Composite Route System") steht für fünf im Abstand von jeweils 96 Kilometern parallel verlaufende Luftrouten von der Westküste Alaskas über den Nordpazifik bis zur Ostküste Japans.

Diese Korridore haben Bezeichnungen wie R 20 oder R 80. Damit es in der Luft nicht zu Zusammenstößen kommt, sind manche dieser Korridore „Einbahnstraßen": Sämtliche Flugzeuge auf einer bestimmten Route fliegen in dieselbe Richtung. R 20 und R 80 sind Korridore für die nach Westen gehenden Maschinen. Am beliebtesten bei den Airlines und Piloten ist R 20: Diese Route ist die nördlichste und kürzeste aller fünf Strecken. Sie nähert sich vor Sibirien bis auf etwa 50 Kilometer dem sowjetischen Luftraum.

NOPAC ist noch recht neu, erst am 18. März 1982 ist es offiziell eingerichtet worden. Die östliche Hälfte wird von Bodenstationen in Anchorage überwacht, die westliche von Tokyo aus. R 20 beginnt über Bethel, einem kleinen Kaff im Südwesten Alaskas, rund 650 Kilometer von Anchorage entfernt.

Danach folgen die „Waypoints": neun genau festgelegte geographische Punkte. Da die Radaranlagen in Anchorage und Tokyo nicht den gesamten Luftraum zwischen den Kontinenten erfassen können, müssen sich die Piloten, sobald sie einen dieser Wegpunkte erreicht haben, bei der zuständigen Bodenstation melden. Durch diese Positionsmeldungen sind die Controller in der Lage, ein vom Radarschirm verschwundenes Flugzeug auch weiterhin auf seinem Kurs zu begleiten – zumindest in der Theorie.

Das alles ist Routine für Kapitän Chun Byung-in. Der 46 Jahre alte Pilot mit 10 547 Flugstunden Erfahrung übernimmt die 747 in Anchorage von der Crew, die den Jumbo von New York hergeflogen hat. Gegen drei Uhr morgens geht er die Checkliste des „Flight Operations Briefing" durch. Dazu gehören unter anderem Informationen über Flugroute (R 20), Flughöhe und Details des computererstellten Flugplans.

Vor allem aber verschafft er sich eine Übersicht über den Zustand des Flugzeuges und bekommt mitgeteilt, daß der Kompaß Nummer 2 unbrauchbar sei und erst in Seoul repariert werden könne.

Eine weitere Meldung besagt, daß das Funkfeuer von Anchorage seit dem 23. August, 13.17 Uhr, außer Betrieb ist. Damit ist die erste Navigationshilfe für den langen Flug nicht einsatzbereit, aber das muß den Piloten nicht weiter beunruhigen.

Laut Flugplan soll der Jumbo um 6.00 Uhr morgens Ortszeit in Seoul landen. Der Computer hat bei 800 km/h Reisegeschwindigkeit genau 7.53 Stunden Flugzeit errechnet; der Start in Anchorage ist für 3.50 Uhr angesetzt. Chun Byung-in bestätigt die Angaben, dann macht er sich gemeinsam mit dem Copiloten und dem Bordingenieur daran, die 747 für den Flug vorzubereiten.

Während die meisten Passagiere noch in der Wartelounge dösen, legen die drei Männer im Cockpit in tausendmal durchexerzierter

Routine einen Schalter nach dem anderen um und haken Punkte auf ihrer Checkliste ab. Der Copilot aktiviert die drei „Litton LTN 72 R-28"-Trägheitsnavigationssysteme und gibt die genaue Position der Rampe von Anchorage Airport ein. Die Geräte kontrollieren sich gegenseitig, die Daten aller drei Systeme stimmen exakt überein. Kapitän Chun hakt einen weiteren Punkt auf seiner Checkliste ab.

Die Männer im Cockpit haben ihre filigranen Kopfhörer-Mikrofon-Kombinationen aufgesetzt, mit denen sie wie die Vermittler in Telefonzentralen aussehen. Das VHF-Funkgerät 1 wird auf die internationale Notfrequenz 121,5 Megahertz eingestellt, damit man jederzeit Notrufe empfangen oder senden kann. Den Funkverkehr zu den Bodenstationen übernimmt das VHF-2-Gerät – jener Apparat, den die Vorgängercrew auf dem Weg von New York nach Alaska als „lärmig" beschrieben hat. Techniker in Anchorage konnten aber keinen Defekt finden.

Dann meldet der Pilot die Maschine einsatzbereit. Um 3.49 Uhr wird der Jumbo von Gate Nummer 2 weggedrückt, rollt langsam zur Startbahn 32 und bleibt dort für wenige Augenblicke stehen. „Korean Air Zero Zero Seven ready for take-off." Es ist 3.58 Uhr, als der Tower „Roger" gibt. Zwei Minuten später ist die Boeing in der Luft.

40 Sekunden nach dem Start geht Kapitän Chun auf Kurs West-Süd-West. Seine Maschine ist jetzt ein kleiner Blip auf dem Radarschirm, gekennzeichnet durch die vom Transponder ausgesendete SSR-Nummer „6072".

Um 4.02 Uhr kommt vom Tower die Anweisung: „Korean Air Zero Zero Seven heavy proceed direct Bethel when able." Der Jumbo soll ungefähr auf der Flugroute J 501 Westkurs fliegen, bis er die Höhe des Städtchens Bethel erreicht, wo er für den Ozeanflug auf R 20 einschwenken muß. Es ist exakt 4.02 Uhr und 13 Sekunden, als KAL-Flug 007 mit „Roger, proceed direct to Bethel, Roger" bestätigt.

Doch nun geschieht etwas, was man sich wohl niemals wird erklären können.

Die drei „Litton"-INS-Navigationssysteme liefern nicht nur sehr exakte Positionsangaben – sie können auch mit einem der beiden Autopiloten gekoppelt werden. INS und Autopilot steuern dann exakt jenen Kurs, den die Crew vorher eingegeben hat, sie korrigieren dabei sogar eine mögliche Abdrift durch Seitenwind.

Die meisten Piloten, die von der amerikanischen Westküste über die Weiten des Pazifiks in den Fernen Osten fliegen, verlassen sich auf diese Kombination. „Wenn du lange mit INS geflogen bist, dann hältst du es für selbstverständlich, daß es dich zum Ziel bringt", erklärt ein japanischer Pilot, der regelmäßig die Route Anchorage–Tokyo fliegt.

Auf der Strecke Anchorage–Seoul liegen mindestens zwölf Waypoints; doch nur neun dieser Wegmarken können maximal in die INS-Geräte einprogrammiert werden. So ist es also notwendig, während des Fluges dem Trägheitsnavigationssystem neue Daten einzugeben – aber erst während des letzten Viertels. Die ersten sechs der rund acht Stunden Flug kann der Pilot die gesamte Navigation und Steuerung völlig den Instrumenten überlassen.

Das INS basiert auf einer kleinen kreiselstabilisierten – also einer unabhängig von der Fluglage stets horizontalen – Plattform, die eine genaue Einhaltung des einmal programmierten Kurses ermöglicht. In der 747 ist es ein gut schuhkartongroßes Gerät, das im „Main Electric Compartment" unterhalb des Kabinenbodens untergebracht ist.

Doch an diesem Morgen geschieht im Cockpit des Jumbos etwas Seltsames: Pilot Chun Byung-in schaltet um 4.02 Uhr zwar den Autopiloten A ein – er koppelt ihn aber nicht an die drei INS-Systeme.

Auf der Mittelkonsole zwischen den beiden Pilotensitzen ist die Bedienungseinheit der INS-Geräte untergebracht, ein Drehschalter mit drei unterschiedlichen Funktionen:
• „Alles aus",
• „Autopilot ein/INS-Kontrolle aus",
• „Autopilot ein/INS-Kontrolle ein".

Seit dem Start in Anchorage stand der Schalter auf „Alles aus". Nun dreht Kapitän Chun ihn weiter – aber nur auf die nächste Stellung „Autopilot ein/INS-Kontrolle aus".

Statt vom fertig programmierten INS kontrolliert zu werden, steht der Autopilot nunmehr auf dem zuvor manuell eingegebenen Kurs West-Süd-West – einem Kurs, der zwar in Luftlinie zufällig fast exakt von Anchorage nach Seoul führt, aber Route R 20 und sämtliche militärischen Sperrgebiete und die dadurch bedingten vorgeschriebenen Umwege ignoriert.

Die Abweichung ist klein – aber sie wird tödlich sein.

Kapitän Chun Byung-in, ein ehemaliger Major der südkoreanischen Luftwaffe, fällt nicht unter die Kategorie der „knallharten Typen mit mehr Mut als Gehirn". Dreimal ist er schon mit Verdienstmedaillen für umsichtiges Verhalten im Luftverkehr ausgezeichnet worden, Dutzende Male die NOPAC-Routen geflogen. Er gilt als so erfahren, daß er 1981 die Ehre hatte, auf einer Reise das Regierungsflugzeug des südkoreanischen Präsidenten zu steuern.

Doch auch ein Mann wie Chun Byung-in kann den Jetlag nicht ausschalten. Innerhalb des vergangenen Monats hat er 80 Flugstunden absolviert – fast so viele, wie die Richtlinien von Korean Air Lines maximal zulassen. Sein Pilotenpensum der vergangenen drei Tage: am 27. August Flug Seoul–Anchorage, dort 22 Stunden Pause; dann Anchorage–New York, 31 Stunden Pause; dann als Passagier auf einer Frachtmaschine nach Toronto, dann im Cockpit Toronto–Anchorage, dort nicht ganz zwölf Stunden Pause.

Das sind elf Zeitzonen in nur fünf Tagen. Kein Mensch ist nach einer solchen Tour noch zu 100 Prozent körperlich und geistig fit. Bei Chuns Kollegen sieht es kaum besser aus: Der Copilot saß während des vergangenen Monats 71 Stunden, der Bordingenieur 66 Stunden im Cockpit.

Keine Warnlampe leuchtet auf, als Kapitän Chun den Autopiloten anstellt, ohne ihn mit den INS-Systemen zu koppeln.

Warum auch? Ein Schalter ist um eine Rastenstellung gedreht worden: Der Autopilot arbeitet einwandfrei und steuert Kurs West-Süd-West. Und die drei INS-Systeme zeigen die exakte Position an.

Nur fällt niemandem im Cockpit auf, daß dieser Schalter auf der Mittelkonsole noch weiter hätte gedreht werden müssen – auf die zweite Rastenstellung.

Keiner der drei Männer merkt, daß der eingeschlagene Kurs nicht mit dem Flugplan übereinstimmt – jenem Flugplan, den Kapitän Chun vor einer Stunde entgegengenommen, überprüft und unterzeichnet hat.

WAYPOINTS

An Bord des Jumbos ist Frühstückszeit. Für die Reisenden in der Ersten Klasse bedeutet dies ein reichhaltiges Menü aus „Florentiner Hühnchen", „Zucchini au gratin", Käsecroquetten und Reis sowie „Soba", einer japanischen Fleischbrühe. Frugaler geht es ein Deck tiefer zu: Sandwiches und Fruchtsäfte, dazu Kaffee.

Kapitän Chun löscht die Scheinwerfer des Seitenleitwerks, die bis jetzt den KAL-Vogel an der Heckfinne werbewirksam angestrahlt haben. Nun leuchten an Flügeln und Rumpf nur noch die grünen, roten und weißen Navigationslichter sowie die rot aufblitzenden Anti-Kollisions-Lampen. Der riesige Jumbo ist vom Boden aus schon kaum noch zu sehen.

Um 4.04 Uhr wird KAL-Flug 007 in Anchorage von einer Bodenstation an die nächste übergeben. Das „Air Route Traffic Control

Center" (ARTCC) übernimmt die Überwachung. Der Jumbo wird zum kleinen Blip auf den Radarsektoren 5/6.

Auf dem Tower rotiert ein Radar, das den Luftraum rund 110 Kilometer um den Flughafen überwacht. In Kenai, etwa 800 Kilometer südwestlich des Flughafens, steht eine weitere Radarkuppel. Doch beide Überwachungsanlagen reichen nicht bis Bethel – jenem Punkt, von dem aus die Ozeanüberquerung auf Route R 20 beginnen soll.

Die Überwachung gelingt nur mit dem King-Salmon-Radar, einer Anlage, die zwischen Anchorage und Bethel installiert ist. Dieses Radar kann zwar auch im Tower von Anchorage empfangen werden, ist aber nicht für den Zivilluftverkehr zertifiziert, das Ablesen dieser Daten für die Controller nicht obligatorisch. Um diese frühe Stunde haben nur wenige Männer Dienst; niemand hat Lust, den Monitor mit dem King-Salmon-Radar auch noch im Auge zu behalten.

Es ist 4.10 Uhr, als der Jumbo ein Funkfeuer passiert. Die durch den Autopiloten verursachte Abweichung vom korrekten Kurs nach Bethel beträgt bereits über elf Kilometer in Richtung Norden. Doch für die Controller an den Radarschirmen liegt dies offensichtlich noch im Rahmen der Toleranzen.

Ihre Anweisung an Kapitän Chun hatte gelautet, „direkt nach Bethel" zu fliegen – wie direkt „direkt" meint, hatte niemand präzisiert. Für den Katzensprung bis zur Küste Alaskas gibt es die Flugroute J 501, doch niemand hat den Piloten ausdrücklich angewiesen, genau diese Strecke einzuhalten. Kein Controller hält es offenbar für nötig, die 747 über die elf Kilometer Kursabweichung zu informieren. Und Kapitän Chun verzichtet darauf, anhand des Funkfeuers seine genaue Position zu bestimmen und den Kurs zu justieren.

Um 4.27 Uhr funkt der Controller, der den Radarsektor 5/6 überwacht, an die Maschine: „Korean Air Zero Zero Seven radar service is terminated." Er verabschiedet sich mit einem freundlichen „Good morning". KAL-Flug 007 hat die Reichweite seines Radars verlassen – und wird nie wieder auf einem zivilen Schirm auftauchen.

Von nun an sind die ARTCC-Controller ausschließlich auf die Funkangaben angewiesen, die sie von dem Jumbo bekommen. Es scheint alles normal zu verlaufen. Um 4.30 Uhr hat die Maschine den anvisierten Flight Level 310 erreicht, der Steigflug ist beendet. Um 4.49 Uhr rast die Boeing in rund neuneinhalb Kilometer Höhe und mit etwa 800 km/h Richtung Pazifik – an einer Stelle, von der Kapitän Chun annimmt, daß es Bethel sei. „Zero Zero Seven Bethel at four niner flight level three one zero", meldet der Copilot eine Minute später an die Bodenstation, die damit KAL-Flug 007 ebenfalls weiterhin genau auf Kurs wähnt.

Doch tatsächlich ist der Jumbo bereits um mehr als 22 Kilometer von seiner Route abgekommen und fliegt viel nördlicher auf den dunklen Pazifik hinaus, als die Crew ahnt.

In Bethel stehen starke Funkfeuer. Hier beginnt R 20. Spätestens jetzt müßte sich Kapitän Chun an die Vorschriften halten und seine Position überprüfen – zumal die Crew nach dem Ausfall eines der beiden normalen Kompaßsysteme in Navigationsfragen noch vorsichtiger als auf einem Routineflug sein müßte. Doch nichts geschieht.

Eine Abweichung von mehr als 22 Kilometern nach nur 49 Minuten Flug: Das hätte ein Alarmzeichen dafür sein müssen, daß das Trägheitsnavigationssystem entweder komplett ausgefallen ist oder – wie im Fall von KAL-Flug 007 – zwar funktioniert, aber den Autopiloten nicht überwacht.

Die Anpeilung des Funkfeuers von Bethel und der anschließende Abgleich der tatsächlichen mit der geplanten Position wäre ein Aufwand von wenigen Sekunden gewesen. Doch das Vertrauen von Kapitän Chun und seinen beiden Kollegen in das Trägheitsnavigationssystem ist so groß, daß ihnen offenbar nie der Gedanke kommt, nachzuprüfen, ob es denn tatsächlich den geplanten Kurs steuert.

Über Bethel hätte der Jumbo auf Kurs 237 Grad schwenken müssen, um auf die Route R 20 einzubiegen. Doch mit der Präzision des falsch eingestellten Autopiloten steuert die Boeing unbeirrt weiter auf Kurs 245 Grad. An Bord 269 Menschen, von denen keiner ahnt, daß sie ins Verderben rasen.

Korean Air Lines hat ein dreiteiliges „Company Operations Manual" herausgegeben, ein voluminöses Handbuch, das – vereinfacht ausgedrückt – jedem Piloten vorschreibt, wie und wo er zu fliegen hat. Teil eins („Policies and Procedures") beschreibt detailliert, was in welcher Flugsituation zu tun ist. Teil zwei („Route Manual") enthält die Karten und genauen Beschreibungen aller zivilen Flugrouten. Teil drei („Operations Manual") befaßt sich mit den von KAL eingesetzten Flugzeugtypen.

Die Teile eins und zwei enthalten detaillierte Informationen über Route R 20 und die anderen NOPAC-Strecken. Im ersten Band findet sich unter Punkt 2.5 auch die Prozedur für die Navigation auf Interkontinentalstrecken.

Danach muß ein Pilot in der Höhe eines jeden Waypoints die vorausberechnete mit der tatsächlichen Position vergleichen, wozu ihm in erster Linie das Trägheitsnavigationssystem dient. Er kann den Kurs aber auch mit Hilfe von Kompaß und Geschwindigkeitsmesser in einer Karte eintragen („plotten") und so nachvollziehen. Zudem sind Funkfeuer, deren genaue Position bekannt ist, problemlos anzupeilen. Und mit dem Wetterradar lassen sich typische Küstenlinien in einem Halbkreis von etwa 360 Kilometern voraus und zu beiden Seiten abtasten und mit denen auf der Karte vergleichen.

Kapitän Chun müßte auf seinem Radarschirm im Verlauf der acht Stunden Flug die Kommandeur-Inseln, die Halbinsel Kamtschatka, die Kurilen und Sachalin erkennen können. Auf diese Weise überprüfen KAL-Piloten häufig ihren Kurs. Diesmal aber nicht.

Im Cockpit herrscht eine aus Müdigkeit und Routine resultierende Gleichgültigkeit. Normalerweise steuert ja das INS-Trägheitsnavigationssystem zusammen mit dem Autopiloten den Jumbo genau auf der Route R 20. Bei Erreichen eines Waypoints zeigt es diesen an, außerdem die zuletzt zurückgelegte Distanz und die voraussichtliche Flugdauer bis zum nächsten Wegpunkt.

Kapitän Chun und sein Copilot haben eine genaue Einweisung für die Benutzung des Trägheitsnavigationssystems bekommen, einschließlich mehrerer Stunden im Simulator und zwei Trainingsflügen über mehr als 1000 Seemeilen. Doch in dieser Nacht wenden sie nichts von dem an, was sie gelernt haben und was für die NOPAC-Routen vorgeschrieben ist.

Für die drei Männer im Cockpit ist der Flug kaum interessanter als für die Passagiere, die in ihren Sesseln dösen. Sie sitzen fast tatenlos auf ihren Plätzen, da der Autopilot steuert und alle Systeme einwandfrei funktionieren. Sie unterhalten sich per Funk mit ihren Kollegen von KAL-Flug 015, der rund 14 Minuten später gestartet ist, oder schlagen sich mit Papierkram herum – mit Formularen, die sie für ihren Arbeitgeber ausfüllen müssen.

Es ist inzwischen 5.32 Uhr Ortszeit in Anchorage. Dem Controller fällt auf, daß KAL-Flug 007 jetzt den nächsten Waypoint mit der Bezeichnung NABIE erreicht haben müßte. Er bittet den Jumbo um Bestätigung. Doch im Cockpit haben die Männer offenbar wieder Schwierigkeiten mit dem VHF-2-Funkgerät, über das die Crew auf dem Weg von New York nach Anchorage bereits geklagt hat.

Die Antwort der Jumbo-Crew an den Controller ist unverständlich. Auf die nächste Bitte der Bodenstation kommt eine schwach hörbare Antwort des Copiloten, der, sei es, weil er sich über das Gerät ärgert, sei es aus Unaufmerksamkeit, auf koreanisch sagt: „Es war unterbrochen. Würden Sie wiederholen?"

Erst drei Minuten später bekommt Anchorage die gewünschte Bestätigung – über KAL-Flug 015. Der zweite südkoreanische Jumbo kann KAL-Flug 007 klar empfangen und hat auch guten Kontakt zur Bodenstation, so daß er die Daten der Kollegen an die Controller weitergibt: ein keineswegs ungewöhnliches Vorgehen.

Kapitän Chun teilt Anchorage mit, daß er nach 1.32 Stunden Flug den Waypoint NABIE absolut planmäßig erreicht habe. Diese Präzision ist kein Wunder: Der Pilot meldet einfach das Erreichen des Punktes zur exakt vorausberechneten Zeit – ohne nachzuprüfen, ob er sich tatsächlich über NABIE befindet.

Er hätte seine Position in Relation zur kleinen St.-Paul-Insel messen können, die südlich der Route R 20 liegt. Oder, noch einfacher, mit einem einzigen Blick auf das Trägheitsnavigationssystem seinen tatsächlichen Kurs feststellen können. In diesem Augenblick fliegt die Boeing schon mehr als 110 Kilometer zu weit nördlich.

Die nächsten 1100 Kilometer überquert der Jumbo eine Region, in der die Funkverbindungen zu den Controllern in Anchorage erfahrungsgemäß recht schlecht sind. Da ihr VHF-2-Gerät darüber hinaus „lärmig" ist, muß es die Piloten nicht verwundern, daß sie die Bodenstation praktisch nicht mehr erreichen können – während KAL-Flug 015, von dem sie annehmen, daß er ihnen nur wenige Kilometer zurück auf dem nächsthöheren Flight Level (330) folgt, keine Schwierigkeiten dieser Art meldet.

Nach 2.58 Stunden Flugzeit glaubt Kapitän Chun, über dem Wegpunkt NEEVA zu sein. Wieder muß sein Kollege von KAL-Flug 015 als fliegende Relaisstation dienen. Südlich von NEEVA liegt die kleine Insel Shemya, doch niemand im Cockpit macht sich die Mühe, die Küstenlinie mit dem Wetterradar aufzunehmen oder deren Funkfeuer anzupeilen.

Bei letzterem hätten sie eine böse Überraschung erlebt: Sie hätten die Funkfeuer-Signale nicht mehr auffangen können, weil der Jumbo inzwischen fast 300 Kilometer zu weit nördlich fliegt, außerhalb der Reichweite der UKW-Funksender auf Shemya.

Bei allen Waypoints wären jeweils kleine Kursänderungen notwendig gewesen, die das Trägheitsnavigationssystem, wäre es mit dem Autopiloten gekoppelt, automatisch ausgeführt hätte. Keinem Piloten fällt auf, daß ihr Flugzeug stur geradeaus weiterrast.

Um diese Zeit erlaubt die Bodenkontrolle beiden Jumbos, auf die nächsthöheren Flight Levels zu steigen. Zunächst geht KAL-Flug 015 von FL 330 auf FL 350, dann bekommt Kapitän Chun – wieder indirekt – die Freigabe für FL 330: 10 000 Meter Flughöhe.

Um 7.12 Uhr Ortszeit übergibt die Bodenstation in Anchorage die Überwachung von Flug KAL-Flug 007 an Tokyo. Keiner der Controller weiß in diesem Augenblick, wo sich der Jumbo tatsächlich befindet. Alle glauben ihn problemlos auf Kurs. Tatsächlich befindet er sich bereits in höchster Gefahr.

Kapitän Chun ahnt nicht, daß er in diesem Moment einen Nachbarn in seinem Luftraum hat. Könnte er dieses geheimnisvolle Flugzeug sehen, wüßte er sofort, daß er sich dramatisch verflogen hat.

STUMMER LAUSCHER

Shemya ist eine der am weitesten westlich gelegenen Inseln der Aleuten. Das unwirtliche Eiland wird zu einem erheblichen Teil von geduckten Baracken, weißen, kugelförmigen Radardomen und langen Betonpisten bedeckt – Anlagen der US-Luftwaffe. Fast genau zu dem Zeitpunkt, als der südkoreanische Jumbo in Anchorage startklar ist, macht sich auch hier eine vierstrahlige Boeing startbereit: eine RC-135 (S) des 6. Strategischen Aufklärungsgeschwaders der Air Force.

Amerikanische und japanische Militärs und Geheimdienstler lauschen 24 Stunden am Tag bis tief hinein in die Sowjetunion. Die Radargeräte haben die Aufgabe, alle Flugbewegungen über sowjetischem Territorium genau zu registrieren – und zwar möglichst in „real time", also verzögerungsfrei. Wenn ein Jäger mit dem roten Stern von einer streng abgeschirmten Basis in Sibirien aufsteigt oder ein langsamer Transporter oder eine mehrfach schallschnelle Rakete, hinterlassen sie ihre Blips auf westlichen Radarschirmen.

Die Lauscher haben es auch auf den Funkverkehr der Sowjets abgesehen. Hier wird es ihnen von ihren Gegnern ziemlich einfach gemacht. Denn deren Abfangjäger sind so klein und leicht, daß darin kein Platz ist für wuchtige Dechiffriergeräte, ihr Funkverkehr läuft daher fast unverschlüsselt.

Die Schwierigkeit besteht allerdings darin, daß die sowjetischen Militärs pausenlos die Frequenz wechseln. Also haben die westlichen Lauscher ihre Geräte auf die gesamte Bandbreite aller Frequenzen eingestellt, gekoppelt mit Tonbändern, die automatisch aktiviert werden, sobald auf irgendeiner Wellenlänge Funksignale aufgeschnappt werden.

Die Daten dieser Bänder werden dann per Satellit nach Fort Meade im US-Staat Maryland übertragen. Hier liegt das Hauptquartier der 55 000 Mann starken National Security Agency, des geheimsten aller

US-Geheimdienste. Ein Supercomputer vom Typ Cray I wertet ununterbrochen die Flut von Daten aus, die von weltweit insgesamt 4120 NSA-Horchposten unablässig eingesandt werden, und setzt aus diesem elektronischen Informationspuzzle sinnvolle Angaben zusammen.

Dieser permanente Lauschangriff läuft vollautomatisch ab. Routinemäßig werden die Tonbänder erst Stunden später von Spezialisten nach möglicherweise interessanten Informationen durchgesehen.

Ergänzt werden die so gewonnenen Daten durch die Aufzeichnungen von Spionagesatelliten, die in niedrigen Umlaufbahnen über die Sowjetunion rasen. Außerdem steht 36 000 Kilometer über Borneo einer von fünf Rhyolite-Satelliten der USA, der alle elektronischen Signale im ostpazifischen Raum auffangen soll.

Da es aber ein Charakteristikum von Militärs in aller Welt ist, in ihrer Ausrüstung – wie beeindruckend sie auch sein mag – immer noch beunruhigende „Lücken" zu entdecken, füllt auch hier die Air Force die „Lücke" zwischen Bodenstationen und Satelliten mit ihren rund 400 Aufklärungs- und Spionageflugzeugen aus.

Meist setzt die amerikanische Luftwaffe im Fernen Osten dazu ihre 47 Flugzeuge vom Typ RC-135 ein. Das sind fliegende Oldtimer, aber vollgestopft mit High-Tech-Elektronik: weitreichenden Radaranlagen, elektronischen Lauschgeräten und allen Arten von Computern zur Verarbeitung der eintreffenden Daten.

Äußerlich sind die Flugzeuge vor allem an der schnabelförmig verlängerten dunklen Spitze zu erkennen, in der sich ein großer Radarschirm verbirgt. Je nach Modell sitzen weitere Antennen in Wülsten außen am weitgehend fensterlosen Rumpf. Die Maschinen sind knapp 43 Meter lang und damit um etwa ein Drittel kürzer als ein Jumbo, doch auf Radarschirmen und auf größere Sichtentfernung sind zivile vierstrahlige Verkehrsmaschinen und die militärische RC-135 kaum voneinander zu unterscheiden.

„Cobra Dane" hat die US-Luftwaffe ihre Operation genannt, mit der aktuelle sowjetische Raketentests überwacht werden sollen. Interkontinentalraketen, die im Kriegsfall Atomsprengköpfe in feindliche Kontinente tragen sollen, müssen vorher gründlich erprobt werden, natürlich ohne Sprengkopf. Deshalb schießt die UdSSR immer wieder Interkontinentalraketen im Innern Asiens ab, die dann im Ochotskischen Meer zwischen Sachalin und Kamtschatka einschlagen. Das Studium dieser Raketenbahnen ist für westliche Militärs genauso interessant wie für deren östlichen Gegenspieler. Zudem hofft die Air Force, verirrte und unzerstörte sowjetische Raketenköpfe mit Spezialschiffen aus dem Ozean bergen zu können.

Nach dem Start von Shemya Island nimmt die RC-135 in dieser Nacht Kurs auf den schmalen Hals der Halbinsel Kamtschatka. Gelegentlich unternehmen amerikanische wie auch sowjetische Aufklärer gewagte Manöver, die in der Sprache der Militärs mit „Testen der gegnerischen Luftverteidigung" umschrieben werden. Dabei dringen die Flugzeuge bewußt in den fremden Luftraum ein und rasen dann eilig wieder hinaus.

So können sie herausfinden, wie die andere Seite reagiert. Welches Radar erfaßt den Eindringling? Wann gibt es Alarm? Wer gibt Alarm? Wann sind die ersten Abfangjäger oben? So will jeder die schwachen Stellen im Luftverteidigungssystem des Gegners entdecken – jene Stellen, an denen dann im Ernstfall die eigenen Bomber am ehesten den fremden Verteidigungsring durchbrechen könnten.

Diese Manöver hätten Ähnlichkeiten mit kindischen Spielchen, wenn dabei nicht gelegentlich scharf geschossen würde. Nach Angaben aus Washington sind bis 1983 mehr als 900 sowjetische SAM-Luftabwehrraketen bei Grenzverletzungen von US-Flugzeugen abgeschossen worden – aber stets zu spät. Noch nie ist dabei eine Maschine der Air Force zu Schaden gekommen.

In dieser Nacht hat der Pilot der RC-135 allerdings kein Interesse daran, den Luftraum der UdSSR zu verletzen. Er wartet auf möglicherweise abgefeuerte Testraketen. Der Aufklärer zieht große Kreise in der Nähe Kamtschatkas, bleibt aber stets knapp außerhalb des sowjetischen Sperrgebietes.

Rund drei Stunden dauert diese Mission; wie ein geduldiger monströser Geier dreht der Jet seine Runden über dem Nordpazifik. Natürlich ist der Sowjetunion dieser Flug nicht angekündigt worden. Auch die zivilen Bodenstationen in Anchorage und Tokyo wissen nichts davon. Die 19 Männer an Bord der RC-135 senden keine Funksprüche aus und reagieren auch nicht auf fremden Funkverkehr: Sie schweigen und lauschen.

Dann geht der stumme Aufklärer in eine leichte Linkskurve und schwenkt auf einen bogenförmigen südöstlichen Kurs ein, der ihn nach Shemya zurückbringt.

Genau in diesem Moment überquert der Jumbo von KAL-Flug 007 die Region. Die beiden Jets, die annähernd gleich hoch fliegen, passieren einander in höchstens 150 Kilometer Abstand. Kapitän Chun Byung-in ahnt nicht, daß eine Militärmaschine steuerbord querab ihre Runden dreht. In diesen Minuten meldet er, daß Waypoint NEEVA erreicht ist, und bekommt die Erlaubnis der Bodenstation von Anchorage, auf Flight Level 330 zu steigen.

Hätte er das amerikanische Flugzeug bemerkt, wüßte er jetzt mit großer Wahrscheinlichkeit, daß irgend etwas nicht stimmt – entweder mit der anderen Maschine oder mit seinem Jumbo. Dann wäre ihm vielleicht endlich sein tatsächlicher Kurs aufgefallen.

Doch so entschwindet die RC-135 nach einem letzten Vollkreis mit Ostkurs achteraus, während KAL-Flug 007 weiterhin unbeirrt auf Kurs 245 Grad bleibt und mitten in eine tödliche Falle hineinrast.

ALARM

Gelangweilt verfolgt der sowjetische Soldat auf einer Militärbasis der Halbinsel Kamtschatka den einsamen Blip, der auf seinem Radarschirm unregelmäßige Kreise zieht. Es ist der amerikanische Aufklärer vom Typ RC-135, den das sowjetische Luftraumüberwachungsradar bereits kurz nach dem Start erfaßt und seitdem nicht wieder losgelassen hat.

Im Minutenabstand wird die Position von „Ziel 6064" auf einer Karte eingetragen. Dabei entsteht ein Muster, wie es bereits auf Hunderten sowjetischer Überwachungskarten zu sehen ist, die sämtlich die Spionageflüge des Gegners direkt an den Grenzen der UdSSR dokumentieren. Routine also, und so geschieht zunächst nichts weiter. Es gibt keinen Alarm, kein höherer Offizier wird geweckt, kein Abfangjäger in den nächtlichen Himmel geschickt.

Es ist 4.51 Uhr Ortszeit in Kamtschatka, als auf dem Radarschirm plötzlich ein neuer Leuchtpunkt auftaucht und von Nordosten her über das Beringmeer rast. Der Soldat notiert „Ziel 6065", bestimmt die Flughöhe auf 8000 Meter und die Geschwindigkeit auf 800 Kilometer pro Stunde.

„Ziel 6065" ist der südkoreanische Jumbo von KAL-Flug 007, der in diesem Moment auf seinem Irrkurs in den engeren Bereich der sowjetischen Luftraumüberwachung eindringt. Im Kontrollraum bemerken die Männer, wie sich „Ziel 6065" dem schon länger kreisenden „Ziel 6064" scheinbar auf direktem Kurs nähert. Sie klassifizieren es als „ID 81", was „unbekanntes Flugzeug" bedeutet – vermuten aber, daß es eine KC-135 ist, eine zur fliegenden Tankstelle umgebaute Boeing 707. Die Männer vermuten, daß die Maschine „Ziel 6064" auftanken soll.

Dann geht alles sehr schnell – zu schnell für die Controller auf Kamtschatka. Statt, wie vermutet, auf die Kreisbahnen von „Ziel

6064" einzuschwenken, rast „Ziel 6065" unbeirrt weiter Richtung UdSSR – während „Ziel 6064" Richtung Osten abdreht.

Ein Anruf bei der zivilen sowjetischen Luftüberwachung bestätigt, daß keine Passagiermaschine so weit ab von allen normalen Flugrouten gemeldet ist. Für die Männer im Radarraum ist klar: „Das ist kein Tanker, das ist eine zweite RC-135!" Und offensichtlich will sie eine der üblichen Grenzverletzungen provozieren. Alarm!

Es ist 5.23 Uhr morgens in Kamtschatka, noch immer herrscht dunkle Nacht. Kapitän Chun hat vor wenigen Minuten den Jumbo auf Flight Level 330 gebracht. Sein Copilot versucht von neuem, Funkkontakt mit der Bodenstation in Anchorage zu bekommen. Es gelingt ihm durchzugeben, daß sie sich jetzt zwischen den Waypoints NEEVA und NIPPI befänden. Tatsächlich sind sie ganz woanders.

Genau zehn Minuten später donnert der Jumbo über die unsichtbare Grenze, die den internationalen Luftraum vom Territorium der Sowjetunion trennt: Die Boeing rast über Kamtschatka, mehr als 370 Kilometer nördlich der Route R 20.

Am Boden ist der Teufel los. Auf Kamtschatka stehen geheime Radarinstallationen. In Petropawlowsk sind Raketen und rund 90 Atom-U-Boote der 7. Sowjetflotte stationiert, auf der Basis Elizovo Abfangjäger.

Südlich davon liegt die von der Sowjetunion annektierte, ehemals japanische Inselkette der Kurilen; hier befindet sich ein weiterer wichtiger Militärflughafen. Zwischen Kamtschatka und dem Festland liegt das Ochotskische Meer, ein eisiger Binnenozean, in dem sowjetische Atom-U-Boote mit Interkontinentalraketen kreuzen.

Und an der südwestlichen Seite des Ochotskischen Meeres – auf Sachalin und dem sibirischen Festland – sind weitere Marinebasen errichtet, dazu mehr als ein halbes Dutzend Flugplätze für Abfangjäger sowie der wichtige Kriegshafen von Wladiwostok. Im gesamten Wehrbereich Ferner Osten sind mehr Soldaten stationiert als irgendwo sonst im Riesenreich: 23 Divisionen, rund eine Viertelmillion Soldaten. Kamtschatka bildet den Riegel vor all diesen Militäreinrichtungen – und der ist jetzt mißachtet worden.

Vier Abfangjäger werden in aller Hast startklar gemacht und donnern in den nächtlichen Himmel. Die MiGs und Suchois sind zwar bis zu dreimal so schnell wie der Jumbo, doch ein 800 km/h schnelles Ziel in zehn Kilometer Höhe ist auch für sie nur schwer zu erreichen – zumal die Vorwarnzeit extrem kurz gewesen ist. Sie rasen mit brüllendem Nachbrenner in die Höhe, einer Art Turbolader für Düsenflugzeuge, der zusätzliches Kerosin in die Triebwerke pumpt und damit ein Maximum an Schubkraft, Steigfähigkeit und Geschwindigkeit herausholt – allerdings um den Preis eines noch höheren Verbrauchs, was die Abfangjäger extrem „kurzatmig" macht.

Es ist 5.37 Uhr, als „Ziel 6065" plötzlich vom Radarschirm verschwindet. Aussetzer dieser Art können bei Radargeräten immer mal wieder vorkommen, doch zwingt das Verlöschen des Blips die Bodenstation in Elizovo zu einer unangenehmen Entscheidung.

Die Abfangjäger rasen „blind" in die Höhe. Auf ihren Bordradars können die Piloten den Eindringling noch nicht ausmachen, zu sehen ist er in der Dunkelheit erst recht nicht. Also müssen sie von ihrer Bodenstation „herangeführt" werden, das heißt, durch genaue Kursbefehle dicht hinter „Ziel 6065" geleitet werden, bis sie es schließlich selbst erfassen.

Jetzt aber sind die Soldaten in der Bodenstation genauso blind wie die Piloten der Abfangjäger. In dieser Situation bauen die Controller auf ihre Routine: Wenn „Ziel 6065" wirklich eine amerikanische RC-135 ist, die eine kurze Grenzverletzung provozieren will, dann muß sie nach Süden abdrehen, um wieder internationale Gewässer zu erreichen, ehe sie Schaden nehmen kann. Also kommt der Befehl vom Boden an die MiGs und Suchois: „Nach Süden!"

Doch welche Überraschung, als das Radar um 5.46 Uhr „Ziel 6065" wieder auffängt: Kurs noch immer 245 Grad, geschätzte Höhe 9000 Meter, Geschwindigkeit 800 km/h. Der unbekannte Eindringling befindet sich jetzt mitten über Kamtschatka. Schlimmer noch: Die vier Abfangjäger sind in die falsche Richtung gehetzt worden, und es ist zu spät, um noch weitere vom Boden hochzujagen. Also muß die Bodenstation ihre Jäger neu „vektorieren", ihnen einen Kurs zuweisen, auf dem sie „Ziel 6065" tatsächlich erreichen könnten.

Währenddessen donnert die fremde Maschine ohne ein einziges Ausweichmanöver quer über die mit Militärbasen gespickte Halbinsel. Ohnmächtig müssen die Soldaten vor den Radarschirmen mitansehen, wie „Ziel 6065" ungehindert über Kamtschatka hinwegzieht.

Es ist 6.06 Uhr Ortszeit, als die vier Abfangjäger mit fast leeren Tanks umdrehen müssen, ohne ihrem Ziel auch nur nahe gekommen zu sein. Um 6.10 Uhr verläßt der Eindringling unbehelligt sowjetischen Luftraum und rast über das Ochotskische Meer davon.

Seit 1945 ist kein fremdes Flugzeug so lange, so relativ dicht und so scheinbar unverfroren über Rußlands Fernen Osten gerast. Eine schwere Schmach für die PWO, die Luftverteidigung.

In diesen knapp 40 Minuten, in denen KAL-Flug 007 völlig ahnungslos einen der mächtigsten Militärapparate der Erde herausfordert, sitzt Kapitän Chun im Pilotensessel und langweilt sich. Während irgendwo hinter ihm Abfangjäger heranrasen, glaubt er, den Waypoint NIPPI zu überfliegen, die nächste Wegmarke im Nordpazifik. Tatsächlich ist er jetzt schon 425 Kilometer vom Kurs abgekommen. Doch ihm fällt nicht einmal auf, daß er über Land fliegt, während unter ihm eigentlich der Ozean liegen sollte. Sein Wetterradar hätte ihm die typische langgestreckte Küstenlinie Kamtschatkas sofort angezeigt – doch er verzichtet auf einen Check.

Es ist 6.08 Uhr Ortszeit in Kamtschatka – KAL-Flug 007 ist noch über der Halbinsel Kamtschatka –, als die Crew Funkkontakt zur Bodenstation in Tokyo aufnimmt, die den letzten Teil des Trips überwachen soll. Der Copilot meldet den Flug und die (angenommene) aktuelle Position an und bittet um einen SELCAL-Check, einen speziellen Funkcode, der es der Bodenstation ermöglicht, das entsprechende Flugzeug leichter zu erreichen: „Requesting SELCAL check Golf Kilo Foxtrot Hotel."

Tokyo sendet daraufhin SELCAL „GKFH", was von dem Jumbo deutlich empfangen und bestätigt wird. Außerdem arbeitet der SSR-Transponder des Düsenjets pausenlos – jenes automatische, international standardisierte Funksignal, das die Boeing auf jedem Radarschirm einem bestimmten Code zuordnet, so daß sie eindeutig identifiziert werden kann. Die Maschine sendet das Funksignal „1300".

Auf dem Radarschirm der sowjetischen Basis in Kamtschatka leuchtet zwar der irritierende Blip auf, nicht aber präzisiert durch den Hinweis „1300" oder irgendeinen anderen SSR-Code. Wäre dem so gewesen, hätten die Soldaten fast sicher gewußt, daß „Ziel 6065" eine Zivilmaschine ist. Doch ihnen entgehen nicht nur die SSR-Impulse, sondern auch der Funkverkehr mit Tokyo sowie der SELCAL-Check. Für sie bleibt „Ziel 6065" ein stummer und bedrohlicher Eindringling, dessen Mission rätselhaft ist, dessen Kurs aber, behielte er ihn bei, fast genau nach Wladiwostok führen würde.

Im Südwesten des Ochotskischen Meeres liegt die Insel Sachalin, genauso waffenstarrend wie Kamtschatka. Die dortigen Militärs werden alarmiert; dort, in der nächsten Zeitzone, ist es jetzt erst kurz nach 5.00 Uhr. Und es sieht so aus, als bekäme die PWO noch eine zweite Chance, das rätselhafte „Ziel 6065" abzufangen.

Dieses Mal sind die Luftverteidiger vorgewarnt – und entschlossen, sich nicht noch einmal hereinlegen zu lassen.

DIE JAGD

Major Gennadij Nikolaiwitsch Osipowitsch schläft in einer Baracke, die eines Offiziers der Roten Armee und stellvertretenden Regimentskommandeurs kaum würdig ist: in einer windschiefen Hütte am Rand einer kilometerlangen Betonpiste inmitten einer kargen und einsamen Landschaft. Dies ist die Basis Sokol, ein geheimer Flugplatz irgendwo auf Sachalin, im sowjetischen Militärjargon „Punkt 2" genannt. Hier liegt das 41. Jagdfliegerregiment der PWO.

Major Osipowitsch macht das rauhe Wetter wenig aus, denn er ist in Sibirien geboren. Eigentlich wollte er Seemann werden, doch seit er als Jugendlicher dem Aeroclub seines Ortes beigetreten ist, läßt ihn die Fliegerei nicht los. Ärgerlicher ist schon, daß er seinen Urlaub vorzeitig beenden mußte und jetzt Bereitschaftsdienst hat. Tag und Nacht muß er in der Nähe seines Abfangjägers vom Typ Suchoi Su-15 sein, ständig bereit zum Alarmstart. Das Kommando dazu kommt am Morgen des 1. September 1983, eines Donnerstags.

Es ist 5.23 Uhr, als im Kampfzentrum auf Kamtschatka ein Hauptmann namens Kutepow seinem verschlafenen Vorgesetzten Major Kostenko am Telefon die Lage erläutert: „So, das ist, was wir haben: Ein unidentifiziertes Ziel, eines ohne elektronisches Erkennungssignal, Kurs 240 Grad irgendwo über dem Ochotskischen Meer. Es hat Elizovo überflogen, ist jetzt über dem Meer, kommt ziemlich direkt auf uns zu. Ich habe mir die Karte angesehen, wir müssen die Routen unserer Langstreckenflugzeuge checken. Fliegt eines von diesen Langstreckenflugzeugen da herum oder nicht? Kann es einer von uns sein? Es ist schon irgendwo querab von Noglikow, aber näher zu Elizovo."

Der Major am anderen Ende der Leitung verspricht müde, sich bei der zivilen Flugkontrolle zu melden, „wenn überhaupt schon jemand da ist". Nicht gerade beruhigend für Hauptmann Kutepow, der mehrmals nachfragen muß, bis er dem Major endlich das Versprechen abringen kann, „jetzt sofort" nachzufragen.

Major Kostenko wird langsam wach. Zwei Jagdflugzeuge werden in „Bereitschaft eins" gebracht, das heißt, die Piloten sitzen startbereit hinter dem Steuerknüppel, während die Maschinen aber noch am Boden bleiben. „Alarmiert die ‚Königinnen'"! befiehlt er. „Königinnen" sind im gelegentlich mit unfreiwilliger Ironie aufwartenden Militärcode alle kommandierenden Offiziere.

Es ist 5.24 Uhr, als er die Bestätigung bekommt, „Ziel 6065" sei eine amerikanische RC-135. „Schneller, schneller!" befiehlt Kostenko jetzt und schickt eine Reihe Flüche hinterher – es werden nicht die letzten sein an diesem Morgen voller Hektik und Konfusion.

5.27 Uhr. General Alexander Iwanowitsch Kornukow erfährt am Telefon von der Grenzverletzung: „Genosse General, entschuldigen Sie, daß ich Sie wecken muß, aber wir haben 00!" – Vollalarm. Hastig zieht der Befehlshaber aller PWO-Einheiten auf Sachalin seine Uniform an, eine Ordonnanz ist bereits mit dem Wagen auf dem Weg zu seiner Wohnung. Von nun an leitet er die Operation.

5.29 Uhr. Die Bestätigung von der Luftraumüberwachung: „Keine von unseren Maschinen ist dort oben in dieser Zone!"

5.34 Uhr. Auf der Basis Sokol auf Sachalin, wo Major Osipowitsch gerade die schmale Metalleiter in sein Flugzeug hinaufsteigt, versucht in diesem Augenblick Hauptmann Solodkow, der diensthabende Offizier am Boden, die Militärbasis Burewestnik zu erreichen, um mit ihr den Einsatz zu koordinieren – ein grotesker Kampf zwischen dem Offizier und einem Fräulein vom Telefonamt beginnt.

Solodkow: „Guten Morgen, Fräulein. Das ist eine Anfrage unter der Parole ‚Wolke 535'!"

Fräulein: „Einen Augenblick, was wollen Sie?"

Solodkow: „Geben Sie mir Burewestnik. Burewestnik!"

Fräulein: „Burewestnik."

Solodkow: „Ja, Burewestnik."

Fräulein: „Wen dort?"

Solodkow: „Geben Sie mir, ah, Burewestnik 145."

Fräulein: „145."

Solodkow: „Ja, Parole ‚Wolke 536' (sic!)."

Fräulein: „500?"

Solodkow: „532, 532 (sic!)."

Fräulein: „532 Wolke."

Solodkow: „Ja, höchste Wichtigkeit! Dringend!"

Fräulein: „Ihre Telefonnummer?"

Solodkow: „Meine Nummer ist 2-2-3-5-5."

Fräulein: „Wer wird sprechen?"

Solodkow: „Solodkow."

Fräulein: „Ich verstehe Sie nicht."

Solodkow: „Solodkow. Das ist dringend, höchste Wichtigkeit!"

Fräulein: „Na schön. Warten Sie. – Hallo, hallo, ich rufe Burewestnik, Sie brauchen aber nicht aufzulegen." Pause. „Es antwortet niemand unter der Burewestnik-Nummer."

Solodkow: „Keine Antwort?"

Fräulein: „Nein."

Solodkow: „Aber warum?"
Fräulein: „Ich weiß es nicht, es antwortet niemand."
Solodkow: „Antwortete Burewestnik nicht?"
Fräulein: „Da war keine Antwort unter der Nummer in Burewestnik."
Solodkow: „Das kann nicht sein, 145."
Fräulein: „Was ist das? Was für eine Art Organisation ist das?"
Solodkow: „Es ist eine militärische Organisation. Ich brauche es jetzt, Fräulein, was immer nötig sein mag, aber ich muß dort anrufen! Es ist eine Frage von nationaler Wichtigkeit! Ich mache keine Witze!"
Fräulein: „Einen Augenblick, einen Augenblick!"
Solodkow: „Fräulein, nun, was ist?"
Fräulein: „Geklingelt... keine Antwort."
Solodkow: „Keine Antwort, was? Gut, ich habe verstanden."

So endet der Versuch, mit der anderen Basis Kontakt aufzunehmen. Die Verwirrung in Sokol wird größer.

5.36 Uhr. Vollalarm für die gesamte Luftverteidigung auf Sachalin. Auf der Basis Sokol stehen zwei Su-15 bereit, die Maschinen Nummer 805 und 121; Osipowitsch sitzt in Nr. 805. Es sieht nicht gut aus. Die Morgendämmerung hat noch nicht eingesetzt, das nächtliche Dunkel wird von einer niedrigen dichten Wolkenwand verstärkt.

Niemand kann den diensthabenden Meteorologen auftreiben. „Dafür sollte er verhaftet werden!" flucht ein Offizier.

Berichte anderer militärischer meteorologischer Stellen laufen ein: leichter Bodenwind aus Osten mit rund vier bis etwas über acht km/h. Für die niedrige Wolkendecke melden sie „6/10", dann „7/10", schließlich „10/10" – vollständig geschlossen. In größeren Höhen sieht es gut aus, doch eine dichte niedrige Wolkendecke macht Starts und vor allem Landungen tückisch. Die Nervosität in Sokol steigt, während die Mechaniker nach einem letzten Check hastig von den startbereiten Abfangjägern wegrennen.

5.41 Uhr. Ein Meteorologe meldet sich aufgeregt am Telefon: „Ich war gerade selbst draußen: Wir haben 10/10 niedrige Wolken hier. Sagen Sie der Bodenkontrolle, daß sie niemanden hochschicken dürfen!" Ihm wird mit einem Fluch geantwortet – die Su-15 von Major Osipowitsch rollt gerade zum Anfang der Startbahn.

5.42 Uhr. Osipowitsch gibt vollen Schub. Die Su-15 verschwindet donnernd als dunkler Schatten in der Wolkendecke. Der einsitzige Abfangjäger ist Mach 2,3 (über 2750 km/h) schnell, bewaffnet mit einer zweiläufigen 23-Millimeter-Bordkanone und zwei R-98-„Anab"-Luft-Luft-Raketen. Doch seine Reichweite beträgt nur gut 1400 Kilometer.

In diesem Moment weiß Osipowitsch nur, daß sich „Ziel 6065" irgendwo über dem Ochotskischen Meer befindet, zwischen 600 und 800 Kilometer von der Küste Sachalins entfernt. Dank der drei Zusatztanks unter seinem Jet kann er rund eine Stunde in der Luft bleiben – 60 Minuten, in denen er auf rund neun Kilometer Höhe steigen, das unbekannte Ziel finden und eventuell bekämpfen und schließlich unter kritischen Wetterbedingungen heil zur Basis zurückkehren muß.

„Ich war von Anfang an bereit zu töten", wird er später angeben.

5.45 Uhr. „Ziel 6065" erscheint zum erstenmal auf den Radarschirmen der Bodenstation von Sachalin – die Kameraden auf Kamtschatka hatten also recht. Der Controller schätzt die Flughöhe auf 9000 Meter, die Geschwindigkeit auf 800 km/h, der aus Kamtschatka gemeldete Kurs stimmt, auch wenn einige Kollegen – wohl wegen ungenauer Radardaten – einen Zickzackkurs erkennen wollen. („Wo sind die verdammten Plotter?" brüllt ein Offizier und meint damit die Soldaten, die den Kurs von „Ziel 6065" in Minutenabständen auf einer Karte eintragen sollen. „Wenn sie nicht in einer Minute hier sind, werde ich sie töten!")

Das Ziel bekommt jetzt die Identifizierung „ID 91" – Militärflugzeug. Die nächstgelegene Zivilflugzeugroute – R 20 – liegt über 500 Kilometer weiter südlich; niemand kommt auf die Idee, daß es sich um eine Passagiermaschine handeln könnte.

5.46 Uhr. Ein zweiter Abfangjäger startet, eine MiG-23, die schneller ist, moderner und stärker bewaffnet als die Su-15.

5.47 Uhr. Major Osipowitsch bekommt von den Controllern am Boden den Befehl: „Auf sparsame Marschgeschwindigkeit gehen!" Es sieht so aus, als sollte es eine lange Jagd werden. Eine Minute später kommt die Kursanweisung: „805, das Ziel ist 60 Grad Azimut von mir, Entfernung 440 Kilometer."

„Roger, Azimut 60, Entfernung 440."

„805, Kanal 3."

„Roger."

Osipowitsch stellt sein Funkgerät auf die gewünschte Frequenz. Die Verbindung ist auf allen Wellenlängen relativ schlecht. Knacken und anderer Lärm überlagern oft die Anweisungen.

Der Jäger Nr. 805 nähert sich im Steigflug aus Südwesten der Küste Sachalins, als er den nächsten Funkspruch empfängt: „805, hier ‚Deputat' (Bodenstation): habe Sie auf meinem Radarschirm, Entfernung 75 (Kilometer)."

„Roger, bin auf 7000, steige auf 8000."

Der Controller am Boden hat jetzt sowohl „Ziel 6065" als auch den Abfangjäger auf seinem Schirm. Von nun an versucht er Osipowitsch durch präzise Kursbefehle an den Eindringling heranzuführen.

5.50 Uhr. Der Wagen mit General Kornukow fährt im Kontrollzentrum von Sokol vor, der General übernimmt das Kommando.

5.52 Uhr. „805, verbleibender Treibstoff?"

„Verbleibender Treibstoff vier Tonnen."

Die Controller kennen den Kerosindurst der Su-15. Nervös behalten sie die Reserven von Nr. 805 im Auge, um im Notfall die Jagd abbrechen zu können, bevor sich Osipowitsch zu weit von der Basis entfernt.

Außerdem werden sie zunehmend verwirrter, weil der Unbekannte unbeirrt und ohne ein Ausweichmanöver weiterfliegt. „Zwei Piloten sind gerade hochgeschickt worden", berichtet Hauptmann Solodkow einem eben angekommenen Offizier. „Wir wissen nicht, was jetzt gerade passiert. Es rast genau auf unsere Insel zu, nach Terpenie. Irgendwie sieht das für mich sehr verdächtig aus, ich glaube nicht, daß der Feind so dumm ist. Kann es nicht einer von uns sein?"

5.53 Uhr. General Kornukow kennt solche Zweifel nicht. „Achtung! An die Besatzung im Kommandoposten: ‚Ziel 6065' bei Verletzung der Staatsgrenze zerstören!"

5.54 Uhr. Noch eine Maschine startet. Jetzt sind drei Jäger in der Luft. Zwei weitere werden auf ihren Basen bereitgemacht.

5.58 Uhr. General Kornukow holt sich die Kommandanten der Basen Sokol und Smirnich ans Telefon: „Der Eindringling hat die Staatsgrenze im Gebiet von Kamtschatka verletzt. Wenn er in unseren Verantwortungsbereich kommt und die Staatsgrenze verletzt, Ziel zerstören! Es ist ein reales Ziel! Ich erwarte den Einsatz der Waffen, handeln Sie im vollen Verständnis der Lage! (...) Bringen Sie Osipowitsch heran, um das Ziel zu verfolgen und zu identifizieren. Halten Sie ihn auf eine Entfernung, die Kampf und sofortigen Schlag garantiert!"

Ein widersprüchlicher Befehl, denn um nachts eine unbekannte, hoch fliegende Maschine zu identifizieren, muß Osipowitsch nahe herangehen. Soll er sich aber zum sofortigen (Raketen-)Schlag bereit halten, sind einige Kilometer Sicherheitsabstand notwendig.

5.59 Uhr. „Sieht ernst aus", sagt Solodkow, „wie am 4. (August), nur ein bißchen schlimmer." Die Männer sind nervös, weil es wegen der amerikanischen Aufklärungsflüge in den vergangenen Wochen zu mehreren Alarmsituationen gekommen ist, wobei beinahe ein eigenes Transportflugzeug abgeschossen worden wäre.

Zudem ist im April dieses Jahres die U.S. Navy mit den Flugzeugträgern „Enterprise", „Midway" und „Coral Sea", begleitet von rund

40 weiteren Überwasserkampfschiffen, einer unbekannten Zahl von Atom-U-Booten, 300 Jets und etlichen B-52-Fernbombern von den Aleuten nach Okinawa gefahren. Gemessen an seiner Feuerkraft ist es der stärkste Flottenverband aller Zeiten gewesen – und er hat genau vor der Nase der sowjetischen Pazifikflotte gekreuzt.

Doch die größte Demütigung der Grenztruppen ist erst ein paar Wochen alt und kam nicht vom übermächtigen Rivalen. In einer Protestaktion konnten ein Dutzend Regenbogenkrieger von Greenpeace mit dem Schlauchboot unbehelligt an Sibiriens Küste anlegen, ohne von der Küstenwache rechtzeitig gestellt zu werden.

„805, das Ziel ist direkt auf Kurs, Entfernung 55. Der Kurs des Zieles ist 240 Grad, Höhe 10 (Kilometer). – 805, Linkskurve 45 Grad auf Kurs 330 Grad."

Die Su-15 fliegt eine Kurve und setzt sich hinter „Ziel 6065", nach links versetzt – aus Angst, der Unbekannte könnte Kanonen im Heck haben. Osipowitsch hat rund ein Drittel seines Kerosins verbraucht, als er, noch außerhalb des Luftraumes über Sachalin, 15 Kilometer rechts voraus am nächtlichen Himmel einen Schemen auszumachen glaubt.

Der Jäger hat seine Beute gefunden.

Im Cockpit des Jumbos von KAL-Flug 007 lehnt sich in diesem Augenblick der Copilot zurück, ermüdet von bürokratischem Papierkram, und stöhnt: „Was für eine Langeweile."

»ABSCHUSS!«

Eine automatische Durchsage in Englisch, Koreanisch und Japanisch weckt die meisten der verschlafenen Passagiere und kündigt das Frühstück an. Draußen ist es immer noch dunkel. Die Insel Sachalin, die irgendwo unter ihnen vorausliegt, bleibt in Nacht und Wolken unsichtbar. Es ist 6.00 Uhr Ortszeit. Ein Steward meldet sich im Cockpit. „Captain, Sir, wollen Sie essen?"

„Essen? Ist es schon Zeit zum Essen?" Kapitän Chun Byung-in, sein Copilot und der Bordingenieur sehen sich an und schütteln die Köpfe. „Laßt uns später essen."

Sie unterhalten sich weiter über ihren Papierkram. Der Kapitän gibt Alltagsweisheiten zum besten: „Wenn du etwas zu oft erzählst, dann wird es eine Lüge. Wenn du etwas Gutes zu oft erzählst, dann wird es schlecht. Stimmt's nicht?"

Der Steward verschwindet und schließt die Tür des Cockpits hinter sich. In diesem Augenblick – es ist jetzt 6.01 Uhr – schaut der Copilot hinaus und fragt: „Warum ist es immer noch dunkel da draußen?"

„Es ist immer noch ein langer Weg", antwortet der Bordingenieur.

„Ist es nicht Zeit für den Sonnenaufgang?" zweifelt der Copilot.

6.02 Uhr. „805, sehe das Ziel in Höhe 10 000", meldet Major Osipowitsch an die Bodenstation. Im Dämmerlicht macht er kaum mehr als einen dunklen Fleck von zwei oder drei Zentimeter Länge aus. Aber er sieht sofort die regelmäßig aufblitzenden Navigations- und Positionslichter und erkennt auch, daß es ein riesiger Jet ist. Sein erster Gedanke ist, wie er sich später erinnern wird: „Das ist eine von unseren Transportmaschinen. Ein Test der Luftverteidigungstruppen." Er meldet es aber nicht nach unten.

Dort versichert in diesem Moment gerade Major Kostenko einem Vorgesetzten, daß er „selbstverständlich strikt nach den Vorschriften vorgehen" werde. Also: Abschuß bei Grenzverletzung. Gleichzeitig macht er sich aber Sorgen, daß sich die drei sowjetischen Abfangjäger gegenseitig ins Gehege kommen könnten.

6.03 Uhr. Die Kollegen von KAL-Flug 015 melden sich bei Kapitän Chun, um sich mit einem kleinen Plausch die Langeweile zu vertreiben: „Was macht ihr?"

„Wir halten ein nettes Schwätzchen, weil Herr Kim hier ein paar Scherze macht", kommt die Antwort der 007-Crew, die sich über den Formularkram eines Vorgesetzten namens Kim nicht eben freut.

Der Kapitän von 015 lacht. „Nach der Landung in Seoul solltet ihr euch besser darum kümmern."

„Kümmern?" antwortet Chun. „Da gibt es nichts zu kümmern. Nebenbei: Was für eine schöne Jahreszeit, es ist Herbst. Ich hoffe, ich kann einen Tag Urlaub nehmen, um Herbstlaub zu sehen."

„Mach einen Plan."

„Warum nimmst du nicht auch Urlaub und gehst zum Sorak-Berg?"

Unvermittelt wird der 015-Kapitän sachlich: „Seid ihr ungefähr drei Minuten voraus?" Er hat in den letzten Stunden die Positionsangaben von Kapitän Chun verfolgt, sie häufig sogar an die Bodenstation in Anchorage weitergegeben. Dabei ist ihm aufgefallen, daß der Zeitabstand zwischen den beiden Jumbos schrumpft, obwohl sie beide mit gleichem Schub dieselbe Flugroute R 20 benutzen – wie sie zumindest glauben. Aus den 14 Minuten Abstand beim Start sind jetzt nur drei Minuten geworden.

Der Copilot von 007 bestätigt noch einmal seine Positionsangaben, dann hat er wieder andere Sorgen: „Es wird sehr kompliziert werden, durch den Zoll zu kommen. Wenn du schneller gehen willst, geh schneller, wenn du langsamer gehen willst, geh langsamer – das ist die Schwierigkeit."

Doch die 015-Crew reagiert darauf nicht. „Wir haben jetzt einen unerwartet starken Rückenwind", meldet sie.

„Wieviel habt ihr? Wieviel und aus welcher Richtung?"

Die 015-Mannschaft meldet Wind aus 30 Grad, Geschwindigkeit 35 Knoten.

„Ah!" antwortet der 007-Copilot. „Ihr habt so viel! Wir haben immer noch Gegenwind. Gegenwind 215 Grad, Geschwindigkeit 15 Knoten."

„Ist es so?" kommt die Replik von Flug 015. „Aber nach dem Flight Plan sollten wir ungefähr 360 Grad, 15 Knoten haben."

„Na, vielleicht ist es so", antwortet der Copilot und beendet damit die Unterhaltung.

Nach den Berechnungen der 007-Crew wird der zweite Jumbo sie bald eingeholt haben. „Laßt sie ruhig schneller sein", sagt einer der Männer im Cockpit.

„Warum haben sie es so eilig?"

„Sie haben Rückenwind."

Damit ist die Sache für Chun Byung-in und die beiden anderen Offiziere erledigt. Sie fragen sich nicht ernsthaft, wieso eine Maschine, die angeblich nur drei Flugminuten hinter und einen Flight Level über ihnen unterwegs ist, Wind aus einer Richtung meldet, die der von ihnen gemessenen Richtung praktisch genau entgegengesetzt ist.

Auch den Controllern in Anchorage und Tokyo, die von beiden Jets regelmäßig Meldungen über Windstärke, -richtung und Außentemperatur bekommen, fallen die Diskrepanzen nicht auf. Tatsächlich befindet sich KAL-Flug 007 jetzt fast 575 Kilometer nördlich des zweiten Jumbos, der die Route 20 genau einhält.

6.03 Uhr. „Roger, das Ziel ist genau auf Ihrem Kurs, Entfernung 12, 15 Kilometer", meldet die Bodenstation.

„Nein", antwortet Major Osipowitsch, „ich habe das Ziel ungefähr 20 (Kilometer) zu meiner Linken."

Der Offizier am Boden ist überrascht. Offensichtlich sind seine Anzeigen nicht genau. Trotzdem kommt zum erstenmal der Befehl: „805, Radar fertigmachen!"

„805 an ‚Deputat': mache Radar fertig!"

Bis jetzt kann Osipowitsch auf dem Schirm seines Bordradars zwei grün schimmernde Halbkreise sehen, die den Radarstrahl symbolisieren. Das unbekannte Flugzeug ist inzwischen als Blip gut zu erkennen. Jetzt wird das Bordradar „eingestellt": Die beiden Halbkreise legen sich als Kreis um den Blip zusammen, der nun orangefarben aufleuchtet. Aus einem harmlosen Objekt auf dem Schirm ist ein Ziel geworden, das genau anvisiert wird. Das Bordradar kann nun die Waffen der Su-15 punktgenau steuern.

Es ist 6.04 Uhr, als Osipowitsch zum erstenmal wirklich sicher sein kann, daß an diesem Morgen nicht nur ein Probealarm stattfindet. Die Bodenstation befiehlt: „Das Ziel ist militärisch. Bei Grenzverletzung Ziel zerstören. Waffensysteme scharf machen."

„Scharf gemacht", antwortet Nr. 805. Die Su-15 trägt unter den Flügeln zwei Raketen, die ihre Startbefehle über spezielle Schaltungen der Bordelektronik bekommen. Damit diese zuverlässig funktionieren, müssen sie einige Minuten vor dem Abschuß erwärmt werden. Der Abfangjäger gleicht jetzt einer entsicherten Waffe, die bei der geringsten Berührung losgehen kann.

6.05 Uhr. Der zweite Jäger – die MiG-23 – rast heran und schwenkt einige Kilometer hinter Osipowitsch auf dessen Kurs ein. Gleichzeitig fragt die Bodenstation Jäger 805: „Können Sie das Ziel sehen?"

„Ja, kann ich", antwortet Osipowitsch nur. Er beschreibt aber nicht, wie genau er den Eindringling beobachten kann.

6.06 Uhr. Der Controller will wissen, wie weit Osipowitsch schon von seiner Basis entfernt ist. „175", antwortet er: 175 Kilometer. Die Grenze des sowjetischen Luftraums liegt bereits hinter ihm. Inzwischen ist auch die zweite Su-15 heran. Jetzt verfolgen drei Jäger „Ziel 6065". Ein vierter wird auf seiner Basis zum sofortigen Start in Bereitschaft gebracht.

6.07 Uhr. „Wieviel?" fragt die Bodenstation.

„Drei Tonnen", antwortet Osipowitsch – so viel Kerosin ist noch in seinen Tanks.

Der Controller weist ihn an, einen kleinen Schwenk zu fliegen, um sich rechts hinter das „Ziel 6065" zu setzen – die ideale Angriffsposition. Noch fliegt der Unbekannte über internationalen Gewässern.

6.08 Uhr. General Alexander Iwanowitsch Kornukow, der die Operation leitet, ist sich inzwischen keineswegs mehr sicher, eine feindliche Maschine vor sich zu haben. „Kann der Jäger das Ziel sehen?" fragt er den Oberleutnant, der von der Bodenstation aus die sowjetischen Flugzeuge an den Unbekannten herangeführt hat.

„Nun, es sind scheinbar Wolken da, weil..."

„Ich brauche Ihr ‚scheinbar' nicht!" blafft der General „Sie müssen den Jäger fragen!" Und dann: „Wie viele Kondensstreifen zieht er hinter sich her? Wenn es vier sind, dann ist es eine RC-135! Schnell, Beeilung!" Dies ist die einzige vierstrahlige Maschine nichtsowjetischer Bauart, die der General auf diesem Kurs vermuten würde.

„Irgend etwas wie unsere Tu-95", vermutet ein anderer Offizier. Dieses große viermotorige Flugzeug liegt in Rumpflänge und Spannweite zwischen einer RC-135 und dem Jumbo.

Zur selben Zeit fragt Osipowitsch, ob er seine Waffensysteme wieder sichern soll. „Ausschalten!" kommt die Antwort vom Boden.

6.10 Uhr. Der Rüffel des Generals zeigt Wirkung. „805, können Sie den Typ erkennen?" fragt die Bodenstation.

„Unklar", funkt Osipowitsch zurück.

„Roger, zwölf Kilometer zum Ziel."

„Es fliegt mit blitzenden Lichtern", ergänzt Osipowitsch und meint damit die regelmäßig aufleuchtenden weißen, roten und grünen Lichter des Jumbos – ein Indiz dafür, daß der Unbekannte nicht auf einer Geheimmission ist.

6.11 Uhr. „805, Radar einrichten!" befiehlt der Controller. Major Osipowitsch, der zwischendurch bis auf 80 Kilometer vom „Ziel 6065" abgedriftet war, ist wieder heran. Er hat sein Radar jetzt auf hohe Auflösung geschaltet. Dann die Frage: „Können Sie das Ziel sehen, 805?"

„Ich kann es sowohl visuell als auch auf meinem Radarschirm sehen", antwortet Osipowitsch.

Er bekommt den Befehl, seine Zusatztanks abzuwerfen. In ihnen schwappen zwar noch etwa 500 Liter Kerosin, doch die Tanks machen die Su-15 zu langsam. Jetzt ist der Abfangjäger beweglicher, kann aber nur noch etwa 30 Minuten in der Luft bleiben.

Hauptmann Solodkow, der in Sokol den schnurgeraden Kurs von „Ziel 6065" verfolgt, wundert sich: „Das ist viel zu dumm für einen Eindringling." Einem anderen Offizier, der alles zum Abschuß bereitmachen will, gibt er zu bedenken: „Er hat uns nicht bombardiert."

6.11 Uhr. „Ich habe gehört, daß es auf unserem Flughafen jetzt eine Geldwechselstube gibt." Die Crew im Cockpit des 007-Jumbos unterhält sich darüber, wo man auf dem Kimpo Airport am besten Dollar eintauschen kann: „Die Cho-Hung Bank im Gebäude für Inlandsflüge ... Sie ist ab neun Uhr morgens geöffnet. Könnte zehn Uhr sein ... Könnte auch 9.30 Uhr sein ..."

Keiner bemerkt den Schatten, der ihnen weit achteraus folgt.

Auf den Radarschirmen des japanischen Militärpostens Wakkanai auf der Insel Hokkaido erscheint ein neuer Blip an der Grenze des sowjetischen Luftraumes. Die Sensoren fangen auch einen SSR-Code auf, den der Transponder jenes Flugzeugs unablässig aussendet: „1300".

Normalerweise gehen Flugzeuge, die in den Bereich der japanischen zivilen Luftraumüberwachung hineinfliegen, auf den SSR-Code „2000". Dagegen ist „1300" der Code für Flugzeuge, die die japanische Zone wieder verlassen.

Daß die unbekannte Maschine „1300" sendet und praktisch vor der sowjetischen Haustür herumfliegt, mag vielleicht ungewöhnlich sein – ist aber kein Fall für die japanische Luftraumüberwachung. Die Militärs in Wakkanai halten es nicht für nötig, die zivilen Controller in Tokyo über dieses obskure Flugzeug zu informieren.

6.12 Uhr. „Kapiert ihr nicht?" raunzt General Kornukow die Controller in Sokol an. „Ich sagte, bringt ihn auf vier bis fünf Kilometer heran, Typ identifizieren. Kapiert ihr nicht, daß jetzt Waffen eingesetzt werden, und ihr haltet ihn auf zehn! Gebt dem Piloten Befehle!" Kornukow möchte Osipowitsch näher am Unbekannten haben.

6.13 Uhr. „805, Ziel befragen!" Die Bodenstation meint damit, daß Osipowitsch sein IFF-Gerät benutzen soll. „Identification Friend-Foe" ist ein kleiner Sender, der einen Code abstrahlt, auf den nur eigene – in diesem Fall also sowjetische – Militärflugzeuge reagieren können. So will die Crew in Sokol verhindern, daß versehentlich eine Maschine der eigenen Luftwaffe abgeschossen wird.

„Ziel 6065" reagiert nicht auf dieses Signal. „Waffensysteme scharf machen!" befiehlt die Bodenstation erneut.

„Eingeschaltet", antwortet Osipowitsch.

„Keine Antwort, Roger", quittiert General Kornukow die Meldung der Controller. „Bereit zum Feuern. Das Ziel ist 45 bis 50 Kilometer von der Staatsgrenze entfernt. (...) Ich werde Osipowitsch den Befehl in zwei Minuten geben oder sogar weniger; in eineinhalb Minuten werde ich den Feuerbefehl geben."

„805, hier ‚Deputat': Feuer vorbereiten, fertigmachen."

„Roger", antwortet Major Osipowitsch. Seine Stimme klingt nüchtern, fast unbeteiligt. „Ich muß den Nachbrenner einschalten." Er will näher an das Ziel herankommen, doch das kostet wieder viel Kerosin.

„Wieviel?" fragt die Bodenstation.

„Ich habe noch 2700 (Kilogramm)", antwortet Nr. 805.

In diesem Augenblick berichtet General Kornukow am Telefon seinem Vorgesetzten von dem Vorfall und daß er den Feuerbefehl bereits gegeben hat. Es ist General Iwan Moisewitsch Kamenski, der Oberkommandierende der Grenztruppen im Militärbezirk Ferner Osten.

Kamenski befiehlt eine Gnadenfrist: „Wir müssen herausfinden, was es ist; vielleicht irgendeine Zivilmaschine oder Gott weiß was."

„Ziel 6065" ist jetzt unmittelbar vor der Grenze zum sowjetischen Luftraum.

6.15 Uhr. Der 007-Copilot meldet sich bei der zivilen Luftraumüberwachung in Tokyo und bittet darum, den Jet auf Flight Level 350 bringen zu dürfen – auf 10 670 Meter.

„Wunsch drei-fünf-null?" fragt Tokyo nach.

„Das stimmt. Wir sind zur Zeit auf drei-drei-null."

„Roger, stand by. Ich rufe zurück."

Der Empfang auf dem Kurzwellen-Funkgerät ist ziemlich schlecht. Ein ununterbrochener Strom halbautomatischer Morsesendungen tackert als nervtötender Hintergrundlärm auf der Frequenz – nichts Ungewöhnliches für erfahrene Piloten, aber doch ärgerlich.

„Mein Gott, ist das Funkgerät schlecht!" flucht der Copilot. Kurz darauf werden die mißtönenden Geräusche noch lauter und dröhnen für die nächsten fünf Minuten in den Kopfhörern der Crew.

6.16 Uhr und 40 Sekunden. Die 747 passiert in diesem Augenblick erneut jene unsichtbare Linie rund um das Sowjetreich, die für Eindringlinge strikt verboten ist: Sie dringt in den Luftraum Sachalins ein. Die Route R 20 liegt rund 610 Kilometer weiter im Süden. Hierher hat sich noch nie eine Zivilmaschine verflogen.

Sachalin ist eine langgestreckte, aber schmale Insel. Auf diesem Kurs braucht die Boeing nur etwa 650 Sekunden, bis sie die Westküste der Insel und damit wieder internationalen Luftraum erreicht hat. Kapitän Chun ahnt nichts von dieser Frist; seine unsichtbaren Beobachter können sie sich aber sehr wohl ausrechnen.

„Ziel 6065" rast nun rund 20 Kilometer nördlich der Basis Sokol über Sachalin. In der Leitstelle der Abfangjäger und im Hauptquartier, das für den Einsatz zuständig ist, geht es hektisch zu. Der Eindringling verletzt eindeutig die Grenzen der Sowjetunion und kann jederzeit abgeschossen werden. Andererseits benimmt er sich so merkwürdig, wie es noch keiner der Offiziere je erlebt hat. „Es ist vielleicht eine Passagiermaschine", meint ein Oberst, „wir müssen alle notwendigen Schritte unternehmen, um es zu identifizieren."

Auch General Kornukow im Hauptquartier wird immer nervöser. „Sind die Navigationslichter des Feindes an?" Zwar spricht er vom „Feind", doch will er wissen, ob der wirklich unbeleuchtet in sowjetisches Gebiet eindringt. Seine Laune wird nicht dadurch verbessert, daß die Telefonverbindung zum Kontrollraum schlecht ist.

„Genosse General, ich kann Sie immer noch nicht verstehen", stammelt ein Offizier am anderen Ende der Leitung, nachdem Kornukow wiederholt „Sind die Nav-Lichter an?" gefragt hat. Schließlich kommt Kornukows Anliegen doch durch.

Für Osipowitsch bedeutet das eine verwirrende Vielfalt einander widersprechender Befehle. Er rast mit scharf gemachten Waffen und sich schnell leerenden Tanks hinter einem unbekannten Flugzeug her, das inzwischen dicht über seiner Heimatbasis kreuzt – ohne daß seine Kameraden am Boden offenbar gewillt sind, etwas dagegen zu unternehmen. „Sind die Navigationslichter an?" wird er gefragt.

6.17 Uhr. Jetzt der Befehl: „805, das Ziel hat die Staatsgrenze verletzt, zerstören Sie das Ziel!"

6.18 Uhr. Der Jumbo ist noch 570 Sekunden von der Westgrenze Sachalins entfernt. Osipowitsch hat sich inzwischen die Lichter des Unbekannten noch einmal angesehen: ein grünes Blinklicht an der rechten Tragflächenspitze, ein rotes Blinklicht links; ein drittes, diesmal weißes Licht auf der Heckflosse. „Die Navigationslichter sind an, die Blitzleuchten sind an", funkt 805 zum Boden.

6.19 Uhr. General Kornukow merkt, daß irgend etwas mit dem seltsamen Eindringling nicht stimmt. Welcher „feindliche" Eindringling würde auf einem solchen unbeirrten, relativ leicht zu verfolgenden Kurs in die UdSSR vorstoßen, noch dazu erleuchtet wie ein Weihnachtsbaum? Vielleicht kann man „Ziel 6065" zur Landung auf Sokol zwingen? Der General beschließt, daß Osipowitsch dem rätselhaften Flugzeug den Weg zur streng geheimen Basis zeigen soll.

„805, lassen Sie Ihre Lichter kurz aufleuchten!" befiehlt die Bodenstation und Sekunden später: „Zwingen Sie ihn zur Landung auf unserem Flugplatz!"

„Wilco", antwortet Osipowitsch („Habe verstanden, werde Anweisung befolgen"). Den Eindringling trennen nur noch rund 510 Sekunden vom internationalen Luftraum, als rund acht Kilometer hinter ihm ein etwas tiefer fliegender schlanker Schatten für einige Sekunden weiße, grüne und rote Lichter aufblinken läßt. Keine Reaktion.

Ein neuer Befehl des Generals, weitergeleitet von der Bodenstation: „Warnschüsse mit der Kanone!"

„Ich muß ihm näher kommen", antwortet Osipowitsch. Dann: „Ich muß mein Radar vom Ziel trennen" – er soll ja absichtlich danebenschießen. Die Su-15 rast näher heran, noch immer in etwas geringerer Höhe als der unbekannte Riesenjet.

Osipowitsch drückt auf den Feuerknopf. In mehreren Salven feuert seine Bordkanone rund 200 Schuß vor den Bug von „Ziel 6065". Eigentlich sollte streng nach Vorschrift der PWO jede vierte oder fünfte Granate ein Leuchtspurgeschoß sein, das man nachts fast so gut wie eine Silvesterrakete sehen kann.

Tatsächlich aber ist die Su-15 ausschließlich mit scharfen Granaten bestückt – außer durch das aufblitzende Mündungsfeuer direkt am Jagdflugzeug bleiben die Salven unsichtbar.

Noch rund 450 Sekunden im sowjetischen Luftraum. Nach den Warnschüssen scheint zum erstenmal eine Reaktion des Unbekannten zu erfolgen: Es sieht so aus, als wollte er ausweichen. Osipowitsch gerät sofort in Schwierigkeiten.

6.20 Uhr. „Korean Air Zero Zero Seven clearance: Tokyo ATC clears Korean Air Zero Zero Seven – climb and maintain Flight Level three five zero." Dies ist die Erlaubnis der japanischen Luftraumüberwachung für den Jumbo, auf Flight Level 350 zu steigen.

„Roger, Korean Air Zero Zero Seven climb and maintain at three five zero leaving three three zero at this time", bestätigt der Copilot.

Das nun folgende Flugmanöver ist so sanft, daß sicher keiner der Passagiere seinen Frühstückskaffee verschüttet. Während die Stewardessen langsam die beiden Gänge entlanggehen und Tabletts an verschlafene Reisende austeilen, hebt sich der Boden unter ihren Füßen in einem Neigungswinkel von nur zwei Grad an.

Der Autopilot bleibt eingeschaltet. Kapitän Chun kommt nicht auf die Idee, den einprogrammierten Kurs zu überprüfen oder gar zu ändern. Lediglich die neuen Höhenangaben werden eingegeben.

6.22 Uhr. Der neue Flight Level 350 ist erreicht. Der Copilot meldet: „Tokyo Radio Korean Air Zero Zero Seven reaching Level three five zero." Dies ist die letzte klare Meldung von KAL-Flug 007.

Genau während des Steigfluges leuchten einige Kilometer hinter dem Jumbo kurz Dutzende orangefarbener Feuerblitze auf, aber niemand im Cockpit bemerkt sie.

Noch 330 Sekunden bis zur Westgrenze Sachalins.

Chaotische Sekunden für Major Osipowitsch. Sein Kamerad mit der MiG-23 hat sich 25 Kilometer hinter den Eindringling gesetzt und dies an die Bodenstation gemeldet. Er macht damit unmißverständlich deutlich, daß er ebenfalls in Angriffsposition ist und, falls Osipowitsch versagen oder ihm das Kerosin ausgehen sollte, den Unbekannten jederzeit abschießen könnte.

Doch der Pilot von Nr. 805 denkt gar nicht daran, sich jetzt noch die Beute entgehen zu lassen. „Komme dem Ziel näher!" funkt er und macht klar, daß er noch immer zwischen dem Eindringling und dem zweiten sowjetischen Abfangjäger fliegt.

Der Unbekannte wird langsamer – der Aufstieg in den neuen Flight Level verringert leicht die Geschwindigkeit des Jumbos. „Das Ziel hat ein blitzendes Licht. Ich habe mich ihm schon auf ungefähr zwei Kilometer genähert", meldet Osipowitsch Sekunden später.

„Geht das Ziel hinunter?" will der Controller wissen.

„Das Ziel? Nein, bei 10 000", antwortet Nr. 805 – dabei steigt der südkoreanische Jumbo gerade um rund 660 Meter.

„Das Ziel wird langsamer", läßt sich Osipowitsch gleich darauf vernehmen und setzt verwirrt hinzu: „Ich fliege bereits am Ziel vorbei."

Er hat den Schub seiner Su-15 nicht verringert, und so ist er unterhalb des langsamer werdenden Jumbos vorbeigerast. Eine gefährliche Position, falls der Unbekannte doch ein Feind sein sollte: Denn jetzt ist Osipowitsch nicht mehr in der Stellung des Jägers – sondern in der des Gejagten.

Chaos am Boden. Der Controller hat die Situation offensichtlich nicht verstanden. „Erhöhe Geschwindigkeit, 805", lautet sein Befehl.

„Erhöhe Geschwindigkeit", wiederholt Osipowitsch.

„Hat das Ziel seine Geschwindigkeit erhöht, ja?" fragt der Controller.

„Geschwindigkeit reduziert", antwortet der Pilot verärgert.

„Schluß mit dem Unfug auf dem Kommandoposten!" flucht General Kornukow in diesem Augenblick. „Befehl ausführen! Zerstören!"

„805, Feuer auf Ziel eröffnen!" befiehlt die Bodenstation.

Osipowitsch ist wütend. „Na, das hätte früher kommen sollen", flucht er per Funk zurück. „Wohin soll ich jetzt gehen? Ich bin schon vor dem Ziel!"

„Roger, falls möglich, Angriffsposition einnehmen."

„Ich muß jetzt hinter das Ziel zurückfallen." Nr. 805 reduziert den Schub und läßt sich langsam wieder vom Jumbo überholen.

„Berichte Position, Position!" befiehlt der Controller.

„Position? Jetzt ungefähr 70 Grad zu meiner Linken."

6.23 Uhr. Osipowitsch hat noch etwa 270 Sekunden Zeit, um „Ziel 6065" zu bekämpfen. „Was? Hat er noch nicht gefeuert, fliegt das Ziel immer noch?" flucht einer der Controller.

In diesem Moment platzt ein Meteorologe herein. „Die Dämmerung ist gerade angebrochen. Wie man so sagt: ‚Du kannst die Berge erkennen, die Berge im Osten'..."

„Im Moment gibt es nichts, was mich weniger interessiert als die Berge!" flucht ein Offizier ins Telefon.

„805, versuche das Ziel mit Kanonen zu zerstören." Der definitive Angriffsbefehl. Die Su-15 soll mit ihrer Bordkanone den Unbekannten beschießen. Doch Osipowitsch hat durch den kurzen Steigflug des Eindringlings und seine eigene Unaufmerksamkeit die ideale Angriffsposition verlassen. Inzwischen kommt er zwar langsam wieder in einen Winkel hinter den Unbekannten, doch die Distanz ist zu groß für die Bordkanone, zudem ist die Sicht noch immer schlecht.

„Ich bin dabei, zurückzufallen; ich werde es mit Raketen probieren", antwortet Osipowitsch. Vom Boden kommt die knappe Bestätigung: „Roger."

6.24 Uhr. Noch 200 Sekunden. „Verdammt! Wie lange braucht er, um in Angriffsposition zu kommen!" brüllt General Kornukow. „Nachbrenner an! Bringt die MiG-23 auch heran! Während ihr hier Zeit vergeudet, fliegt es einfach davon!"

„805, dem Ziel nähern und Ziel zerstören!" befiehlt der Controller.

„Roger. Radar schon eingerichtet", antwortet Osipowitsch. Er hat jetzt die Ruhe des Schützen, der seine Beute langsam ins Visier nimmt.

„805, kommen Sie dem Ziel näher?" drängt der Controller.

„Komme näher, Ziel auf Radar eingerichtet, Distanz acht Kilometer."

6.25 Uhr. Noch 150 Sekunden. „Nachbrenner!" befiehlt der Controller und dann noch einmal, dringender: „Nachbrenner, 805!"

„Schon an", meldet Osipowitsch ruhig zurück. Dann, es ist 6.25 Uhr, 31 Sekunden, noch 119 Sekunden im sowjetischen Luftraum, nur ein Wort: „Abschuß!"

Osipowitsch hat auf den Feuerknopf gedrückt und seine zwei Raketen fast gleichzeitig abgeschossen.

Die beiden R-98-Luft-Luft-Raketen, die der Abfangjäger unter den Flügeln trägt, sind je 230 Kilogramm schwere, speerähnliche Geschosse, die bis zu 18 Kilometer weit fliegen und maximal 2000 km/h schnell werden können. In ihren Köpfen sitzen 20 Kilogramm schwere Sprengladungen, vor denen jeweils 1400 zwischen drei und 18 Gramm schwere Stahlsplitter plaziert sind, so daß sie bei einer Explosion wie eine verheerende Schrotladung in einem trichterförmigen Winkel nach vorn geschossen werden.

Die erste von Osipowitsch gezündete Rakete hat einen hitzeempfindlichen Suchkopf, der sich auf den heißen Abgasstrahl eines Düsentriebwerks einrichtet, das Geschoß dorthin steuert und explodieren läßt, sobald es das Ziel berührt.

Zwei Sekunden später folgt die zweite R-98. Sie hat einen Radarsuchkopf, der die Rakete automatisch bis auf 50 Meter an das Ziel heranführt und sie in dieser Nahdistanz explodieren läßt.

Osipowitsch befindet sich im Moment des Abschusses in einem Winkel von circa 70 Grad rechts hinter und etwas über dem südkoreanischen Jumbo; die Entfernung beträgt ungefähr acht bis elf Kilometer. Die Raketen benötigen 30 Sekunden für diese Distanz.

Einer der beiden Suchköpfe oder der Zünder der R-98 versagt – die Rakete verschwindet spurlos am Nachthimmel.

Doch die andere funktioniert ...

Es ist genau 6.26 Uhr und 2 Sekunden, als 20 Kilogramm Sprengstoff und 1400 Stahlsplitter in den südkoreanischen Jumbo einschlagen. Er ist seit fast fünfeinhalb Stunden in der Luft und befindet sich in diesem Augenblick auf der Position 46 Grad 46 Minuten 27 Sekunden Nord und 141 Grad 32 Minuten 48 Sekunden Ost, rund 650 Kilometer nördlich von Route R 20.

90 Sekunden trennen KAL-Flug 007 vom rettenden internationalen Luftraum.

ABSTURZ

6.26 Uhr, 2 Sekunden. Die riesige Boeing bekommt einen heftigen Schlag von links gegen den Rumpf, dicht hinter der Tragfläche. Die Wucht der Explosion und die Stahlsplitter zerfetzen an dieser Stelle die schützende Außenhülle und richten Verheerungen im Economy-Bereich an. Der Rumpf wird auf einer Fläche von gut 1,6 Quadratmetern zerstört. Es kann später nicht mehr herausgefunden werden, ob sich diese 1,6 Quadratmeter aus Dutzenden handtellergroßer Löcher zusammensetzen oder ob es ein fenstergroßes Stück ist, das auf einen Schlag herausbricht.

Im Innern eines modernen Passagierjets herrscht normalerweise ein Luftdruck, der dem in 2000 Meter Höhe entspricht. Draußen – rund zehn Kilometer über dem Meeresspiegel – ist der Druck jetzt viel geringer. Zudem rast das Flugzeug weiterhin mit fast 500 km/h dahin. Resultat: Die Luft entströmt dem Flugzeug mit solcher Gewalt, daß es ist, als würde sie von draußen mit gigantischen Staubsaugern angesogen.

Alles, was nicht festgeschraubt oder -gezurrt ist, wird unwiderstehlich fortgerissen: Frühstückstabletts, Schuhe, Decken, Handgepäck; Jacken und Blusen zerreißen am Leib. Schlimmer noch: Ist das Loch im Rumpf tatsächlich fast fenstergroß, dann werden in diesem Moment Stewardessen und alle Passagiere, die nicht angeschnallt sind, hinausgesogen und in den schwarzen Himmel gespien.

Ein eisiger Sturm tobt durch den Jet: Wo es eben noch knapp 20 Grad warm war, fällt die Temperatur sekundenschnell auf minus 45 Grad. Luftfeuchtigkeit kondensiert überall zu Rauhreif, Gesicht und Hände erfrieren schockartig.

Noch fataler sind die Trefferfolgen in jenem Bereich des Jumbos, den Passagiere niemals zu sehen bekommen. Die Leitungen der vier hydraulischen Systeme – straff gespannte, fingerdicke Steuerseile – laufen durch den Rumpf und beide Flügel. Mit ihnen bewegt der Pilot die Querruder – die gewaltigen Klappen an den Enden von Flügeln und das Leitwerk –, durch deren Verstellung Höhen- und Kursänderungen bewerkstelligt werden.

Die Explosion zerstört die Hydrauliksysteme 1, 2 und 3. Die Fußpedale, mit denen der Pilot die Seitenruder steuert, klappen zu Boden und verharren dort wie festgenagelt. Doch tatsächlich bleiben die riesigen Ruder in neutraler Stellung.

Der Jumbo bekommt einen Schlag, rollt leicht nach rechts und steigt dann steil nach oben. Noch funktioniert der Autopilot.

6.26 Uhr, 6 Sekunden. „Was ist passiert?" „Was?" rufen die Männer im Cockpit durcheinander. Sie erwachen aus ihrer gelangweilten Routine, als hätte der Blitz bei ihnen eingeschlagen. Was wirklich geschehen ist, werden sie nie erfahren.

6.26 Uhr, 10 Sekunden. „Throttles zurück!" brüllt Kapitän Chun: Schub zurück. Noch immer steigt der Jumbo. „Triebwerke normal, Sir!" ruft der Bordingenieur. Alle vier Triebwerke liefern weiter vollen Schub, keine funktionswichtigen Teile sind beschädigt – Indiz dafür, daß die zweite Rakete mit dem hitzeempfindlichen Suchkopf ihr Ziel wahrscheinlich nicht gefunden hat.

6.26 Uhr, 13 Sekunden. Automatische Dekompressionswarnung: Die Plastikklappen im Kopfbereich über den Passagiersitzen springen auf, gelbe Atemmasken fallen herunter. Auch die Piloten ziehen sich hastig Masken über das Gesicht. Ihre Stimmen klingen jetzt dumpf.

6.26 Uhr, 14 Sekunden. „Fahrwerk!" ruft Kapitän Chun, dann noch einmal: „Fahrwerk!" Die ersten schrillen Warntöne heulen im Cockpit los.

6.26 Uhr, 19 Sekunden. Kapitän Chun schaltet den Autopiloten ab und drückt das Steuerhorn nach vorn. Die Maschine reagiert träge und unberechenbar. Der Pilot kontrolliert in diesem Moment nur noch das untere Seitenruder, das rechte Querruder, zwei Höhenruder und die Innenspoiler an beiden Tragflächen sowie Funktionen, die im Augenblick nicht von Bedeutung sind – all das, was am Hydrauliksystem 4 hängt. Durch den Treffer sind auch Teile des linken Flügels beschädigt worden, vor allem das innere Querruder, was Auftrieb und Manövrierfähigkeit der 747 zusätzlich verschlechtert. Der Steigflug des Jumbos flacht sich zunächst nur leicht ab.

6.26 Uhr, 22 Sekunden. „Wir steigen! Wir steigen!" ruft der Copilot. Die Maschine gewinnt noch immer an Höhe. Dann ein neues Alarmzeichen: „Speed Brakes fahren aus!" Das sind Klappen auf der Flügeloberseite, die während der Landung die Geschwindigkeit stark verlangsamen sollen. Niemand hat sie betätigt. „Check das!" ruft Kapitän Chun.

6.26 Uhr, 30 Sekunden. „Ich kann nicht runter, nicht fähig..." flucht der Pilot. Der Jumbo rollt leicht nach links.

6.26 Uhr, 34 Sekunden. ATTENTION EMERGENCY DESCENT. Die automatische Warndurchsage für die Passagiere geht los, auf englisch, japanisch, koreanisch. Noch aber steigt der Jumbo weiter.

6.26 Uhr, 38 Sekunden. „Wir steigen!"

„Das funktioniert nicht, das funktioniert nicht!"

„Manuell."

„Ich schaffe es nicht manuell!"

6.26 Uhr, 42 Sekunden. Der Jumbo kommt endlich in die Horizontale. Er fliegt jetzt in 11 660 Meter Höhe und ist noch rund 400 km/h schnell. Dann senkt sich sein Bug nach unten...

6.26 Uhr, 45 Sekunden. „Triebwerke normal, Sir!" meldet der Bordingenieur.

6.26 Uhr, 46 Sekunden. PUT OUT YOUR CIGARETTE. THIS IS AN EMERGENCY DESCENT. Als ob in diesem Moment noch jemand Zeit für eine Zigarette hätte, doch die automatische Notansage spult unbeirrt ihr Programm herunter. Es ist nicht klar, ob überhaupt noch einer der Passagiere bei Bewußtsein ist, schließlich herrschen in der Kabine jetzt die unwirtlichen Bedingungen der Stratosphäre.

Der Jumbo fällt mit rund 65 Metern pro Sekunde und rollt in einem Winkel von fast 50 Grad nach links.

6.26 Uhr, 55 Sekunden. PUT THE MASK OVER YOUR NOSE AND MOUTH AND ADJUST THE HEAD BAND.

6.26 Uhr, 57 Sekunden. „Tokyo Radio Korean Air Zero Zero Seven", ruft der Copilot ins Mikrofon.

„Korean Air Zero Zero Seven Tokyo", antwortet die Bodenstation fünf Sekunden später.

„Roger, Korean Air Zero Zero Seven ... we are experiencing ... rapid compressions descend to one zero thousand." – „Wir haben rapiden Druckverlust, sinken auf 1000 Meter." Der Copilot hat bereits große Schwierigkeiten beim Sprechen, außerdem bricht das System der Bordelektrik nach und nach zusammen. Seine Meldung – die letzte, die KAL-Flug 007 aussenden wird – kommt in Tokyo so verstümmelt an, daß sie unverständlich ist.

Der Sturzflug des Jumbos verlangsamt sich, das gewaltige Flugzeug rollt nun auf die rechte Seite. In einem Winkel von 49 Grad Seitenlage und rund vier Grad abwärts gerichtet trudelt die Maschine jetzt in einer rechtsdrehenden Spirale um die eigene Längsachse nach unten. Die Fallgeschwindigkeit beträgt in diesem Moment 15 bis 20 Meter pro Sekunde. Fallwinkel und -geschwindigkeit sind aber noch immer weniger stark als bei einem halbwegs kontrollierten Notabstieg – etwa dem, den die angeschossene südkoreanische Boeing 707 im Jahre 1978 über Murmansk erfolgreich ausgeführt hat.

6.27 Uhr, 20 Sekunden. „Jetzt ... wir müssen das hinkriegen", ruft Kapitän Chun.

6.27 Uhr, 21 Sekunden. „Korean Air Zero Zero Seven", meldet sich die japanische Luftraumüberwachung. „Unreadable Radio, check on zero zero four eight." Doch niemand im Cockpit kann sich mehr um das Funkgerät und dessen Frequenzen kümmern.

„Geschwindigkeit!" ruft einer der Männer. Der Jumbo rast mit gut 520 km/h spiralförmig abwärts.

6.27 Uhr, 26 Sekunden. „Stand by, stand by, stand by, mache ..." Dies sind die letzten Rufe im Cockpit, von denen wir noch etwas wissen. Der Lärm nimmt zu.

6.27 Uhr, 46 Sekunden. Die Aufzeichnungen der beiden Flugschreiber enden.

In der südkoreanischen Boeing ist ein „Collins 642 C-1" Cockpit Voice Recorder installiert, der auf einem Endlostonband auf vier Kanälen für die jeweils letzten 30 Minuten alle Gespräche im Cockpit aufzeichnet, vom Funkverkehr bis zum Plausch der Crew untereinander. Der „Sundstrand 573 A" dagegen ist ein Digital Flight Recorder, auf dessen Metallband alle relevanten Flugdaten der letzten 25 Stunden (wie etwa Höhe, Kurs, Autopilot ein/aus) gespeichert sind. Die beiden gegen extreme Schläge, Hitze und Feuer geschützten Kästen sitzen nebeneinander hinten links im Rumpf, neben der Passagiertür achtern. Sie werden vom Wechselstrom des Bordnetzes versorgt.

In diesem Augenblick aber brechen alle Systeme des Jets zusammen, die Lichter erlöschen, die Funkgeräte schweigen. Doch noch immer schwebt der Jumbo...

Die 747 trudelt in 10 320 Meter Höhe, als Kapitän Chun Byung-in jede Kontrolle über seine Maschine verliert. In einer Spirale stürzt die Boeing ab. Sie verliert relativ langsam an Höhe. Niemand weiß, was in den folgenden quälenden Minuten an Bord geschieht.

6.29 Uhr. Der Blip mit dem SSR-Code „1300" ist auf den Radarschirmen der japanischen Militärs in Wakkanai nicht mehr zu sehen. Niemand kümmert sich darum.

Einige hundert Kilometer weiter südlich versucht derweil ein Controller der zivilen japanischen Flugleitzentrale vergebens, Kontakt mit KAL-Flug 007 aufzunehmen. Um 6.31 Uhr bittet er außerdem die Crew von KAL-Flug 015, zu versuchen, ihre Kollegen zu erreichen, damit diese ihre Position durchgeben können.

6.35 Uhr. „Ziel 6065" erlischt auf den Radarschirmen der sowjetischen Bodenstation. In diesem Augenblick trudelt der Jumbo in 5000 Meter Höhe in die Tiefe, durchbricht nach einigen Minuten die niedrige Wolkendecke und knallt irgendwann zwischen 6.37 und 6.45 Uhr mit hoher Geschwindigkeit auf das Meer vor Sachalin – zwischen elf und 19 Minuten nach dem Treffer. Wieviel die Passagiere und die Crew von diesem Sturzflug noch bewußt mitbekommen, wird nie herausgefunden. Die Gewalt des Aufschlags auf das Meer jedenfalls ist, wie zehn Jahre später ein Untersuchungsbericht nüchtern feststellen wird, „nicht überlebbar".

KAL-Flug 007 endet am frühen Morgen des 1. September 1983 im Meer auf 46 Grad 33 Minuten 32 Sekunden Nord, 141 Grad 19 Minuten 41 Sekunden Ost vor der Südwestküste Sachalins, rund 31 Kilometer nördlich der kleinen Insel Moneron. Die Stelle liegt in internationalen Gewässern...

EIN JUMBO VERSCHWINDET

„Das Ziel ist zerstört", meldet Major Osipowitsch noch um 6.26 Uhr an die Bodenstation. Er geht davon aus, daß beide Raketen den Eindringling getroffen haben. Jetzt – ohne Raketen – ist er kaum mehr als ein fliegendes Hindernis zwischen dem noch immer unberechenbaren Unbekannten und der MiG-23 hinter ihm, die von seinem ungeduldigen Kameraden pilotiert wird.

„Angriff abbrechen, nach rechts, Kurs 360 Grad", befiehlt der Controller. Die Su-15 hat noch 1500 Liter Kerosin in den Tanks, die Entfernung nach Sokol beträgt 125 Kilometer. „Seien Sie vorsichtiger als bisher mit dem Rest", weist die Bodenstation an. Osipowitsch hat gerade noch genug Kerosin, um zurückkehren zu können.

Während er in einem großen Rechtsbogen wegtaucht, kommt die MiG-23 heran. Der Controller hat „Ziel 6065" immer noch in rund zehn Kilometer Höhe auf dem Radarschirm, allerdings vollführt es jetzt wilde Kursänderungen. „Beeilt euch, Jungs, dies ist ein echtes Ziel!" ruft General Kornukow.

„Haben Sie Kontakt?" fragt die Bodenstation.

„Nein, kein Kontakt", antwortet der Pilot der MiG-23 enttäuscht.

„Nun, was passiert bei euch, seid ihr alle tot oder was?" blafft ein nervöser Offizier um 6.34 Uhr ins Telefon. Die Bodenkontrolle antwortet unsicher: „Das Ziel ist nicht auf dem Radarschirm. Es ist in Rechtskurven übergegangen, dann gesunken, und jetzt können wir es weder auf dem Radarschirm noch auf dem Höhenmesser verfolgen." Tatsächlich verlieren sie es erst kurz darauf aus den Augen.

Die MiG-23 kreist an der Angriffsstelle, geht dann tiefer – nichts. In 2000 Meter Höhe hängt eine geschlossene Wolkendecke über dem Ozean, es wäre gefährlich und nutzlos, dort die Suche fortzusetzen. Außerdem geht auch diesem Abfangjäger langsam das Kerosin aus. Er kehrt um, ebenso wie die zweite Su-15. „Eine große vierstrahlige Maschine, die im Sinkflug über der Region der Moneron-Insel verschwunden ist" ist alles, was ein Offizier als vorläufiges Ergebnis der dramatischen Jagd zusammenfassen kann.

6.43 Uhr. Osipowitsch bringt seine fast leergeflogene Su-15 durch die Wolkendecke hinunter auf die Landepiste von Sokol. Mechaniker eilen zum Düsenjet, schieben eine Leiter heran und bedeuten dem Major, daß er sofort aussteigen solle. Er rennt in die nächste Baracke ans Telefon. General Kornukow möchte ihn persönlich sprechen.

„Berichten Sie, was Sie mit Ihren eigenen Augen gesehen haben! Was haben Sie durch das Cockpit gesehen? Wie haben Sie die Kanonen eingesetzt? Nun, haben Sie die Rakete mit Hitzesuchkopf abgeschossen oder beide?"

„Bestätigung, ich habe beide abgeschossen."

„Roger, Sie haben auch mit den Kanonen gefeuert?"

„Ja, ich habe ihm zwei Salven gegeben."

„So, keine Reaktion?"

„Keine Reaktion, es hat weitergemacht wie zuvor."
„Verstanden. Und sagen Sie mir – nein, ich stelle Fragen, Sie beantworten sie. Von der Form, konnten Sie mehr oder weniger genau den Typ bestimmen?"
„Ich konnte ein großes Flugzeug sehen, weil es sank; die Navigationslichter waren angeschaltet."
„Verstanden. Sie feuerten den Radarsuchkopf und den Hitzesuchkopf ab?"
„Bestätigung, ich feuerte beide."
„Sie sahen Explosionen – wo?"
„Direkt im Zielgebiet. Die Lichter gingen sofort aus."
„So, Sie sahen nicht den Absturz oder irgend etwas anderes nach Explosion der Raketen?"
„Die Raketen explodierten, die Lichter gingen aus, ich meldete dies und drehte nach rechts ab."
„Verstanden. Und die Lichter waren aus?"
„Ja."
„War es nicht zerstört?"
„Das Ziel verschwand, aber es sank irgendwie langsam ... entweder war es außer Gefecht gesetzt oder beschädigt; es verschwand in der Region von Moneron, niemand kann es zur Zeit sehen. Nun, sieht aus, als wäre es außer Gefecht gesetzt."

General Kornukow ist einigermaßen zufrieden. „Roger, gut, wir werden herausfinden, was passiert ist."

Es wird noch einige Stunden dauern, bis ihm klar wird, daß es unter seinem Kommando zum fünftgrößten Desaster der Luftfahrtgeschichte gekommen ist oder, wie es in Berichten später heißen wird, zur (bis dahin) „schlimmsten von Menschen bewußt herbeigeführten Katastrophe" in den Annalen der Fliegerei.

Es ist 6.35 Uhr in Sachalin, 3.35 Uhr in Japan, als ein nervös gewordener Controller auf dem Narita Airport bei Tokyo das automatisch mitlaufende Tonband anhält, das bis jetzt den gesamten Funkverkehr aufgezeichnet hat. Noch einmal hört er sich aufmerksam die Gespräche der vergangenen halben Stunde an, dann ist ihm endgültig klar, daß irgend etwas mit KAL-Flug 007 nicht stimmt.

Um 3.56 Uhr bitten die Controller in Narita andere fernöstliche Bodenstationen und das Militär, sich an einer „Communication Search" zu beteiligen – also auf allen verfügbaren Frequenzen zu versuchen, irgendwie Kontakt zu KAL-Flug 007 zu bekommen oder irgend etwas von oder über ihn aufzufangen.

Um 4.05 Uhr informiert Narita die Kollegen in Anchorage und Honolulu. Weitere zehn Minuten später gehen ähnliche Meldungen an das See- und Luftrettungskoordinationszentrum in Tokyo, wo um 4.22 Uhr Alarm ausgelöst wird.

5.30 Uhr. Tokyo fragt bei der zivilen Luftraumüberwachung der UdSSR in Chabarowsk an, ob dort irgend etwas über das Verschwinden des südkoreanischen Jumbos bekannt sei. Die russischen Kollegen sind ahnungslos, versprechen aber, nachzufragen.

5.50 Uhr. Die Bodenstation in Tokyo sendet an das Büro von Korean Air Lines eine offizielle „Distress Message", eine Bestätigung, daß ein (unbestimmter) Notfall vorliegt.

6.00 Uhr. Die Suchteams der japanischen Küstenwache machen sich bereit. 22 Schiffe und sieben Flugzeuge werden in die Gegend nordöstlich von Hokkaido und in die Nähe der Kurilen entsandt. Exakt in dieser Minute sollte KAL-Flug 007 eigentlich in Seoul landen.

Um 6.50 Uhr kommt die Antwort aus Chabarowsk: „Wir wissen von nichts." Dies ist mit ziemlicher Sicherheit keine Lüge: Da die sowjetischen Militärs zu diesem Zeitpunkt selbst noch immer nicht ahnen, wen sie da vom Himmel geschossen haben, haben sie ihren zivilen Kollegen wahrscheinlich noch nichts verraten.

Es ist 8.30 Uhr, als die Controller in Narita das erste Indiz dafür bekommen, daß sie nicht entlang der Route R 20 suchen müssen. Aufgeschreckt von der Suchmeldung der zivilen Luftraumüberwachung, haben die Soldaten des japanischen Horchpostens in Wakkanai ihre elektronischen Aufzeichnungen durchgesehen. Jetzt melden sie an Narita die Existenz jenes ominösen Blips mit dem SSR-Code „1300", der um 3.29 Uhr plötzlich vor Sachalin verschwunden ist.

Eilig machen sich die japanischen Militärs zudem daran, die automatisch aufgezeichneten Funksprüche sowjetischer Abfangjäger und Bodenstationen auf Ungewöhnliches hin zu durchforsten.

»DIES IST DIE GRÖSSTE CHANCE, DIE WIR JE GEHABT HABEN«

Während vor der Küste Sibiriens 269 Menschen in einem mehr als zehnminütigen Fall dem Tod entgegenstürzen, ist es in der amerikanischen Hauptstadt Washington gerade Zeit, den Lunch zu beenden. Ein drückend schwüler Tag. Langsam bereiten sich die Politiker auf das Ende der Sommerpause vor. Präsident Ronald Reagan aber will auf seiner Ranch in Kalifornien noch vier Tage Urlaub machen.

Der Abschuß von KAL-Flug 007 findet um 13.26 Uhr Ortszeit statt. Die ersten Hinweise aus amerikanischen und japanischen Geheimdienstquellen tröpfeln am späten Nachmittag ein. Am Abend verdichten sie sich im Außen- und im Verteidigungsministerium zur Gewißheit, daß im Fernen Osten ein Unglück geschehen und die UdSSR irgendwie darin verwickelt ist.

Kurz vor Mitternacht treffen sich Vertreter von Außen- und Verteidigungsministerium mit Geheimdienstlern zur Lagebesprechung. Mitarbeiter der NSA präsentieren ein Konvolut von rund 150 Schreibmaschinenseiten: eilig übersetzte Transkripte aller Gespräche der sowjetischen Truppen auf Sachalin, die elektronische Horchposten der USA haben aufzeichnen können.

Es ist ein in seiner Vollständigkeit zugleich faszinierender und erschreckender Blick ins Innenleben der Sowjetarmee. Nicht nur den Funkverkehr zwischen den Abfangjägern und deren Basen, sondern auch fast alle Telefongespräche der Dienststellen am Boden hat die NSA mitgehört – gleich, ob es sich um die militärisch-knappen Kursanweisungen des Controllers an Major Osipowitsch oder die deftigen Flüche des Generals Kornukow handelt.

Schnell wird klar, daß die Sowjetarmee einen südkoreanischen zivilen Jumbo vom Himmel geschossen hat. 62 US-Bürger waren an Bord, darunter ein Kongreßabgeordneter. Seit dem japanischen Überfall auf Pearl Harbor im Dezember 1941 sind bei einem gegnerischen Luftschlag nicht mehr so viele amerikanische Zivilisten umgekommen.

Seit seiner Amtseinführung im Jahre 1981 hat Präsident Reagan die Sowjetunion immer wieder als „Reich des Bösen" attackiert. Und nun der opferreichste Abschuß einer Zivilmaschine in der Geschichte der Luftfahrt.

Der stellvertretende Außenminister Richard Burt klingelt mitten in der Nacht den sowjetischen Botschafter in Washington aus dem Bett. Doch der weiß nichts von dem Vorfall. Der amerikanische Geschäftsträger in Moskau hat bei seiner Nachfrage im Kreml ebensowenig Erfolg. Auch „Tass", die amtliche sowjetische Nachrichtenagentur, meldet nichts. Die UdSSR schweigt – und überläßt damit den Amerikanern die Initiative.

Die ergreift vor allem Außenminister George Shultz. Er setzt sich noch in dieser Nacht gegen die Bedenken vieler Militärs durch. Seine Strategie: „Laßt die Sowjets für sich selber sprechen!" Washington verfügt ja über die Mitschnitte des sowjetischen Funkverkehrs, was dem abgelauschten Geständnis eines Mörders gleichkommt. Was die

Propagandamaschine in Moskau auch ausprobieren mag, nichts wird die fatale Wirkung dieser Funksprüche aus der Welt schaffen.

Die Geheimdienstler aber sind entsetzt. Darf man dem Gegner verraten, wie gut man ist? Vor allem möchte man niemanden wissen lassen, daß man die Telefongespräche der sowjetischen Bodenstationen abhören kann.

Da trifft es sich, daß die Funksprüche von Osipowitsch – für sich genommen – emotionslos, ja fast maschinenhaft klingen: kaltblütig, skrupellos. Außerdem lassen sie nicht erkennen, für welches Flugzeug die sowjetischen Luftverteidiger „Ziel 6065" tatsächlich gehalten haben, nämlich für eine amerikanische RC-135.

George Shultz beruft am 1. September um 8.00 Uhr morgens eine Pressekonferenz ein und verkündet, daß sowjetische Jagdflugzeuge einen Jumbo mit 269 Menschen an Bord abgeschossen hätten. So erfährt die Weltöffentlichkeit von der Katastrophe.

Shultz bekundet seinen „Abscheu vor diesem Angriff" und präsentiert lange Auszüge aus dem von der NSA aufgefangenen sowjetischen Funkverkehr – allerdings nur die Meldungen von Osipowitsch und dessen beiden Kameraden. Die Geheimdienstler sind erleichtert, auch wenn ihnen schon diese Enthüllung zu weit geht.

Diese Transkripte stützen vortrefflich die offizielle amerikanische Version: Die Sowjets hätten den aus noch ungeklärten Gründen vom Kurs abgekommenen Jumbo für mehr als zwei Stunden auf dem Radarschirm gehabt, bevor sie ihn kaltblütig abgeschossen hätten – wohl wissend, daß es eine harmlose Passagiermaschine war.

Die Sowjetunion: wahrhaftig ein „Reich des Bösen".

Seoul, Kimpo International Airport, 1. September, 6.00 Uhr Ortszeit. Zu dieser frühen Morgenstunde sind noch viele Geschäfte des Flughafens geschlossen. Doch ab jetzt kommen die Jets wie in Wellen herein. KAL-Flug 015 landet planmäßig. KAL-Flug 007 fehlt.

Erst Minuten zuvor hat die japanische Luftraumüberwachung den Koreanern die Distress Message übermittelt, doch natürlich wissen inzwischen auch die Controller der südkoreanischen Überwachungszentrale, daß mit der Maschine irgend etwas nicht stimmt.

Verwandte und Freunde der Passagiere haben sich im Wartebereich versammelt, um die Ankömmlinge abzuholen. Da kommt die beunruhigende Nachricht: „Die Maschine wird vermißt." Keine offizielle Erklärung. Fünf Stunden lang warten die Angehörigen. Gerüchte besagen, der Jumbo sei entführt worden. Dann sickert durch: Das Flugzeug sei zur Landung in der UdSSR gezwungen worden.

Endlich verkündet ein Sprecher der Korean Air Lines über Lautsprecher, daß KAL-Flug 007 auf der Insel Sachalin habe landen müssen; alle Verwandten und Freunde möchten bitte ihre Telefonnummern hinterlassen, damit die Fluggesellschaft ihnen mitteilen könne, wann und wo die Passagiere abzuholen wären. Große Erleichterung, die meisten verlassen den Flughafen.

13 Stunden später: Durch die Pressekonferenz des US-Außenministers George Shultz erfahren die Angehörigen, erfährt das ganze Land vom Abschuß und den 269 Toten.

Mitarbeiter der Korean Air Lines schreiben die Namen aller Opfer auf Kärtchen und plazieren diese in einem hölzernen Schrein – als Geste der Trauer und des Mitgefühls. Angehörige eilen zum Airport, doch die einzigen, die sie dort treffen, sind Pressefotografen.

Eine Welle von Trauer und Zorn fegt durch das traditionell antikommunistische Südkorea. Auch in den Hauptstädten anderer Länder eilen Koreaner vor die sowjetischen Botschaften und demonstrieren gegen die „blutigen Mörder" und „Schweine" in Moskau. Die Regierung in Seoul spricht von einem „barbarischen Akt". Einige Tage später versammeln sich 100 000 Menschen im Stadion der Hauptstadt zur größten Trauerdemonstration in der Geschichte des Landes.

Schon am 3. September gibt ein Sprecher von Korean Air Lines bekannt: Sämtliche Daten seien korrekt in das INS-Trägheitsnavigationsgerät des Jumbos eingegeben worden, somit nicht ursächlich für den Irrflug. Diese Behauptung ist frei erfunden, denn der Flugschreiber mit den Daten liegt zu diesem Zeitpunkt noch gar nicht vor.

Doch den Angehörigen der Opfer hilft das nicht weiter. Für die Totenzeremonie nach buddhistischem Ritus wäre es wichtig, wenn schon nicht den Verstorbenen selbst, so doch wenigstens irgend etwas von seiner letzten persönlichen Habe, und seien es nur Kleiderfetzen, bei der Beerdigung mitzuführen. Zwar organisiert Korean Air Lines sofort Sonderflüge nach Hokkaido, wo gecharterte Fähren viele Trauernde zur Aufschlagstelle im Meer bringen. Doch nichts deutet mehr darauf hin, daß hier 269 Menschen umgekommen sind. Die Angehörigen werfen Kränze auf die Wellen und beten. Immerhin werden einigen wenigen tatsächlich mehrere Tage später aufgefundene Relikte ihrer Verstorbenen ausgehändigt.

Jurij Andropow, der Generalsekretär der KPdSU, macht Ferien im Kaukasus, als ihn der Chef der Luftverteidigungstruppen einige Stunden nach dem Abschuß von dem Vorfall unterrichtet. Noch weiß niemand in Moskau, wer oder was die unbekannte Maschine gewesen sein könnte. Bergungsteams sind auf dem Weg zur Absturzstelle. Peinlich ist das Ereignis auf jeden Fall schon jetzt: Der 1. September wird im sozialistischen Lager stets als „Weltfriedenstag" begangen.

In Moskau ist es bereits 17.00 Uhr, als George Shultz seine Pressekonferenz gibt – eine böse Überraschung für die politische und militärische Führung im Kreml. Was tun?

Man könnte natürlich sofort zugeben, daß die Grenztruppen eine verirrte Zivil- mit einer angreifenden oder spionierenden Militärmaschine verwechselt haben. Das wäre die tragische Wahrheit, so schlimm sie auch ist. Aber damit würde man auch zugeben, daß die gefürchteten sowjetischen Grenztruppen katastrophale Fehler machen können – unmöglich für ein Regime, das immer recht hat.

Andererseits ist ebenso unmöglich, den Abschuß zuzugeben und so zu tun, als habe man die Situation die ganze Zeit unter Kontrolle gehabt. Denn das würde bedeuten, daß eine harmlose Passagiermaschine mit voller Absicht zerstört worden sei – so wie es der Erzfeind in Washington soeben der Weltpresse erzählt hat.

Oder aber den ganzen Vorfall einfach leugnen? Nach kurzer Diskussion ist genau das die Taktik, auf die man sich im Kreml einigt...

„Tass" berichtet also vom Absturz des Jumbos, mehr aber nicht. Stunden später, die Proteste weltweit schwellen immer mehr an, folgt dann doch, gewunden, verdreht und lückenhaft, die Information, ein Flugzeug sei bei Verletzung der Staatsgrenze „abgefangen" worden. Von „Abschuß" ist noch immer nicht die Rede.

Viel zu spät geht den Kremlherren auf, daß man nicht mitten in Friedenszeiten 269 Zivilisten einfach töten kann und dann hoffen darf, die Situation durch stures Leugnen zu beherrschen. Viel zu spät geht ihnen auf, daß das Unglück nicht in jener Sekunde beendet war, als der Jumbo auf dem Meer zerbarst. Sondern daß damit eine der bedeutendsten Propagandaschlachten des Kalten Kriegs begonnen hat – und daß die Sowjetunion dabei ist, diese Schlacht zu verlieren.

Die Herren im Kreml beschließen, die Amerikaner als die eigentlichen Schuldigen hinzustellen. „Tass" verbreitet zwei neue Versionen vom Unglück.

Die erste: Nicht die Sowjettruppen hätten KAL-Flug 007 abgeschossen, der Jumbo sei vielmehr vom amerikanischen Geheimdienst CIA gesprengt worden. Die „Sowjetskaja Rossija" zieht gar Parallelen zum 1939 von Deutschland inszenierten, angeblich polnischen Überfall auf den Sender Gleiwitz, der als Grund für den deutschen Einmarsch in Polen herhalten mußte und damit den Zweiten Weltkrieg auslöste.

Version zwei: Der südkoreanische Jumbo sei in Wahrheit auf einer Spionagemission über der Sowjetunion gewesen. Ganz bewußt habe die CIA die ahnungslosen Passagiere benutzt, um mit deren Hilfe, als menschlicher Schutzschild gewissermaßen, tief in die UdSSR einzudringen.

Der russische Propagandalyriker Jewgenij Nefedow reimt dazu in der „Komsomolskaja Prawda": „Passagiere schlafen in den Sesseln ein,/werden nicht erwachen, wenn der Morgen hellt./Der sie ins Himmelreich geschickt hat,/sucht die Herrschaft der Welt."

Irgendwann geht „Tass" dann auf, daß diese beiden Versionen einander ausschließen. Warum sollte ein Geheimdienst sein eigenes Spionageflugzeug unterwegs sprengen? Und außerdem gibt es da noch die von den Amerikanern publizierten sowjetischen Funksprüche. Shultz behält recht: Die UdSSR desavouiert sich durch ihre Stellungnahme selber.

Sechs Tage nach dem Abschuß erlebt die Sowjetarmee eine der größten Demütigungen ihrer Geschichte: Ihr Stabschef, der ranghöchste Sowjetmilitär, muß sich der internationalen Presse stellen. Marschall Nikolai Ogarkow, 65, ein breitschultriger, grimmig dreinblickender Offizier, hat vier Jahre zuvor in der sowjetischen Militärenzyklopädie noch geschrieben, daß die UdSSR einen begrenzten Atomkrieg führen – und gewinnen – könne.

Jetzt gibt er im zweiten Stock des Nowosti-Gebäudes vor Hunderten von Journalisten aus aller Welt seine Version der Ereignisse zum besten. Mit Mikrofon und Zeigestock hantiert er vor großen farbigen Karten des Fernen Ostens, mal wie ein unwilliger Oberlehrer, mal wie ein tapsiger Conférencier.

„Ja", gibt er zu, seine Grenztruppen hätten KAL-Flug 007 „beendet". Es sei ein „Spionageflug" gewesen.

Ogarkow besteht darauf, der südkoreanische Jumbo habe heftige „Ausweichmanöver" geflogen – während doch der Funkverkehr seiner Abfangjäger zeigt, daß das Flugzeug stur den Kurs hielt. Er behauptet auch, der sowjetische Abfangjäger habe versucht, auf der internationalen Notruffrequenz mit dem Eindringling Kontakt aufzunehmen – während in Wirklichkeit Pilot Osipowitsch die ganze Zeit über nur mit seiner Bodenstation gesprochen hatte.

Weiterhin erklärt Ogarkow, der Eindringling sei ohne Beleuchtung geflogen – obwohl aus dem Funkverkehr klar hervorgeht, daß Osipowitsch alle Navigationslichter erkennen konnte. Die lahme Ausrede des Marschalls, als ihn Journalisten damit konfrontierten: Da habe der Pilot wohl die Lichter eines anderen sowjetischen Abfangjägers gesehen und sie mit denen des Unbekannten verwechselt.

Schließlich deutet Orgakow an, daß Jurij Andropow und alle anderen ranghohen Kremlführer erst nach dem Abschuß unterrichtet worden seien – was der Westen bis dahin nicht wußte.

Inzwischen hat der Absturz weltweit Empörung hervorgerufen. In Paris äußert ein Kabinettssprecher seine „schärfste Entrüstung", in London ist von „tiefster Beunruhigung" die Rede, in Stockholm von einem „Schock", in Bonn von einem „unbegreiflichen Akt". Selbst die Kommunistische Partei Italiens verurteilt den Abschuß mit ähnlich starken Worten wie fast jede westeuropäische Regierung.

In kaum einem anderen Land, Südkorea ausgenommen, sind die Menschen heftiger empört als in den USA. Und einer, der dies besonders zu spüren bekommt, ist ausgerechnet Ronald Reagan.

Der Präsident hat am 1. September um 7.10 Uhr Ortszeit auf seiner kalifornischen „Rancho del Cielo" vom Abschuß des südkoreanischen Jumbos erfahren. Reagan schickt – routinierte Betroffenheit des Berufspolitikers – einen Sprecher vor die Presse, der in dürren Worten den Abscheu und das Bedauern seines Chefs bekanntgibt. Der aber gedenkt noch einige Tage Urlaub zu machen.

Kathryn McDonald, die Witwe des umgekommenen Kongreßabgeordneten aus Georgia, tritt gefaßt vor die Presse und nennt mit grimmiger Stimme den Abschuß einen von den Sowjets kaltblütig geplanten „Mord" an ihrem Mann, da er der bekannteste Antikommunist im Kongreß gewesen sei. Sie vergleicht die Tat mit dem Attentat auf Papst Johannes Paul II., in dem sie ebenfalls ein kommunistisches Komplott sieht.

Doch ausgerechnet Ronald Reagan, der seinen politischen Erfolg auch kräftiger antikommunistischer Polemik verdankt, verschläft diese Empörung beinahe. Seine Berater registrieren zunächst erstaunt, dann alarmiert die von Stunde zu Stunde zunehmende Entrüstung. Immerhin können sie, da vier Zeitzonen Washington und Kalifornien trennen, alles, was sich während eines Tages in der Hauptstadt ereignet, noch am selben Abend für ihre Planungen verwenden.

Ja, lassen sie verlauten, der Präsident kürze seinen Urlaub um zwei Tage; dann, bald darauf, um drei Tage. Reagan eilt nach Washington. Von nun an sind seine öffentlichen Äußerungen deutlich und scharf. Sorgfältig feilt er an einer Rede, die im Fernsehen live übertragen wird. Mit zornigem Ernst spricht er darin immer wieder vom „Massaker". Und doch verzichtet er darauf, dem Druck der Hardliner im Kongreß nachzugeben. Kein neuerlicher Stopp der US-Weizenlieferungen an die UdSSR – das hatte schon nach der sowjetischen Invasion in Afghanistan nichts bewirkt. Erst recht kein Aussetzen der diplomatischen Beziehungen und kein Abbruch der Abrüstungsverhandlungen in Genf (das beruhigt die europäischen Verbündeten).

Tatsächlich sind, trotz allen Protests, die offiziellen amerikanischen Sanktionen nicht der Rede wert. Der Kongreß verurteilt einstimmig „eine der infamsten und verabscheuungswürdigsten Taten der Geschichte", schmettert aber schärfere Ergänzungen ab. Es kommt lediglich zu gewissen Unterbrechungen im kulturellen und wissenschaftlichen Austausch.

Dagegen finden nun überall im Land skurrile Stellvertreterkriege statt. Besitzer von Bars und Schnapsläden versammeln sich im Bostoner Hafen, um die legendäre „Tea Party", einst symbolträchtiger Beginn des amerikanischen Unabhängigkeitskrieges, neu zu inszenieren: Nur kippen sie diesmal statt englischen Tees russischen Wodka in die trüben Fluten. Die Gouverneure von 18 Bundesstaaten bannen russischen Wodka gleich völlig aus den staatlich lizensierten Alkoholgeschäften. Kalifornische Hafenarbeiter weigern sich, die Sperrholzfracht eines sowjetischen Schiffes zu entladen. Und in Kanada strandet ein russischer Zirkus auf Tournee, weil er nirgendwo mehr auftreten darf, aber auch keine Aeroflot-Maschine ihn abholen kann – die sowjetische Airline hat dort vorübergehend Landeverbot.

Später bestellt das US-Außenministerium den Sowjetbotschafter Oleg Sokolow zum Rapport. Ein Vertreter Washingtons baut sich vor ihm auf und liest ihm einen Brief vor, in dem energisch „prompter, adäquater und effektiver Schadensersatz" für die amerikanischen Opfer gefordert wird. Sokolow weigert sich, die Note anzunehmen. Einige Tage darauf will die US-Regierung wiederum eine Note übergeben, in der gegen die sowjetische Weigerung, die erste Note entgegenzunehmen, protestiert wird. Auch diesmal wird die Annahme verweigert. Was wie eine diplomatische Farce aussieht, hat einen ernsten juristischen Hintergrund. Die Sowjetregierung zeigt damit, daß sie keinen Schadensersatz zu zahlen bereit ist. Keiner der Hinterbliebenen der 269 Opfer wird je einen Rubel bekommen.

Korean Air Lines zahlt später vielen Familien den durch ein internationales Abkommen festgelegten Höchstsatz von 75 000 Dollar. Erst 1997 wird es den Angehörigen von vier Opfern gelingen, vor einem japanischen Gericht umgerechnet knapp 2,2 Millionen Mark zu erstreiten. Ein ähnlicher Prozeß läuft seit 1997 in den USA, ist aber noch nicht entschieden.

Am 6. September erlebt die Propagandamaschine der UdSSR im UN-Sicherheitsrat eine verheerende Niederlage. Alvin Snyder, der Fernsehdirektor der U.S. Information Agency, ist kurz zuvor zu einem streng geheimen Treffen ins Außenministerium geladen worden. Dort hat er das Tonband mit den mitgeschnittenen Meldungen der sowjetischen Piloten ausgehändigt bekommen. Daß die NSA noch viel mehr mitgehört hat, wird ihm vorenthalten.

Jetzt präsentiert Snyder sein Werk dem Weltsicherheitsrat. Er hat aus dem Tape mit den knackenden russischen Funksprüchen ein Videoband gefertigt, in dem die Texte in Russisch und Englisch eingeblendet werden, dazu eine kurze Chronologie des Unglücks und eine Karte der Region: ein dramatisches, wenn auch nicht ganz wahrheitsgetreues Dokument über den Abschuß.

Die Unsicherheit Osipowitschs und seiner Kameraden hört sich hier an wie „jugendliches Geschwätz" – so US-Offiziere, die das Band abhören. Der Verdacht der Russen, eine RC-135 vor sich zu haben, die aufblitzenden Lichter des sowjetischen Abfangjägers, die Warnschüsse – all das kommt in dieser manipulierten Aufbereitung nicht vor. Vielmehr illustriert sie die offizielle Version der USA, daß die Sowjets bewußt eine Zivilmaschine abgeschossen hätten.

Fünf übergroße Fernsehschirme sind vor den Delegierten des Weltsicherheitsrates aufgebaut. Gebannt starren alle Diplomaten darauf – nur Oleg Trojanowskij nicht, der Chef der sowjetischen Delegation. Er spielt mit seinem Kugelschreiber, blättert in Akten oder starrt stur geradeaus. Doch seine eigenen Mitarbeiter direkt hinter seinem Rücken verfolgen die Aufzeichnung mit ebenso großer Aufmerksamkeit wie alle anderen anwesenden Diplomaten. Anschließend wird dieses Videoband an die Weltpresse verteilt.

Ein Desaster für die UdSSR. Jetzt stehen die Sowjets als Mörder da und, wegen ihrer täppischen Propaganda danach, auch noch als Lügner. „Dies ist die größte Chance, die wir je gehabt haben, diese Bastarde in die Ecke zu nageln", freut sich der erzkonservative US-Senator Jesse Helms. In der Tat.

Zwar glauben – wie sich Jahre später herausstellt, zu Recht – 61 Prozent der US-Bürger, daß ihre Regierung mehr über das Unglück weiß, als sie zugibt. Und natürlich ärgern sich die Geheimdienstler in den USA und Japan darüber, daß sie vom nunmehr sorgfältiger verschlüsselten sowjetischen Funkverkehr vorerst erheblich weniger als früher erlauschen können. Ronald Reagans Sympathiewerte in der Bevölkerung – zuvor auf 44 Prozent gesunken – springen jedoch wieder auf 53 Prozent.

Und der Präsident darf aufrüsten: Sein milliardenteures und militärisch höchst umstrittenes MX-Interkontinentalraketen-Programm kommt im Kongreß durch. „Ich dachte, wir hätten es abgeschmettert – bis es dazu kam", gesteht der demokratische Repräsentant und Aufrüstungsgegner Joseph Addabbo resigniert. Genehmigt werden nicht nur 188 Milliarden Dollar für Reagans riesiges Rüstungsprogramm – der Kongreß beschließt auch gleich noch, das US-Moratorium für Chemiewaffen wiederaufzuheben.

TRÜMMER

Die Einwohner von Mombetsu, einem kleinen Fischerstädtchen an der Nordostküste Hokkaidos, patrouillieren in langen Reihen geduldig den Strand entlang. Die Männer und Frauen – Polizisten, Beamte und Dutzende von Freiwilligen – stecken in unförmigen Regenschutzanzügen. Das Wetter ist schlecht. Die Wellen des Ochotskischen Meeres spülen Treibholz, zerfetzte Fischernetze, Benzinkanister und leere Konservendosen an den steinigen, mit totem Seetang bedeckten Strand. Doch die Trupps suchen nach Trümmern anderer Art.

„Es gibt keine Samstage und Sonntage mehr für uns", sagt Yoshimi Hatanaka, der stellvertretende Polizeichef. „Wir müssen suchen, bis wir auch den letzten Rest gefunden haben." Er meint die Überreste von KAL-Flug 007. Japanische Fischer fahren zum Seegebiet um die Insel Moneron. Koreanische Einheiten kreuzen bis zum 29. September in der See. Flugzeuge der U.S. Air Force und fünf Schiffe der amerikanischen Marine und Küstenwache sind vom 1. September bis zum 5. November auf der Suche.

Das erste Opfer des Jumbo-Absturzes wird von Fischern entdeckt: Es ist die Leiche eines Kindes, von Glas- und Stahlsplittern zerfetzt. Später bergen Seeleute zwei weitere Leichname. Die anderen 266 aber bleiben unauffindbar.

Japaner und Amerikaner stoßen auf mehr als 700 kleine Trümmerstücke, darunter eine zerfetzte Metallplatte mit einem weißen „L" auf rotem Hintergrund (den Farben von Korean Air Lines); Teile von Passagiersitzen; Sauerstoffmasken; eine bunte Kinderjacke; einen an der Ferse vollständig aufgerissenen Kinderturnschuh.

Manche Teile riechen nach Kerosin, aber kein einziges zeigt Brandeinwirkungen. Wie gespenstische Spuren tauchen die Ausweispapiere von Chang Ma-son, einem Geschäftsmann aus Taiwan, und Mary Jane Hendrie, einer jungen Kanadierin, aus den Wellen auf.

Doch der Kernbereich des Absturzgebiets ist gesperrt. 24 sowjetische Schiffe, einige Mini-U-Boote und zahlreiche Flugzeuge kreuzen über der vermutlichen Absturzstelle und machen Japanern wie Amerikanern unmißverständlich klar, daß sie in dieser Region nichts zu suchen haben. Beide Großmächte erhöhen die Alarmbereitschaft auf ihren Basen im Nordpazifik. Gelegentlich rauschen gegnerische Kriegsschiffe im Abstand von 500 Metern aneinander vorbei.

Am 26. September 1983 übergeben Vertreter der UdSSR japanischen und amerikanischen Offiziellen 60 kleine Wracktrümmer und 18 Gegenstände, die als „persönliches Eigentum" von Passagieren identifiziert worden sind. Danach hört die Öffentlichkeit von der Sowjetregierung zehn Jahre lang zu diesem Komplex nichts mehr.

Tatsächlich ist aber einen Monat nach dem Crash die „Mikael Mirchink" am Unglücksort, ein Ausbildungsschiff für sowjetische Ziviltaucher. Die entdecken in 174 Meter Tiefe ein Trümmerfeld.

Auf dem ebenen Sandboden liegen auf einer Fläche von etwa 160 mal 60 Metern Hunderte von zerfetzten Metallteilen: kleine Bruchstücke aus dem Rumpf, den Flügeln und dem Leitwerk; ein paar Reifen; ein Triebwerk. Daneben Jacken und Brieftaschen – aber keine Spur von den Opfern. Da die Trümmer recht eng beieinanderliegen, ist zu vermuten, daß der Jumbo nicht schon in der Luft zerborsten ist, sondern erst beim Aufprall auf die Wellen.

Die Taucher fotografieren und filmen und bergen ein rund vier Meter langes Stück der Heckfinne: das größte zusammenhängende Trümmerstück, das gefunden wird. Und sie holen die beiden Flugschreiber herauf. Die sind herausgerissen aus dem Rumpf, schwer demoliert vom Aufprall und angegriffen vom Salzwasser – doch so weit intakt, daß die Bänder mit den Aufzeichnungen auswertbar sind.

Im Westen weiß man davon lange nichts. In den ersten Tagen nach dem Unglück blühen die Spekulationen darüber, wieso ein Jumbo mit einem „idiotensicheren" Navigationssystem sich in klarer Nacht über 600 Kilometer weit verfliegen konnte. Eine Entführung? Oder wollte Kapitän Chun Byung-in gar Kerosin sparen und eine „Abkürzung" durch sowjetisches Territorium nehmen?

Spezialisten der britischen Luftfahrtbehörde CAA kommt schließlich der Verdacht, daß INS und Autopilot an Bord von KAL-Flug 007 zwar beide jeweils einwandfrei funktioniert haben, aber nicht miteinander gekoppelt waren. Ihre Simulation erbringt einen Kurs, der nur acht Kilometer vom tatsächlichen Unglücksflug abweicht.

Erst knapp zehn Jahre nach dem Unglück, im Januar 1993, übergeben Vertreter Rußlands der International Civil Aviation Organization

(ICAO) die Originale der Bänder aus den beiden Flugschreibern. Die ICAO beauftragt Spezialisten in Paris mit der Untersuchung der Aufzeichnungen. Und tatsächlich bestätigen sie die Vermutungen der Briten: Der Irrflug von KAL 007 war der spektakulärste von insgesamt 101 bekannten Fällen, in denen Crews trotz funktionierender INS-Systeme durch eine Kombination von Leichtsinn und Übermüdung meilenweit vom Kurs abgekommen sind.

Heute fliegen viele Passagierjets mit dem Global Positioning System (GPS), das mit Hilfe von Satellitendaten überall auf der Welt eine auf wenige Meter genaue Positionsbestimmung ermöglicht. Das ist „fast idiotensicher" – zumindest in der Theorie. Doch was nützen hochpräzise Systeme, wenn Menschen deren Daten ignorieren?

EIN ZEUGE?

Eine Frage ist bis heute nicht geklärt: Hat es nicht vielleicht doch Zeugen gegeben – und zwar menschliche Zeugen, nicht automatische Aufzeichnungsgeräte auf irgendwelchen militärischen Horchposten?

Tatsächlich finden sich dafür einige beunruhigende Indizien. Das beginnt mit dem Material, auf das die ICAO ihren Abschlußbericht von 1993 stützt. Die japanische zivile Luftüberwachung konnte für diesen Report die Originale all jener Tonbänder zur Verfügung stellen, auf denen sie den Funkverkehr des fatalen Jumbo-Fluges von ihrer Seite aufgezeichnet hat.

Rußland wiederum hat der ICAO die Originale der Bänder der beiden Flugschreiber und die von den sowjetischen Soldaten „geplotteten" Kurse der RC-135 und des Jumbos übergeben. Die amerikanische und die japanische Regierung schließlich haben – diesmal vollständig – die Protokolle mit den abgelauschten Telefon- und Funkgesprächen der sowjetischen Militärs veröffentlicht.

Doch ausgerechnet die Amerikaner, die jeden Fluch der Russen penibel registriert haben, können die Originale ihrer eigenen Tonbänder, die den Funkverkehr mit der Bodenstation in Alaska dokumentieren, angeblich „nicht mehr zur Verfügung stellen". Sie lieferten meistens nur „beglaubigte Kopien".

Das ist verwunderlich, denn der südkoreanische Jumbo hielt sich ja, ehe er sich über sowjetischem militärischen Sperrgebiet verirrte, rund zwei Stunden lang über ebenso „sensiblem" amerikanischen Sperrgebiet auf. Von Bethel, wo er 22 Kilometer zu weit nördlich war, bis zum Waypoint NEEVA, wo er schon beinahe 300 Kilometer neben dem geplanten Kurs lag, passierte Kapitän Chun nacheinander die „Air Defence Identification Zone" (ADIZ), die „Distant Early Warning Identification Zone" (DEWIZ) und die „Alaskan Air Command Buffer Zone" der Air Force. Sie bewacht die Nordgrenze der USA vor anfliegenden Bombern, Aufklärern oder Interkontinentalraketen. Sollte sie zumindest.

Nach den amerikanischen Luftfahrtvorschriften muß jedes Flugzeug, das in die ADIZ eindringen möchte – also die Route R 20 nordwärts verläßt –, vorab den Flugplan zur Genehmigung einreichen und regelmäßig Zeit, Position und Höhe melden. Jede Maschine, die dies nicht tut, wird abgefangen, der Pilot muß mit einer empfindlichen Strafe der US-Luftfahrtbehörde rechnen.

KAL-Flug 007 verstieß rund zwei Stunden lang gegen diese Vorschrift, doch scheint – soweit man den kopierten Bändern trauen kann – keine militärische Stelle der Air Force je versucht zu haben, mit dem verirrten Jumbo Kontakt aufzunehmen, geschweige denn, ihm Abfangjäger hinterherzuschicken.

Natürlich waren die US-Radarexperten auf Flugobjekte fixiert, die von jenseits des Beringmeers kamen, also aus der Richtung des potentiellen Feindes. Flugzeuge, die aus der eigenen Region in Richtung Beringmeer unterwegs waren, erregten weniger Argwohn.

Es bleibt die Schlußfolgerung, daß die amerikanische militärische Luftüberwachung entweder geschlafen hat – oder daß sie KAL-Flug 007 sehr wohl registriert, aber (unter Mißachtung von US-Gesetzen) auf eine Kontrolle verzichtet hat, weil es ja keine sowjetische Maschine sein konnte.

Undurchsichtig ist auch die Rolle der RC-135 – jenes amerikanischen Aufklärers, den die südkoreanische 747 nach gut dreistündigem Flug passierte. Alle Angaben zum Flugzeugtyp und zur Flugroute stammen aus sowjetischen Quellen. Auch 1993, die UdSSR war längst untergegangen, steuerten Regierungsvertreter aus Washington gegenüber dem ICAO-Untersuchungsteam keine eigenen Daten bei.

Genauer: Die Amerikaner hatten zwar Funk- und Telefongespräche der gegnerischen Militärs abgehört – jene Dialoge, in denen die Sowjets sich über die Position der RC-135 unterhielten. Diese abgelauschten Äußerungen wiederum waren die Basis der amerikanischen Informationen an die ICAO. Eine Überwachung jenes ominösen Aufklärungsfluges durch US-Bodenradar habe es aber angeblich nicht gegeben.

Und zu weiteren Fragen, etwa zum Flugplan oder zum „Mission Report", dem Abschlußbericht nach jedem Militäreinsatz, lautet die offizielle Entgegnung: „Den USA ist keine noch existierende Information über die Flugbewegungen der RC-135 bekannt, weder von der RC-135 selbst noch aus anderen US-Quellen."

Nun sind, wie der Vergleich des tatsächlichen Kurses von KAL-Flug 007 und der von den Sowjets „geplotteten" Route ergibt, die Daten der PWO nicht allzu genau gewesen. Gut möglich also, daß die RC-135 noch näher an den Jumbo herangeflogen ist, als mit dem Radar registriert wurde.

Nach offiziellen Angaben der USA sind „keine Radar-Aufzeichnungen verfügbar". Die RC-135 „setzte normale Navigationsinstrumente und bordgestützte Überwachungssysteme zur Kontrolle des umgebenden Luftraums nur zum Selbstschutz ein".

Dies bedeutet aber nicht, daß die RC-135 ahnungslos an dem Jumbo vorbeigeflogen wäre – im Gegenteil, es ist ein halbes Eingeständnis, daß sie ihn registriert hat.

Es wäre auch höchst unwahrscheinlich gewesen, daß ein hochmoderner elektronischer Aufklärer nicht bemerkt hätte, daß in seiner Nachbarschaft ein Jumbo vorbeidonnert. Wahrscheinlicher ist, daß die Crew der RC-135 einen sich in Richtung Kamtschatka und Sachalin bewegenden Blip auf ihrem Radarschirm hatte, aber keinen Grund sah, die eigene Bodenstation darüber zu informieren. Der (elektronische) Blick war fest auf Sibirien gerichtet – was von der eigenen Seite kam, war schlicht und einfach nicht interessant. Im zivilen Leben nennt man das, was die Air Force in der Nacht auf den 1. September 1983 wahrscheinlich praktiziert hat, „unterlassene Hilfeleistung".

Es wäre noch eine dritte, besonders infame Variante denkbar: Die Air Force hat sehr wohl erkannt, daß sich da oben eine Zivilmaschine verfliegt und auf die UdSSR zurast – und sie bewußt in den sowjetischen Luftverteidigungsschirm geraten lassen: um zu testen, wie und wie schnell der Gegner reagiert.

Das einzige, allerdings sehr dünne Indiz, das für diese Version spricht, ist ein Tonbandmitschnitt der Controller im zivilen Air Route Traffic Control Center von Anchorage – jener Leitstelle, die KAL-Flug 007 auf seinem ersten Teilstück überwacht hat.

Die Aufzeichnung stammt vom 1. September 1983, 5.34 Uhr Ortszeit. Der Jumbo ist seit eineinhalb Stunden in der Luft und passiert gerade den Waypoint NABIE – genauer: eine Stelle 111 Kilometer nördlich davon, von der Kapitän Chun Byung-in annimmt, daß es NABIE sei. Der Jumbo ist also schon weitab vom Kurs und in die ADIZ geraten, die zentrale US-Luftverteidigungszone.

Das Tonband enthält einen Funkspruch unbekannter Herkunft auf Kanal 4 von Anchorage ARTCC, sehr schwach und sehr leise, die

Worte nahezu unverständlich. Experten wollen aus diesem fragmentarischen Rauschen die Worte „somebody should warn them" herausgehört haben – „jemand sollte sie warnen."

Sollte dies zutreffen, dann könnte dieses „sie" sich auf den verirrten südkoreanischen Jumbo beziehen. Wenn – das zweite große „Wenn" in dieser dünnen Indizienkette – dies so wäre, dann wäre der fatale Kurs von KAL-Flug 007 auf irgendeinem US-Militärradarschirm erkennbar gewesen, und das schon vier Stunden bevor die 269 Menschen an Bord ins eisige Meer stürzten.

JAGDSTOLZ

Gennadij Nikolaiwitsch Osipowitsch ist heute Rentner. Der Abschuß des südkoreanischen Jumbos hat aus ihm so etwas wie eine Berühmtheit gemacht, was ihm durchaus gefällt. Als die Sowjetregierung 1983 verzweifelt versuchte, den verheerenden Propagandaschaden der Tragödie einzudämmen, durfte er im Staatsfernsehen auftreten. Brav berichtete er damals, eine unbeleuchtete Spionagemaschine vor sich gesehen zu haben.

Seit dem Zusammenbruch der UdSSR hat er manches Interview gegeben. Bei jedem Gespräch werden die Details farbiger, kommt Osipowitsch dem Jumbo näher. Nun waren es angeblich nur noch „150 bis 200 Meter", die ihn von der südkoreanischen Passagiermaschine getrennt hatten. Und jetzt will er sie durchaus als zivile Boeing B 747 identifiziert, das aber der Bodenstation verschwiegen haben. Sehr glaubhaft klingt das alles nicht – vor allem angesichts des Telefongesprächs, das er unmittelbar nach der Landung mit General Kornukow geführt hat.

Osipowitsch bereut heute noch, daß er den Jumbo erst so spät abschießen durfte, weil seine Kameraden am Boden „Angst bekommen haben". So sei die Maschine, als er endlich doch noch feuern durfte, unglücklicherweise ins Meer gestürzt. Wäre sie auf Sachalin heruntergekommen, dann wäre es nach Überzeugung des Ex-Piloten den sowjetischen Militärs fraglos gelungen, Beweise für den Spionageeinsatz des südkoreanischen Jumbos zu finden.

Nur eines ärgert Osipowitsch noch immer: daß die Prämie, die ihm zur Belohnung für den erfolgreichen Abschuß ausgezahlt worden ist, niedriger war als erhofft. Nur einen Monatslohn hat er erhalten: 200 Rubel minus Postzustellungsgebühr.

WOLFGANG MICHAL

Der Fall Bernsteinzimmer

*Dies ist die Geschichte der spannendsten
Kunstfahndung der Nachkriegszeit. Gesucht wird seit mehr als
50 Jahren das legendäre Bernsteinzimmer – jenes
Kabinett, das Preußenkönig Friedrich Wilhelm I. 1716 Zar Peter
dem Großen geschenkt hat und das 1945 unter ungeklärten
Umständen verschwunden ist. Jahrelang schienen sich nur Spinner,
Phantasten und die Stasi für den Schatz, dessen Wert
heute auf 250 Millionen Mark geschätzt wird, zu interessieren.
Doch dann tauchten plötzlich Überreste des verschollen
geglaubten Zimmers auf...*

Am 29. Juni 1987 wird ein nackter, blutverschmierter Mann ins Kreiskrankenhaus Starnberg eingeliefert. Den Ärzten erzählt er, er sei unter Drogen gesetzt und verhört worden. Anschließend habe man ihn ermorden wollen, denn er wisse zuviel. Er stehe vor der Aufdeckung eines Riesenskandals; nur auf den einen wichtigen Anruf von allerhöchster Stelle warte er noch. Dann könne er sein Schweigen brechen und der Welt eine Sensation präsentieren: GEORG STEIN FINDET BERNSTEINZIMMER. In Leningrad und Moskau würden Tränen des Glücks und der Rührung fließen. Man würde ihn mit Orden behängen und auf Händen zum Kreml tragen. Und Georg Stein, der tapfere, niemals aufgebende Obstbauer aus Stelle bei Hamburg, wäre endlich jener strahlende Held, der er unter Hitler nicht sein konnte.

Es ist eine Verzweiflungstat. In einem rituellen Akt hat sich Georg Stein die Bauchdecke aufgeschlitzt, das herausquellende Blut und die Eingeweide mit Gras und Erde verschmiert. Eine schamanische Praktik, kennengelernt in russischer Kriegsgefangenschaft. Schon mehrmals hat er sich auf diese Weise zu töten versucht. Immer karfreitags. Ein Sühneopfer.

Die Ärzte sind ratlos, die Familie hat genug von ihm. Mit seiner manischen Suche nach dem verfluchten Zimmer hat er alle ruiniert: die Frau verloren, Haus und Hof verspielt, die Zuneigung der Kinder unter einem Schuldenberg begraben. Jetzt schließen sie ihn aus. Wo soll er hin?

Am 20. August 1987, acht Tage nach seiner Entlassung aus dem Spital, finden Spaziergänger Stein im Wald. Tod durch Harakiri. Sein Nachlaß: sechs Kartons, randvoll mit Recherchen. Sein Vermächtnis die immer wiederkehrenden Sätze: „Man muß alles suchen! Man muß überall suchen!!" Sein letztes Lebenszeichen der Hilfeschrei aller entflammten Fahnder: „Habe neue Spur, bin ganz dicht dran."

Dicht dran ist, jenseits der Mauer, auch Stasi-Oberst Paul Enke. Seit 1953 sucht er das Zimmer. Hat 130 Stollen, Bunker, Schlösser durchwühlt, mit Pioniereinheiten gebaggert und gebuddelt – nichts. „Genosse Bernstein", wie Stasi-Chef Mielke frotzelt, dreht sich im Kreis.

Da tritt Stein in sein Leben, der Bruder im Geiste: gebürtiger Königsberger wie er, Hitlers Frontsoldat wie er, in Stalins Lagern gehungert wie er. In Ost-Berlin treffen sie sich. Tauschen heiße Spuren, versorgen einander mit brisantem Material. Im Juli 1987 will Stein erneut in die DDR, bekommt aber kein Visum. Es ist die letzte hektische Aktivität vor seinem endgültigen Zusammenbruch.

Vier Monate danach stirbt Enke. Auch er am Ende seiner Kräfte: Herz kaputt, Kreislaufschwäche, Hirnschlag. Noch im Krankenhaus, in seiner letzten Stunde, fabuliert er vom Bernsteinzimmer. Und im Club der Fahnder keimt ein furchtbarer Verdacht: Wurden die Jäger des verlorenen Schatzes beseitigt, weil sie das Rätsel gelöst hatten?

Bis auf den heutigen Tag suchen Historiker, Geheimagenten, Schatzgräber und Journalisten fieberhaft nach einem Schatz, der schon unzählige Male für verschollen, versunken oder verbrannt erklärt worden ist. Dessen faszinierende Gestalt immer wieder auftaucht wie ein unverarbeitetes Erlebnis.

Sommer 1941. Zwischen Ostsee und Karpaten beginnt der blutigste Krieg aller Zeiten: Hitlers „Unternehmen Barbarossa", der Versuch, die Sowjetunion zu vernichten. Mit im Troß: sogenannte Kunstschutzoffiziere, die „sicherstellen", was an Kunstwerken zwischen die Fronten gerät, mit im Troß Sondereinsatzkommandos, die eifrig beschlagnahmen, was nach den Kämpfen übrig ist.

Zielstrebig leeren diese Experten – im Zivilberuf Museumsleute, Archivare oder Künstler – die Museen von Kiew, Charkow, Riga und Minsk. Plündern Kirchen und Bibliotheken und widmen sich mit besonderer Akribie den Zarenpalästen vor Leningrad.

Prunkstück ihrer Beute ist das Bernsteinzimmer aus dem Katharinenpalais von Puschkin – jenes „achte Weltwunder", das Preußens

Soldatenkönig 1716 Zar Peter dem Großen schenkte, um mit dieser Geste das „immerwährende Bündnis" zwischen Hohenzollern und Romanows zu besiegeln. Unter Anleitung des Kunstschutzoffiziers Ernst-Otto Graf zu Solms-Laubach demontieren Soldaten die Bernsteinverkleidungen des 120 Quadratmeter großen Saals, verpacken sie in 27 Kisten und bringen sie nach Königsberg.

Im Südflügel des Stadtschlosses wird das Zimmer aufgebaut und den Königsbergern als preußisches Nationalheiligtum präsentiert. Doch als die Sowjets die Stadt im April 1945 erobern und russische Offiziere „ihr" Bernsteinzimmer in den Trümmern suchen, ist das Prachtstück verschwunden. Als hätte es sich in Luft aufgelöst.

Von diesem Tag an erfährt das Bernsteinzimmer einen auffälligen Bedeutungswandel. Während deutsche Experten es als kitschiges Kunsthandwerk abtun, dem man keine Träne nachweinen müsse, und die Bundesregierung den Verlust weitgehend ignoriert, wird das Zimmer in Moskau plötzlich so hoch gepriesen, daß man zahllose Expeditionen ausschickt, um den Zarenschatz zu finden. Und je demonstrativer sich deutsche Verachtung und russische Verherrlichung aufschaukeln, desto mehr wird das Zimmer zum Sinnbild einer grundsätzlichen Entfremdung zwischen Ost und West. Einer Entfremdung, die sogar den Kalten Krieg überdauert.

Denn in den Beutekunst-Verhandlungen, in denen es 52 Jahre nach dem Krieg um die Rückgabe der verschleppten Kunstschätze geht, stehen sich noch immer Nichtachtung und Unverständnis gegenüber.

Deutschland verlangt von Rußland die Herausgabe von 200000 Museumsobjekten, zwei Millionen Büchern und drei Kilometer Archivgut. Rußland erwartet die Rückgabe von 40000 künstlerischen Objekten, vor allem aus den Zarenpalästen um St. Petersburg. Höchste Priorität für die Russen hat das Bernsteinzimmer. Es ist ihr Statussymbol – und der schlagende Beweis, daß deutsche Knobelbecher den russischen Wunsch nach guten Beziehungen zertreten haben.

Deshalb, wegen der Trauer um das verlorene deutsch-russische Bündnis, starteten die beiden Frontsoldaten Enke und Stein ihr „Unternehmen Bernsteinzimmer". Sie mußten das Zimmer finden. Denn sie wollten für das „Unternehmen Barbarossa" bezahlen.

Sie bezahlten mit ihrem Leben. Doch zehn Jahre nach ihrem Tod machen sich eine zweite, eine dritte Fahndergeneration daran, das Geheimnis des verlorenen Schatzes zu lüften. Und es sieht so aus, als könnten sie Glück haben. Einige Indizien, einige Vorgänge weisen darauf hin: Der Wert des Zimmers kletterte binnen kurzem um das Dreifache, auf 250 Millionen Mark. Teile des Werks, von Experten als echt bezeichnet, tauchen überraschend auf dem Kunstmarkt auf. Und: Mehrere Fahnder stoßen – unabhängig voneinander – auf eine ähnliche Spur.

Darf ich Ihnen an dieser Stelle „Deep Throat" vorstellen?
Meine Treffen mit ihm gehören zu den Begegnungen, die im Journalismus manchmal vorkommen: Man ist überzeugt, einen Verrückten vor sich zu haben, aber die äußeren Umstände sprechen dagegen.
„Deep Throat" arbeitet in einem normalen Beruf, in einer angesehenen Firma. Am Telefon ist er einsilbig, im direkten Gespräch nervös. Bei seiner Suche nach dem Bernsteinzimmer ist er auf eine verblüffende Spur gestoßen. Seine Identität will er deshalb nicht preisgeben. Erst müsse noch jemand sterben, sagt er, bevor er reden könne.
„Alles, was ich Ihnen geben kann, ist ein wenig Orientierung. Wenn Sie die Stecknadel im Heuhaufen suchen, müssen Sie den Heuhaufen kennen!"

Der Heuhaufen ist das chaotische Jahr zwischen Juli 1944 und Juni 1945. Der Krieg, seit Stalingrad für die Deutschen verloren, ist ein einziges Rückzugsgefecht. Die letzte Hoffnung, die den Eliten des Dritten Reichs noch bleibt, ist das Auseinanderbrechen der alliierten Kriegskoalition. Würden Briten und Amerikaner im letzten Moment einsehen, daß nur ein starkes Deutschland den Bolschewismus aus Europa fernhalten kann, wäre die bedingungslose Kapitulation vielleicht noch abzuwenden.

Doch während Hitler die letzte Chance im Führerbunker herbeisehnt, beginnen einflußreiche Kreise in Wirtschaft, Wehrmacht und SS mit leisen Absetzbewegungen vom Regime. Über Stockholm und Bern werden Fühler ausgestreckt „für die Zeit danach".

Die Devise der Realisten heißt: retten, was zu retten ist. Aber Vorsicht! Das zu Rettende muß vorbeigeschleust werden an Gestapo und Sicherheitsdienst, darf weder den zerstörungswütigen Hitlertreuen noch den rachedürstenden Sowjets in die Hände fallen. Ohne Falschspiel und Täuschung ist gegen die Fanatiker der verbrannten Erde kein Durchkommen mehr.

Das gilt auch für die Kunst: Wer hier etwas retten will, muß skrupellos handeln. Muß Bilder als Bettzeug deklarieren und Güterwaggons umdirigieren. Adlige spielen bei allen Rettungsaktionen eine führende Rolle: in der Wehrmacht, beim Widerstand, im Kunstschutz. Traditionsgemäß haben sie die besten Kontakte nach draußen, traditionsgemäß sind sie in den Führungsetagen des Reichs gut vertreten. Kaum ein Kunstschutzoffizier, der nicht Baron oder Graf wäre, kaum ein Fürst oder Freiherr, der seine Immobilie nicht gegen gutes Geld als Unterstellplatz für gefährdetes Kunstgut vermietet. Alles, was deutschen Museen teuer ist, lagert bei Kriegsende in Bunkern und Bergwerken. Und: in deutschen Schlössern. In Ostpreußen stehen rund 90 Orte zur Verfügung, von alten Festungsforts im Verteidigungsring von Königsberg bis zu fürstlichen Gütern in der Provinz.

Doch Ostpreußen bleibt nur eine Galgenfrist. Stalin, Churchill und Roosevelt sind Ende 1943 übereingekommen, Königsberg und das nördliche Ostpreußen der Sowjetunion zuzuschlagen. Das Vermögen der Junker und das bei ihnen eingelagerte Kunstgut wäre also unwiederbringlich verloren, würde man es nicht rechtzeitig aus der Gefahrenzone herausschaffen.

Tonnenweise werden Archive und Kunstschätze von 1944 an nach Westen verbracht, vom Preußischen Staatsarchiv bis zu den jahrhundertealten Gobelins schwerreicher Junker. Zentrum der Aktivitäten ist das Königsberger Schloß. Dort, in den Museumshallen des gewaltigen Ordensbaus, hat der Direktor der Kunstsammlungen, Alfred Rohde, alle Hände voll zu tun, die vielen Aus- und Umlagerungen zu koordinieren und abzuwickeln. Denn Rohde ist nicht nur für seine Kunstsammlungen zuständig, er hat sich auch um die Verwahrung der in der Sowjetunion beschlagnahmten Güter zu kümmern.

Es ist ein heilloses Durcheinander. Immer neue Kisten stehen auf dem Schloßhof, die irgendwoher kommen und irgendwohin geschafft werden müssen: in den Bunker der Kirche am Steindamm, in den Tresor der Stadtbank, zu Hitlers Wolfsschanze, auf die Güter des Fürsten zu Dohna-Schlobitten. Von dort sollen sie später nach Sachsen, Thüringen, Bayern und Hessen weitergeleitet werden.

Am 6. September 1944, eine Woche nach den verheerenden Bombenangriffen der britischen Luftwaffe auf Königsberg, schreibt Rohde an „Seine Majestät", Fürst Alexander zu Dohna-Schlobitten, ob dieser nicht Kunstschätze, die den Feuersturm im Südflügel des Schlosses überstanden hätten, „u. a. das Bernsteinzimmer", bei sich aufbewahren könne.

Der Fürst lehnt mit dem Hinweis auf die Feuchtigkeit seiner Keller ab. Doch Mitte Januar 1945 taucht Ernst-Otto Graf zu Solms-Laubach, der das Bernsteinzimmer in Puschkin demontiert hatte, beim Fürsten auf, um eingelagerte Kunstschätze nach Westen zu bringen. War das Bernsteinzimmer vielleicht dabei?

„Sie fangen an, kriminalistisch zu denken", lobt „Deep Throat". „Wer hatte ein Motiv? Das ist die Leitfrage."

"Der Fürst", sage ich, *"hätte ein Motiv: altpreußische Verbundenheit. Sein Urahn war Erzieher des Königs, der das Bernsteinzimmer nach Rußland geschenkt hat. Das Schloß der Dohnas war in seiner Ausstattung eine perfekte Kopie des Charlottenburger Vorbilds, für welches das Bernsteinzimmer ursprünglich vorgesehen war. Alle preußischen Könige gingen bei den Dohnas ein und aus. Das verpflichtet."*

"Deep Throat" grinst. *"Ist das alles, was Sie gefunden haben?"*

"Die Familien Dohna und Solms-Laubach sind eng miteinander verwandt, und auch der Transporttermin Mitte Januar würde passen."

Am 26. Januar 1945 stößt die Sowjetarmee bei Tolkemit ans Frische Haff und trennt Ostpreußen vom Reich. Königsberg, von Hitler zur Festung erklärt, ist mit Flüchtlingen überfüllt. Letzter Ausweg: die Landstraße zum Hafen Pillau.

Endlose Trecks wälzen sich nun bei eisiger Kälte Richtung Ostsee, um eines der Schiffe zu erreichen. Rechts der Straße liegen schon die Russen. Zwischen den Flüchtlingen abgekämpfte Kompanien, im Straßengraben zerbrochene Fuhrwerke. 100 Stunden haben die Flüchtlinge Zeit, dann schließen die Russen auch dieses Ventil.

Im Süden der Stadt kämpft zur gleichen Zeit ein Himmelfahrtskommando der 4. deutschen Armee um den letzten Verbindungsstrang zum eingeschlossenen Königsberg. Alle paar Tage wechselt die Reichsstraße 1 den Besitzer. Nachts legen Pioniereinheiten einen Bypass zur Straße, auf dem sich die Panzergrenadierdivision „Großdeutschland" nach Königsberg hinein- und wieder herauskämpft. Hatte sie den Auftrag, das Bernsteinzimmer zu retten?

Daß der Schatz Mitte Januar noch immer nicht evakuiert ist, scheint an Kompetenzstreitigkeiten zu liegen. Zuständig ist die Preußische Schlösserverwaltung in Berlin. Vor Ort aber erteilt der Gauleiter die Befehle. Und der achtet streng darauf, daß nichts aus seinem Machtbereich verschwindet, was er nicht unter Kontrolle hat.

So steht Rohde zwischen den Fronten. Obwohl er sich seit Monaten nach Auslagerungsorten umsieht – im Dezember 1944 reiste er nach Sachsen und Thüringen –, ist das Zimmer noch immer nicht zum Abtransport bereit. Erst am 12. Januar, dem Tag des sowjetischen Großangriffs, schreibt Rohde an das Städtische Kulturamt von Königsberg: „Ich bin dabei, das Bernsteinzimmer in Kisten zu verpacken." Dieses Schreiben ist der letzte „amtliche" Anhaltspunkt. Alle weiteren Angaben beruhen auf Augenzeugenberichten. Rohdes Sohn etwa will die Kisten mit dem Bernsteinzimmer Mitte Januar im

Schloßhof gesehen haben, Rohdes Sekretärin behauptet, sie hätten noch am 25. Januar im Schloß gestanden.

Die Kisten müßten also zwischen dem 25. und 30. Januar zum Hafen Pillau gebracht worden sein. Oder sie wurden über die Reichsstraße 1 evakuiert. Ein Transport per Bahn scheidet aus, da der letzte Zug nach Westen Königsberg in den frühen Morgenstunden des 22. Januar verlassen hat.

„Denken Sie praktisch!" mahnt „Deep Throat". „Wer konnte denn einen solchen Transport überhaupt durchführen in den letzten Kriegswochen?"

„Die Armee."

„Richtig. Nur die Armee konnte die eigenen Sperren überwinden. Und wer in der Armee würde mit einer solchen Aufgabe betraut?"

Ich zucke die Achseln.

„Denken Sie an das Nächstliegende!"

„Sie meinen, die gleichen..."

„Ich meine gar nichts! – Sie müssen Biographien studieren, Sie müssen Zusammenhänge studieren!"

„Aber warum", sage ich, „sollte gerade die Armee das Bernsteinzimmer retten?"

„Deep Throat" nimmt einen tiefen Schluck aus der Cola-Büchse.

„Die hat auch die Gebeine von Hindenburg gerettet. Und die Fahnen von Tannenberg. Vielleicht ist es eine Sache der Ehre."

„Das Bernsteinzimmer hat Ostpreußen auf dem Seeweg verlassen." Jede Diskussion anderer Varianten hält Heinz Schön für Zeitverschwendung. Der ehemalige Fremdenverkehrsdirektor von Herford konzentriert sich bei seiner Suche auf jenen Mann, der damals das Sagen hatte: Erich Koch, gefürchteter Gauleiter von Ostpreußen, Reichskommissar der Ukraine und als Kunsträuber fast so fleißig wie Hermann Göring.

Noch am 27. Januar sitzt Koch auf seinem Landgut bei Königsberg, wo er seine Kunstsammlung verpackt. Wie er die Beute aus Ostpreußen herausbringt, bleibt allerdings ein Rätsel. Klar ist nur, daß er Grund hat, klammheimlich aus Ostpreußen zu verschwinden. Denn die anderen großen Kunsträuber – Hitler, Göring, die Minister Rosenberg und Ribbentrop – hätten sich Kochs Kunstschätze schnell unter den Nagel gerissen. Also verzögert er alle Evakuierungen bis zum letztmöglichen Termin und flüchtet, kurz vor der deutschen Kapitulation, auf einem Eisbrecher nach Schleswig-Holstein.

Vier Jahre nach dem Krieg wird Koch in der Nähe Hamburgs aufgegriffen, in England verhört, an Polen ausgeliefert und 1959 zum Tode verurteilt. Doch dem Kriegsverbrecher wird kein Haar gekrümmt. Dutzende von Journalisten belagern seine Zelle und versuchen, ihm sein Geheimnis zu entlocken: Wo ist das Bernsteinzimmer? Und Koch deutet listig an, es sei auf ein deutsches Schiff gekommen, „auf die W. Gustloff". Ansonsten habe er im Kriegschaos wirklich anderes zu tun gehabt, als sich um irgendwelche Kisten zu kümmern.

Als Schön Kochs Aussagen hört, stürzt er sich auf „die Gustloff-Version". Seit er als 18jähriger auf dem „Kraft durch Freude"-Dampfer „Wilhelm Gustloff" eine der größten Schiffskatastrophen des Zweiten Weltkriegs überlebte, ist er an den Namen Gustloff gekettet wie an eine Eisenkugel.

Die „Wilhelm Gustloff" lag im Januar 1945 in Gotenhafen, dem heutigen Gdingen. Von überall her strömten Flüchtlingstrecks heran. Ihr Ziel: jene Passagierschiffe, die Truppen und Zivilisten nach Kiel bringen sollten. Bald drängten sich über 6600 Personen an Bord, darunter 918 Soldaten der 2. U-Boot-Lehrdivision. Das Schiff hätte auslaufen können, aber die Besatzung schien noch auf etwas zu warten.

Endlich trifft ein Gestapo-Kommando ein, sperrt die Hafenkais und belädt das Schiff mit einer geheimnisvollen Fracht. Leicht seien die Kisten gewesen, sagt später ein Zeuge, leicht wie Bernstein. Am 30. Januar, 12.15 Uhr, legt die „Wilhelm Gustloff" ab – ohne ausreichenden Geleitschutz. Um 21.16 Uhr trifft der erste von drei sowjetischen Torpedos den Bug. Fast 5400 Menschen sterben, nur 1252 überleben. Darunter Heinz Schön, den Matrosen eines Torpedoboots aus dem eiskalten Wasser ziehen.

Heute liegt das Wrack der „Wilhelm Gustloff" 20 Seemeilen vor Stolpmünde auf dem Grund der Ostsee. Aufgeschweißt und geplündert. Russische Marinetaucher haben es 1947 in geheimer Mission durchsucht, der polnische Sportclub „Hai" probierte sein Glück Mitte der siebziger Jahre. Als Heinz Schön ein Tauchschiff chartert, um die Reste des in 42 Meter Tiefe vermuteten Bernsteinzimmers zu orten, stellt er fest, daß alles Wertvolle bereits gehoben ist.

Aber warum sollte das Bernsteinzimmer ausgerechnet auf die „Wilhelm Gustloff" gekommen sein? Schließlich wurden im Chaos der letzten Kriegsmonate überall Kisten auf- oder abgeladen, pendelten Hunderte von Schiffen zwischen Schleswig-Holstein, Pommern und Pillau. Der ganze Krieg war Transport. Und die „Zeugen", die sich mit rätselhaften Beobachtungen meldeten, verhedderten sich schnell in Widersprüche.

So wäre die „Ostsee-Version" gestorben, hätte ihr nicht ein lange übersehenes Detail wieder Leben eingehaucht: Koch habe nämlich nie von der „Wilhelm Gustloff", sondern immer nur von der „W. Gustloff" gesprochen. Und ein Frachter namens „W. Gustloff" habe am 30. Januar tatsächlich in Königsberg gelegen.

Wieder fügten sich Fakten auf wundersame Weise zu einer schlüssigen Theorie. Und „vernünftig" schien sie obendrein zu sein. Denn vom Fluß Pregel zum Schloß waren es gerade 500 Meter: der kürzeste und sicherste Weg nach draußen. Und: Frachter unterstanden, anders als Schiffe der Marine, der Befehlsgewalt Erich Kochs.

Mit einem Eisbrecher sei der Kahn dann am 30. Januar nach Pillau geschleppt worden. Schön: „Von dort nahm er die Küstenroute nach Westen oder den Weg nach Schweden." Und wenn er nicht auf eine Mine gelaufen ist, existiert das Bernsteinzimmer noch heute...

„Zweifellos die preiswerteste Version", spottet „Deep Throat". „Ein Frachter verschwindet im Bermuda-Dreieck. Wäre es da nicht gescheiter gewesen, das Bernsteinzimmer auf den Kreuzer ‚EmdenV' zu packen? Der lag auch in Königsberg und hatte schon die Hindenburg-Särge an Bord."

„Ein Sammeltransport?"

„Ich bitte Sie! Der Russe stand doch vor der Tür! Sollten die in dieser Situation vielleicht jeden Knochen einzeln transportieren?"

„Aber dann hätte man das Zimmer doch finden müssen, als die amerikanischen Truppen die Särge in Thüringen entdeckten."

„Nicht, wenn bestimmte Waggons abgekoppelt und umdirigiert wurden. In Thüringen gab's ja viele Möglichkeiten."

Thüringen, das Herzland des Reichs, ist von den Nazis 1945 als „Trutz-" und „Rückzugsgau" vorgesehen, als Warteraum für die letzte verbliebene Chance: das Auseinanderbrechen der Anti-Hitler-Koalition. Zehntausende von KZ-Häftlingen müssen in elender Fronarbeit ein unterirdisches Nazi-Reich graben: für Raketen- und Flugzeugfabriken, für Giftgaslager, Nachrichtenzentralen und Führerhauptquartiere.

Himmler läßt ein riesiges Sperrgebiet um das KZ Dora bei Nordhausen errichten. Die milliardenschweren Gold- und Devisenschätze der Reichsbank werden in die Kaligrube von Merkers versenkt; Oberkommando und Generalstab des Heeres warten auf die Fertigstellung des letzten Führerhauptquartiers im Jonastal – Deckname „Olga".

Am 6. März kommt der Regierungsbefehl, alles Wertvolle aus der Reichshauptstadt nach Mitteldeutschland zu verlagern: Kunstschätze, Akten, Geld. Am 8. März starten in Bern Geheimverhandlungen mit den Amerikanern über einen Separatfrieden an der Westfront. Die Lage ist zum Zerreißen gespannt. Während die Realisten ein einigermaßen intaktes Land in die Kapitulation hinüberretten wollen, versuchen fanatische Nazis mit standrechtlichen Erschießungen und Durchhalteparolen das Heft in der Hand zu behalten.

Daß in dieser Situation auch das Bernsteinzimmer nach Thüringen gelangte – als Faustpfand für Verhandlungen oder als millionenschweres Fluchtgepäck –, ist eine in Fahnderkreisen beliebte Theorie.

Und Thüringen ist Hans Stadelmanns Claim. Der Rentner aus Weimar hat sich vorgenommen, notfalls das ganze Land umzugraben, um „die Wahrheit" herauszufinden. Zwei „sachdienliche Hinweise" treiben ihn an. Kochs Orakel in polnischer Haft: Wer seine Kunstsammlung finde, finde auch das Bernsteinzimmer. Und die Tatsache, daß Kochs Mitarbeiter Albert Popp die Kunstsammlung seines Herrn am 9. Februar 1945 im Landesmuseum von Weimar abgeliefert hat.

Dieses Museum liegt direkt beim „Gauforum", einer riesigen Anlage, mit der die Nazis die Goethestadt aufnordeten. Wie gigantisch der Gebäudekomplex ausfiel, zeigt die 20 000 Stehplätze fassende „Halle der Volksgemeinschaft". Unter ihr eine dreistöckige Krypta für die Helden des Nazireichs. Und jede Menge Keller, Geheimgänge ...

Da habe er einfach anfangen müssen, seufzt Stadelmann. Nicht lange fackeln, gleich runter in die Bunker. In der Unheimlichkeit der Katakomben stellten sich von allein die richtigen Fragen: Für wen wurde das alles gebaut? Warum die zugemauerten Türen?

Seit zehn Jahren durchwandert Stadelmann den Weimarer Untergrund. Durchstreift die Gegenden der ehemaligen KZs Buchenwald und Dora Mittelbau. Forscht in den Bunkern des Jonastals. Und findet immer neue, immer interessantere Spuren: „Ich bin sicher, da unten ist was. Und wenn's die Knochen erschossener Häftlinge aus Buchenwald sind." Ein notorischer Wühler? „Ich bin kein Schatzsucher", entrüstet sich Stadelmann, „ich bin Heimatforscher. Ich suche Gerechtigkeit."

Aber die wenigsten glauben, daß er mehr finden wird als Kabelenden und leere Benzinfässer. Denn die Ex-DDR ist das am besten durchsuchte Gelände. Die Stasi hat Steins Parole „Man muß alles suchen! Man muß überall suchen!!" wörtlich genommen. In der 1200 Seiten starken Akte „Puschkin" hat sie alle Fahndungsmaßnahmen, alle Zeitzeugen-Interviews penibel registriert.

Alles, was sie hinterher wußte, war, daß die Kochsche Kunstsammlung am 9. und 10. April 1945 zu zwei Dritteln aus Weimar abtransportiert worden ist. Wohin, wußte sie nicht. Hatte Popps Lkw das Bergwerk Grasleben erreicht? Oder war er nur bis Merkers gekommen? War er nach Bayern oder ins Erzgebirgische entwischt?

"Die haben alle zuviel Karl May gelesen", schimpft „Deep Throat".
„Warum die sich auf Koch und dessen Sammlung kaprizieren, ist mir schleierhaft." Wütend knallt er die Schranktür zu.
„In dieser Sache muß man groß denken. Die großen Linien sind interessant, nicht die kleinen Fische. Bedenken Sie, was los war: Tieffliegerangriffe, Massenflucht, brennende Städte. Und warum haben drei Viertel der deutschen Truppen im Osten gekämpft, sind aber im Westen gefangengenommen worden? Weil sie sich abgesetzt haben. Ideale Tarnung für einen Armeetransport!
„Und wer bereitet so was vor? Sicher kein popeliger Mitarbeiter mit einem klapprigen Lkw ohne Sprit! Da brauchen Sie schon andere Kaliber, einen Generalquartiermeister, entsprechende Papiere, Stempel..." „Deep Throat" ist in Fahrt.
„Es gibt nur zwei Motive, so ein Ding zu schaukeln: Anti-Nazismus und Anti-Kommunismus. Also schauen Sie ins Offizierskorps, in den Generalstab. Was finden Sie da? Militäropposition, Widerstand gegen Hitler. Und wie setzte sich der zusammen? Zu 50 Prozent preußischer Adel. Alte Schule. Für moderne Verbrecher wie Koch hatte das Bernsteinzimmer doch überhaupt keine Bedeutung."

„Das ist alles ganz anders gewesen!" Dietmar Reimann, Privatdetektiv aus der Nähe von Leipzig, zu DDR-Zeiten Offizier der Nationalen Volksarmee, hat einen Kompagnon mitgebracht – mit Handy und mit Goldring im Ohr. Die Lichtorgel des Leipziger Hotels „Intercontinental" wischt ein bedeutungsvolles Violett über die Szene.

Reimann weiß, wie das Bernsteinzimmer am 9. April von Weimar in sein Versteck gekommen ist. „Alles ganz simpel und logisch." Die bisherigen Fahnder hätten zwar die richtigen Puzzleteile, aber das falsche Bild auf der Schachtel.

Ob er das konkretisieren könne?

Ein prüfender Blick zum Kompagnon. Der gibt Entwarnung.

„Das Bernsteinzimmer", sagt Reimann, „hat mit der üblichen Kunstgutverlagerung nichts zu tun." Nur so viel wolle er andeuten: Am 9. April 1945 wurde Admiral Canaris, der Chef der Abwehr beim Oberkommando der Wehrmacht, als Spion gehenkt. Canaris, ein

Stratege des Widerstands, war daran beteiligt gewesen, ein Bündnis mit den Westmächten gegen die Sowjets zu schmieden. Am selben 9. April kapitulierte der Kommandant von Königsberg, Otto Lasch. Hitler verurteilte ihn sofort zum Tode. Zur gleichen Zeit sandte US-Präsident Roosevelt ein Telegramm an Stalin, man wolle die in der Schweiz geführten Verhandlungen mit Himmlers Emissären abbrechen und zu einer gemeinsamen Politik gegen die Nazis zurückkehren. Damit war die letzte Hoffnung Hitlers, die Allianz der Alliierten sprengen zu können, zusammengebrochen. Und exakt an diesem 9. April holte Popp die angebliche Kunstsammlung Kochs aus Weimar ab. Zufall? Reimann mißbilligt.

„Das war eine von langer Hand vorbereitete Aktion. Man wollte das Bernsteinzimmer sicherstellen, um es, nach einem deutsch-amerikanischen Sieg über die Sowjets, den rechtmäßigen Besitzern zurückgeben zu können. Als Geste gegenüber Rußland. Aber die Aktion ging schief. Am 9. April änderten sich die Voraussetzungen. Das Zimmer mußte versteckt werden."

Beweise? „Hören Sie, es sind schon 116 Leute wegen dieser Geschichte umgekommen. Ich bin doch nicht lebensmüde."

Die Lichtorgel schummert. Die Runde schweigt.

Da greift der Kompagnon ein: Das ist doch alles kalter Kaffee hier, schicken Sie uns ein paar „ganz kompetente Leute" aus Ihrem Verlag, Leute, die wirklich entscheiden können. Dann machen wir einen richtigen Deal.

„Warum haben Sie nicht zugegriffen?" grinst „Deep Throat".

„Sie halten nichts davon?"

„Ich kann mir schon denken, was dahintersteckt. Die alten Stasi-Akten, mit denen man dem BRD-Geheimdienst an den Karren fahren wollte. Speziell dem damaligen Präsidenten Gehlen. Der saß Anfang 1945 als junger General in Ostpreußen und spionierte die Sowjetarmee aus. Knallharter Antikommunist. Wollte immer die Russen vom Bolschewismus befreien, ohne ‚die slawische Rasse' zu vernichten. Aber Hitler hatte kein Ohr dafür. Also packte Gehlen, die Niederlage vor Augen, sein Archiv und versteckte es in Sachsen. Das hat Reimann wohl elektrisiert."

„Deep Throat" lacht. „Die Theorie vom 9. April ist hübsch zusammengebastelt. Auch Gehlen wurde am 9. April entlassen. Und es stimmt, daß der Königsberger Festungskommandant die Stadt nur so lange halten wollte, bis Verhandlungen den Frieden bringen würden – oder amerikanische Luftlandetruppen."

„*Das paßt doch*", sage ich.

„*Deep Throat*" schüttelt den Kopf. „*Im April kam Sachsen gar nicht mehr in Frage. Da war schon durchgesickert, daß die Nachkriegsgrenze zwischen Ost und West nicht die Elbe, sondern die spätere Zonengrenze sein sollte. Also hat Gehlen seine Sachen wieder ausgebuddelt und nach Bayern verfrachtet.*"

1986 geht der Bayer Maurice Philip Remy auf die Suche. Der damals erst 24jährige Journalist ist davon überzeugt, daß nur einer den Schatz tatsächlich heben kann: er selbst. Mit berserkerhafter Recherchierwut wirbelt er die ermüdete Fahndergemeinde durcheinander. Mit einem ganzen Troß an Begleitern fällt er 1990 in Ostpreußen ein, läßt hier ein wenig baggern, dort ein wenig buddeln, bis er, irritiert von so viel Erfolglosigkeit, das Tagebuch noch einmal liest, dessen Abschrift ihm ein russischer Journalist in Königsberg zugesteckt hat. Und da erkennt Philip Remy – „Ich hab' so ein Händchen für bescheuerte Legenden" –, daß er die Lösung des Rätsels entdeckt hat.

Dieses Tagebuch, 13 kleinformatige Seiten, teils mit Bleistift, teils mit Tinte auf Kalenderblätter des Jahres 1929 gekritzelt, wurde von einem sowjetischen Offizier verfaßt, der nach der Erstürmung Königsbergs die Aufgabe hatte, die aus der Sowjetunion nach Ostpreußen verschleppten Kunstschätze aufzuspüren.

Alexander Jakowlewitsch Brjussow, im Zivilberuf Professor der Archäologie am Historischen Museum in Moskau, beginnt seine Aufzeichnungen am 26. Mai 1945. Er beschreibt, wie er das zerstörte Schloß von Trümmern freiräumen läßt, um die im Schutt vermuteten Kunstschätze zu bergen. Begleitet wird er von Alfred Rohde, dem ehemaligen Direktor der Kunstsammlungen, der nicht geflohen ist. Aber Rohde ist unwillig. Brjussow notiert: „Mir scheint, er weiß mehr, als er zugibt... Wenn er redet, lügt er nicht selten."

Rohde führt den Suchtrupp in die erhalten gebliebenen Räume des Südflügels. Dort, sagt er, habe sich das Bernsteinzimmer befunden. Als Brjussow entgegnet, dies könne unmöglich der Wahrheit entsprechen, ändert Rohde seine Meinung und deutet zur Ruine des Nordflügels. Da, in der Ordenskammer, hätten die Kisten gestanden.

Unter einer dicken Ascheschicht finden Brjussows Leute „Scharniere der Türen des Bernsteinzimmers", ein verkohltes Stück der Verzierung sowie „gelbe Platten" mit Schrauben, welche die Bernsteinpaneele an den Kistenwänden fixierten. Dann, so Brjussows Tagebuch weiter, sei „irgendein Oberst" ins Schloß gekommen, der an der Erstürmung der Stadt beteiligt war. „Er erzählte: Als er das Schloß zum erstenmal betreten hatte, sah er ausgerechnet in diesem Saal des Nordflügels große Kisten stehen. Die Kisten, die in der vorderen Reihe standen, waren zerbrochen, und darin waren irgendwelche Möbel zu sehen. Daraus konnte man schließen, daß das Bernsteinzimmer verlorengegangen war. Vielleicht war der von unseren Soldaten entfachte Brand der Grund dafür."

Philip Remy ist begeistert. Er hat zwar keinen Schatz, aber eine große Story. Und mit dem gleichen Eifer, mit dem er dem verlorenen Schatz hinterherjagte, verfolgt er nun „seine" Verbrennungstheorie.

Zum Kronzeugen neben Brjussow macht Remy den ehemaligen Kustos am Katharinenpalast, Alexander Kutschumow. Der war 1946 nach Königsberg gereist, um das Bernsteinzimmer vielleicht doch noch zu finden. Und Kutschumow hat Glück. Im selben Ordenssaal, in dem Brjussow zwei Tage lang jeden Kubikzentimeter Asche hat umpflügen lassen, entdeckt Kutschumow Reste der ausgeglühten Steinmosaiken, die das Bernsteinzimmer schmückten. „Es war dunkel", schildert er die damalige Situation, „es gab kein Licht, aber die Maße, die Konturen, die Motive, ich erkannte eine Ruine, Figuren, alles in winzigen, von der Hitze farblos gewordenen Fragmenten, die noch aufgeklebt waren."

Für Remy war die Indizienkette geschlossen. In seiner TV-Dokumentation „Ende einer Legende" räumt er so gnadenlos mit der „grassierenden Massenpsychose Bernsteinzimmer" auf, daß selbst die Bundesregierung ihre Auffassung zum Verbleib des Schatzes auf die Quellen des Remy-Films stützt.

„Daß die Regierung das aufgreift", sagt „Deep Throat", „liegt doch nahe. Jetzt können sie weiter die Hände in den Schoß legen und die Sache den Russen in die Schuhe schieben. Der Film war das Deckelchen zum Topf. Und der Topf drohte zu explodieren. Haben Sie Remys Theorie überprüft?"

Kurz bevor Brjussow sein Tagebuch mitten im Satz abbricht, betont er, daß die Sowjetarmee schon vor seinem Eintreffen in Königsberg nach dem Bernsteinzimmer gesucht habe. Zwischen der Kapitulation der Stadt und Brjussows Ankunft lagen sieben Wochen – genug Zeit also, um Bilder oder auch das Bernsteinzimmer in Moskauer Depots und private Datschen zu verschleppen.

Seltsam erscheint vor diesem Hintergrund die Aussage jenes anonymen Obersten, der nach der Übergabe des Schlosses am 10. April aufgebrochene Kisten und Möbel im Ordenssaal gesehen haben will.

Nur weil Brjussow sieben Wochen später dort Schutt und Asche findet, folgert er daraus, das Bernsteinzimmer sei zusammen mit den Möbeln verbrannt. Eine Schlußfolgerung, die jedem nüchternen Bernsteinzimmer-Fahnder absurd erscheint.

Unglaubhaft wirken auch die Aussagen Alexander Kutschumows. Der behauptet, bei seiner Suche 1946 drei der vier Steinmosaiken im Ordenssaal gefunden zu haben. Doch statt bei Tageslicht zu forschen, tastet er im Dunkeln herum. Und das Beweisstück, das er mit nach Hause nimmt, verschusselt er in seinem Büro.

Am seltsamsten aber ist, daß Brjussow am 25. Dezember 1949 plötzlich schreibt: „Ich nehme an, daß das Bernsteinzimmer erhalten geblieben ist." Als Gründe für seinen abrupten Meinungswandel gibt er an, man habe nur Spuren der verbrannten Türen gefunden, aber kein einziges Bronzeteil. Außerdem hätte niemand unter den verhörten Museumsmitarbeitern bestätigt, daß das Zimmer verbrannt sei.

Remy erklärt sich Brjussows Wende so: Man habe den jüdischen Professor gezwungen, seine Aussagen zu widerrufen, damit die Fabel vom totalen Kunstraub der Nazis nicht geschwächt werde. Die Zimmersuche der Sowjets sei eine Kampagne des KGB gewesen. Man habe ein Phantom suchen lassen, um den Klassenfeind als raubende Bestie darstellen und die eigenen Vergehen vertuschen zu können.

Das ist durchaus denkbar. Aber wäre es wirklich nötig gewesen, zur Stützung einer „Propagandalüge" mehrere Dutzend sowjetische, polnische und ostdeutsche Suchexpeditionen 50 Jahre lang herumbuddeln zu lassen? Hätte man diese „Expeditionen", die ja „streng geheim" abliefen, zu Propagandazwecken nicht eher ausschlachten müssen? Und warum bekräftigte Brjussow seinen Meinungswandel selbst noch in der Tauwetterperiode unter Chruschtschow?

„Wären die Bernsteinpaneele wirklich im Schloß verbrannt", sagt „Deep Throat", „hätte Königsberg wie ein Weihrauchfaß gerochen."

„Trotzdem", sage ich, „stehen eine ganze Menge Leute hinter der Verbrennungstheorie."

„Deep Throat" fixiert mich. „Ist Ihnen an diesen Leuten denn nichts aufgefallen?"

„Doch", sage ich, „Sie trennen sorgfältig zwischen Wehrmacht und Nazis. Genau wie Sie!"

„Ist das alles?"

„Sie reden nicht von Kunstraub, sondern von ‚Sicherstellen'."

„Deep Throat" schnellt vom Sitz. „Sehr gut! Der Grund, weshalb die meisten Fahnder nicht weiterkommen, ist, daß sie immer von

Kunstraub reden. Das mag politisch korrekt sein, trübt aber den Verstand. Versetzen Sie sich doch mal in die Zeit: Adel und Kunstschutz sind praktisch identisch; Kunstschutz ist Sache des Militärs. Warum? Weil die Fürstenhäuser ihre Wertsachen nach dem Krieg zurückhaben wollen. Kunstschutz ist also von Anfang an eine übernationale Aufgabe. Erledigt von Grafen für Grafen. Deshalb haßten die Nazis die Kunstschutzoffiziere wie die Pest.

„Das heißt: Die Sicherstellung des Bernsteinzimmers war nicht nur mit den Maximen des Kunstschutzes vereinbar, sie war sogar dringend geboten. Das Zimmer mußte mitgenommen werden."

Wie hätte sich Baron Falz-Fein darüber gefreut! Seit er als Fünfjähriger an Großvaters Hand das Bernsteinzimmer im Katharinenpalast hatte bewundern dürfen, war er getrieben von diesem Anblick. Er wollte es wiedersehen, und er schwor, alles daranzusetzen, daß sein Kinderwunsch in Erfüllung geht. Jahrzehntelang finanzierte er freigiebig die verrücktesten Fahnder, verschaffte ihnen Zugang zu Archiven und wichtigen Persönlichkeiten.

Auch Georg Stein saß bei ihm, puzzelte an seiner Bernsteinzimmer-Saga und schmiedete Pläne für künftige Recherchen. Dann fuhr er los und brachte sich um. Der Baron war erschüttert. Seine kindliche Lust aufs Abenteuer war gründlich ramponiert.

Nein, so tragisch hätte die Jagd nicht enden dürfen – so todernst war sie nie gemeint. Als Julian Semjonow, der „Präsident der Internationalen Gesellschaft für den politischen Kriminalroman", vor 30 Jahren die Schnapsidee hatte, einen internationalen Bernsteinzimmer-Club zu gründen, war der Baron begeistert. Das war nach seinem Geschmack. In Wodka-Laune beschlossen die beiden Russen, zur Verstärkung ihres Brain-Trust den Kriminalschriftsteller Georges Simenon, den „Sunday Times"-Reporter Terry, den britischen Agenten Aldridge und die Altmeister Georg Stein und Paul Enke dazuzubitten. Kriminalistische Phantasie, detektivischer Spürsinn und geheimdienstliche Beschaffungsmentalität sollten eine europäische Melange eingehen. Bißchen 007, bißchen Dritter Mann, bißchen Feuerzangenbowle. „Der Humor", sagt Falz-Fein, „war uns das Wichtigste."

Doch 1989 waren alle tot, „bis auf den kranken Semjonow und meine Wenigkeit". Und die nachfolgenden Fahnder schienen Falz-Fein nicht mehr über die erforderlichen Qualifikationen zu verfügen: zu viele Kleingeister, zu viele Bettler. Aus dem einstigen Club für Leidenschaft & Lebenslüge war ein verbiesterter Verein für Kammer-Jäger geworden, die alle nur eines von ihm wollten: Geld.

Dieser Baron Eduard von Falz-Fein zu Liechtenstein ist eine schillernde Figur. Seine Villa „Askania Nova" schräg gegenüber dem Liechtensteiner Schloß ist seit vielen Jahren eine Ost-West-Drehscheibe. Mal kommt Rußlands Ministerpräsident Tschernomyrdin zum Tee, mal der Moskauer Metropolit, mal der Chef des Hauses Romanow. Dann plauscht man über Kunst und Konten, Kirche und Kommunismus. Denn jedermann weiß, daß der Baron verschollen geglaubte russische Kunstschätze im Westen kauft und nach Osten stiftet.

Das macht die Bernsteinzimmer-Fahnder ein wenig stutzig: Wohl nur ein Russe könne so an seiner Heimat hängen, daß er das Land, das ihn 1917 enteignete, auch noch beschenkt.

Viel wahrscheinlicher ist, daß der Baron, dem selbst „ein paar Tropfen Zarenblut" in den Adern fließen, die Zeichen der Zeit erkannt hat. Denn seine Zimmersuche währte exakt so lange wie die Amtszeit der Kommunisten: bis 1991. Als die Sowjetunion ihren Geist aufgab, war sein Kindheitstraum erfüllt: Die Zarenzeit konnte wiederkehren.

„Es ist doch erstaunlich", sage ich, „daß in dieser Geschichte keiner plaudert, daß alle dichthalten."

„Deep Throat" nickt. „Vermutlich gibt es nur eine Institution, die ein solches Geheimnis 52 Jahre für sich behalten kann: die Familie."

„Deep Throat" schiebt die Jalousie beiseite, schaut in den Innenhof. „Ich will Ihnen ein Beispiel erzählen: Nachdem die Zarenfamilie 1917 von den Bolschewisten gefangengenommen worden war, versuchte der Großherzog von Hessen, die Zarin in einem waghalsigen Coup zu befreien. Warum? Die Zarin war seine Schwester. Aber sie war nicht nur mit dem Großherzog, sie war mit halb Europa verwandt. Und so kam ein internationales Komplott zustande: aus zarentreuen Russen, deutschem Geheimdienst, britischem Adel. Und das, obwohl sich Rußland und Deutschland miteinander im Krieg befanden. Ja, mein Lieber, so funktioniert Verwandtschaftshilfe."

„Gibt es denn Nachfahren der Romanows, die das Bernsteinzimmer beanspruchen könnten?" fragt Klaus Goldmann unschuldig. Seine Frage berührt eine Spur, an der sich in jüngster Zeit die Phantasie vieler Fahnder entzündet. Das mag mit der Aufwertung des Hauses durch „Zar" Boris Jelzin zusammenhängen, der seit Jahren um die Rückkehr der Romanows wirbt, das mag mit Jelzins geheimnisvoller Aussage zu tun haben, er wisse, wo sich das Zimmer befinde.

Der Mann, der die Romanow-Frage ins Spiel bringt, ist Oberkustos am Berliner Museum für Vor- und Frühgeschichte und gilt als Indiana Jones des deutschen Museumsbetriebs. 20 Jahre jagte er den „Schatz des Priamos", von dem es gebetsmühlenhaft hieß: „Wurde 1945 vernichtet." Klaus Goldmann wußte es besser. Am 24. Oktober 1994 hielt er ihn in Moskau in Händen. Ein Triumph, der süchtig macht.

Goldmann möchte vor allem wissen, was in der unmittelbaren Nachkriegszeit geschah, als die Besatzungstruppen ungeheure Mengen an Kunstgütern aus mehr als tausend Depots holten. Allein im Bergwerk Bad Aussee, wo sich das zentrale Lager für Hitlers Führermuseum befand, hatten die Nazis 22 000 Kunstwerke gebunkert. Die meisten Schätze aus der UdSSR waren über Ostpreußen und Polen in bayerische Depots gelangt. Was die Amerikaner dort fanden, brachten sie 1945 nach München.

Wäre das Bernsteinzimmer also mit jenem ominösen Konvoi, der am 9. April aus Weimar abfuhr, nach Bayern gelangt und dort von US-Truppen in einem Depot gefunden worden, hätte es in München auftauchen müssen. Dann wäre es, wie eine halbe Million anderer Gegenstände, nach dem Krieg an die UdSSR zurückgegeben worden.

Es sei denn, spezielle Einheiten hätten es vor dem Eintreffen der Kunstschutzoffiziere geborgen und als „Staatsgeheimnis" behandelt. Es sei denn, bestimmte Objekte sollten nicht den Sowjets, sondern russischen Exilgruppen zurückgegeben werden. Auf Druck der USA wurde nämlich 1947 eine Sonderregelung erlassen, die es erlaubte, aufgefundene Werke auch Privatpersonen zurückzugeben. So schickte man am 8. Juni 1951 „29 Bücherkisten mit 1795 Objekten" von München nach Bilbao – an Großfürst Wladimir Kyrillowitsch, den im spanischen Exil lebenden Chef des Hauses Romanow.

War es in Wahrheit das Bernsteinzimmer?

„Eine verlockende Theorie", sagt „Deep Throat". „Dazu würde passen, daß der Direktor der Preußischen Schlösser und Gärten, der im Januar 1945 für die Verlagerung des Bernsteinzimmers zuständig war, sofort nach dem Krieg Direktor der Bayerischen Schlösser und Gärten wurde. Bayern als Zwischenlager. Nur leider hat die Rückgabe-Theorie einen Schönheitsfehler."

„Und welchen?"

„Das Versteck. Wenn ich ein Versteck aussuchen müßte und nicht möchte, daß es entdeckt wird, würde ich doch nicht dort hingehen, wo die Siegermächte als erstes suchen. Ich würde etwas Unverfänglicheres wählen. Was eine gewisse Scheu vor Durchsuchung auslöst."

„Eine Kirche?"

„Oder eine Familie, die über jeden Verdacht erhaben ist."

„Deep Throat" geht zur Tür.

„Den Rest, mein Lieber, müssen Sie selber finden. Oder Ihre Leser. Denn das einzige, was Bewegung in die Sache bringt, ist öffentliche Unruhe. Je mehr Unruhe, desto eher begeht einer der Beteiligten einen Fehler."

Vielleicht wird erst die dritte Generation der Fahnder fündig. Eine Generation, die nicht so leidenschaftlich verbohrt ist wie ihre Vorgänger: Profis wie Willi Korte, die sich eher durch die Akten des US-Schatzamts ackern als durch irgendwelche dreckigen Stollen.

Korte erregte Aufsehen, als er 1990 den Domschatz von Quedlinburg bei den Erben eines US-Soldaten in Texas entdeckte. Das brachte ihm Ruhm, aber kein Geld. Seither baut er eine Datenbank auf, in der er alle Kunstgut-Verluste des Zweiten Weltkriegs speichert.

„Das Schatzthema", sagt er, „ist in Amerika gerade im Kommen." Ursache: die Raubgold-Diskussion, jene Debatte darüber, wie tief neutrale Staaten, etwa die Schweiz, in die Geschäfte der Nazis verstrickt waren. Da sei ein enormer Druck entstanden, geheime Unterlagen offenzulegen. „Das könnte auch das Bernsteinzimmer betreffen ..."

Ähnlich wie Korte arbeitet der Kölner Kunst-Detektiv Clemens Toussaint: Hacke und Schaufel findet er lächerlich; alles, was er braucht, sind Computer und Kataloge. Denn er zapft Wissen. Von Dokumentenhändlern, die Geheimakten unter der Hand verkaufen, von Militärhistorikern, die Befehlsstäbe für ihn recherchieren, von Daten-Experten, die Passagierlisten ausfindig machen. „Akribie und Logistik" lautet Toussaints Zauberformel. So habe er den Kunstmarkt unter Kontrolle. „Da wird kein Stück versteigert, ohne daß ich es weiß." Greift in einen Hängeordner, holt zwei DIN-A4-Seiten heraus und sagt: „Wundert mich, daß bisher niemand darauf reagiert hat."

Es ist die Kopie eines Angebots. Unter dem Datum des 13. Dezember 1994 wird ein „Schlüterkopf" offeriert, eine 15 Zentimeter hohe Bernsteinskulptur aus dem frühen 18. Jahrhundert. Acht solche Köpfe, Masken toter Krieger, schmückten das Bernsteinzimmer.

Anruf beim Londoner Auktionshaus Christie's: Donald Johnston, für die damalige Versteigerung zuständig, bestätigt, daß man den Kopf für echt hält: „Wir glauben, daß er aus dem Zimmer ist." Qualität, Ausführung und Zustand deuteten nicht auf eine Arbeit heutiger Bernsteindrechsler. Für 9000 Pfund sei die Skulptur an einen Käufer

„vom Kontinent" gegangen – doch weder über die Herkunft des Kopfes noch über dessen Käufer könne man Auskunft geben.

„Bei der Entdeckung des Quedlinburger Domschatzes", sagt Clemens Toussaint, „hat es genauso angefangen."

Im Mai 1997 beschlagnahmt die Polizei eines von vier florentinischen Steinmosaiken, die das Bernsteinzimmer einst geschmückt hatten. Der Bremer Notar Manhard Kaiser war Ermittlern aufgefallen, als er das Mosaik im Namen eines Mandanten auf dem grauen Sammlermarkt anbot. Nach der Polizeiaktion versicherte Kaiser, der Vater seines Mandanten, ein früherer Wehrmachts-Oberleutnant namens Wilhelm Achtermann, habe das Mosaik während des Krieges – „vermutlich für einen Hundertmarkschein" – von einem Kameraden erstanden. Eine abenteuerliche Geschichte, die wahr sein könnte...

Über den Verbleib des Bernsteinzimmers verrät dieser Fund jedoch nichts: Denn bei dem aufgetauchten Mosaik handelt es sich ausgerechnet um jenes, das schon 1941 vor oder während des Schatz-Transports von Rußland nach Königsberg auf unerklärliche Weise verschwunden war. Damit rückt die Entdeckung des Bernsteinzimmers erneut in weite Ferne.

Da platzt eine zweite Nachricht in die Öffentlichkeit. Der Leipziger Tischler Johannes Elste behauptet, er habe auf einem historischen Bernsteinzimmer-Foto jene Empire-Kommode wiedererkannt, die er im Auftrag der Stasi-Organisation „Kunst & Antiquitäten" 1978 restauriert habe. Kurz darauf meldet sich auch die Besitzerin der Kommode, eine Westberlinerin, welche die Kommode 1979 bei der Stasi-Firma „Kunst & Antiquitäten" gekauft haben soll. Doch sie äußerte sich nicht direkt, sondern über ihren Anwalt – ausgerechnet jenen Juristen, der auch Ex-DDR-Devisenbeschaffer Alexander Schalck-Golodkowski vertritt. Das Bernsteinzimmer – Objekt einer Stasi-Connection?

„Für nur 50 Mark" hatten DDR-Kunstaufkäufer die völlig verwahrloste Kommode „aus einer Scheune" geholt. Aber aus welcher? Und wie war sie dorthin geraten? Mit einem Wehrmachtstransport am Ende des Krieges? Oder als Mafiagut aus sowjetischen Beständen? Führt das neue Fundstück zu einer neuen Fährte?

Nun laufen die Ermittlungen wieder auf Hochtouren, werden Militärstäbe recherchiert, Auktionshäuser abgeklappert, die „Einkaufslisten" der „Kunst & Antiquitäten GmbH" durchforstet.

Und „Deep Throat" reibt sich die Hände: „Da flattern jetzt einigen die Nerven. Bleiben Sie dran!"

Die Autoren

REINER KLINGHOLZ, Jahrgang 1953, hat als Molekularbiologe in der Forschung gearbeitet, bevor er 1984 Wissenschaftsredakteur der *Zeit* wurde. Seit 1990 Redakteur bei GEO, seit 1994 Leiter des Wissenschaftsressorts. Autor mehrerer Sachbücher, darunter „Wahnsinn Wachstum – wieviel Mensch erträgt die Erde?" aus der GEO-Bibliothek. Ausgezeichnet mit verschiedenen Preisen, darunter zweimal dem Journalistenpreis Entwicklungspolitik des Bundespräsidenten. Er lebt in Horst bei Hamburg.

WOLFGANG MICHAL, geboren 1954, war Redakteur des *Vorwärts*, ehe er 1988 zu GEO kam. 1989 erhielt er für eine Reportage den Klagenfurter Publizistik-Preis (3. Preis). Er hat zwei Bücher veröffentlicht: „Die SPD – staatstreu und jugendfrei", 1988; „Deutschland und der nächste Krieg", Rowohlt Berlin, 1995. Lebt in Hamburg.

CAY RADEMACHER, Jahrgang 1965, hat in Köln und Washington Anglo-Amerikanische Geschichte, Alte Geschichte und Philosophie studiert. Seit 1990 als freier Journalist vor allem auf historische Rekonstruktionen spezialisiert. Buchveröffentlichungen: „Mord im Praetorium – Historischer Kriminalroman aus dem römischen Köln", edition sisyphos, Köln 1996; einige Reiseführer. Er lebt in Zülpich bei Köln.

CURT SCHNEIDER, geboren 1960, begann nach dem Jurastudium als Werbetexter in einem Münchner Verlag und arbeitet heute als freier Journalist. Er ist Autor eines „Münchner Biergartenführers" und des Großen Rätselrennens im Magazin der *Süddeutschen Zeitung*, das als das schwerste Rätsel Deutschlands gilt. Lebt in München.

WOLF SCHNEIDER, Jahrgang 1925, ist seit 50 Jahren Journalist *(Süddeutsche Zeitung, Stern*, Chefredakteur der *Welt*, Talkshow-Moderator, 16 Jahre lang Leiter der Hamburger Journalistenschule). Er hat zehn kulturgeschichtliche Sachbücher geschrieben und acht Bücher über Sprache und Probleme des Journalismus. Seit 1995 lebt er auf Mallorca, schreibend wie immer.

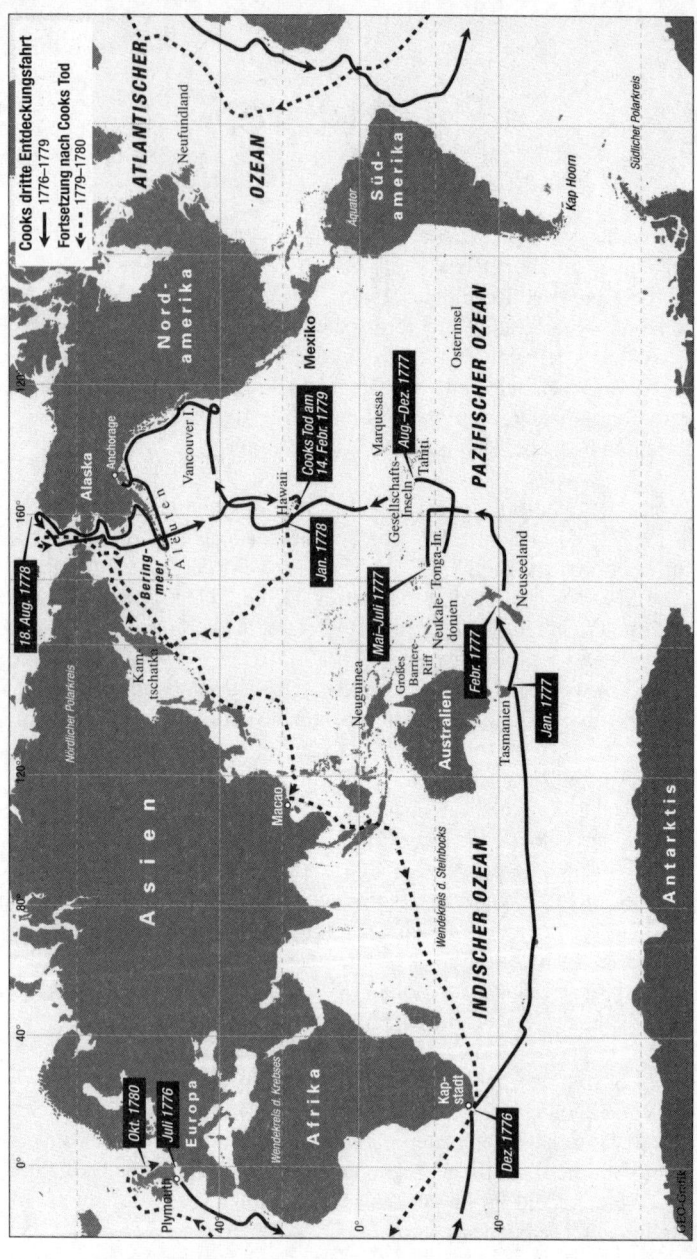

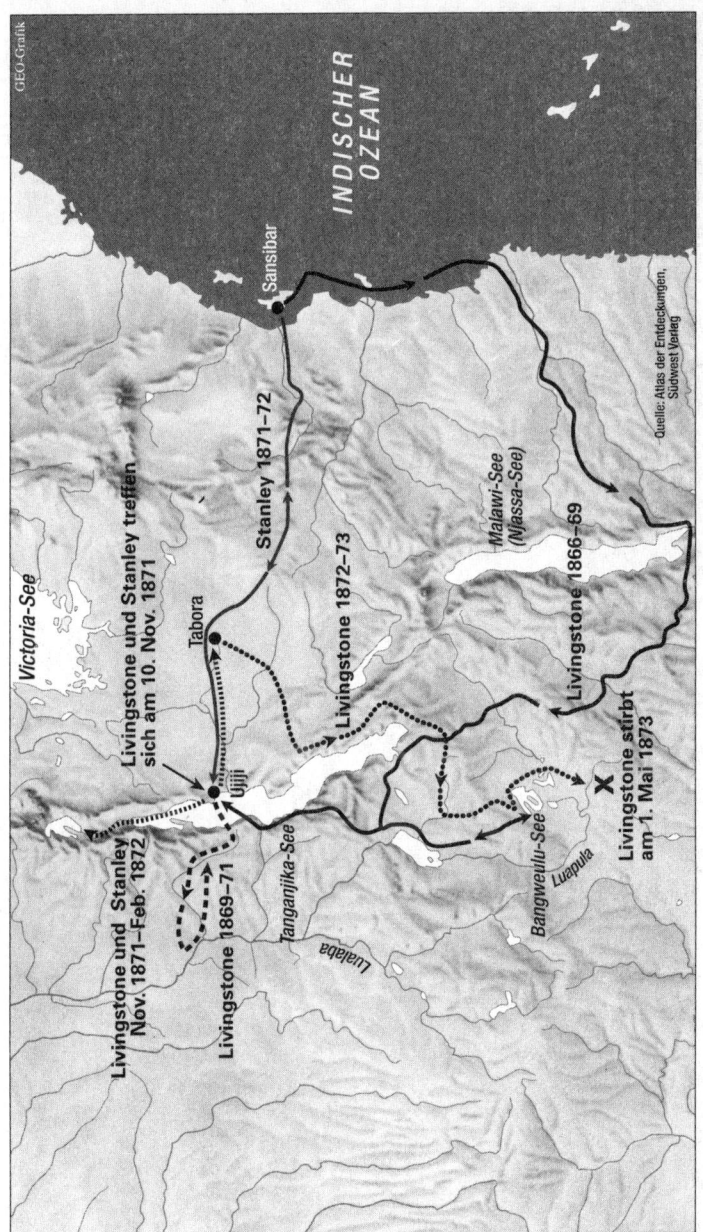

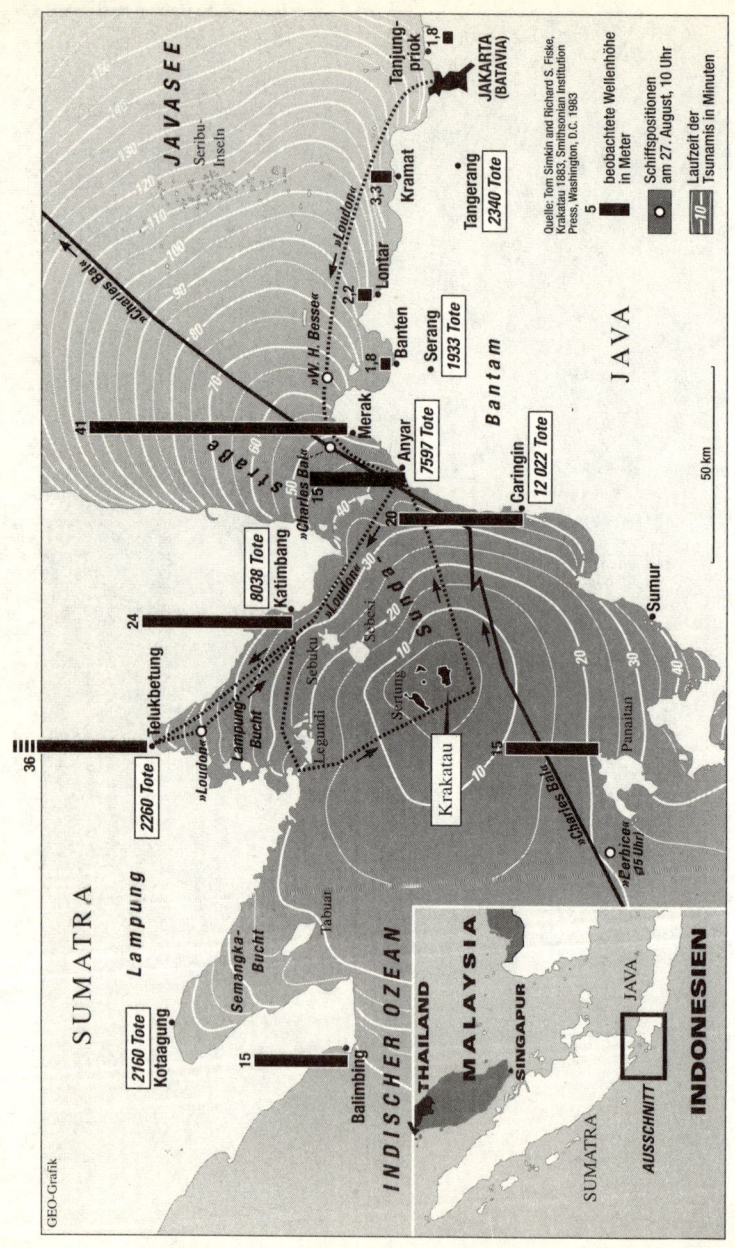

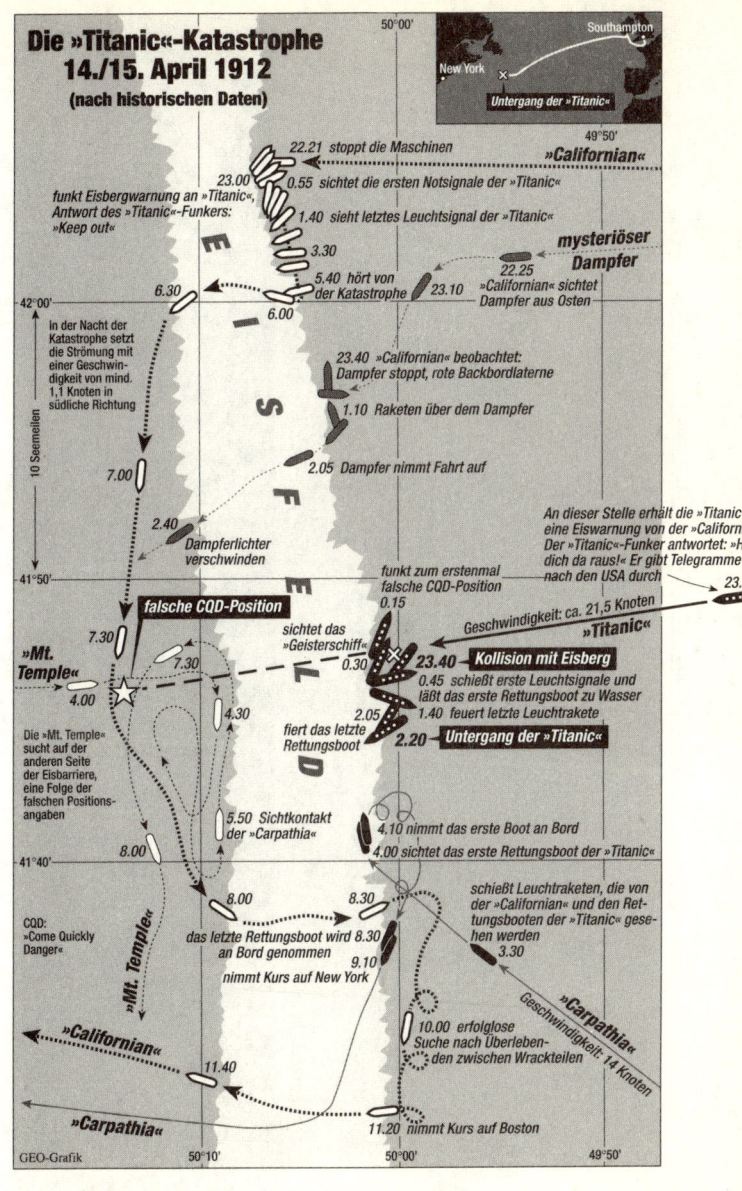

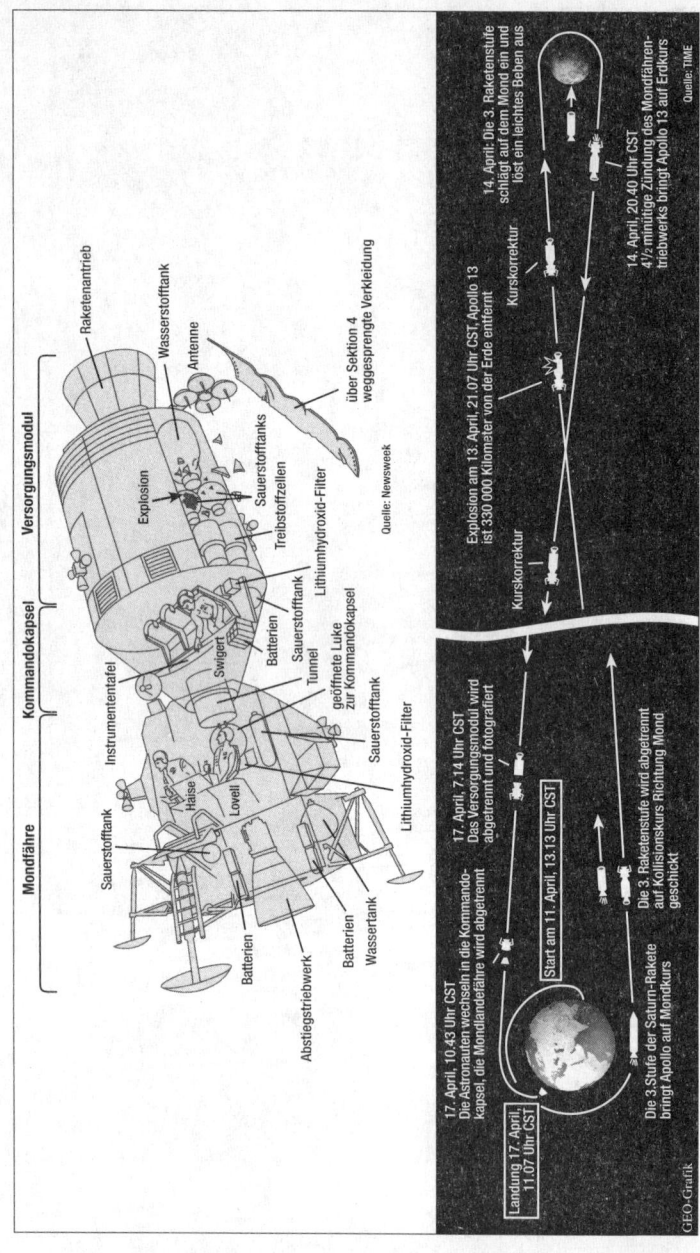

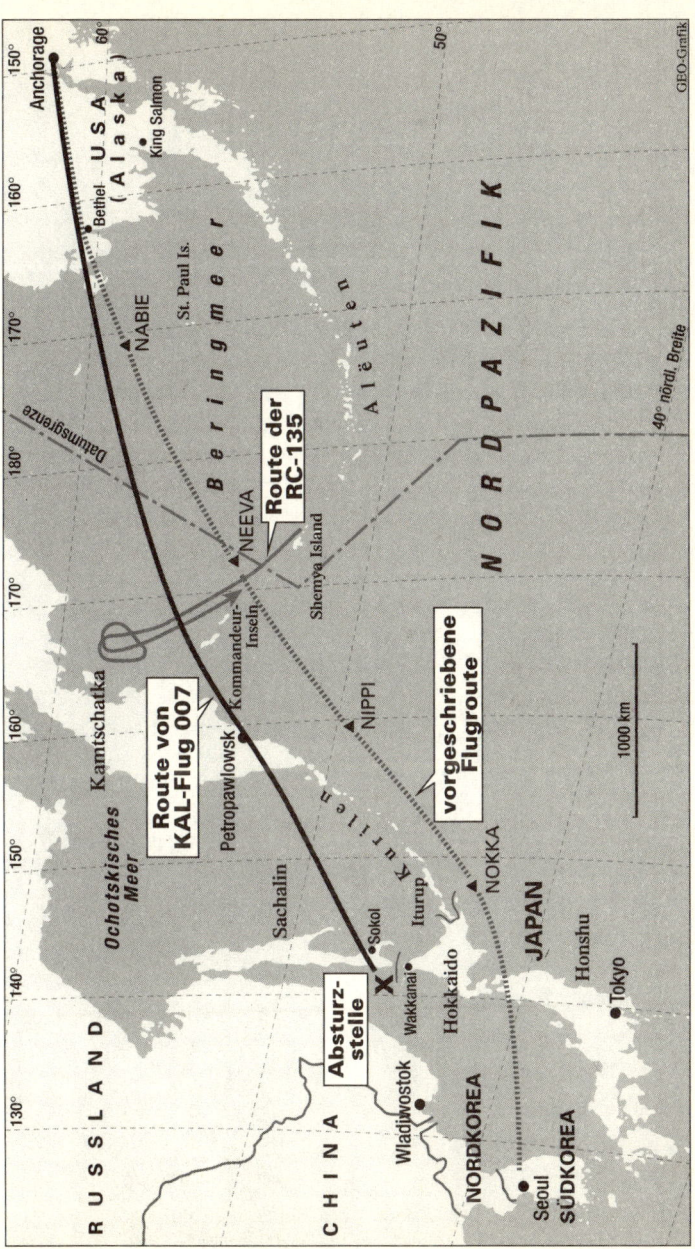

Quellennachweis

*Folgende Reportagen dieses Bandes
sind in GEO erschienen:*

»Tod im Pazifik« von Cay Rademacher in Nr. 7/1996;
»Die längste Nacht« von Wolf Schneider in Nr. 7/1995;
»Drama in der Eiger-Nordwand« von Curt Schneider in Nr. 11/1996;
»Fanal am Himmel« von Cay Rademacher in Nr. 9/1997;
»Crash im 79. Stock« von Cay Rademacher in Nr. 8/1994;
»Die letzte Fahrt der ›Thresher‹« von Cay Rademacher in Nr. 4/1996;
»Irrflug im All« von Cay Rademacher in Nr. 2/1995;
»Als die Rote Sonne verlosch« von Cay Rademacher in Nr. 9/1996;
»Was hinter den vermauerten Türen geschah« von
Wolf Schneider in Nr. 3/1997;
»Der Fall Bernsteinzimmer« von Wolfgang Michal
in Nr. 5/1997.

Noch nicht erschienen sind:

»Der Schwarze Tod«, »Dr. Livingstone, I presume?« und
»KAL-Flug 007« von Cay Rademacher
»Ein Kaiser im Würgeeisen« und »S.O.S. im Nordmeer«
von Wolf Schneider,
»Goldrausch auf der ›Revenge‹« von Reiner Klingholz.